PUBLIÉ SOUS LA DIRECTION

DE LA

SECTION HISTORIQUE DE L'ÉTAT-MAJOR DE L'ARMÉE

LES
CAMPAGNES DU MARÉCHAL DE SAXE

PREMIÈRE PARTIE

L'armée au printemps de 1744

Par J. COLIN

Capitaine d'artillerie breveté

à la Section historique de l'État-Major de l'armée

PARIS

LIBRAIRIE MILITAIRE R. CHAPELOT ET Cⁱᵉ

IMPRIMEURS-ÉDITEURS

30, Rue et Passage Dauphine, 30

1901

LES
CAMPAGNES DU MARÉCHAL DE SAXE

PREMIÈRE PARTIE
L'armée au printemps de 1744

PARIS. — IMPRIMERIE R. CHAPELOT ET C⁰, 2, RUE CHRISTINE.

PUBLIÉ SOUS LA DIRECTION

DE LA

SECTION HISTORIQUE DE L'ÉTAT-MAJOR DE L'ARMÉE

LES
CAMPAGNES DU MARÉCHAL DE SAXE

PREMIERE PARTIE

L'armée au printemps de 1744

Par J. COLIN

Capitaine d'artillerie breveté
à la Section historique de l'État-Major de l'armée

PARIS

LIBRAIRIE MILITAIRE R. CHAPELOT et Cᵉ

IMPRIMEURS-ÉDITEURS

30, Rue et Passage Dauphine, 30

1901

AVANT-PROPOS

I

L'histoire des campagnes du Maréchal de Saxe pouvait être extraite de la relation rédigée au XVIIIe siècle par le lieutenant-général de Vault, quitte à la compléter par quelques éclaircissements et pièces justificatives; mais un semblable travail n'aurait pas atteint le but que nous nous proposions. Il semble, en effet, que la section historique a pour tâche de mettre au jour et de répandre dans la plus large mesure les documents contenus dans les Archives de la guerre. Nous devons laisser à d'autres le soin de composer des relations raisonnées, de chercher la philosophie des événements que nous aurons précisés : nous avons surtout à préparer des éléments de travail.

Aussi, tout en suivant à peu près la méthode de composition de M. de Vault, qui consiste à encadrer les documents les plus importants dans le récit, nous nous en écarterons en reproduisant, non seulement les pièces d'un intérêt exceptionnel, mais toutes celles qui auraient une valeur sérieuse pour l'histoire. Nous aurons atteint notre but, si nous évitons définitivement à tous ceux qui étudieront les guerres d'autrefois des recherches toujours longues, et que le service ou l'éloignement rendent souvent impossibles.

D'autre part, M. de Vault écrivait l'histoire des campagnes de son siècle ; les règlements, les procédés, les idées, les mœurs des belligérants lui étaient familiers ;

*1

il n'avait à décrire que les opérations. Pour nous, au
contraire, les mouvements des armées de cette époque
n'ont plus guère d'intérêt que comme applications d'une
méthode de guerre disparue sans retour, et que nous
connaissons mal ; nous ne pouvons les comprendre qu'à
condition d'être d'abord exactement instruits sur le
genre de vie, l'administration des troupes, et sur les
armes même, qui sont encore un objet d'erreurs. L'organisation des armées, les procédés de recrutement et
de *mobilisation*, les divers services et, en particulier,
celui des renseignements, méritent d'être étudiés. Nous
nous attacherons donc à faire ressortir tout ce qui fournira quelques lumières sur ces diverses questions.

C'est par des considérations analogues que nous avons
été amenés à étudier d'abord les guerres du XVIIIᵉ siècle. Les grands noms de Condé, de Turenne, de Luxembourg, de Villars, donnent plus d'éclat à la période
précédente ; mais celle-ci est moins connue, et si elle ne
présente pas autant de généraux illustres et de manœuvres brillantes, elle est plus intéressante au point de vue
des transformations de l'art militaire, ou, si l'on veut,
de l'évolution des méthodes de guerre : elle précède
immédiatement et prépare celle de la Révolution et de
l'Empire. Il est curieux d'y apercevoir mille détails pratiques du service d'état-major, des procédés d'administration, qu'on croirait d'origine récente ; il est intéressant surtout de voir la vieille tactique perdre ses formes
rigides et lentes à mesure que la puissance des armes à
feu étend la zone d'action des armées et donne plus d'ampleur aux opérations ; il est essentiel, enfin, à différents
points de vue, de suivre le développement des procédés tactiques et leur influence sur l'allure et l'esprit de la
guerre, puis de fixer en dernière analyse les changements
qu'il restait à subir entre 1789 et 1793, et de préciser l'influence des passions révolutionnaires sur l'art militaire.

Les campagnes du maréchal de Saxe en Flandre nous

montrent encore la guerre d'autrefois avec sa lenteur et, on peut le dire, son innocuité : une année entière s'écoule sans bataille, et sans même qu'on essaye de combattre ; l'armée ne change pas de position pendant six mois et ne s'ébranle que pour entrer en quartiers d'hiver. Les sièges sont l'occupation principale du roi et des troupes, bien qu'on ne veuille pas conserver les places conquises ; les batailles n'auront pour but que de couvrir l'investissement des villes. La guerre se prolonge sur un théâtre qui n'intéresse aucune des puissances belligérantes et se termine à Maëstricht, loin de Vienne, de Paris et de Londres.

Pourtant le progrès s'annonce ; les armes qui décideront de la victoire de 1792 à 1815 font leur apparition pendant la guerre de la Succession d'Autriche : c'est le fusil à baguette de fer, avec sa cartouche à balle, en service depuis 1740 et réglementaire en 1746 ; le canon de 4 à la suédoise, qui peut tirer jusqu'à dix coups par minute dans les moments décisifs ; l'obusier enfin, dont les projectiles creux, de même calibre que les boulets de 24, éventrent ou incendient les villages où le défenseur défiait jusqu'alors tous les assauts.

La bataille rangée en terrain découvert, celle de Rocroy et des Dunes, a disparu. Les localités jouent maintenant un rôle considérable, aussi bien dans les actions décisives que dans les petites opérations de la guerre. Les mouvements tournants deviennent indispensables pour faire tomber la résistance d'un front solidement appuyé, et Maurice de Saxe les fait exécuter, non plus comme Luxembourg, par une aile de l'armée restant soudée au centre, mais par un corps séparé laissant un intervalle de plusieurs centaines de pas. Raucoux nous présente ainsi l'ébauche d'une bataille moderne.

Dans l'attaque et la défense des postes, le combat de tirailleurs s'impose. On commence à demander qu'une compagnie de chasseurs soit formée dans chaque bataillon, pour s'éparpiller en avant des colonnes d'attaque, et l'infanterie légère apparaît avec Fischer et Grassin.

Les colonnes sont utilisées dans l'ordre de bataille, concurremment avec la ligne déployée, mais, faute d'un règlement et d'une instruction suffisante, l'infanterie est lourde et peu maniable. Elle pratique à peine le coude-à-coude et le pas cadencé; la tactique est dans l'enfance.

On a désigné d'abord sous le nom de division les parties d'une armée en marche, en cantonnements, ou d'un corps de siège. Maurice de Saxe forme des divisions permanentes pour toute la durée d'une campagne; il arrive même à constituer des corps d'armée, comprenant deux divisions d'infanterie et une de cavalerie, et dans lesquels la division d'infanterie se compose uniformément de deux brigades de cette arme et d'une brigade d'artillerie.

L'organisation divisionnaire, qui apparaît ainsi dans nos armées et sera fixée en 1759 par le maréchal de Broglie, n'a pas pour but de faciliter le commandement et l'alimentation, car elle complique fort le service des intendants et l'organisation des magasins; elle répond à un nouveau système de guerre. Les divisions marchent et campent séparément, pour embrasser une grande étendue de pays, restreindre les entreprises de l'ennemi et couvrir les communications sans y consacrer de détachement spécial. Quand une rencontre semble prochaine, les divisions se resserrent; mais, jusqu'à la veille de l'engagement décisif, leur front reste beaucoup plus étendu que celui de l'armée en bataille. Elles prennent à peu près leur distance de déploiement en marchant au combat, et, dans ce mouvement concentrique, certaines d'entre elles sont dirigées sur le flanc même de l'ennemi.

Pendant les huit années qui s'écoulent entre le traité d'Aix-la-Chapelle et la guerre de Sept ans, les règlements se multiplient sans qu'un progrès sérieux s'accomplisse. L'usage des colonnes se maintient, mais Rosbach montre que notre infanterie est toujours aussi peu manœuvrière, figée par son ignorance dans l'ordre de bataille une fois pris. Les généraux français cherchent à suppléer à cette infériorité tactique en recourant à des modes de combat irréguliers. Ils s'éloignent de plus en plus de l'antique bataille rangée aux formes linéaires et solennelles. L'infanterie légère est augmentée, et les régiments de ligne eux-mêmes en font le service ; une compagnie de chasseurs est créée dans chaque bataillon pour fournir des éclaireurs et se déployer en tirailleurs. Le règlement de 1764 consacre l'emploi des tirailleurs dans la formation de combat du bataillon. Le feu à volonté est admis et réglementé pour l'infanterie en bataille.

Le rôle du combat de localités va grandissant. Dans la bataille, il sert à couvrir de fortes réserves massées, comme à Bergen, pour une contre-attaque décisive. En dehors de la bataille on livre des combats de postes importants et non plus de simples escarmouches de partisans : des divisions entières y prennent part ; elles s'y engagent irrégulièrement et à mesure de l'arrivée des bataillons, comme à Corbach. On y voit une division isolée arrêter toute une armée.

Cette faculté de résistance est mise à profit. Les divisions sont réparties sur un espace de huit à douze lieues : si l'ennemi attaque, le corps qui reçoit le premier choc donne le temps de concentrer le reste de l'armée autour de lui et d'offrir la bataille le lendemain matin aux alliés surpris et qui croyaient surprendre. Précédée ou non d'un combat partiel, cette concentration instantanée est la manœuvre favorite du maréchal de Broglie. S'il prend l'offensive, il embrasse tout le terrain entre le Wéser et la Diemel, par exemple, pour acculer l'ennemi vers le confluent et ne lui laisser qu'une seule ligne de retraite. La faculté de se dérober latéralement est ôtée au défenseur, et ainsi disparaît une des causes de lenteur de la guerre d'autrefois ; mais il en reste une autre : l'impossibilité d'enlever certaines positions de vive force, faute d'amener en tous les emplacements voulus une artillerie assez puissante. On essaye d'abord d'un expédient : on alèse les pièces trop lourdes du système Vallière, de manière à les porter au calibre supérieur ; mais les résultats sont médiocres à tous les points de vue. C'est seulement après le traité de Paris que Gribeauval dote la France d'une artillerie vraiment offensive, à la fois mobile et puissante, qui sera une des armes essentielles de la victoire napoléonienne. En même temps, sous l'influence de Guibert et du maréchal de Broglie, notre infanterie acquiert l'aptitude manœuvrière qui lui manquait et qui rend le déploiement des armées plus rapide.

Les tacticiens, en s'efforçant de réprimer les abus de la dissémination à laquelle conduisait d'abord le système divisionnaire, affirment le principe de la réunion et de la liaison des forces ; les disciples de Gribeauval, en même temps qu'ils manifestent un esprit résolument offensif, appliquent à la guerre de campagne une doctrine analogue à celle que Vauban a fixée pour les sièges. Dans les positions défensives comme dans l'enceinte des places, ils veulent faire brèche, en concentrant leurs feux et leurs efforts sur un point unique. La notion de la préparation de l'attaque par l'artillerie apparaît pour la première fois. Ainsi se développent à peu près en même temps les principaux éléments de la stratégie et de la tactique modernes.

L'esprit même des troupes s'est transformé. Le nouvel armement a exigé un ordre serré, une discipline rigoureuse ; le nombre des soldats a augmenté dans de grandes proportions, et l'on est loin des bandes mercenaires du XVIIe siècle. L'armée est devenue nationale, et les troupes étrangères n'y sont plus qu'une exception. Bien que le recrutement reste, en principe, assuré par des engagements volontaires, les miliciens ont paru sur les champs de bataille de la guerre de la Succession d'Autriche, et les héros de Prague et de Pierrelongue, décimés par le froid et la faim, sont les dignes précurseurs des combattants de Sambre-et-Meuse et d'Italie. On en forme bientôt des régiments provinciaux. L'idée de la nation armée, évoquée par les philosophes, imposée par la détresse financière, est fixée par Guibert avant d'être définitivement adoptée par la Convention.

II

L'état des armées et des institutions militaires, en 1744, ne peut être supposé connu; il est même difficile d'acquérir des notions exactes à ce sujet au moyen des documents imprimés et des ordonnances royales, car on ne suit en rien les règlements surannés qu'on n'a pas encore osé modifier. Des lettres ou circulaires ministérielles, des règlements provisoires qui n'ont pas reçu la sanction de la signature royale, fixent le modèle des armes et les formations des troupes d'une manière toute différente de celle qu'indiquent les ordonnances de 1703. Enfin, on reconnaît officiellement que les règlements sont insuffisants, et, en attendant qu'on se décide à les remplacer, on encourage toutes les innovations. Il est donc nécessaire de donner un aperçu des institutions et des habitudes militaires pour faire comprendre et juger les opérations, et cette histoire des campagnes du maréchal de Saxe comprendra une première partie relative à l'organisation de l'armée en 1744. Nous y passerons en revue successivement :

1° Le recrutement de la troupe, avec les conséquences du système en vigueur et les observations qu'il provoquait chez les écrivains militaires du temps; le rôle et l'emploi des milices, la proportion dans laquelle on les mêla aux troupes réglées; les pionniers et ouvriers requis dans les campagnes; les paysans armés, sorte de garde nationale employée à la surveillance des frontières; la réquisition des chevaux et voitures, les états préparés dès le temps de paix pour cette opération;

2° L'armement et l'équipement des troupes, avec le fusil à baguette de fer et le canon à la suédoise, introduits grâce au maréchal de Belle-Isle;

3° L'organisation de l'armée;

4° L'administration, dirigée par un intendant de province, qui proteste dès cette époque contre les lenteurs que le général attribue injustement aux services administratifs;

5° L'instruction, ébauchée dans les projets de règlements de 1703, mais variant toujours d'un corps à l'autre, et peu développée. La discipline, relâchée par suite du mode de recrutement et d'avancement des officiers;

6° Le service des renseignements, où interviennent toutes les autorités civiles et militaires, et qui fait affluer au cabinet du ministre ou du général les rapports les plus complets.

Cet exposé terminé, nous aborderons dans une deuxième partie la campagne de 1744 en Flandre, en commençant par l'examen du plan d'opérations et par les mesures relatives à la concentration de l'armée.

La troisième partie traitera de la campagne de 1745 et de la bataille de Fontenoy; la quatrième, de la campagne de 1746 et de la bataille de Raucoux; la cinquième, de la campagne de 1747 et de la bataille de Laufeld; enfin, la sixième partie, de la campagne de 1748 et de la paix d'Aix-la-Chapelle, imposée à la France par l'extrême détresse où l'a plongée l'administration royale depuis trois quarts de siècle, détresse qui se traduit par l'impossibilité absolue d'entretenir les approvisionnements de poudre et de munitions.

Il serait nécessaire, à vrai dire, pour bien comprendre la marche et l'issue de cette guerre, de posséder une connaissance approfondie de l'état financier de la France à la fin du ministère de Fleury ; mais cette question a été si peu étudiée jusqu'à présent qu'elle exigerait des recherches spéciales aussi étendues que celles qui concernent les affaires militaires. Nous nous contenterons donc de relever dans la correspondance des généraux ce qui peut faire ressortir la misère de la France et la pénurie du Trésor en 1743. Le maréchal de Noailles avait écrit l'année précédente :

« Je sais, Sire, l'épuisement de vos peuples et de vos provinces ; je n'ignore pas le dépeuplement de la campagne et le besoin général où est votre royaume de se trouver soulagé des impôts dont il est surchargé depuis longtemps. Mais dans les circonstances présentes, c'est faire le bien général de l'État que de lui conserver le rang et la réputation qu'il doit avoir dans l'Europe, et c'est aussi l'honneur et la gloire de Votre Majesté. »

Six mois plus tard, il répétait ses observations sur l'état lamentable des finances, et ajoutait : « Sire, c'est à ceux qui ont eu part à l'administration des affaires de rendre compte à Votre Majesté comment il est possible qu'après trente ans de paix, votre royaume se trouve si promptement sans fonds, sans ressources et épuisé d'habitants », et le roi essayait de disculper la mémoire du cardinal Fleury, en faisant remonter l'origine de cette situation au règne de Louis XIV et à la peste de Provence, mais sans nier la misère du royaume. Nous verrons bientôt le contrôleur général Orry ne répondre qu'à la dernière extrémité aux demandes du directeur général de l'artillerie, et le défaut d'argent retarder, dès le début de la guerre, la constitution et les mouvements des équipages, ainsi que les travaux des arsenaux. Il est aisé de prévoir, dès lors, ce que sera dans quatre ans la pénurie du Trésor public.

PREMIÈRE PARTIE

L'ARMÉE AU PRINTEMPS DE 1744

CHAPITRE Ier.

EFFECTIF ET RECRUTEMENT.

I. — Augmentation de l'armée après la campagne de 1743.

« Si la guerre continue, avait écrit le maréchal de Noailles en 1742 (1), on ne pourra se dispenser de faire une augmentation considérable de troupes. On est même persuadé que le plus sûr moyen de se procurer une paix convenable est de faire sentir par là qu'on est en état de soutenir la guerre (2). »

---

(1) Mémoire adressé au roi le 5 août 1742.

(2) Et il avait répété, en février 1744 :

« Dans la situation, Sire, où se trouve votre État, Votre Majesté ne peut sortir des engagements où elle se trouve, ni garantir son royaume des dangers qui le menacent, par les voies d'une guerre ordinaire; il faut redoubler les efforts, prendre les mesures les plus justes et les mieux concertées, et se déterminer à des partis qui puissent en imposer à vos ennemis et donner lieu à quelque révolution capable de changer la face des affaires. Votre Majesté, Sire, doit être persuadée que cette guerre ne se terminera point, ou qu'elle ne perde entièrement, ou qu'elle ne reprenne avec plus de supériorité que jamais le rang et l'ascendant qu'elle doit avoir en Europe. »

Tant que vécut le cardinal de Fleury, ce raisonnement si juste et si simple ne fut pas compris, et l'on s'usa en efforts insignifiants, l'ennemi s'acharnant d'autant plus à nous faire la guerre que nous montrions plus de timidité. Le cardinal mort, on fit une première tentative en 1743 pour reprendre l'avantage en Allemagne; mais la défaite de Dettingen déjoua encore une fois nos espérances. Écrasée par de nouveaux revers au moment où elle croyait réparer les désastres de Bohême, l'armée française n'était plus que l'ombre d'elle-même. Cinq bataillons entiers restaient prisonniers en Autriche; d'autres avaient perdu la moitié ou les deux tiers de leur effectif. La France semblait réduite à la dernière extrémité, quand, sous l'influence vivifiante de la marquise de la Tournelle, Louis XV comprit enfin que, s'il se mêlait de faire la guerre, il fallait s'y jeter corps et âme. Il résolut donc de faire un vigoureux effort, d'animer les troupes par sa présence et de porter plus de 200,000 hommes aux frontières.

« Les alliés, dit d'Espagnac (1), se flattaient que les Français, revenus de Bohême et de Bavière dans un délabrement affreux, seraient hors d'état de se mettre en campagne. Quel ne fut pas leur étonnement et celui de toute l'Europe de voir Louis XV marcher en Flandre à la tête de 80,000 hommes, le maréchal de Coigny sur le Rhin avec 50,000, 10,000 sur la Meuse avec le duc d'Harcourt et 20,000 en Piémont sous les ordres du prince de Conti! »

Ces chiffres même semblent inférieurs à la réalité, car une note, remise au ministre le 1er avril 1744, donne 86,840 hommes en Flandres, 57,160 sur le Rhin, 16,900 sur la Meuse et 30,320 dans les Alpes. Les garnisons

______

(1) Histoire du maréchal de Saxe.

comprises, les troupes réglées atteignaient un total de
281,400 hommes (1).

Le roi entretenait, en outre, 92,500 miliciens (2) et
20,000 paysans armés en Alsace et en Champagne (3).
Il y avait 60,000 matelots dans les équipages.

Pour se faire une idée de la force des armées à cette
époque par rapport à celles d'aujourd'hui, il faut se rappeler que l'on n'y comptait dans l'effectif que les combattants, c'est-à-dire les soldats d'infanterie et de cavalerie et les servants d'artillerie. Pour évaluer le nombre
des rationnaires comme dans une armée moderne, il faut

---

(1)   Maison du roi.............   11,000 hommes.
       Infanterie................. 182,000   —
       Troupes à cheval..........   48,000   —
       Invalides   10,000   —
       Connétablie, etc..........   5,400   —
       Troupes de la marine........   25,000   —

                 TOTAL.....   281,400 hommes.

Ces chiffres, calculés d'après l'effectif réglementaire, ne doivent pas
dépasser beaucoup le nombre des « présents sous les armes », car, pendant l'hiver de 1743-1744, les inspecteurs annoncent souvent que le
complet est atteint ou dépassé, et l'intendant de Flandres écrit que « le
secours des milices a rendu les bataillons beaucoup plus beaux qu'ils
n'étaient » (5 mai 1744).

(2) Dans ce chiffre ne sont pas compris les miliciens gardes-côtes,
boulonnais, etc., restés provisoirement dans leurs foyers et dont le
nombre s'élevait à 150,000 environ.

(3) Il y avait 32,000 paysans armés en Alsace, mais ils se relevaient
de manière qu'il n'y en avait que 8,000 en service à la fois. Ces
paysans armés gardaient le cours du Rhin. Les 10,000 à 15,000 paysans armés en Champagne et Picardie (Thiérache) étaient chargés de
garder le cours de la Meuse en aval de Verdun, et la frontière entre la
Meuse (Mézières) et la Sambre (Landrecies) dans des redoutes et des
postes fortifiés qui existaient depuis soixante ans. Quelques paysans,
armés ou non, avvient été mis sur pied en Picardie pour faire la police,
le pays étant infesté de déserteurs. On entrera plus loin dans de plus
grands détails à ce sujet.

ajouter tout un personnel, alors civil, qui augmenterait l'effectif de la moitié du chiffre donné. Les intendants estiment, en effet, qu'il faut compter 75,000 rationnaires pour une armée de 50,000 hommes (1).

Il y avait d'abord les domestiques des officiers, qu'il était interdit de prendre parmi les soldats. En comptant un valet par officier et un officier pour dix hommes, nous serons certainement au-dessous de la vérité. Qu'on se rappelle les paroles du maréchal de Belle-Isle à Prague : « Nous sommes à Prague 40,000 Français, *dont* 12,000 *valets à la vérité;* mais qui sont Français comme nous et prendront les armes au premier ordre ».

Les conducteurs des voitures attribuées aux corps de troupes, ceux des équipages d'artillerie et des vivres, pouvaient être en tout au nombre de 10,000 (2).

Enfin, le mauvais état des routes et l'abus des fortifications de campagne faisaient employer dans les armées un très grand nombre de pionniers, travailleurs requis dans les provinces voisines (3). Tout en admettant pour les armées du Rhin et d'Italie une moindre proportion de pionniers que pour l'armée de Flandres, il n'en faut pas moins admettre un total de 70,000 valets, conducteurs et pionniers à ajouter à la force des armées.

---

(1) Précis des différents détails dont un intendant d'armée est chargé, avec des observations sur les opérations de M. de Séchelles pendant les campagnes de Flandres en 1744, 1745 et 1746, manuscrit très important écrit par M. de Beaumont, commissaire des guerres. (Bibliothèque du ministère de la guerre.)

(2) Chaque bataillon a droit à 5 voitures, chaque escadron à 1 voiture, chaque état-major de régiment de cavalerie à 1 voiture. États-majors compris, on trouve ainsi 1000 charretiers pour l'armée de Flandres. L'équipage d'artillerie y comprend 1500 à 2,000 chevaux; celui des vivres, 2,500 à 5,000, suivant les années. Il pouvait donc y avoir 5,000 charretiers en tout à cette armée.

(3) Il y a 20,000 pionniers à l'armée de Flandres, soit un quart de l'effectif. On trouvera plus loin de plus amples renseignements à ce sujet.

Le roi de France entretenait donc, en 1744, 460,000 hommes, si l'on ne compte que les troupes de terre, et 520,000 en comptant la marine.

Cet effort ne paraîtra pas très considérable si on le compare à ce qui a été fait depuis ; et pourtant, il ne fut soutenu qu'avec peine pendant quatre années. A la même époque, la Prusse entretenait une armée beaucoup plus considérable en proportion. Les 80,000 hommes de *troupes réglées* qui existaient *en temps de paix* dans la monarchie prussienne étaient, à la population de cette dernière, dans le même rapport que les 520,000 soldats, miliciens, valets, conducteurs, pionniers, paysans et marins, que nous avons énumérés, à la population de la France.

Dès le mois de janvier 1744, le Roi sent qu'il est à bout de ressources et il refuse de lever de nouvelles troupes étrangères, régiments ou compagnies franches, bien qu'il lui soit fait des offres très dignes d'être acceptées (1).

L'accroissement des effectifs fut réalisé par le comte d'Argenson avec une méthode et une régularité qui con-

----

(1) Le lieutenant-général Dumesnil, par exemple, transmet l'offre faite par le comte de Berlau de lever un régiment de dragons liégeois, capable de rendre les plus grands services par leur connaissance du pays wallon et par les intelligences qu'ils auraient. « M. le comte de Berlau, disait-il, a servi 34 ans en France, capitaine dans la colonelle générale de dragons ; il est frère de madame l'abbesse princesse de Nivelle, de l'évêque de Namur et d'un chanoine de Liège, qui est actuellement sur les rangs pour être élu prince de Liège. Il est dans une grande considération et très en état d'attirer beaucoup de gens de qualité du pays, très utiles peut-être dans la situation présente. » M. d'Argenson, ministre de la guerre, répond, le 15 février, que « le Roi pense très avantageusement sur le compte de M. de Berlau, et que Sa Majesté se souviendra de sa bonne volonté dans l'occasion ; mais que, quant à présent, Elle n'est point dans l'intention d'augmenter le nombre des nouvelles levées qu'Elle a ordonnées ».

trastent avec ce qui s'est fait plus tard. Il ne se hâta pas
,de grossir le nombre des soldats par des augmentations
subites ; ses dispositions furent prises d'avance et les
renforcements préparés de longue main (1). C'est du mois
d'août au mois d'octobre 1743 que sont prises la plupart
des décisions dont l'effet doit se faire sentir en 1744. Les
éléments nouveaux sont versés par petites quantités
dans les unités existantes ou, si des unités nouvelles sont
formées, elles sont exercées longtemps dans les places
avant de rejoindre leurs corps. Les bataillons de milices,
composés d'hommes à qui manquait tout au moins la
vocation militaire, furent maintenus dans les places ; les
miliciens, envoyés individuellement dans les bataillons
de ligne, ne conservèrent ni leurs cadres ni leur esprit
particulier ; ils étaient d'ailleurs tous instruits depuis
plus d'un an par les officiers de l'état-major des places.
Quand on verra ce qu'étaient l'instruction et la discipline
des troupes françaises en 1744, on pourra s'étonner du
soin qu'on mettait à n'avoir que d'anciens soldats sous
les drapeaux ; et pourtant, la plupart des officiers généraux trouvaient encore ces mesures insuffisantes.

Les troupes à cheval furent augmentées de 8,880
hommes ; les troupes à pied, de 21,930 ; soit en tout
30,810 hommes pour toute l'armée, pendant l'hiver de
1743-1744.

On créa 152 compagnies de cavalerie de 35 hommes,
mais leur création est ordonnée dès le 1er juillet 1743 ;
elles sont versées au mois d'octobre dans les différents
régiments de l'arme, et les nouveaux cavaliers, en
entrant en campagne, auront au moins 7 mois de présence au corps et 10 mois de service.

Le mélange est mieux assuré encore dans les dragons,

---

(1) Il faut se rappeler que des accroissements subits avaient été faits
au début de la guerre.

où l'on ajoute 9 hommes par compagnie pour former
ensuite 16 régiments à 15 compagnies au lieu de 15 régiments à 16 compagnies (ordonnances du 20 juillet 1743
et du 24 juillet 1744).

On procède de même dans l'infanterie. Les compagnies
d'infanterie allemande sont portées de 80 à 110 hommes,
et l'on crée 2 compagnies nouvelles dans 4 de ces régiments. Chacun des 9 régiments suisses est augmenté de
4 compagnies nouvelles. Chacune des compagnies de
fusiliers des gardes françaises est portée de 140 à
150 hommes. Les 40 compagnies de canonniers, bombardiers et sapeurs de Royal-Artillerie sont augmentées
de 30 hommes chacune.

Ces augmentations sont ordonnées respectivement les
31 août, 22 et 30 septembre et 10 octobre 1743. Il
s'écoulera au moins six mois avant l'entrée en campagne.

Si l'on ordonne la création d'un bataillon nouveau
dans chacun des régiments de Picardie, Champagne,
Auvergne et Dauphiné (1), c'est que l'esprit de corps y
est assez puissant pour animer les nouvelles formations,
qui resteront dix mois avant d'entrer en campagne. Il en
est de même, à plus forte raison, des bataillons auxquels on peut donner un noyau d'anciens soldats.

Les régiments de Bourgogne, Limousin, Médoc et
Ponthieu avaient été pris à Egra, mais un certain
nombre d'isolés de ces régiments avaient échappé à la
capitulation pour divers motifs. Ces hommes, au nombre
de 200 environ par régiment, servirent de noyau à
4 nouveaux bataillons, dans la composition desquels
entrèrent en outre des miliciens instruits, de sorte que
les recrues y furent encore solidement encadrées. Les
ordonnances rendues à ce sujet font ressortir le soin

____

(1) Ordonnance du 10 août **1743**.

avec lequel on entretint dans ces nouveaux bataillons l'esprit de corps des régiments (1).

Les troupes franches, en raison de leur recrutement spécial et du rôle qu'elles avaient à jouer en campagne, étaient considérées comme pouvant partir en guerre presque aussitôt après leur formation (2); mais le régi-

---

(1) Ordonnances des 3 novembre et 1er décembre 1743 et 6 janvier 1744 :

« Sa Majesté s'étant fait rendre compte du nombre d'officiers, sergents et soldats du régiment de Bourgogne qui, en étant absents lorsqu'il est entré dans Egra, sont revenus en Alsace, et voulant leur témoigner la satisfaction qu'Elle a de la valeur et de la discipline avec laquelle ils se sont conduits, tant pendant leur séjour en Bavière que dans leur retraite jusqu'au Rhin, Elle a résolu d'en former un bataillon et de les mettre par là en état de servir à l'ouverture de la campagne prochaine avec le même zèle qu'ils ont témoigné dans les précédentes; et, en conséquence, Elle a ordonné et ordonne :

« Art. 1er. — A commencer du 1er décembre prochain, lesdits 200 hommes seront séparés en seize parties les plus égales qu'il sera possible, soit par l'inspecteur ou par le commissaire des guerres qui en aura la police, pour chacune desdites parties, former la tête des 16 compagnies dudit bataillon, observant que, dans les parties où il ne se trouvera point de sergents, il en soit choisi deux, ainsi que le nombre de caporaux et d'anspessades qui sera nécessaire parmi les anciens soldats dont lesdites parties seront composées.....

« Art. 8. — Veut au surplus Sa Majesté que ledit bataillon prenne dans le corps de son infanterie le même rang que tient ledit régiment de Bourgogne, se réservant Sa Majesté, lorsque les officiers et soldats de ce corps faits prisonniers à Egra seront mis en liberté, soit par échange ou par payement de rançon, de marquer ses intentions sur ce qui sera observé lors de leur jonction au bataillon formé en exécution de la présente ordonnance. »

(2) Compagnie franche de Damiens, de 50 hommes, créée le 1er septembre 1743.

Compagnie franche de Fischer, de 60 hommes, créée le 1er novembre 1743.

Compagnie franche de Gœngœsy, de 50 hussards.

Guides du Dauphiné, de 50 hommes, créés le 25 janvier 1744.

Fusiliers de montagne, de 1200 hommes, créés le 12 février 1744.

Régiment de Grassin, de 1200 hommes, créé le 1er janvier 1744.

Régiment de Raugrave, de 600 hussards, créé le 27 septembre 1743.

ment de Grassin, à cause de son effectif élevé, reçut un fort noyau de vieilles troupes (700 hommes sur 1200) (1).

Le régiment de Lowendal, recruté en Allemagne avec un soin particulier, peut servir dès sa formation ; mais les bataillons nouveaux de l'infanterie française et suisse sont laissés d'abord dans les places. Le régiment de dragons de Septimanie, créé par ordonnance du 1er mars 1744, n'entrera en campagne qu'en 1745.

Parmi les créations de l'année 1744, il en est une qui présente un caractère spécial : le régiment de Royal-Lorraine, fort de 1950 hommes, est prélevé sur la milice de Lorraine, et sera recruté ensuite dans cette milice, qui est levée par voie de tirage au sort. Ainsi apparaît pour la première fois, dans l'infanterie de ligne, une troupe recrutée par la conscription sans engagements volontaires.

Si nous avons tout lieu d'admirer la méthode et la lenteur des accroissements d'effectifs accomplis en 1744, il ne faut pas oublier qu'on n'avait pas pu agir toujours avec la même circonspection. On n'entretenait sur le pied de paix qu'une faible partie de ce qui était néces-saire en temps de guerre, et, au moment de l'ouverture des hostilités, on enrôlait tout d'un coup une foule de recrues qui n'avaient jamais servi et, parfois, n'étaient pas en état de servir. Ainsi, dès le jour de l'entrée en campagne, le quart de l'armée était sans instruction. Dans un « Mémoire sur le service prussien comparé avec le français (2) », on voit que le régiment d'Alsace,

---

(1) Les compagnies franches de Romberg (150 hommes), Bidache (200), du Bayet (100), Vandal (100) et Dulimont (150) sont versées dans le régiment de Grassin par diverses ordonnances rendues pendant le mois de janvier 1744.

(2) Ce mémoire sera cité en entier dans le chapitre consacré à l'orga-nisation de l'armée.

par exemple, par suite des augmentations successives ordonnées pendant la guerre, se trouvait noyer ses 640 vieux soldats dans 2,000 recrues, et l'on peut opposer à cette organisation celle de l'armée prussienne qui, par son système de congés, arrivait à faire deux campagnes sans incorporer un seul homme dont l'instruction militaire ne fût complète.

II. — Recrutement par engagements volontaires.

On sait que le recrutement se faisait, en principe, par engagements volontaires et par les soins des capitaines commandants. Nous n'avons pas à développer ici les innombrables inconvénients et les avantages de ce système bien connu. Rappelons seulement quelques détails qui pourraient passer inaperçus.

Les engagements étaient contractés, dans les troupes de ligne, pour six ans au moins. En dehors des cas exceptionnels, actions d'éclat, etc., un soldat ne pouvait obtenir le moindre grade, même celui d'anspessade, sans être rengagé. Les ordonnances interdisaient, en temps ordinaire, de donner une prime d'engagement supérieure à 30 francs. Le prix habituel que payait le roi au capitaine d'une compagnie de nouvelle levée, pour chaque homme (armement et équipement compris), était d'environ 100 livres. A la fin d'une guerre, on atteignait des chiffres beaucoup plus élevés. La solde était payée d'après l'effectif reconnu par les commissaires des guerres dans leurs revues, mais ces revues étaient à peu près illusoires à cause de la tolérance des commissaires, *qui n'auraient pas été moins injustes s'ils avaient été plus stricts :*

« Un bon officier, qui a pris soin de sa troupe et qui entre en campagne complet, se trouve souvent au pair pour le traitement avec un autre officier du même régiment, auquel il manque parfois 8, 10 et 15 hommes; il n'en passe pas moins complet, et tous les revenants bons sont pour lui un bénéfice dont les bons officiers sont privés, ce qui opère un effet très désavantageux au service du roi de toute manière; on sait qu'il n'est pas possible et qu'il serait peut-être contraire au service de tenir la rigueur jusqu'à un certain point, et même lorsqu'un officier, par des malheurs de soldats tués, morts de maladie ou désertés, a perdu beaucoup de monde, il est bien juste de le favoriser, et c'est alors faire le bien du service du roi; mais quand ce n'est pas par de pareils motifs qu'une compagnie est faible, en la passant comme celles qui sont fortes, cela opère des maux d'une très dangereuse conséquence (1). »

Il fallait donc que le commissaire ne se contentât pas de passer la revue strictement, et qu'il tînt compte des motifs qui avaient pu causer des incomplets dans l'effectif! Il était forcé de nuire à l'État ou aux capitaines. C'est un vice inhérent à ce système de recrutement et d'administration, où les capitaines devaient pourvoir à tout avec une masse déterminée, pour le montant de laquelle on ne tenait aucun compte des circonstances particulières où la compagnie se trouvait. On remarquait au contraire qu'en Prusse, à la même époque, les revues étaient passées et rendues exactement, parce que le roi était seul chargé du recrutement, et que les capitaines n'avaient d'autre intérêt que d'avoir des compagnies complètes (2).

Le recrutement par voie d'engagements volontaires, appliqué exclusivement en temps de guerre, conduisait assez vite à épuiser le nombre de jeunes gens vraiment aptes au service, et l'on en venait à accepter des hommes chétifs ou malingres, hors d'état de faire campagne. Au printemps de 1744, on est obligé de laisser 4,500 de ces mauvaises recrues dans les places et de les remplacer par des miliciens. Le même inconvénient se présente dans les régiments étrangers, et sans remède (3).

----

(1) M. de Beaumont, ouvrage cité.

(2) *Mémoire sur le service prussien comparé avec le français.* (Manuscrit de la bibliothèque du ministère de la guerre.) On verra les conséquences de ce système pour l'esprit et le zèle du corps d'officiers dans le chapitre consacré à l'instruction et à la discipline.

(3) « J'apprends que leurs recrues sont fort mauvaises. M. de Mon-

On se procure cependant les recrues des pays étrangers, et surtout de l'Allemagne orientale, de la Hongrie et de la Pologne, par les moyens les plus compliqués, et le voyage de ces recrues est en général difficile et plein de péripéties. M. de Lowendal, par exemple, lève un régiment allemand. Une partie de ses recrues est embarquée à Hambourg sur un navire anglais, de sorte que le résident anglais essaye de l'empêcher de mettre à la voile. On part cependant, mais c'est pour tomber au milieu de l'escadre anglaise, qui prend le navire et les recrues. L'odyssée du sieur de Lilienfeld, chargé de lever des hussards dans les pays scandinaves, est bien autrement accidentée et finit par coûter 2,000 francs au roi de France (1). Tous les officiers recruteurs ne sont pas aussi fantaisistes que M. de Lilienfeld, mais beaucoup réussissent aussi mal.

Le recrutement des compagnies franches est particulièrement intéressant. Les hommes qu'on y engage sont pris de part et d'autre des frontières pour faire le service de troupes légères, d'éclaireurs et en même temps d'espions. La plupart sont gens de sac et de corde, contrebandiers, repris de justice, évadés qui cherchent à se faire grâcier. Le choix de leurs officiers est très important, car ceux-là devront avoir les qualités de leurs sol-

---

conseil, qui a voulu voir par lui-même l'état où ils étaient, a vu combien il est différent de ce qu'on lui avait demandé, et il a été obligé de réformer une grande quantité d'enfants qu'on avait enrôlés et qui ne pouvaient seulement pas porter leurs armes. Il est vrai que ce qui cause l'embarras de ces régiments est la difficulté de pouvoir recruter et de trouver les déserteurs qu'il leur faudrait pour cela. » (Lettre du maréchal de Coigny du 9 février 1744.)

(1) Le sieur de Lilienfeld, ci-devant officier au service de Suède, se fait donner commission de lever une compagnie de hussards dans le Nord. Il déclarera être parti de Stockholm avec 1 enseigne et 15 hussards, et en avoir embarqué 15 autres en route; mais en arrivant en France, ils ont disparu, à l'exception de six. C'est qu'on a fait escale dans les ports de Hollande, à Amsterdam, à Haarlem, et les hussards

dats sans en avoir les vices et formeront la partie vraiment active de l'armée pendant les longues semaines qu'elle passera dans les camps. On entreprend avec eux de véritables négociations, car ils se donneront au plus offrant, et il est tel d'entre eux qu'on a grand intérêt à ne pas laisser entrer au service de l'Autriche.

Pendant une tournée sur la frontière du Luxembourg, M. de Manville entend parler d'un nommé Le Roy « homme intrigant, dit-il, qui a été contrebandier et pour ce banni. Il n'oserait paraître sur nos terres, mais c'est un homme déterminé et qui en a donné plusieurs preuves, extrêmement intelligent, connaissant les places de cette frontière et principalemedt celle-ci (Givet), où il a travaillé longtemps sous les entrepreneurs. Il n'y a pas un chemin, pas un buisson qu'il ne connaisse, en quelque endroit que ce soit, même jusqu'à Paris. La reine de Hongrie vient de le faire premier lieutenant d'une compagnie franche de dragons; on m'a rapporté les discours qu'il tenait sur cette place pour une surprise et ses propos sont bien fondés », et M. de Manville conclut en disant que « c'est un homme capable d'être un excellent partisan; c'est un fripon et un pendard, mais je crois qu'il nous serait très utile dans ce pays, connaissant de plus les places voisines des étrangers et les chemins pout aller à eux.

---

ont déserté pendant que le sieur de Lilienfeld dépensait l'argent qui lui avait été remis et en demandait à nos ambassadeurs ou résidents.

La note de ce qu'il a reçu est relevée à son arrivée en France et résumée ainsi :

Payé par M. de Laumarie, ambassadeur en Suède, pour transport et nourriture de 15 hommes de Stockholm à Amsterdam.................................... 20 ducats.

Reçu par ledit sieur de Lilienfeld de M. l'abbé de la Ville, à la Haye..................................... 40   —

Plus de M. Laugier, consul du roi à Amsterdam........ 78   —

TOTAL..... 138 ducats.

faisant 619 flor. 10 s. de Hollande.

A Givet, par ordre de M. de Machault....... .... 200 livres.

Plus à Valenciennes................................. 50   —

TOTAL..... 250 livres.

Et c'est alors à qui ne prendra pas les recrues de M. de Lilienfeld, de crainte d'avoir à payer les frais de recrutement et de transport, selon l'usage.

Si vous le jugez à propos, je ferai parler à cet homme pour lui faire quitter le service de la reine; mais il faudrait lui donner sa grâce et lui donner un emploi de lieutenant avec 150 ou 200 livres à la suite de la place. C'est un bon partisan et dangereux à ôter à la reine, tout le monde le dit, et nous nous en servirions utilement (1) ».

Le même cas se reproduit exactement, quelques années plus tard, à propos d'un capitaine de partisans du nom de Cavalié, que l'on veut enlever au service de l'Autriche, mais qui est tué au moment où les négociations vont aboutir.

Le 21 juillet 1744, le ministre prend au service du roi un contrebandier nommé Cordet, avec promesse de grâce à la fin de la guerre (2), etc.

En 1743, le bailli de Givry, gouverneur de Dunkerque, prend au service de la France un nommé Vandeputte, natif du pays de Waës, et domicilié à Furnes, qui a servi comme partisan dans l'armée hollandaise lors des dernières guerres (ce qui donne lieu de penser qu'il n'avait pas moins de 55 à 60 ans). Cet homme reçoit la solde de capitaine réformé d'infanterie à la suite de la garnison de Dunkerque (37 liv. 10 sols et 70 livres de gratification par mois). Il lui a été promis qu'il lèverait une compagnie de fusiliers. Il réclame, en 1744, l'exécution de cette promesse, faisant valoir qu' « il a été fortement sollicité par les généraux hollandais pour servir comme il a déjà fait dans leurs troupes; mais il préfère le service de France ». Il

____

(1) Lettre du 27 septembre 1742.

(2) « Nous, ministre et secrétaire d'État ayant le département de la guerre, promettons au nom du roi au nommé Jean Cordet, marchand brasseur de Lagny en Thiérache, de le mettre à couvert de toutes poursuites et condamnations qui pourraient avoir été faites ou intentées contre lui pour fait de contrebande et faux saulnage, à condition de servir bien et fidèlement le roi dans la compagnie franche du sieur Quentin Gagneux pendant le cours de cette campagne, après laquelle il lui sera expédié les lettres de grâce nécessaires à cet effet.

« Fait à Arras, le 21 juillet 1744.

« DE VOYER D'ARGENSON. »

propose de lever « une compagnie de 100 hommes de pied, parlant comme lui la langue flamande et connaissant parfaitement la Flandre autrichienne, qui pourront être d'une très grande utilité ».

D'après le traité passé avec lui, il recevra à la paix une solde de 450 livres comme capitaine réformé, et à sa mort sa veuve aurait 200 livres de pension.

Tel est le mode de recrutement des compagnies franches. Les habitants de la Flandre, du Hainaut, du Brabant, des pays de Liège et de Luxembourg n'avaient pas d'esprit national bien décidé, et ils s'engageaient indifféremment dans les armées française ou autrichienne. Nous lèverons dans les Pays-Bas des troupes wallonnes qui ne le céderont en rien à celles de l'Autriche.

Les troupes légères à cheval, c'est-à-dire les hussards, se recrutent pour la plus grande partie hors de France, et autant que possible en Pologne ou en Hongrie; à la vérité, c'est surtout par la désertion des hussards ennemis que ce recrutement est assuré; on a vu que les tentatives faites pour amener jusqu'en France des détachements recrutés dans le Nord n'étaient pas souvent couronnées d'un succès complet; mais la désertion est à la fois la plaie et la ressource des régiments étrangers. Pendant toute la campagne, ce n'est qu'un chassé-croisé d'une armée à l'autre. Au premier mécontentement, à la première crainte de punition, ou simplement pour voir du pays et toucher une nouvelle prime, l'homme déserte, sûr d'être incorporé séance tenante dans l'armée ennemie. De là, une désertion qui passe toute idée. Sur une armée de 20,000 hommes, il en disparaît 12 ou 15 par jour, mais il en revient d'autres. La surveillance la plus active et les châtiments les plus rigoureux ne font que réduire le nombre des déserteurs à 3 par jour.

Les hussards d'origine hongroise, cosaque ou polonaise, sont recherchés comme des raretés et assurés, par conséquent, d'être bien accueillis quand ils passent à la France. On les paye cher et on leur rembourse leur cheval, qu'ils ont volé à l'armée impériale et qu'ils iront lui revendre un jour ou l'autre. C'est une affaire d'État, quand un gouverneur de place forte arrête un déserteur hongrois, venant des Pays-Bas, et confisque son cheval au profit du domaine. Les colonels de hussards, les inspecteurs poussent les hauts cris :

« Je ne saurais vous exposer, écrit M. de Berchiny au ministre dans un cas semblable, tous les inconvénients qui naissent de démonter ainsi les hussards ennemis qui arrivent; leurs chevaux, leurs selles et leurs armes, toutes différentes des autres, ne sont propres que pour nous, Permettre qu'on nous en prive, c'est jeter nos officiers dans de nouvelles dépenses qui les ruinent, parce qu'ils sont obligés de tirer de loin les choses nécessaires pour équiper ces déserteurs, qui ne se trouvent pas sur les lieux faute d'ouvriers; d'ailleurs, il arrive communément que, en ôtant à un déserteur un cheval, des armes et une selle qu'il affectionne, on lui donne du dégoût pour le service du roi. L'étranger en est informé et la désertion cesse. »

Le ministre ne peut que lui donner satisfaction, en écrivant au gouverneur qui s'est rendu coupable de confisquer un hussard, les lettres les plus impératives :
« M. de Beausobre s'est plaint, Monsieur, de ce que 9 déserteurs hongrois étant arrivés à Longwy, montés et équipés, vous avez refusé de remettre leurs chevaux et équipages à un maréchal des logis de son régiment qu'il y a envoyé pour les recevoir. Il est vrai qu'il a toujours été d'usage de donner la préférence en pareil cas aux officiers de hussards. Ainsi vous ne devez point faire de difficulté d'en agir de même, et, s'il n'est plus en votre pouvoir de faire rendre les chevaux de ces 9 déserteurs, vous devez du moins avoir attention que ceux des déserteurs hongrois qui se rendront à Longwy ne soient plus *détournés* à l'avenir ».

Non seulement on ne faisait pas difficulté d'admettre des étrangers dans l'armée du roi, mais on ne souffrait pas que des individus de race anglaise, par exemple, restassent en France pendant la guerre sans servir dans nos régiments irlandais. Une ordonnance est rendue, le 25 avril 1744, « pour obliger les Anglais, Écossais et Irlandais, qui sont en France, de prendre parti dans les régiments irlandais qui sont au service de Sa Majesté ».

« Ne voulant point souffrir dans ses États des gens qui y sont comme
vagabonds et sans aveu, pendant qu'ils peuvent être utilement employés
dans lesdits régiments, dit l'ordonnance, Sa Majesté enjoint très expressément à tous les Irlandais, Anglais et Écossais qui sont dans la bonne
ville de Paris et dans les autres villes et lieux de son royaume, sans
vacation et sans emploi, âgés depuis 18 ans ou environ jusqu'à 50, et
en état de porter les armes, soit qu'ils aient été ci-devant ou non dans
les régiments irlandais qui sont au service de Sa Majesté, de se rendre
incessamment dans les provinces et armées, marquées dans l'état qui
est à la fin de la présente, pour y joindre cesdits régiments et y prendre
parti ; à peine à ceux qui y ont déjà servi d'être traités comme déserteurs, suivant la rigueur de ses ordonnances, et aux autres d'être punis
comme vagabonds et condamnés aux galères, etc. »

III. — Emploi des milices pour le recrutement de l'armée.

Les engagements volontaires ne pouvaient suffire à
fournir les 30,000 hommes exigés par les diverses ordonnances qui avaient augmenté le complet réglementaire,
en même temps qu'à combler les vides produits par la
dernière campagne (1). Il fallut encore recourir aux
milices pour recruter l'armée de ligne.

Créées en 1688, les milices ont fréquemment servi,
malgré les termes mêmes des ordonnances, à compléter
les armées. Elles étaient soumises, en 1743, au régime
institué le 20 novembre 1736. Les miliciens étaient désignés pour 6 ans par le tirage au sort dans chaque paroisse ; ils avaient de 16 à 40 ans. En temps de paix, ils
étaient astreints à des appels annuels dont la durée
n'était pas fixée, qui furent d'abord de 10 à 15 jours, puis
tombèrent à néant vers la fin de la monarchie. En cas
de guerre, une ordonnance les appelait à l'activité (2).

---

(1) Voir ci-après la lettre du maréchal de Coigny au ministre (9 février 1744).

(2) Nous ne donnons ici que des renseignements sommaires sur ce
qui concerne l'organisation des milices, cette question étant traitée à
fond dans l'ouvrage de M. Léon Hennet : *Les milices et les troupes
provinciales*. Paris, Baudoin, 1884.

Depuis 1742, il y avait 100 bataillons de milice de 600 hommes chacun. Un certain nombre d'entre eux furent versés à l'armée de Bohème et reconstitués après la campagne de 1742 ; on fit en outre, sur l'ensemble des bataillons, des prélèvements pour recruter les troupes de ligne. 30,000 hommes furent appelés à la fin de 1742 pour combler, dans la milice, les vides produits par le recrutement de l'armée et porter quelques bataillons à 900 hommes.

Quand nos armées d'Allemagne furent rentrées en Alsace, on crut d'abord que les capitaines seraient en mesure de recompléter leurs compagnies par des engagements volontaires ; mais on en reconnut bientôt l'impossibilité. Il fallut demander encore une douzaine de mille hommes à la milice.

Pour préparer cette mesure et pour augmenter la milice elle-même, le roi rendit l'ordonnance du 10 juillet 1743, prescrivant un appel de 36,000 miliciens. Le 25 octobre suivant, il ordonna l'incorporation de 11,144 miliciens dans les régiments revenus de Bavière, à raison de 208 par bataillon (sauf le bataillon de Vareix, de Royal-Artillerie, qui n'en reçut que 120) (1).

---

(1) « Sa Majesté ayant considéré que les capitaines des régiments de son infanterie française qui ont servi en Bavière n'ont pu s'employer jusqu'à présent au rétablissement de leurs compagnies, n'étant rentrés en France qu'au mois de juillet de cette année, plusieurs même ayant continué à servir dans les armées du Rhin, et que le temps qui leur reste d'ici au printemps prochain pourrait n'être pas suffisant pour compléter leurs compagnies, Sa Majesté aurait résolu de leur en faciliter les moyens, et, à cet effet, Elle a ordonné et ordonne qu'il sera fourni à chacun desdits régiments, compris dans l'état qui sera joint à la présente ordonnance, le nombre d'hommes qui s'y trouve marqué, lesquels seront tirés des bataillons de milice actuellement sur pied, et répartis également par les commissaires des guerres dans les 16 compagnies de fusiliers de chaque bataillon desdits régiments, ainsi que dans celles des bataillons de Valenceau, Pumbecque et Vareix, du régiment Royal-Artillerie..... Les miliciens qui seront incorporés dans

On a vu plus haut que quatre bataillons avaient été créés en Alsace au titre des régiments de Bourgogne, Limousin, Médoc et Ponthieu, et que chacun de ces bataillons avait un noyau de 200 anciens soldats. Pour ne pas obliger les capitaines à lever tout d'un coup les deux tiers de leurs compagnies, on versa 200 miliciens dans chacun de ces bataillons, soit 800 au total.

Cette incorporation des milices dans l'armée de ligne avait ses avantages et ses inconvénients, ses partisans et ses détracteurs. Le maréchal de Noailles, bien qu'il prisât les troupes réglées fort au-dessus des milices, applaudissait aux mesures qui avaient permis de relever si rapidement les effectifs (1). D'autres ne veulent pas admettre que les miliciens, même soustraits à l'influence de leurs cadres et de leur esprit particulier, puissent

---

lesdits régiments et compagnies seront tenus d'y accomplir le service qui leur restait à faire dans la milice, à peine, s'ils viennent à le quitter avant ledit temps expiré et sans avoir obtenu leur congé, d'être traités comme déserteurs..... Déclare au surplus Sa Majesté, que les motifs qui l'ont déterminée à faire fournir des recrues de milice à ses troupes ayant cessé par leur rentrée dans le royaume, son intention est que dorénavant les capitaines restent chargés du rétablissement entier de leurs compagnies. »

(1) Le maréchal de Noailles au comte d'Argenson :

« Longwy, le 17 novembre 1743.

« J'ai reçu, Monsieur, la lettre que vous m'avez fait l'honneur de m'écrire le 1er de ce mois en m'envoyant l'ordonnance du Roi au sujet des soldats de milice que S. M. a destinés à servir dans les régiments de son infanterie française revenus de Bavière. Je ne sais s'il n'y a point encore quelques-uns des régiments revenus de Bohême qui auraient besoin d'être aidés pour pouvoir se remonter ; mais c'est matière à examiner avec vous à mon arrivée. Quoi qu'il en soit, j'ai vu avec beaucoup de plaisir la nouvelle ordonnance pour les 54 bataillons revenus de Bavière, au moyen de quoi il y en a plusieurs qui seront plus que complets ; je ne doute point que, par l'effet de vos soins et de vos précautions, tout le reste de l'infanterie ne soit promptement en bon état et sur le pied qui convient pour entrer de bonne heure en campagne. »

faire de bons soldats, et ils leur préfèrent malgré tout les recrues, si mauvaises qu'elles soient (1) ; nous verrons cependant, au début de la campagne de 1744, combien de ces recrues sont malingres et hors d'état de servir, et nous ne pourrons nous dispenser de conserver quelques doutes sur la valeur des arguments présentés ici. Le maréchal de Noailles en fait valoir de plus sérieux dans son mémoire du 5 août 1742, non seulement au point de vue de l'armée, mais pour l'intérêt de la population civile.

Il est certain que beaucoup de miliciens trouvaient moyen de se faire remplacer par des gens de bonne volonté, malgré les ordonnances ; mais le nombre de ces remplaçants n'atteignait pas, parait-il, un huitième de l'effectif total des milices. Par conséquent, la majorité des miliciens étaient bel et bien incorporés par voie de tirage au sort. Les conditions dans lesquelles on était désigné pour cette milice n'étaient pas capables d'en faire désirer le service : c'était une corvée comme tant d'autres, puisque être miliciable était une marque d'infériorité, comme d'être soumis à l'impôt et à la corvée. Tel qui consentait volontiers à faire campagne dans l'armée active s'efforçait d'échapper à la milice, où l'on était déconsidéré. L'esprit était donc, en général, assez mauvais, bien qu'en des circonstances graves le patriotisme du milicien l'élevât au niveau des meilleures troupes. Comprise et recrutée comme elle l'était, la milice ne donnait pas l'idée du service obligatoire, et les miliciens servaient toujours de mauvaise grâce. Tel est le véritable reproche qu'on pouvait leur faire dans l'armée de ligne, car leur instruction ne devait guère être inférieure à celle des troupes réglées.

----

(1) Un major de régiment demande que des congés soient accordés à plusieurs officiers et sergents « pour faire des recrues qui raccommodent les compagnies des mauvaises milices qui y sont entrées ».

D'autre part, ces mauvais soldats étaient meilleurs citoyens que les gens parmi lesquels se recrutait l'armée, de sorte qu'il y avait tout à gagner pour le pays à pousser jusqu'aux dernières limites le recrutement par engagements volontaires avant d'avoir recours aux milices. Il reste pourtant à se demander si l'on n'atteignait pas ces limites dès le début d'une guerre.

Quoi qu'il en soit, voici comment s'exprimait à ce sujet le maréchal de Noailles en 1742 :

« On a proposé, dit-il, de faire une levée supplémentaire de 40,000 hommes de milice. Mais le seul avantage qui se présente d'abord pour l'augmentation des troupes par le secours d'une nouvelle milice, c'est la célérité avec laquelle on en ferait la levée. Il n'en coûterait qu'une ordonnance qu'on enverrait aux intendants des provinces, qui la feraient ponctuellement exécuter aux jours marqués. Mais cet avantage est le seul qu'il y ait dans ce projet, et il est balancé par beaucoup d'inconvénients :

« 1° On sait que les milices ne font jamais des troupes de campagne ; qu'elles ne sont propres qu'à être mises en garnison, et que même on ne leur confierait point la garde d'une place frontière qui risquerait d'être attaquée ;

« 2° Il y a actuellement 60,000 hommes de milice. Or, d'en lever encore 40,000, ce serait, dans l'espace d'un an, ôter 100,000 hommes à la campagne, qui ne se trouve déjà que trop dépeuplée, et à laquelle il faudrait plutôt donner des sujets pour la cultiver que de lui en retirer ;

« 3° De cet inconvénient en naît encore un autre, qui est qu'ordinairement, au premier bruit d'une nouvelle levée de milices, plusieurs jeunes gens abandonnent le pays et se dispersent, de sorte que, pour un homme qu'une paroisse est obligée de fournir, elle en perd souvent plusieurs, ce qui augmente encore le dépeuplement ;

« 4° Les 40,000 hommes de milice qu'on propose pour l'augmentasion dont on a besoin feront, sur le pied des anciennes milices, 67 bataillons, et, par conséquent, 804 capitaines et autant de lieutenants. Or, cette nouvelle création d'officiers fait : 1° une dépense considérable ; 2° un grand embarras à la paix quand il est question de les congédier ; car si on les renvoie alors sans rien leur donner, ils murmurent et, quelquefois avec raison, et si on leur donne des pensions, au moins à quelques-uns, c'est une nouvelle charge pour l'État ;

« 5° En supposant que la guerre se déclare, il ne faut pas douter qu'elle ne soit poussée avec vigueur, surtout de la part des Anglais. Il semble donc qu'il ne serait pas prudent d'épuiser d'avance les provinces maritimes par des levées de milices. »

Le maréchal préférerait donc augmenter les troupes réglées de la manière suivante :

« Le Roi ayant sur pied 156 bataillons à 16 compagnies et 1 de grenadiers, on propose de prendre 4 compagnies de chaque bataillon, ce qui fera 624 compagnies, lesquelles feront 52 bataillons de 12 compagnies chacun. On incorporera ensuite ces bataillons dans les régiments de la tête de l'infanterie pour en faire des 3e et 4e bataillons. On formera une nouvelle compagnie de grenadiers à chacun de ces bataillons, qui sera prise dans le bataillon, en tirant seulement des autres compagnies de grenadiers du régiment quelques grenadiers pour former la tête de cette compagnie. »

Cela fait, on portera toutes les compagnies à 55 hommes, ce qui donnera une augmentation de 15 hommes par compagnie ordinaire et 10 par compagnie de grenadiers. Les bataillons se trouveraient être de 715 hommes.

Au fond, c'est incorporer tout d'un coup un nombre de recrues égal au tiers de l'effectif. Mais le maréchal prétend qu'une recrue de 15 hommes par compagnie n'était pas, sous le feu roi, une chose extraordinaire. *« Il n'est donc question dans les troupes que de conserver les têtes et l'esprit de corps »*, et il ajoute :

« On croit devoir finir en faisant observer que, dans le projet dont il s'agit, au lieu de dépeupler la campagne, on purge les villes d'une infinité de vagabonds, de libertins et de gens oisifs, dont on fait ordinairement de bons soldats quand ils ont été quelque temps assujettis à la discipline militaire. »

Le maréchal de Noailles termine en faisant ressortir les avantages pécuniaires de son projet.

Les 67 bataillons de milice coûteraient par an 5,546,394 francs (1).

L'augmentation proposée par le maréchal de Noailles n'aurait entraîné qu'une dépense annuelle de 5,122,416

____

(1) Solde d'une compagnie de milice :

francs (1), soit 500,000 francs de moins que l'entretien des 40,000 miliciens ; mais cette économie n'eût été réelle que s'il s'était agi de fixer l'effectif de l'armée pour un grand nombre d'années. Au contraire, il ne s'agissait que d'un accroissement momentané, pour lequel la dépense du recrutement représenterait plusieurs millions si l'on augmentait les troupes actives, tandis qu'elle

1 capitaine...	3 fr. par jour, ou	1,080 fr. par an (de 360 jours).
1 lieutenant..	1 fr. —	360 —
2 sergents....	11 s. chacun....	396 (ensemble).
3 caporaux...	7 s. 6 d. chacun.	405 —
3 anspessades.	6 s. 6 d. —	351 —
1 tambour....	7 s. 6 d.	135
41 fusiliers. ...	5 s. 6 d. —	4,059 —
		6,786 fr.

et pour 12 compagnies........ 81,432 fr.

Au lieutenant-colonel........ 540 fr., outre ses appointements de capitaine.

A l'aide-major........ 810 fr.

Total........ 82,782 fr. par bataillon.

(1) Il y avait $156 \times 16 = 2,496$ compagnies ordinaires d'infanterie française. En augmentant chacune d'elles de 15 hommes, on avait 37,440 fusiliers, qui coûtaient annuellement, pour solde et masse, 114 francs. Total........ 4,268,160 fr.

Il y avait 156 compagnies de grenadiers, qu'on augmentait de 10 hommes chacune, soit 1560 grenadiers, qui coûtaient 132 francs par an pour solde et masse. Total........ 205,920

On créait 52 compagnies de 55 grenadiers, soit 2,860 grenadiers, qui, avec la solde de leurs officiers, font par an........ 542,724

Et, enfin, on ajoutait 156 lieutenants en second, coûtant 240 francs par an........ 37,440

52 commandants de bataillon, coûtant 650 francs par an........ 31,320

52 aides-majors, coûtant 651 francs par an....... 33,852

Total........ 5,122,416 fr.

par an, pour solde et masse.

serait nulle en ne levant que des milices. L'économie réalisée par le maréchal de Noailles était donc illusoire, et l'on continua de recruter l'armée au moyen des milices pour économiser les frais de recrutement. D'ailleurs, selon la remarque du maréchal, l'important était de conserver les têtes et l'esprit de corps, et on les conservait aussi bien en versant des miliciens dans la ligne qu'en y introduisant un tiers de nouvelles recrues.

Le maréchal de Noailles fut le premier à reconnaître, en 1744, « qu'il était difficile de mettre son projet à exécution, le temps le plus propre et le plus convenable pour le faire étant immédiatement à la fin de la campagne, lorsque les officiers ont devant eux le temps nécessaire pour faire des recrues et de nouvelles levées » ; et il recommandait l'incorporation des miliciens dans les régiments :

« Comme il y a un excédent assez considérable dans les bataillons de milice, on pourrait s'en prévaloir pour commencer l'augmentation par quelques régiments et faire comme un essai du projet que je proposai en 1742, qui, pour la plus grande partie, est moins un nouveau plan que le rétablissement de l'ancien ordre qu'il y avait autrefois dans l'infanterie. Cet essai, en facilitant par la suite le reste de l'opération, procurerait dès cette campagne plusieurs bataillons dont on a besoin, et dont on pourrait se servir utilement, et il n'en coûterait pas davantage pour payer les mêmes soldats dans des bataillons de campagne que dans des bataillons de milice » (1).

Des miliciens furent versés encore dans les régiments qui servaient en Italie. De plus, pendant l'hiver de 1743 à 1744, on s'aperçut qu'on avait épuisé à peu près toutes les ressources du recrutement volontaire, ce qui prouve que le projet du maréchal de Noailles était matériellement inexécutable. Tous les hommes qui voulaient embrasser la carrière militaire s'étaient engagés, et l'on ne trouvait plus que des enfants et des malingres. On dut prescrire, à la suite des inspections, d'échanger les sol-

---

(1) Mémoire du 10 février 1744, publié par C. Rousset dans la *Correspondance de Louis XV et du maréchal de Noailles*, t. II, p. 75.

dats hors d'état de faire campagne contre des miliciens. L'échange porta sur 4,500 hommes environ et fut exécuté au dernier moment, pendant les marches de concentration, vers le 18 avril. Si tardive que fût cette opération, la lettre ministérielle qui la prescrivait officiellement ne parvint que plus tard encore (1).

(1) Circulaire du 23 avril aux lieutenants du roi dans les places :

« Sur ce qui a été rapporté au roi, Monsieur, qu'il y a dans les bataillons de milice nombre de soldats qui ne demanderaient pas mieux que de servir pendant la campagne dans les troupes réglées, à condition de ne point prendre d'engagement plus éloigné et d'avoir la liberté de rentrer ensuite dans leurs bataillons pour y achever leur temps, et Sa Majesté ayant considéré qu'il se trouve dans les régiments d'infanterie beaucoup de recrues qui, par leur faiblesse, ne sont pas en état de faire le service, lesquelles on pourrait faire passer dans les bataillons de milice à la place et à proportion du nombre de miliciens qui s'offriraient pour entrer dans les régiments, Sa Majesté a cru devoir accorder cette permission aux miliciens, tant pour répondre à leur bonne volonté que par rapport à l'avantage qui en résultera pour son service. Elle a, en conséquence, donné ses ordres pour les bataillons de milice qui sont dans les places de Flandre et d'Alsace, et l'opération s'y fait avec succès. Elle ne doute pas qu'il n'en soit de même des milices qui sont dans les autres places, et Elle m'a chargé, à cet effet, de vous marquer : 1º de faire connaître ses intentions sur cet objet aux commandants des bataillons de milice qui sont à....., en les excitant à donner dans cette occasion les marques qu'Elle a lieu d'attendre de leur zèle pour son service; 2º de faire assembler ces bataillons et de demander aux soldats s'il y en a parmi eux qui aient la volonté de servir dans les régiments d'infanterie française en garnison dans la même place ou à portée, et qui ne soient pas dans un éloignement de plus de 10 à 12 lieues, afin qu'ils aient la liberté du choix d'un certain nombre de régiments; 3º de leur faire bien entendre que, après la campagne, ils rentreront dans les bataillons d'où ils sont sortis. Vous ferez prendre au commissaire des guerres l'état de signalement de ceux qui se présenteront, qu'il dressera conformément au modèle que je lui envoie. Il faudra ensuite que les commandants des régiments, dans lesquels ces miliciens auront déclaré qu'ils veulent entrer, choisissent les plus faibles recrues pour les donner en remplacement, en les avertissant qu'elles leur seront rendues à la fin de la campagne pour rentrer dans leurs régiments, de même que les miliciens retourneront dans leurs bataillons. Le commissaire des guerres

Vers la même époque, un régiment de ligne tout entier, Royal-Lorraine, fut formé au moyen de miliciens.

La Lorraine, qui était en fait une province française, avait organisé sa milice le 20 octobre 1741; elle l'avait portée, le 25 janvier 1743, à 9 bataillons de 600 hommes, groupés en 3 régiments. C'est sur ces 5,400 hommes que furent prélevés les 1950 hommes du régiment Royal-Lorraine, formé le 30 janvier 1744. Il y eut donc, à partir de cette époque, un régiment de ligne recruté par voie de tirage au sort (1).

Abstraction faite de ces 1950 hommes, il a été versé dans les troupes réglées, avant l'ouverture de la cam-

---

dressera aussi des états de signalement de ces recrues, qui seront signés de l'officier major du régiment. Vous ne ferez point remettre aux régiments qui se trouveront hors de la place les miliciens qui se seront offerts d'y servir, qu'après en avoir prévenu les commandants par une lettre que vous leur écrirez, et à laquelle vous joindrez l'état de leurs signalements, en leur marquant de faire amener à la garnison le nombre de recrues nécessaires au remplacement de ces miliciens, sous la conduite de quelques officiers auxquels lesdits militaires seront remis. Au surplus, vous jugez bien, Monsieur, que, l'armée étant près d'être assemblée, l'opération dont il s'agit ne peut être faite avec trop de promptitude, et je compte à cet égard sur votre zèle, etc. »

(1) « Sa Majesté ayant agréé, du consentement du roi Stanislas de Pologne, duc de Lorraine et de Bar, qu'il soit formé un régiment d'infanterie de 3 bataillons, sous le titre de Royal-Lorraine, et assemblé sur les ordres de Sa Majesté polonaise dans la ville de Bar, a ordonné et ordonne :

« ART. 1er. — Qu'il sera tiré des 9 bataillons des milices de Lorraine et de Bar de quoi composer ledit régiment, tant en officiers qu'en sergents, soldats et tambours; lesquels sergents, soldats et tambours, ainsi tirés des 9 bataillons, continueront seulement *le temps de leur service de milice* dans le régiment de Royal-Lorraine.....

« ART. 11. — Au moyen du traitement ci-dessus accordé à ce régiment, qui lui sera continué tant pendant la guerre *que pendant la paix*, il ne lui sera donné ni ustensile, ni fourrage, ni argent de recrue, *devant toujours être complet au moyen de celles qu'ils tiennent des 9 bataillons des milices de Lorraine et de Bar.* »

pagne de 1744, d'abord 11,144 miliciens, puis 800 et enfin 4,517, soit au total 16,461. On en avait versé à peu près deux fois autant pendant les deux dernières campagnes (1), et, si l'on admet que les pertes subies par nos armées avaient frappé dans la même proportion les engagés volontaires et les hommes pris dans la milice, il devait rester au moins la moitié de ces derniers, soit 15,000 à 20,000. On peut donc estimer à 30,000 ou 35,000 le nombre des miliciens présents dans les régiments d'infanterie française en 1744. Ainsi, les miliciens entraient pour un tiers dans l'infanterie française. Ils formaient peut-être la moitié des régiments revenus de Bohême et de Bavière, et figuraient en petit nombre dans ceux qui n'avaient pas encore fait campagne.

Il est intéressant de voir, dès cette époque, un écrivain militaire s'élever contre la distinction maintenue entre l'armée de ligne et les milices, et réclamer un véritable amalgame ayant pour but d'employer toutes les forces armées aux opérations actives, en détachant les bataillons tour à tour pour la garde des places. Un mémoire manuscrit intitulé : *Remarques sur l'infanterie française*, et adressé au ministre, entre la guerre de la Succession d'Espagne et celle dont nous nous occupons, pose en principe « que, pendant la guerre, on doit conserver un nombre de bonnes troupes dans le royaume afin d'être en état de profiter d'une victoire ou de réparer une armée battue », et continue comme il suit :

« Le roi entretient présentement un nombre considérable de bataillons de milice pour garder les places pendant l'été. Ces bataillons, destinés et accoutumés aux garnisons, ignorent et ignoreront toujours l'esprit de guerre. Je suis persuadé qu'il se trouve dans ces corps-là quelques officiers excellents, mais, étant attachés à un bataillon de milice, ils ne peuvent rendre d'autre service que de monter la garde, et

---

(1) En septembre 1743, l'effectif des bataillons de milice se trouve réduit de 60,000 hommes à 33,000 par ces prélèvements successifs.

leur ambition est bornée à avoir de quoi vivre; par conséquent, point d'émulation.

« L'établissement de ces bataillons de milice est bon, mais le nombre en est trop grand en temps de guerre..... Si l'on approuve ce projet, on peut insensiblement et facilement former de gros corps d'infanterie; lorsqu'un des derniers régiments viendra à vaquer par la mort du colonel, on le joindra à un des 30 premiers; chacun de ces 30 premiers régiments formera une brigade qui sera composée de 6 bataillons, et chaque bataillon de 15 compagnies de 50 hommes chacune. On peut, dès à présent, mettre un bataillon de milice dans chacun de ces 30 premiers régiments et, attendu qu'il y a 17 compagnies dans chaque vieux bataillon, on en tirera 2 de chacun pour mettre à la tête de ce bataillon de milice; de cette façon, il servira comme les autres.

« On détachera de chaque brigade, pendant l'été, un bataillon pour garder les places les plus exposées; mais ce service de garnison se fera chacun à son tour, en observant cependant que, lorsqu'un bataillon aura plus souffert dans une action que les autres, on l'enverra en garnison, quoique ce ne soit pas son tour, et il y restera jusqu'à ce qu'il soit rétabli; ces bataillons seront payés sur le même pied des autres. On détachera, pendant l'été, le tiers des officiers des bataillons qui seront en garnison pour aller faire des recrues pour le corps entier; ces brigades conserveront les noms de Picardie, de Champagne, etc. »

IV. — Emploi des bataillons de milice.

L'effectif de la milice était tombé, au mois de septembre 1743, à 33,000 hommes.

L'ordonnance du 5 octobre 1743 prescrit une nouvelle levée et fixe comme il suit la composition des bataillons : il y en aura 11 à 600 hommes, 4 à 720, 38 à 900 et 47 à 960. Au total, la milice comprend 88,800 hommes en 100 bataillons. Pour s'assurer que le complet serait atteint, le roi avait ordonné de majorer chaque détachement d'environ 15 hommes.

En janvier 1744, une classe de miliciens fut libérée; les bataillons furent tous ramenés à l'effectif de 600 hommes, dont les derniers arrivés avaient déjà deux mois de présence. A ces 100 bataillons de milices provinciales, il convient d'ajouter les 3 bataillons de milice de Paris, les 9 bataillons de milice de Lorraine et les

8,000 hommes de milices locales du Boulonnais, du Béarn, etc. On arrive ainsi à un total de 75,000 miliciens environ, non compris ceux qui servent dans la ligne.

Les milices locales sont employées à proximité de leur pays d'origine, c'est-à-dire dans le Boulonnais, le Roussillon, le Béarn. Les autres, au contraire, sont éloignées de leur province autant que possible.

Les 9 bataillons lorrains sont envoyés : 1 à Bergues, 1 à Gravelines, 1 à Lille, 2 à Douai, 1 à Calais, 1 à Besançon, 2 en Languedoc.

Des 103 bataillons de milice parisienne ou provinciale, 12 sont employés dans les Alpes ou en Provence; 78 sont dans les places du Nord et du Nord-Est, de Calais à Besançon, avec 7 des bataillons lorrains et les troupes boulonnaises. Le reste tient garnison en Languedoc (5 bataillons) et dans quelques-uns des ports de l'Océan. Les états des troupes qui sont en Flandre, Artois, Picardie, Soissonnais, Hainaut, Champagne et pays Messin, établis le 1er décembre 1743 et le 15 mars 1744, montreront en détail comment les milices étaient mêlées aux bataillons actifs et aux compagnies d'invalides pour former les garnisons pendant la période d'hiver et pendant la campagne (1).

L'état ci-après, daté du 16 février 1744, indique la répartition des milices entre les places du Nord.

---

(1) Voir le chapitre relatif à la composition des armées en avril 1744.

ÉTAT *des bataillons de milice qui resteront dans les places de Flandre, Hainaut, Artois et Picardie, en supposant qu'on en tire tous les bataillons de campagne qui y sont actuellement; avec l'état du nombre des bataillons qu'on ne peut se dispenser d'y laisser, en suivant l'état des garnisons nécessaires qui a été remis à M. le comte d'Argenson.*

NOMS DES PLACES.	NOMBRE de BATAILLONS qu'il paraît nécessaire de laisser dans les places.	BATAILLONS DE MILICE qui sont dans les places.		MANQUE.
En Flandre.				
Dunkerque.............	15	Milice dunkerquoise, laquelle n'est pas encore levée, mais peut l'être quand on voudra.....	7	8
Bergues et fort François..	3	1er bataillon de Polignac......... 1 Bataillon de Nantes. 1	2	1
Gravelines.............	2	2e bataillon de Polignac......... 1 Bataillon de Poitiers. 1	2	»
Lille et citadelle........	8	Bataillon de Saint-Brieuc........ 1 Bataillon de Vannes. 1 3e de Paris........ 1 2e de Mareil....... 1	4	4
Bouchain.............	1	Bataillon de Caen......	1	»
Cambray et citadelle....	2	Bataillon de Saint-Lô...	1	1
Douay et fort de Scarpe..	5	Bataillon de Vire.. 1 2e de Paris........ 1 1er et 3e de Mareil.. 2	4	1
En Artois.				
Arras et citadelle.......	1 1/2	1er bataillon de Paris. 1	1	1
Bapaume.............	1/2	»	»	»
Béthune.............	1	Bataillon de Mayenne...	1	»
Saint-Venant	1	Bataillon du Mans......	1	»
Aire et fort François....	2	Bataillon de Redon....	1	1
Saint-Omer et château ...	3	Régiment de Marquise (milice boulonnaise)....... 1 Bataillon de Vernon. 1 Bataillon de Carhaix.......... 1	3	»
A REPORTER.....	45		28	17

NOMS DES PLACES.	NOMBRE de BATAILLONS qu'il paraît nécessaire de laisser dans les places.	BATAILLONS DE MILICE qui sont dans les places.		MANQUE.
En Picardie.				
REPORT.....	45	REPORT......	28	17
Calais, citadelle et fort Nieulay, Ardres......	3	Régiment de Godinthum (milice boulonnaise)....... 1 3º de Polignac..... 1 Bataillon de Saint-Maixent........ 1	3	»
En Hainaut.				
Condé...............	3	Bataillon de Blois...... 1	1	2
Valenciennes et citadelle.	5	Bataillon de Montargis............. 1 Bataillon d'Orléans. 1 Bataillon d'Angers. 1	3	2
Le Quesnoy...........	3	Bataillon de Rouen. 1 Bataillon de Tours. 1	2	1
Maubeuge.............	4	Bataillon de Mantes. 1 Bataillon de Pont-Audemer........ 1	2	2
Avesnes..............	1	Bataillon de Corbeil.... 1	1	»
Landrecies...........	1	Bataillon de Chartres... 1	1	»
Philippeville..........	3	Bataillon de Dinan.. 1 Bataillon de Vannes. 1	2	1
Givet et Charlemont.....	3	Bataillon de Soissons............ 1 Bataillon de Metz.. 1 Bataillon d'Abbeville.......... 1	3	»
TOTAL: BATAILLONS.	71		40	25

« En comparant ensemble les deux colonnes de l'état ci-dessus, la 1re composant le nombre de **71** bataillons, qu'il paraît indispensable de laisser dans les places, et la seconde, portant seulement **46** bataillons de milice, existant dans les places, en comptant même les 7 bataillons de milice dunkerquoise, qui ne sont pas encore levés, et les 2 de milice boulonnaise, on verra qu'en supposant que l'on tire des places tous les anciens bataillons qui y sont pour les faire servir en campagne, il sera nécessaire d'y en faire passer 25 de milice pour ajouter aux 46 qui sont censés y être, et remplir le nombre de 71 bataillons, sans quoi il ne resterait pas dans les places assez de troupes pour y monter seulement la garde. »

Le comte d'Argenson avait fait faire, au printemps de 1743, le dénombrement des hommes capables de servir dans la milice, ainsi que des jeunes gens de 10 à 16 ans, qui devaient être bons pour le service lors du tirage suivant. Ce dénombrement donna les chiffres suivants : 1,433,684 hommes étaient bons pour le service ; on n'avait fait examiner que dans Paris l'état de santé de ces hommes, et 9,846 Parisiens avaient été libérés pour maladie ou défaut de constitution. Le nombre des garçons de 10 à 16 ans était de 764,561. On inscrivit donc sur les listes 659,475 individus. Ce recensement n'avait porté, ni sur les provinces qui fournissaient des milices nationales, ni sur les classes privilégiées (noblesse, clergé, justice et finances), ni sur les domestiques des privilégiés. Un dénombrement de ces domestiques fut fait cependant en 1743. On en compta 110,807 ; il y en avait 38,808 à Paris, dont 6,480 au service des maisons nobles, 5,500 au service des gens d'église, 18,440 au service des gens de robe, 8,388 au service des gens de finance et officiers en charge. On supposa que le but de ce dénombrement était, soit de soumettre les domestiques au tirage au sort, soit de faire payer une taxe à leurs maîtres ; mais rien ne fut fait. Comme on ne prenait que 45,000 hommes pour la milice sur 660,000, on n'avait guère de motifs pour augmenter le nombre des miliciables.

C'est d'après les résultats de ce recensement de 1743 que le comte d'Argenson fixa le contingent à fournir dans chaque généralité et dans chaque ville. On tenait compte de l'inégale répartition faite précédemment entre les villes et le plat pays.

Ce dénombrement avait donné lieu aux observations suivantes :

« Quoique les ordres du Roi aient été exactement suivis, même avec un peu trop de rigueur, il n'a cependant pas été possible aux commissaires chargés de cette recherche d'en donner au juste l'état à la Cour, à cause de la grande quantité de fuyards, dont nombre ont été arrêtés, et qui ont été dispersés dans les bataillons de milices de leurs provinces.

« ..... On aurait bien voulu donner ce nombre par généralités, villes, bourgs et paroisses, tel qu'il a été envoyé au Ministre de la guerre ; mais, comme on a remarqué qu'en suivant l'ordre par paroisses, ce dénombrement contiendrait au moins 10 tomes in-4° de 200 pages chacun, on s'est restreint à le donner par élections et généralités seulement.....

« ..... Pour parvenir à cet enregistrement, on a obligé, dans les grandes villes, les pères de famille, maîtres ouvriers, corps des marchands, bourgeois, etc., de mener leurs enfants mâles et garçons apprentis, ainsi que leurs valets, chez les commissaires nommés à cet effet ; mais dans les petites villes, bourgs et villages, pour ne point alarmer les familles, on a pris sur les registres des baptêmes les nom et surnom des garçons depuis l'âge de 10 ans jusqu'à 16 ans pour éviter à l'avenir les embarras d'un enregistrement au cas que Sa Majesté soit obligée, dans la suite, de lever des milices, et, depuis 16 ans jusqu'à 40 ans, de ceux capables de porter les armes, en observant par le prévôt, bailli, maire, procureur fiscal ou autre personne préposée dans chaque paroisse pour tenir le registre des garçons y existant, de marquer bien exactement ceux qui se marieront, ceux qui s'engageront dans les troupes, ceux qui auront quitté la paroisse et pourquoi, ceux qui mourront, et enfin la destinée de chaque garçon sujet à la milice.....

« ..... Les enfants des familles nobles, des familles pourvues de charges et offices, des employés sur le compte du Roi et autres familles exemptes de tirer à la milice par l'ordonnance du Roi, ainsi que leurs domestiques et ceux des gens d'église, font à peu près le tiers ou le quart du nombre total des garçons depuis 16 ans jusqu'à 40, suivant l'évaluation faite à vue de pays par les intendants, en y comprenant les étudiants dans les universités, dans les collèges et dans les académies. »

Outre les milices ordinaires, il existe des milices maritimes. 151,600 hommes appartiennent à la catégorie des gardes-côtes. Ces gardes-côtes sont, en général, tous les habitants de 16 à 60 ans, mariés ou non mariés, des paroisses situées à moins de trois lieues de la côte. Ils sont exemptés de la milice ordinaire, mais n'ont point de solde. Quand ils sortent de leurs paroisses pour le service du Roi, ils ont le pain de munition, et leurs officiers ont des appointements proportionnés à leur grade. La cavalerie et les dragons des gardes-côtes ont le fourrage sur le compte des provinces. La noblesse de Bretagne fournit 8 régiments de 500 hommes, constamment sur pied, pour encadrer les gardes-côtes.

50 compagnies de 103 hommes avaient été levées parmi les gardes-côtes de bonne volonté. Il y avait en outre 12 compagnies de 64 hommes pour la garde de Noirmoutier, et 1 compagnie de canonniers de 108 hommes pour le service des batteries de Noirmoutier, Ré, Oleron et Belle-Isle.

Les troupes boulonnaises n'avaient que 1657 hommes au service de terre, et 3,407 faisaient le service de milices maritimes. Ce nombre comprenait 1150 cavaliers, 200 carabiniers et 400 dragons.

V. — Pionniers.

L'entretien des routes est assuré par des pionniers non militaires, requis par les soins de l'intendant, et qui sont en outre employés aux travaux de fortifications et à diverses corvées. M. de Beaumont donne les renseignements suivants (1) sur le recrutement et l'emploi de ce personnel :

« C'est le général qui donne à l'intendant ses ordres pour faire assembler le nombre de pionniers dont il juge avoir besoin : il serait à souhaiter qu'il ne demandât à peu près que ceux qui peuvent être employés ; mais il arrive presque toujours que la moitié devient inutile, leur

____

(1) « Précis des différents détails dont un intendant d'armée est chargé, avec des observations sur les opérations de M. de Séchelles pendant les campagnes de Flandre de 1744, 1745 et 1746. » Manuscrit de la Bibliothèque du ministère de la guerre. A. 1, h. 162, page 387.

quantité n'étant jamais proportionnée aux ouvrages dont on les charge.

« Leurs principaux emplois sont de travailler à rendre les chemins praticables aux lignes que le général fait faire pour fortifier son camp, à la manœuvre de l'artillerie consistant en chargement et déchargement, aux manœuvres de l'intérieur du parc de l'artillerie, au dépôt des fascines et gabions, au comblement des tranchées après que la place est rendue.

« Le Roi fournit le pain aux pionniers sur le pied de 2 rations par jour pour chaque pionnier et sur les revues qui en sont faites à leur arrivée par le commissaire des guerres chargé de ce détail; ainsi, chaque pionnier coûte au Roi 5 s. par jour; c'est une des raisons pour n'en avoir que le nombre nécessaire.

« L'intendant, instruit par le général du nombre de pionniers qu'il doit faire assembler, commence par en faire l'état et la répartition par généralité de celles qui doivent en fournir. Ainsi, dans la campagne de Flandre de 1744, M. le maréchal de Noailles, qui commandait l'armée, donna ordre à M. de Séchelles de faire assembler 20,000 pionniers; M. de Séchelles en régla en conséquence la répartition sur le pied de 21,200, de la manière suivante, savoir :

Le département d'Artois......................	4,000
Le département du Hainaut...................	6,000
Le département de Flandre.................	11,200

décomposés en :

États de Lille, Douay et Orchies.............	5,000
Cambray et Cambrésis......................	2,000
Bouchain.................................	1,500
Saint-Amand et Mortagne...................	700
Flandre maritime..........................	2,000

« M. de Séchelles écrivit pour les départements d'Artois et du Hainaut aux deux intendants de ce département, et à l'égard du département de la Flandre, il adressa ses ordres aux États et aux subdélégués dans les différentes parties de ce département.

« Il joignit un mémoire instructif contenant :

« 1° Le nombre de pionniers qu'il demande à chaque département et à chaque administration;

« 2° Leur division en plusieurs corps, s'il y avait lieu;

« 3° Le jour de leur départ, et pour combien ils prendraient de pain en partant (pour 2 ou pour 4 jours, suivant leur éloignement);

« 4° Le lieu de leur rendez-vous;

« 5° Qu'ils soient divisés en brigades; que chaque brigade soit composée de 100 hommes environ, étant forcé par la cotisation des paroisses d'approcher le nombre de cent en dessous ou en dessus; que, à la tête de chaque brigade, il y ait un conducteur particulier choisi parmi les plus intelligents des gens de loi des paroisses, et pour chaque corps de 2,000 hommes un directeur principal;

« 6° Que le directeur aura le dénombrement des 20 conducteurs qui sont à la tête des 20 brigades, et que les conducteurs particuliers auront le dénombrement des 100 hommes qui composent leur brigade et l'état des paroisses pour lesquelles ils marcheront; qu'ils représenteront les pionniers à toute réquisition, marcheront avec eux, les conduiront sur leurs ouvrages, leur feront distribuer le pain sur les reçus qui seront fournis par le directeur, lui remettront tous les jours la liste des pionniers qui déserteront, soit avec cause ou sans cause, et des défaillants, dont le directeur rendra régulièrement compte à l'intendant;

« 7° Que ces pionniers soient escortés dans leur marche par des brigades de maréchaussée.

« Dans la répartition faite par M. de Séchelles pour le département de Flandres, il avait mis Saint-Amand et Mortagne pour en fournir 700, mais il sursit à l'exécution de cet ordre, parce qu'il était nécessaire de laisser les hommes de ce canton pour le trait des bateaux; c'est un exemple des considérations qu'il faut avoir dans ces sortes d'opérations.

« Il faut avouer que, dans l'emploi que l'on fit de ces pionniers dans la campagne de 1744, il y eut fort peu d'ordre; les intentions de M. de Séchelles n'avaient pas d'abord été remplies pour l'établissement des directeurs et des conducteurs particuliers, ce qui avait facilité la désertion d'une grande partie de ces pionniers; les officiers généraux et ceux de l'état-major de l'armée en demandaient à tort et à travers et même en prenaient, sans les demander, le nombre dont ils jugeaient avoir besoin, ce qui les avait tellement éparpillés qu'on ignorait ce qu'ils étaient devenus et que, avec cette foule de pionniers, lorsqu'on en demandait pour une besogne pressée et nécessaire, on était fort embarrassé où les prendre.

« Cette expérience a déterminé M. de Séchelles à établir plus de règle dans les distributions des pionniers que l'on a employés pendant la campagne de 1745; il a tenu la main à ce que ses intentions fussent mieux remplies à l'égard de l'établissement des conducteurs et des directeurs; il a chargé un commissaire des guerres de ce détail; il lui a prescrit de faire la revue aux différents corps de pionniers à mesure qu'ils arriveraient, de s'en faire remettre des listes exactes par les conducteurs et des listes des conducteurs par les directeurs, de se faire rendre un compte journalier de ceux qui désertaient pour faire connaître le nombre effectif des restants, de n'en délivrer aux officiers généraux que sur les reçus qu'ils lui en donneraient et d'en faire mention sur un registre. Avec cet ordre, les pionniers ont toujours été rassemblés en corps; on a su à qui s'adresser pour en avoir, et l'on n'en a point manqué pour les différents ouvrages pour lesquels on en a eu besoin. »

Outre les pionniers, on requiert aussi dans les provinces des ouvriers, tels que charpentiers, etc. ; mais ceux-là, quoique requis comme les pionniers, reçoivent une paye assez élevée, variant de 2 à 4 francs par jour. C'est ainsi qu'on trouve à l'armée de Flandre, en 1746, une brigade de 100 charpentiers pour des travaux de pontage, de baraquements, etc.

Il était constitué aussi, dans certaines provinces, une véritable *garde nationale*, à l'aide de paysans armés. En Alsace, 32,000 paysans étaient chargés de la garde du Rhin ; ils étaient en service par quartiers, 24,000 restant dans leurs foyers pendant que 8,000 suffisaient à surveiller le cours du fleuve. Sur la Meuse et en Champagne, on avait armé 10,000 paysans ; nous aurons l'occasion d'étudier en détail l'organisation de leur service et des postes qu'ils occupaient.

En arrière même des armées, il fallait se garder contre les déserteurs et les maraudeurs, et l'intendant de Picardie fut obligé de recourir aux paysans, la maréchaussée n'y suffisant plus (1).

---

(1) M. Chauvelin, au comte d'Argenson :

« A Arras, ce 29 mai 1744.

« Monsieur,

« Quoique le prévôt de la maréchaussée, que j'avais envoyé sur la frontière de la Picardie et du Cambrésis avec 6 brigades, n'y ait trouvé que 8 ou 10 déserteurs, tant de nos troupes que des ennemis, dont 4 ou 5 ont été arrêtés, à ce qu'on m'a assuré, sur le Soissonnais, et le reste dissipé ; cependant on se plaint du côté de Péronne qu'il y paraît quelques bandits, soit déserteurs français, soit autres, qui cherchent à profiter de l'occasion pour piller ; je ne puis tirer un grand secours de la maréchaussée de mon département, parce qu'elle est fort affaiblie par les détachements qui en ont été faits, tant sur la côte qu'à l'armée, et d'ailleurs nécessaire dans les postes où elle est pour la continuation des chemins, la sûreté publique et les convois. Si donc on ne renvoie pas à

Un mois plus tard, on a recours aux gardes bourgeoises.

Le ministre écrit, le 28 juin 1744, à M. Chauvelin :

« Le roi ayant résolu de confier à la garde bourgeoise la ville d'Arras, comme il s'est pratiqué lors des précédentes guerres, et de ne laisser dans la citadelle que les 4 compagnies de l'hôtel royal des Invalides qui y sont, j'envoie à M. de la Roque, commandant à Arras, les ordres que le roi fait expédier pour retirer de cette ville le 1er bataillon des milices de Paris, et le faire aller à Ypres. »

On a recours à tous les moyens pour porter en première ligne le plus grand nombre de troupes et de milices. Dans toutes les villes du Nord, il existe des compagnies bourgeoises, mais elles se réduisent souvent à peu de chose, comme en témoigne le rapport fourni par la ville de Douai, en août 1744, sur ses ressources de toute espèce en vue d'un siège :

« Il y a 4 compagnies bourgeoises : les maîtres en fait d'armes, les canonniers, les archers et les arbalétriers. Les officiers de ces compagnies sont au nombre de 16, et ils n'ont que 61 hommes pour les 4 compagnies, par la difficulté qu'ils ont de recruter, attendu qu'ils ne veulent recevoir que gens dont ils soient assurés. L'on ne prévoit pas les moyens

---

Péronne et à Saint-Quentin le colonel général, qui a été arrêté à Seclin ou à la Bassée, à ce qu'on m'a dit, pour la morve dont il est encore suspecté, je pourrais, comme je l'ai fait pendant la disette de 1740, ordonner à tous les habitants des villages de mon département d'établir une garde de 4 ou 5 hommes par village, avec ordre d'arrêter tous les vagabonds et se prêter main-forte les uns aux autres pour cela, et même de sonner le tocsin s'il était nécessaire.

« Cela a réussi en 1740, quoique cette garde ne fût armée que de bâtons, au point que, au bout de 15 jours, il n'y avait point dans la province un bandit ou un mendiant qui n'eût été arrêté ou vidé le pays. Il s'agirait de savoir aujourd'hui si l'on permettrait à cette garde de s'armer de fusils, et s'il n'y aurait pas plus d'inconvénients que d'avantages à donner ainsi l'alarme dans tout le pays pour une cinquantaine de bandits qui y sont actuellement répandus. »

M. d'Argenson approuva la proposition de M. Chauvelin, et l'ordre fut bientôt rétabli par des paysans qui ne furent armés que de bâtons la plupart du temps.

de les augmenter, mais, en cas de nécessité, l'on pourrait engager les corps de stils (1) d'y faire passer des hommes qui ne serviraient que comme volontaires, tant que la nécessité urgente pourrait durer; il pourra s'incorporer dans ces compagnies des bourgeois de bonne volonté. »

VI. — Réquisition des chevaux et voitures.

Les armées du XVIIIe siècle n'avaient pas d'équipages réglementaires. Toutes les voitures des corps étaient fournies par réquisition, et il en fallait aussi pour la plupart des travaux, corvées ou convois exceptionnels ; chaque voiture était requise avec l'attelage et le charretier. M. de Beaumont recommande de faire en sorte que chaque voiture ne reste en réquisition que pendant douze ou quinze jours au plus, puis soit relevée par une autre, s'il est besoin.

En tout cas, on ne doit jamais garder les voitures, attelages et charretiers au delà du temps qu'on leur a fixé.

« Un paysan, dont on garde les chevaux pendant toute la campagne, n'est pas en état de labourer ses terres, et souvent il abandonne les chevaux et la voiture et déserte; c'est en partie ce qui fut cause que les terres de l'Artois et du Cambrésis, après le défaut de récolte de 1709, restèrent reculées pendant plusieurs années, ce qui porta un grand préjudice aux armées du roi (2). »

Les procédés indiqués pour la convocation, la discipline et la répartition des pionniers s'appliquent à peu près aux attelages.

« Lorsque l'on demande les chevaux de trait, il est essentiel qu'il y ait un conducteur pour chaque nombre de cent chevaux, et de commettre un directeur qui ait la supériorité sur tous les conducteurs; il est nécessaire de remettre à ce directeur et aux conducteurs une instruction précise pour empêcher la désertion des charretiers avec des che-

------

(1) Corps de métiers dans les villes flamandes.
(2) Faute de pouvoir procéder de même, la Convention dut renvoyer, en 1793, un certain nombre d'hommes dans leurs foyers pour les travaux des champs, le même fait s'étant reproduit.

vaux... » Les officiers et cavaliers de la maréchaussée, qu'on y emploie quelquefois, « n'ont ni intelligence, ni le crédit et la confiance sur les voituriers, nécessaires pour la sûreté du service », et, sous leur conduite, les charretiers désertent en grand nombre avec les chevaux.

Ces voitures de réquisition sont employées à tous les services de l'armée, sans distinction. Les marches n'étant pas incessantes, comme de nos jours, des voitures sont attribuées aux corps de troupes pour une marche déterminée. La proportion réglementaire est de 5 charrettes ou chariots à 4 chevaux par bataillon d'infanterie; 3 pour un régiment de cavalerie à 2 escadrons et 4 pour un régiment à 3 escadrons. Ces voitures transportent à la fois les bagages et les malades. Dans certains cas particuliers, l'intendant peut fournir un nombre de voitures supérieur; mais il faut qu'il se tienne en garde contre les sollicitations de toute espèce :

« C'est principalement lorsque l'armée change de position que l'intendant a à se défendre des persécutions de tous les officiers qui viennent lui demander des voitures, soit pour eux, soit pour leur équipage, soit pour celui de leur régiment, soit, à ce qu'ils disent, pour transporter les soldats malades qui ne le sont pas assez pour aller à l'hôpital et qui le sont trop pour faire la marche à pied. Si l'intendant veut écouter les différentes allégations, il court grand risque de n'avoir point assez de chariots pour le service nécessaire, d'autant plus que c'est dans les temps de marche que ce service en exige le plus. Il doit être ferme dans cette occasion; souvent, un officier-major se réduit à demander deux chariots par régiment, et l'intendant, cependant, est dans le cas de les refuser à cause des conséquences qui sont toujours dangereuses dans le métier qu'il fait. S'il ne peut en refuser aux officiers généraux, il doit marchander avec eux sur le nombre qu'il leur en donne et ne leur en faire jamais donner qu'ils ne les payent; le prix ordinaire est 20 sous par jour et par cheval.

« Il est cependant des cas où, dans les marches précipitées, l'intendant, pour le bien du service, est obligé de donner des voitures pour les équipages des régiments, et même quelquefois pour les soldats; mais, en ce cas, il ne doit leur donner que le nombre qui est nécessaire, et calculer à un cheval près ce qu'il en faut par régiment..... L'intendant ne déférera qu'avec discernement aux demandes excessives de l'artillerie, dont les officiers chargés du détail demandent souvent trois fois plus qu'il ne leur en faut. »

L'artillerie avait, en effet, à demander des attelages et des voitures à l'intendant pour tout mouvement un peu considérable. Il faudra une entente entre M. de Vallière, commandant l'artillerie de l'armée, et M. de Séchelles, intendant, pour organiser les transports de concentration en 1744.

L'artillerie avait des attelages à elle, mais en nombre insuffisant pour répondre à toutes les circonstances. Pendant un siège, l'intendant avait parfois à requérir un millier de voitures pour le service de l'artillerie.

En vue de ces réquisitions d'hommes et de chevaux, nécessaires pour assurer la formation des équipages et le recrutement des pionniers, et en général pour ce que nous appellerions « tous les besoins de la mobilisation », les renseignements étaient recueillis dès le temps de paix. Chaque subdélégation fournissait à l'intendant de son département un état des villages, avec leur distance au chef-lieu, et ce qu'ils pouvaient fournir au besoin en hommes, chevaux et voitures, ainsi que leurs ressources pour le cantonnement.

Nous citerons, par exemple, l'état fourni par la subdélégation de Douai.

Ces renseignements ne sont pas toujours donnés sous forme de tableaux. Ainsi, la subdélégation de Bouchain fournit une sorte de rapport d'après lequel on peut lever, dans cette subdélégation, 700 chariots attelés chacun de 4 bons chevaux, et 2,000 pionniers. Ce rapport est complété par des renseignements de toute nature capables d'intéresser l'autorité militaire : « Il y a à Bouchain des chaussées qui conduisent aux villes de Cambrai, Douai et Valenciennes, ce qui fait qu'on y peut voiturer également en hiver comme en été. Il y a 2 moulins à eau qui sont bons et plus que suffisants pour fournir aux habitants et à la garnison, lesquels peuvent moudre en 24 heures, outre le public servi, 50 sacs du poids de 200 livres. Il y a 4 autres moulins à eau et 5 à vent, à la distance d'une lieue de ladite ville, qui pourraient aussi, dans un besoin, moudre en 24 heures, outre le public servi, 150 sacs de 200 livres, etc. » En résumé, l'intendant possède les renseignements nécessaires pour préparer toutes les réquisitions de personnel et de matériel en cas de guerre.

VILLAGES.	DIS- TANCE.	HOMMES.	CHEVAUX.	CHA- RIOTS.	PLACES de CHEVAUX pour le cantonne- ment.
	lieues.				
Sin-le-Noble..	1/2	50	48	12	50
Waziers....	1/2	30	18	6	»
Rache.	1	50	30	10	150
Flines................	2	100	80	20	100
Marchiennes........ ...	4	50	50	12	»
Raimbeaucourt	2	50	40	10	»
Bray.	3	30	12	3	»
Wattines..............	3	40	20	6	»
Coutiches..............	2 1/2	200	100	24	100
Auchy...............	4	100	40	10	»
Nomain...............	4	200	100	20	»
Aix.................	4	60	40	6	»
Landas................	4	150	50	10	»
Beuvry...............	4	100	30	12	»
Brillon...............	4	60	20	6	»
Bousigny et Millonfosse..	4	20	12	4	»
Tilloy...............	4	40	20	4	»
Warlaing..............	4	20	12	2	»
Alnes................	4	20	12	3	»
Bouvignies.............	3	100	50	16	60
Vred.................	2 1/2	100	40	12	»
Abscon...............	3 1/2	80	60	12	50
Erre.................	3 1/2	50	30	6	»
Marquette.............	4	150	100	16	»
Lewarde..............	1	80	40	8	50
Montignies............	2	50	30	6	»
Cantin...............	1	80	50	10	50
Estrées..............	1	50	30	6	25
Hamel...............	2	50	30	6	25
Lécluse..............	2	200	100	20	150
	»	1210	658	161	810

Cantonnements dans Douai et ses faubourgs.

VILLAGES.	DIS- TANCE.	HOMMES.	CHEVAUX.	CHA- RIOTS.	PLACES
En ville	»	»	»	»	400
Faubourg Saint-Eloi.....	»	»	»	»	40
Faubourg Notre-Dame ...	»	»	»	»	134
Faubourg Morelle	»	»	»	»	24
TOTAUX GÉNÉRAUX.	»	1210	658	161	1408

CHAPITRE II.

___

I. — Matériel d'artillerie.

En principe, le matériel d'artillerie réglementaire en 1744 est celui que Vallière a fait adopter en 1732. Dans la pratique, les efforts intelligents et persévérants du maréchal de Belle-Isle ont fait introduire de sérieuses modifications.

Le matériel Vallière comprend des canons de 24 livres, 16 livres, 12 livres, 8 livres et 4 livres, des mortiers de 12 pouces et de 8 pouces 3 lignes et un pierrier de 15 pouces. (1).

En ce qui concerne les mortiers, ils ont été peu modifiés depuis cette époque pour devenir nos mortiers lisses de 32 et de 22. Tirés sous l'angle de 45°, à la charge maximum, ils portent la bombe jusqu'à

___

(1) Nous rappelons que la toise équivaut à 1ᵐ,949, le pied à 324ᵐᵐ, le pouce à 27ᵐᵐ, la ligne à 2ᵐᵐ,25, la livre à 489ᵍʳ,5 et l'once à 30ᵍʳ,6.

Les calibres des pièces ci-dessus sont de 156ᵐᵐ, 137ᵐᵐ, 124ᵐᵐ, 109ᵐᵐ, 86ᵐᵐ, 324ᵐᵐ, 223ᵐᵐ et 405ᵐᵐ.

On trouvera des détails sur le matériel d'artillerie dans les *Mémoires de Saint-Rémy*, 3ᵉ édition, 1745, et dans Bardet de Villeneuve : *Cours de la Science militaire*, t. 6, 7 et 8. Saint-Rémy donne peu de renseignements sur le tir ; Belidor fournit des résultats d'expériences assez précis pour ce qui concerne les mortiers, dans le *Bombardier français*. Voir aussi l'ouvrage du commandant Rouquerol (*Revue d'Artillerie*, 1898) : l'*Artillerie au début des guerres de la Révolution*, les effets du tir étant restés les mêmes jusqu'au XIXᵉ siècle.

550 toises (mortiers de 12 p.) et 350 toises (mortiers de 8 p. 3 l.). Dans la pratique, on ne va guère qu'à la charge de 3 livres de poudre pour le mortier de 12 pouces, ce qui donne une portée maximum de 380 à 400 toises. Tirés sous l'angle de 45°, ces mortiers donnent une portée moitié moindre.

Les mortiers du système Vallière sont à chambre cylindrique, plus étroite de moitié que l'âme de la bouche à feu ; on a employé déjà des mortiers à chambre tronconique, lesquels, toutes choses égales d'ailleurs, donnent des portées presque doubles des précédentes. Ces mortiers n'ont pas été adoptés à cette époque ; ils reparaîtront dans le système de Gribeauval.

Les mortiers sont pointés en hauteur avec un quart de cercle ; on peut donc régler leur tir avec plus de précision que celui des canons et il existe des tables pour le jet des bombes. Toutefois, l'extrême irrégularité du tir oblige à jeter un très grand nombre de bombes pour obtenir un résultat. Le quart de cercle dont se servent alors les bombardiers est d'ailleurs si petit (environ 5 centimètres de rayon) et si rudimentaire que le pointage n'est pas très précis. La bombe est sphérique et creuse et contient une charge d'éclatement de 3 à 9 livres de poudre.

Les pierriers étaient des mortiers d'un plus fort calibre, destinés à jeter à une courte distance (150 toises) une pluie de pierres, grenades, etc. « L'affût du pierrier est une pièce de bois de 5 pieds de long, 18 à 20 pouces de large et 12 à 14 pouces d'épaisseur. L'on y fait sous les bouts une entaille de 6 pouces de largeur et 4 de profondeur, pour le tourner à droite ou à gauche. »

Nous avons signalé, à propos du tracé de la chambre des mortiers, que Vallière s'était refusé à adopter la meilleure solution. Il en fut de même en ce qui concernait les canons. Si Vallière poursuivit l'œuvre de

Henri II et de Sully en limitant le nombre des modèles
et en précisant les principales dimensions, il s'opposa
énergiquement et coupa court pour longtemps à des
progrès à peu près accomplis en France comme à
l'étranger. Il fixa le poids des bouches à feu à
5,400 livres pour le 24, 4,200 pour le 16, 3,200 pour le
12, 2,100 pour le 8, 1150 pour le 4, c'est-à-dire à peu
près au maximum de ce qu'avaient atteint les canons
des divers calibres à la fin du XVIIe siècle. Si l'on
relève le poids des pièces qui composent l'équipage de
siège en 1744 et qui sont, les unes du modèle réglementaire, les autres de vieilles pièces conservées dans
les arsenaux, on trouve partout une moyenne inférieure
au poids fixé en 1732. Il y a plus : les guerres de
Louis XIV avaient fait reconnaître la possibilité d'allé-
ger beaucoup le matériel sans nuire à sa puissance et,
dans les premières années du XVIIIe siècle, on avait
employé des canons dits « de la nouvelle invention »
qui pesaient respectivement 3,000 livres, au lieu de
5,400 ; 2,200 livres au lieu de 4,200 ; 2,000 au lieu de
3,200 ; 1000 au lieu de 2,100, et 650 au lieu de 1150.
Ces pièces avaient servi pendant la guerre de la succession d'Espagne et elles donnaient la même portée que
les autres. Vallière les fit disparaître.

Le maréchal de Belle-Isle aura la gloire d'avoir lutté
pour rendre à notre matériel d'artillerie les qualités de
légèreté et de précision que Vallière lui avait fait
perdre ; ce maréchal protégea Belidor contre le ressen-
timent de ses chefs, lorsque cet éminent officier fit, en
1739 et 1740, des expériences sur la charge à employer
dans les bouches à feu ; après les épreuves faites à Metz
sous la direction même du maréchal de Belle-Isle, le
poids de la charge fut décidément réduit des deux tiers
au tiers du poids du boulet (1). Ce premier changement

---

(1) Tous les officiers généraux d'artillerie, d'Aboville excepté, atta-

conduisait, comme Belidor le fit remarquer, à diminuer bientôt la longueur et l'épaisseur des pièces, mais l'opposition de Vallière empêcha de réaliser ce progrès décisif avant 1765.

C'est encore le maréchal de Belle-Isle qui s'efforça d'introduire dans notre armée les obusiers, qui étaient employés depuis un demi-siècle par les puissances voisines et dont nous avions pu apprécier les effets pendant les guerres de Louis XIV. A défaut d'obusiers, il réussit du moins à faire employer, le cas échéant, des mortiers sur affûts de canons pour tirer sous de petits angles et à ricochet. On réalisait ainsi le tir de plein fouet des projectiles creux. Le mortier de 12 pouces pesant 1450 livres et le mortier de 8 pouces 3 lignes, 500 livres, on avait par ce moyen des bouches à feu extrêmement légères et bien plus puissantes que le modeste canon de 4. « Ces bombes font un si grand ravage qu'il n'est presque pas possible de pouvoir y tenir ; elles rompent les palissades, les tambours et réduits que l'on fait dans les places d'armes rentrantes et causent bien plus de désordre que les boulets ; car non seulement elles sont plus grosses et plus pesantes, mais après avoir fait plusieurs bonds, elles crèvent à l'endroit où elles viennent se terminer et, ne s'enterrant point, leurs éclats sont toujours fort meurtriers. D'autre part, ces mortiers peuvent être servis avec beaucoup plus de célérité que le canon, car il n'est question que de mettre la poudre dans la chambre, la bombe dessus, et tirer... On ne peut donner moins de 8°, parce que sous cet angle le mortier est couché sur l'entretoise de devant de l'affût ; mais en diminuant la charge, on pourra jeter la bombe aussi près que l'on voudra. Ces

---

quèrent violemment Belidor, les uns parce que sa proposition était insoutenable, les autres parce qu'elle était connue et admise depuis longtemps.

mortiers ne doivent jamais être pointés au-dessus de 12° » (1).

Les bombes de 8 pouces, tirées sous un angle compris entre 8° et 12°, ont atteint les distances suivantes :

A la charge de 1 livre 1/2, 200 à 250 toises du 1er coup; 300 après ricochets;

A la charge de 1 livre, 150 toises du premier coup; 200 à 240 après ricochets;

A la charge de 3/4 livre, 50 à 70 toises du 1er coup; 150 après ricochets;

A la charge de 1/2 livre, 40 à 50 toises du 1er coup; 75 à 100 après ricochets.

Le maréchal de Belle-Isle obtint comme résultat que cet emploi des mortiers fut connu et préconisé dans toute l'artillerie ; mais on ne fit pas encore d'obusiers. Il y en avait 16 à l'École de Douai et 2 à celle de Strasbourg; ces pièces, prises à l'ennemi sous Louis XIV, ne servaient qu'à l'instruction. Leur calibre était de 6 à 7 pouces ; ils pesaient de 900 à 1500 livres. Ce n'est qu'à partir de 1744 qu'on employa dans les sièges, puis dans les batailles, les obusiers pris à l'ennemi, et l'on n'en fondit en France que beaucoup plus tard.

Le maréchal de Belle-Isle fut plus heureux pour les pièces à la suédoise, qu'il réussit à faire adopter, comme s'il eût prévu les services exceptionnels qu'elles allaient lui rendre en Bohême. Il avait fait venir de Suède, en 1736, une pièce légère de 3 et avait proclamé les avantages qu'on trouverait à en construire de semblables pour accompagner l'infanterie dans tous ses mouvements. Cette innovation ayant été admise en principe d'un avis unanime, M. du Brocard, lieutenant général d'artillerie, fit observer qu'il serait préférable de donner aux pièces à la suédoise le calibre de 4 et non de 3,

____

(1) Rapport du maréchal de Belle-Isle (Archives de l'artillerie).

pour simplifier les approvisionnements. On se rangea à
cette opinion et 50 pièces de 4 à la suédoise furent fon-
dues en 1740. Elles purent seules faire le service dans
la retraite de Prague, et l'on continua d'en fabriquer (1).

La pièce de 4 à la suédoise pesait de 600 à 625 livres.
Montée d'abord sur un affût à timon, elle fut pourvue
aussi d'un affût à limonière inventé par le sieur Cuisinier, commandant d'une compagnie d'ouvriers, et connu
déjà par plusieurs modifications excellentes au matériel. L'affût et la pièce formaient un tout si léger qu'il
n'était pas besoin de chevaux pour le traîner et que l'on
pouvait le faire conduire partout à bras d'hommes. Cette
pièce à la suédoise n'avait pas pour objet de prendre
position en formant des batteries, mais de rester au
milieu de l'infanterie en donnant à son feu la portée et
l'efficacité qui lui manquaient encore.

L'affût à timon avait une vis de pointage ; l'affût-limo-
nière n'avait qu'un coin de mire, mais il était plus léger.

Les pièces de campagne ordinaires pesaient, avec
affût et avant-train : celle de 4 — 2,438 livres ; celle
de 8 — 3,579 livres ; celle de 12 — 4,966 livres (2).
Comme on le voit, la pièce de 4 longue était d'une
extrême légèreté pour le service ordinaire de l'artillerie ;
celle de 8 était très mobile, et, si l'on avait à leur reprocher un poids mort que rien ne pouvait justifier, il n'y
avait pourtant aucune raison urgente pour les remplacer
par des pièces plus légères. Au contraire, la pièce de
12 n'était pas utilisable dans la plupart des circonstances,
surtout à une époque où les routes étaient rares. Il est
vrai qu'on y attelait 9 chevaux, mais il n'était guère

---

(1) Le 1er octobre 1744, par exemple, la fonderie de Douai reçoit
l'ordre de fondre 20 pièces à la suédoise.

(2) Soit 1200^k, 1750^k et 2,430^k. Les poids des pièces d'aujourd'hui,
avec affût et avant-train chargé, sont les suivants : canon de 80, 1600^k ;
de 90, 2,000^k ; de 120 c. 2,400^k.

possible de les faire tirer ensemble. La pièce de 8 était attelée de 7 chevaux; la pièce de 4 et les caissons de toute espèce étaient attelés à 4 chevaux.

Grâce au poids excessif de la pièce de 12 et au mode d'attelage défectueux, on n'avait guère que du 4 dans les équipages de campagne : celui de Flandres, en 1744, comprend, pour 90,000 hommes, 4 pièces de 12, 6 pièces de 8 et 50 pièces de 4. En 1809, pour une armée de 90,000 hommes, on aurait 16 pièces de 12, 40 obusiers, 56 pièces de 8 et 56 pièces de 4 (1) ; c'est-à-dire que la quantité d'artillerie a presque triplé, que l'artillerie à grande puissance (canons de 12 et obusiers) est devenue 14 *fois plus nombreuse*, et que, dans l'artillerie de petit calibre, la proportion du 8 au 4 est devenue 1/1 au lieu de 1/8. Cette transformation, due aux efforts du maréchal de Belle-Isle et du maréchal de Broglie, puis à la réforme de Gribeauval, sera pour beaucoup dans l'activité, l'esprit offensif et les succès de la tactique napoléonienne.

Dans l'équipage de sièges de 1744, les pièces de moyen calibre (12 et 16) entrent pour 1/9 ; les mortiers pour 4/9 et les pièces du plus gros calibre (24 et 33) pour 4/9. Si Vallière avait compris dans son système un canon de 33 proportionnel aux autres, il aurait atteint un poids inadmissible ; l'ordonnance de 1732 supprima donc purement et simplement le canon de 33 ; mais les pièces de ce calibre qui étaient dans les arsenaux ne furent pas détruites, et il y en avait encore en 1744. On voulut d'abord les remplacer dans les équipages par du 24, comme en témoigne une lettre du 25 février adressée à M. de Saint-Perier ; mais on man-

---

(1) Commandant Saski, *Campagne de 1809*, t. II. Situation de l'artillerie du 2º corps : pour 23,000 hommes, 4 pièces de 12, 10 obusiers, 14 pièces de 8 et 14 de 4.

qua sans doute du temps et de l'argent nécessaires pour fondre ces pièces, et l'on se résigna à les emmener.

Les écrivains militaires de cette époque donnent peu de renseignements sur le tir et les effets du tir des bouches à feu, et ce silence tient sans doute à ce que le peu de précision des pièces, l'absence de toute mesure des distances et surtout les procédés de pointage, on ne peut plus primitifs, empêchaient de savoir à quelle distance on avait pu tirer. Gribeauval devait accroître la précision et la portée du tir dans d'énormes proportions en adoptant la hausse ; mais l'introduction de ce premier organe mécanique soulève d'abord les mêmes reproches de complication qui accueilleront tour à tour tous les perfectionnements du matériel d'artillerie. La hausse, connue bien avant Vallière, fut rigoureusement proscrite par lui.

On se contentait donc de pointer par la génératrice supérieure de la pièce, sauf dans le tir de siège, où l'on se servait parfois du quart de cercle pour donner l'angle. On conçoit que le pointage par la génératrice de la pièce fût très imparfait ; mais théoriquement même, il ne pouvait convenir qu'au cas où le but se trouvait exactement à la rencontre de cette ligne de mire I M et de la trajectoire, au point B qu'on appelait le but en blanc. Si le but se trouvait à une distance moindre que celle du but en blanc, en B', il fallait abais-

ser la trajectoire et, par conséquent, viser au-dessous du but, d'une quantité que le pointeur ou l'officier appréciaient au jugé. On imagine aisément le degré de précision que ce procédé pouvait procurer (1). Or, les

---

(1) « Lorsque les circonstances ne permettaient pas l'usage des hausses,

pièces étaient elles-mêmes assez peu précises. En relevant les résultats d'un certain nombre de tirs d'expérience, exécutés en donnant l'angle au niveau et en mesurant exactement la distance de la batterie au point de chute, on trouve entre la plus grande et la plus petite portées obtenues le même jour avec le même angle, une différence approchant de 1/8 de la portée. Par exemple, les pièces de 8 et de 12, sous l'angle de 4°, ont donné des portées variant de 740 à 810 toises. Il n'est donc pas exagéré d'admettre qu'en tenant compte des erreurs de pointage, l'écart pouvait aller à 1/5 ou 1/6 de la portée.

Les préjugés et la routine continuent à obscurcir la question de la portée des pièces. On employait déjà le terme vague de portée efficace, sans l'avoir défini, de

---

nos bons aïeux avaient recours au pointement par les côtés pour prendre la direction, ou bien ils commençaient par diriger la pièce en pointant vers l'objet *rez le métal*, et ensuite la relevaient ou la baissaient, et, pour prendre l'angle de projection convenable à l'éloignement, ils employaient le quart de cercle, qu'ils appelaient l'équerre du canonnier, et que chacun compliquait plus ou moins suivant son goût et sa science vraie ou prétendue.

« Les anciens auteurs donnent sujet de croire que l'usage des hausses et de l'équerre du canonnier n'avait lieu que contre des forteresses ou dans les exercices d'écoles, et que, dans les actions de campagne, le coin de mire seul était admis ou quelque chose d'aussi simple.

« De notre temps, après avoir banni le gros et ridicule guidon placé au plus grand renflement du bourrelet, on ne se rappelait pas seulement l'idée de hausse ou d'équerre du canonnier (du moins en France) et l'on se contentait, hors des limites du but en blanc primitif, d'observer les coups, et quand on avait trouvé l'angle de projection convenable, on l'assurait par quelques marques au coin de mire, que l'on fixait. Je ne dis pas que cette méthode soit préférable à toute autre, mais en la suivant l'artillerie française eut de grands succès durant les dernières guerres, tant aux sièges qu'aux batailles. »

(Réflexions sur la pratique raisonnée du pointement des canons dans les actions de campagne, par M. de Senneville. Archives de la Section technique d'artillerie, 1764.)

sorte que les divers écrivains en donnent des valeurs très différentes et toutes inférieures à celles que nous relèverons sur les plans des champs de bataille de Fontenoy, etc. On invoquait déjà l'impossibilité de pointer au delà d'une certaine distance ; en 1744, c'était au delà de 500 toises que le pointeur ne pouvait distinguer les objets (et il s'agissait d'un tir à 100 mètres près !), ce qui n'empêchera pas d'arrêter net le mouvement offensif des Hollandais contre Anthoin (bataille de Fontenoy), au moyen d'une batterie située à 800 ou 900 toises de là.

Pour imaginer exactement ce qu'on pouvait demander aux pièces de l'artillerie lisse, il faut se rappeler d'abord que leur portée maximum, sous un angle voisin de 45°, était de :

2,200 toises pour le canon de 24 ;
1,800   —   12 ;
1,675   —   8 ;
1,460   —   4.

Les affûts ne permettent pas de tirer sous un angle supérieur à 15°.

Sous l'angle de 15°, on obtenait encore :

1670 toises avec le canon de 24 ;
1500   —   12 ;
1440   —   8 ;
1300   —   4.

De sorte que, pratiquement, on aurait pu tirer à 3,000 mètres, comme aujourd'hui, et l'on ne s'en faisait pas faute dans la guerre de côtes et parfois dans la guerre de sièges. Dans le cas le plus général, on était obligé de s'en tenir à des portées beaucoup plus faibles : 1° à cause du défaut de précision du tir, qui donnait des écarts inadmissibles aux grandes distances (environ 400 mètres à 3,000 mètres) ; 2° à cause de la nécessité d'obtenir des ricochets, qui, seuls, compensaient le défaut d'efficacité d'un tir à boulets pleins, déjà peu précis ; 3° à cause de l'impossibilité d'étendre à de

grandes distances le procédé de pointage au jugé auquel
on s'était condamné.

Pratiquement, on s'en tient donc aux portées correspondant à des angles de 8° et au-dessous, ce qui donne
près de 1000 toises. La pièce de 4, sous l'angle de 6°,
donne une portée de 800 toises.

Les boulets lancés par les canons de campagne pouvaient traverser plusieurs files ; quant à la puissance de
pénétration, il est difficile de l'évaluer dans la plupart des cas. On sait seulement que, dans la guerre
de sièges, on faisait le tir en brèche à 300 mètres environ,
et qu'à cette distance les boulets pénétraient à une profondeur de 1 à 4 mètres, suivant la nature des terres
(un boulet de 24 entre de 12 pieds dans un rempart
ordinaire).

Ainsi que nous l'avons indiqué, les tirs à ricochet,
à projectiles creux, ou à mitraille donnaient seuls
des résultats appréciables contre le personnel. Un boulet
plein qui n'aurait pu frapper que son premier point
d'impact, éloigné souvent de 100 à 200 pas du but,
aurait été un engin peu redoutable. Le ricochet portait à
20 ou 30 toises au moins, et le plus souvent à 100 toises,
la zone dangereuse en arrière du premier point de
chute. On peut dire que le ricochet tenait lieu de la
gerbe d'éclatement qui étend aujourd'hui à 200 ou
250 mètres la zone d'action de nos obus.

On a peine à s'imaginer aujourd'hui l'extrême vitesse
de tir qu'on obtenait avec les pièces lisses ; mais la
concordance absolue de tous les documents ne permet
pas de la mettre en doute. Belidor donne, pour ses tirs
d'expériences, des chiffres d'où il résulte qu'il tirait les
mortiers de 12 et de 8, sous l'angle de 8°, à la vitesse
de 1 à 2 coups par minute, sans se presser. Quant aux
canons, le tir des pièces de 24 et de 16 était assez lent à
cause de la remise en batterie de ces énormes machines ;
mais le 12 tirait 1 à 2 coups par minute, et le 8 plus de

2 coups. Le canon de 4 ordinaire pouvait tirer 3 coups ; le canon de 4 à la suédoise, 8 à 10 coups. Les pièces de 3 à la Rostaing, qu'on adopta en 1757, furent déclarées préférables aux précédentes parce qu'elles pouvaient tirer 11 coups au lieu de 8.

Cette rapidité s'explique par ce fait qu'il ne s'agit évidemment que du tir à courte distance (200 à 300 toises) contre le personnel, dans un instant décisif, où l'on emploie soit le tir à mitraille, soit le tir à ricochet, et où le but se présente avec une dimension angulaire telle, que tout pointage devient inutile. Il suffit donc de jeter la gargousse, puis le boulet, dans l'âme de la pièce (profonde seulement de $1^m,20$ dans les pièces à la suédoise) et de mettre le feu.

Les gargousses sont inventées depuis longtemps, mais adoptées depuis peu, et encore d'une manière incomplète : 1° à cause de la difficulté de trouver une enveloppe, étoffe ou papier, qui ne laisse pas de résidus incandescents ; 2° à cause des changements de charge fréquents pour les gros calibres, et nécessaires même pour les pièces de campagne dans le tir à ricochet. On adopta toutefois les gargousses, malgré de graves inconvénients, et sans attendre des perfectionnements décisifs : 1° parce qu'en versant la poudre avec la lanterne de chargement on la plaçait irrégulièrement dans l'âme et que le tir s'en ressentait ; 2° parce que les expériences de Belidor avaient prouvé que la poudre, une fois tassée dans la gargousse, les coups de refouloir ne modifiaient plus sensiblement sa densité de chargement. On pouvait donc supprimer le refoulage aussi bien que le pointage. L'adoption d'une cartouche réunissant le projectile et la gargousse avait achevé d'augmenter la vitesse de tir, mais on ne la maintint pas, à cause des inconvénients qui en résultaient dans les transports. Le vent était d'ailleurs considérable (plus de 5^{mm}) et rendait l'introduction du boulet très facile.

L'approvisionnement porté par les équipages était de
140 coups par pièce pour le 4, un peu moins (115 environ) pour le 8 et le 12 (1), 500 coups par mortier,
800 à 850 coups par pièce de 24, 750 coups par pièce de
33, de 16 ou de 12 de l'équipage de siège (2).

Si le matériel des armées de terre est assez homogène
et assez simple, celui des places contient plus de pièces
anciennes, de modèles divers. Le matériel en service
dans les ports et batteries de côte se compose de pièces
de tout calibre et de toute espèce ; il s'y trouve beaucoup de pièces en fer. Dunkerque, démantelé depuis
1713, est organisé en place du moment et armé en
grande partie avec des canons de fer appartenant aux
armateurs de la ville ; et comme ceux-ci se font tous
corsaires, le cas échéant, on prévoit avec inquiétude le
moment où, la guerre étant déclarée aux Anglais, toutes
ces pièces seront réclamées pour faire la course.

Le matériel de ponts comprend des pontons ou bateaux
de cuivre assez légers portés sur des haquets. Ces pontons sont formés de feuilles de cuivre clouées sur une
carcasse de bois et maintenues par des ferrures. Longs
de 18 pieds et larges de 5, ces pontons sont impropres à
faire passer des hommes à la rame et sont d'un mauvais
service sur les rivières à courant rapide. Les armées
opérant en Allemagne sont obligées d'en employer
d'autres ; mais en Flandre, ils sont d'un excellent usage.
Dans la construction des ponts, on laisse 15 pieds
(5 mètres) d'axe en axe ; il faut donc une dizaine de
pontons pour franchir une rivière large de 50 mètres (il
n'en faudrait que huit aujourd'hui, nos bateaux étant
plus forts).

---

(1) De l'équipage de campagne.
(2) L'examen des inventaires fera ressortir les autres particularités
relatives à l'approvisionnement en matériel, agrès et munitions.

Artillerie (1744). — *Inventaire général dressé en présence de* M. Brunet, *lieutenant et commissaire du parc de l'artillerie de l'armée de Flandres, des pièces d'artillerie et munitions de guerre qui composent l'équipage de campagne au quinzième mai mil sept cent quarante-quatre,* savoir :

Pièces de canon de 12.

Noms.	Poids.	Armes.	Longueurs.
Le Plongeur....	3,170	de France.	9ᵖ
Le Lunatique...	3,130	id.	id.
Agamemnon....	3,080	id.	id.
Le Camouflet...	3,100	id.	id.

Pièces de canon de 8.

Noms.	Poids.	Armes.	Longueurs.
Le Sauteur.....	2,150	de France.	8ᵖ 2ᵖᵒ
Le Pilote.......	2,155	id.	id.
Le Piéton......	2,180	id.	id.
Le Questeur....	2,205	id.	id.
Le Pétillant....	2,150	id.	id.
Le Pirate	2,200	id	id.

Pièces de canon de 4 ordinaires.

Noms.	Poids.	Armes.	Longueurs.
La Violence	1,151	de France.	6ᵖ 9ᵖᵒ
Sainte-Barbe....	1,158	id.	id.
L'Étourdie.....	1,140	id.	id.
L'Éventée......	1,170	id.	id.
La Sirène......	1,121	id.	id.
La Faucheuse...	1,147	id.	id.
La Fantaisie....	1,160	id.	id.
La Fourbe......	1,164	id.	id.
La Perte.......	1,146	id.	id.
La Finesse	1,138	id.	id.
L'Importune....	1,160	id.	id.
La Favorite.....	1,136	id.	id.
La Parfaite.....	1,155	id.	id.
La Fatigante...	1,149	id.	id.
La Mordante....	1,153	id.	id
La Ravissante...	1,140	id.	id.
La Fierté......	1,146	id.	id.
La Force.......	1,152	id.	id.
La Railleuse....	1,144	id.	id.

Noms.	Poids.	Armes.	Longueurs.
La Fâcheuse....	1,161	de France.	6ᵖ 9ᵖᵒ
La Gaillarde....	1,134	id.	id.
La Raffinée.....	1,144	id.	id.
La Fleurie.....	1,154	id.	id.
La Rivale......	1,156	id.	id.
L'Expéditive....	1,136	id.	id.
La Seconde.....	1,143	id.	id.
Leucothoé......	1,159	id.	id.
La Grenouille...	1.133	id.	4ᵖ 6ᵖᵒ
Daphné........	1,123	id.	id.
La Guenon.....	1,135	id.	id.
La Fermeté.....	1.148	id.	id.
Clio..........	1,153	id.	id.
La Fière	1,135	id.	id.
Clitie..........	1,153	id.	id.
Melpomène.....	1,146	id.	id.
Euterpe........	1,140	id.	id.
Pomone........	1,149	id.	id.
L'Évaporée.....	1,129	id.	id.
L'opiniâtre.....	1,131	id.	id.
La Fantasque...	1,157	id.	id.

Pièces de canon de 4 à la Suédoise.

Noms.	Poids.	Armes.	Longueurs.
L'Ableking.....	668	de France.	id.
La Scanie	659	id.	id.
La Nylande.....	660	id.	id.
Stockholm......	658	id.	id.
La Savolac	669	id.	id.
La Bothnie.....	662	id.	id.
Sudermanie....	671	id.	id.
L'Uplande......	665	id.	id.
Westmanie.....	664	id.	id.
La Vermelande..	670	id.	id.

Total des pièces de canon.   60

Boulets.

De 12 .... 460 }
De 8 .... 696 } 1156

*Cartouches et gargousses pour le canon
et pour l'infanterie.*

Cartouches et gargousses pour
pièces de 4, contenues en
792 caisses de sapin, dont
36 à grappes de raisin et
30 à boîte de fer-blanc ... 6,996
Fusées d'amorce en 33 caisses
de sapin............... 7,920
Lances à feu............. 297
Cartouches pour l'infanterie,
en 2,112 caisses......... 1,267,200

Affûts de campagne.

De 12 .... 5 }
De 8 .... 7 }
De 4 ordinaire........ 45 } 69
De 4 à la suédoise..... 12 }

Avant-trains.

De 12 .... 6 }
De 8 .... 8 }
De 4 ordinaire. .... 50 } 78
De 4 à la suédoise..... 14 }

Paires d'armes complètes.

De 12 .... 5 }
De 8 .... 7 } 57
De 4 ordinaire........ 45 }

*Ustensiles pour le service des pièces
de canon.*

Écouvillons pour pièces à la sué-
doise 36
Gouvernails pour pièces à la sué-
doise. 12
Leviers................. 200
Coins de mire............ 138
Tire-bourres 8
Dégorgeoirs, dont 68 emmanchés. 218
Peaux de mouton.......... 6

Caissons et charrettes.

Caissons pour cartouches et gargousses à canon, couverts de
toile peinte à l'huile, montés
sur leurs rouages, garnis chacun
d'un tapis. 33
Caissons pour cartouches d'infanterie, garnis chacun d'un tapis,
dont 25 à 4 roues........... 88
Caissons à 4 roues pour menus
achats.................... 2
Caissons pour outils tranchants,
mèches, cordages, sacs à terre,
agrès, fers et clous, outils d'ouvriers, vieil oing, etc., dont
3 à 4 roues............... 11
Charrettes à boulets........... 8
Charrettes à munitions, etc., dont
une couverte de planches pour
le charbon................. 54

Pierres à fusil.

En 88 caisses et en barils 206,600

Artifices, etc.

Vieux oing .... 1500[1]
Flambeaux dans une caisse...... 76
Bougie.................... 20[1]
Bougie jaune en pain.......... 3[1]
Chandelles................. 143[1]
Lanternes sourdes et claires..... 34
Briquets. 6
Amadou.................... 1[1]
Rame de papier de compte...... 1
   id.   commun 1
   id.   coupé......... 1
   id.   gris.......... 1
   id.   à l'atelière...... 1/2
Livrets.................... 18
Plumes en nombre............ 165
Cire d'Espagne.............. 2[1]
Canifs. 6
Bouteille de cuivre pour encre... 1
Pots d'encre................ 1 1/2
Corne pour lanternes.......... 12

Pieds de roi 4

Mesures à poudre de différentes grandeurs 6

Feuilles de fer-blanc 12

Cadenas 60

Aiguilles à coudre 225

Etuis pour aiguilles 2

Fil à coudre 1¹

Paires de ciseaux 4

Peaux de basane 2

Colle forte 2¹

Sacs à terre 2,000

Toile (armes de France) 30

Outils à pionniers.

Bèches .... 2,150 ⎫
Pics hoyaux .... 2,150 ⎬ 4,300

Cordages.

Allogues 2

Combleaux 3

Prolonges doubles ..... 12 ⎫
Prolonges simples ..... 26 ⎬ 38

Paires de traits à canon 150

Travers 15

Commandes 120

Menus cordages 40¹

Ficelle 4¹

Outils d'ouvriers en bois.

Besaiguës 3

Ciseaux à planches 12

Hoyaux ou essettes 6

Marteaux fendus 8

Masses de fer 2

Grandes cognées à charpentier ... 3

   Id.   à charron 6

Tarières de différentes grosseurs. 40

Grandes scies montées 2

Petites scies à main montées ... 5

Scie de long à main 1

Fermoirs 12

Becs-d'âne 8

Amorçoirs 4

Passe-partout 2

Gouges rondes 4

Gouges carrées 4

Planes 12

Crochets pour scieurs de long ... 2

Compas de fer 7

Guillaumes 2

Varlopes 2

Demi-varlopes 2

Valets d'établi 4

Petits ciseaux à planches 4

Petits becs-d'âne à menuisier 4

Rabots 3

Trusquins 2

Equerres 2

Refendresse 1

Feuillerets 2

Vilebrequins 3

Vrilles 24

Tourne-à-gauche 2

Meules à émoudre 2

Pierres à affiler les outils 6

Mèches de vilebrequins 24

Outils à tonneliers.

Hoyau 1

Tirefonds 2

Tablier 1

Plane ronde 1

Plane creuse 1

Scie tournante 1

Outils tranchants.

Haches .... 400 ⎫
Serpes .... 600 ⎬ 1000

Équipage de pont.

Pontons de cuivre montés sur leurs haquets 20

Haquets de rechange 2

Poutrelles de sapin 176

Madriers de sapin de différentes largeurs 330

Cabestans 2

Ancres 3

Crocs à crochets 9

Piquets ferrés................. 18

Masses de bois................ 12

Tables de cuivre pesant........ 70[1]

Soudure pesant............... 30[1]

Etain pesant.................. 6[1]

Clous de cuivre coulés pesant.... 20[1]

Clous de cuivre roulés pesant.... 5[1]

Petite bigorne................. 1

Soufflet à main............... 1

Réchaud 1

Poinçons à main.............. 3

Paires de cisailles............. 2

Grattoirs.................... 2

Ta....................... 1

Petits marteaux.............. 3

Fers à souder................ 3

Poix résine.................. 14[1] 1/2

Engins à lever et peser.

Chèvre complète.............. 1

Crics...................... 4

Chevrettes.................. 4

Bois de remontage.

Essieux de bois ferrés de différents calibres. 20

Rais ébauchés............... 60

Jantes..................... 36

Limonières................. 8

Trains de devant ferrés pour caissons...................... 2

Paires de roues de derrière pour
caissons à essieux de bois et de
fer 5

Roues d'affûts de 12...... 1 ⎞

Roues d'affûts de 8....... 1 ⎟

Roues d'affûts de 4 ordi-
naires............... 5 ⎬ 9

Roues d'affûts de 4 à la suédoise............... 2 ⎠

Roues pour pontons........... 2

Etablis à menuisier........... 1

Avant-train pour haquet, monté
sur ses deux roues.......... 1

Forges, fers, aciers et charbon.

Forges de campagne complètes. .

Enclumes et bigornes......... 2

Estoc..................... 1

Fers de toute espèce, pesant..... 817[1]

Acier de toute espèce, pesant.... 28[1]

Chevilles ouvrières d'avant-
train de 12........... 1 ⎞

Chevilles ouvrières d'avant-
de 8. .... 1 ⎬ 4

Chevilles ouvrières d'avant-
train de 4........... 2 ⎠

Chevilles ouvrières de caissons... 8

Boulons de limonières......... 10

Liens de roues de différents calibres..................... 42

Chevilles pour différents calibres...................... 42

Liens de rais avec leurs chevilles..................... 20

Bandes de différents rouages..... 38

Bandes à fourches............ 10

Tôle, pesant................. 28[1]

Botte de fil de fer............ 1

Paires de ragots.............. 12

Esses de différentes grosseurs.... 100

Clavettes................... 200

Essieux de fer............... 8

Brabants................... 20

Clous de bandes de 12,
pesant............. 25[1] ⎞

Clous de bandes de 8... 49 ⎟

Clous de bandes de 4... 100 ⎟

Clous de bandes de char-
rettes et caissons..... 131 ⎟

Clous d'applicage de 8 et
de 4. .... 40 ⎟

Clous picquarts........ 25 ⎬ 530[1]

Clous demi-picquarts... 40 ⎟

Clous demi-picquarts de
18. .... 40 ⎟

Clous demi-picquarts de
14. .... 40 ⎟

Clous demi-picquarts de
10. .... 40 ⎠

Clous de patin en nombre....... 2,000
Razières de charbon de terre 10

Outils à forgeurs.

Marteaux à main 3
Marteaux à devant............ 5
Tranches................... 4
Poinçons ronds et plats......... 5
Etampes à bandes et autres...... 5
Carreaux............... 3 ⎫
Demi-carreaux.......... 3 ⎭ 6
Cure-feux................... 2
Palettes.................... 2
Ratissettes................. 2
Mouillettes 2
Chasses carrées et rondes....... 3
Chasse cannelée.............. 1
Gouges rondes.............. 2
Seaux ferrés................ 2
Tenailles droites............. 4
Tenailles à crochets........... 4
Paquets de limes de toute espèce. 20
Poinçons ronds à main......... 3
Rivoirs..................... 3
Paires de tricoises............ 4

Poudre...................... 9,200[1]
Plomb en balles de 18 à la livre. 6,400[1]
Mèches en paquets, pesant...... 700[1]

Chapelle.

Calice d'argent avec sa patène... 1
Nappes d'autel................ 2
Aubes 2
Amicts...................... 2
Cordons..................... 2
Chasuble, étole, manipule, voile
    et bourse (de chaque)......... 1
Missel...................... 1
Pierre bénite................ 1
Burettes d'étain.............. 2
Chandeliers de cuivre.......... 2
Crucifix.................... 1
Boîtes d'argent pour onctions et
    pr la sainte hostie (de chaque). 1
Flacon d'étain pour le vin....... 1
Plat d'étain pour les burettes.... 1
Coffre pour la chapelle......... 1
Table pour la chapelle.......... 1
Essuie-mains................. 4
Canon complet................ 1
Linges pour mettre sur la pierre. 2
Boîte de fer-blanc pour les hosties. 1
Eteignoir................... 1
Quatre cierges, pesant ensemble. 4[1]
Purificatoirs................. 4
Corporaux................... 4
Surplis..................... 4
Rituel...................... 1
Tente pour la chapelle......... 1

Je soussigné, commissaire de l'artillerie, chargé du détail du parc de l'artillerie de l'armée de Flandres, certifie que toutes les pièces et munitions mentionnées au présent inventaire sont effectives dans ledit parc, desquelles je me suis chargé et me charge. Fait au camp sous Lille, le 15 mai 1744.   DE BROU.

Nous, chevalier de l'Ordre royal et militaire de Saint-Louis, lieutenant et commissaire du parc de l'artillerie de l'armée de Flandres, certifions le présent inventaire véritable. Fait au camp de Lille, les jours et au susdits.   BRUNET.

Contrôlé et enregistré au contrôle général de l'artillerie, au camp sous Courtray, le 16 août 1744.   DUREVILLE.

Artillerie (1744). — *Inventaire général dressé en présence de* M. Brunet, *lieutenant et commissaire du parc de l'artillerie de l'armée de Flandres, des pièces d'artillerie et munitions de guerre qui composent l'équipage de siège de ladite armée, au vingt-quatre mai mil sept cent quarante-quatre,* savoir :

Pièces de canon de fonte de 33.

Noms.	Poids.	Armes.	Longueurs.
L'Infernal......	5,920	de France.	9ᴾ 6ᴾᵒ
L'Ingénieur....	5,900	id.	id.
L'Inexorable....	5,860	id.	id.
Mercure.......	5,890	id.	id.
Jupiter........	5,960	id.	id.
Mars..........	5,960	id.	id.
L'Inventeur.....	5,880	id.	id.
César.........	5,880	id.	id.
Le Foudroyant..	6,400	id.	id.
Le Redoutable..	6,400	id.	id.
Apollon........	5,870	id.	id.
Le Sans-Pareil..	5.880	id.	id.

Pièces de canon de fonte de 24.

Noms.	Poids.	Armes.	Longueurs.
Le Receveur....	5,480	du Lude.	9ᴾ 7ᴾᵒ
Le Matineux....	5,420	de France.	id.
Le Sacrilège....	5,420	id.	id.
Le Lapidaire....	5,380	id.	id.
Le Réveilleur...	5,380	id.	id.
L'Intègre.......	5,360	id.	id.
L'Auditeur.....	5,360	id.	id.
Le Railleur.....	5,340	id.	id.
Le Désespéré...	5,340	id.	id.
Le Sacrificateur.	5,320	id.	id.
La Gargouille...	5,320	id.	id.
Le Tournesol...	5,320	id.	id.
L'Enchérisseur..	5,320	id.	id.
Le Vendangeur.	5,329	id.	id.
Le Trouble-Fète.	5,320	id.	id.
Le Laboureur...	5,320	id.	id.
Le Rêveur......	5,300	id.	id.
La Trahison....	5,280	id.	id.

Noms.	Poids.	Armes.	Longueurs
Le Consolateur..	5,280	de France.	9ᴾ 7ᴾᵒ
L'Accostable....	5,280	id.	id.
La Commandante	5,260	id.	id.
L'Obligeante....	5,260	id.	id.
Le Quinteux....	5,260	id.	id.
L'Invincible....	5,260	id.	id.
Le Désastre.....	5,260	id.	id.
Le Contrôleur...	5,260	id.	id.
Le Fulmineux..	5,260	id.	id.
L'Abominable...	5,240	id.	id.
L'Admirable....	5,240	id.	id.
La Tranquille...	5,240	id.	id.
Le Signal......	5,240	id.	id.
Le Philosophe...	5,240	id.	id.
L'Académicien..	5,200	id.	id.
Le Détestable...	5,200	id.	id.
Le Secours.....	5,200	id.	id.
L'Acariâtre.....	5,200	id.	id.
Le Changeur. ..	5,200	id.	id.
Tintamarre.....	5,180	id.	id.
Le Gaillard.....	5,180	id.	id.
Le Porte-Malheur	5,180	id.	id.
L'Infatigable....	5,180	id.	id.
L'Accrocheur...	5,180	id.	id.
L'Artificier.....	5,320	id.	id.
Le Géomètre....	5,160	id.	id.
L'Absolu.......	5,160	id.	id.
Le Pharisien....	5,120	id.	id.
Le Commandeur.	5,100	id.	id.
Le Négligent....	5,100	id.	id.
Le Pleureux....	5,060	id.	id.
Le Crevé.......	4,960	id.	id.
L'Eléphant.....	5,280	id.	id.
Le Vengeur. ...	5,280	id.	id.
Le Vigneron....	5,683	id.	id.

Le Léopard..... 5,410 de France. 9ᵖ 7ᵖᵒ
Le Fidèle....... 5,400 id. id.
Le Bon-Chat.... 5,240 id. id.
Le Lion....... 5,470 id. id.
Le Tigre....... 5,450 id. id.
Le Sanglier..... 5,480 id. id.
Le Rhinocéros.. 5,300 id. id.

Pièces de canon de fonte de 16.

La Vigoureuse.. 4,150 de France. 9ᵖ 6ᵖᵒ
L'Intrépide..... 4,200 id. id.
La Disgracieuse. 4,100 id. id.
Proserpine...... 4,180 id. id.
L'Intempérée... 4,090 id. id.
La Chiffonneuse. 4,100 id. id.
Sémélé........ 4,110 id. id.
La Brillante.... 4,150 id. id.
Pénélope....... 4,070 id. id.
Livie......... 4,190 id. id.

Pièces de canon de fonte de 12.

L'Incommode... 3,090 de France. 9ᵖ
Le Fouillant.... 3,140 id. id.
Ninus......... 3,060 id. id.
Le Charlatan.... 3,140 id. id.
L'Outrageur.... 3,100 id. id.
Le Critiqueur... 3,090 id. id.
Diomède....... 3,090 id. id.
Polidamas...... 3,060 id. id.
Total des pièces de canon : 90.

Boulets.

De 33 9,000
De 24 50,000   } 72,500
De 16 7,500
De 12 6,000

Affûts à canon avec leurs avant-trains.

De 33............... 15
De 24............... 77   } 115
De 16............... 13
De 12............... 10

Paires d'armes complètes.

De 33.............. 19
De 24.............. 90   } 138
De 16.............. 16
De 12.............. 13
Hampes de rechange pour les armes des pièces........... 200

Charrettes, chariots, caissons, etc.

Chariots à canon............. 74
Charrettes à munitions pour le parc et les batteries.......... 170
Camions pour le transport des crapauds................... 25
Caissons couverts de toile peinte. 16

Ustensiles pour le service des pièces de canon.

Leviers..................... 1,256
Coins de mire................ 500
Tire-bourres................. 16

Mortiers de fonte.

De 12 pouces.......... 30   } 50
De 8 pouces 3 lignes..... 20
Pierriers de fonte............. 20

Affûts à mortiers et à pierriers.

De 12 pouces de fer coulé. 30
De bois ferré de rechange pour id.................. 10   } 90
De bois ferré pour 8 pouces 3 lignes............... 25
De bois ferré pour pierriers.................. 25

Ustensiles pour le service des mortiers et pierriers.

Curettes à mortiers et pierriers.. 100
Crochets à bombes............. 120
Dames ou demoiselles......... 150
Pinces de fer................. 30
Spatules.................... 100
Coussinets à mortiers et pierriers. 63

Coins d'entaille................ 27

Plateaux pour pierriers......... 500

Bombes.

De 11 pouces 8 lignes. 15,006 }
De 8 pouces........ 9,869 } 24 ,58

Grenades à main. 20,000

Fusées non chargées.

A bombes de 11 pouces
   8 lignes .... 18,000 }
A bombes de 8 pouces. 12,000 } 30,000

A grenades à main............25,000

Pierres à fusil...............300,000

Armements complets pour ingénieurs, sapeurs et mineurs.... 60

Artifices, etc.

Salpêtre, pesant............2,025[1]

Soufre, pesant. ....1,094[1]

Poix résine, pesant avec la tonne. 125[1]

Poix noire, pesant............ 253[1]

Chaudières avec leurs trépieds... 3

Tamis à passer composition...... 25

Cire neuve, poids de flandres.... 100[1]

Suif, poids de flandres.......... 200[1]

Chandelles, poids de marc...... 415[1]

Flambeaux. 89

Bougie....................... 13[1] 1/2

Bougie jaune en pain .... 14[1] 1/2

Baguettes à charger fusées de
différentes espèces. 120

Ecuelles ou gamelles de bois. ... 40

Tables pour composition d'artifices. 4

Egrugeoirs pour composition d'artifices. 15

Brosses pour nettoyer les tables . 4

Petits maillets. 60

Chassoirs pour fusées.......... 60

Entonnoirs de fer-blanc. 30

Mesures à poudre en fer-blanc de
différentes grandeurs......... 90

Fil à coudre. .... 10[1]

Aiguilles à coudre............. 300

Aiguilles carlettes pour emballer. 18

Etuis pour les deux sortes d'aiguilles. 4

Rames de papier blanc commun.. 5

Rames de coupé.............. 2 1/2

Rames de compte............. 1

Rames à l'attelière............ 1/2

Rames de gris pour gargousses.. 101

Cire d'Espagne................ 1[1]

Plumes en nombre 100

Canifs....................... 8

Bouteille de cuivre pour encre à
écrire....................... 1

Pot de ladite encre 1 1/2

Livrets....................... 40

Peaux de basane.............. 4

Peaux de mouton.............. 48

Clous de patin en nombre....... 4,000

Feuilles de fer-blanc........... 90

Tôle, pesant.................. 78[1]

Dégorgeoirs.................. 115

Bottes de fil de fer............ 12

Cadenas gros et petits..... 40

Briquets..................... 24

Amadou...................... 2[1]

Ruban pour lier les états ; armes
de France................... 50

Lanternes claires et sourdes..... 67

Feuilles de corne pour lanternes. 40

Paires de ciseaux............. 6

Mortiers de fonte avec leurs pi-
lons 4

Cercles pour poudre et plomb...2,000

Meules à émoudre les outils..... 2

Pierres à affiler les outils........ 6

Pieds-de-roi.................. 6

Crayons..................... 16

Livres de pierres noires......... 2[1]

Vieux oing...................1,375[1]

Scies à couteaux.............. 3

Colle forte................... 3[1]

Gros pinceaux pour coller les gargousses 24

Balance avec ses plateaux de
cuivre....................... 1

Poids de marc de 3 livres....... 1
Petites boîtes pour chandelles... 8

Cordages.

Cinquenelles de 100 toises...... 1
Allogue de 50 toises.......... 1
Combleaux de 18 toises........ 2
Travers.................... 30
Commandes.................. 110
Prolonges doubles............ 50
Prolonges simples............ 70
Câbles de chèvre............. 16
Paires de traits à canon........ 310
Menus cordages, y compris 4 livres
    de ficelle................. 219¹

Sacs à terre et toile.

Sacs à terre................197,10⁸
Toile pour saucissons; armes de
    France................... 100

Outils de pionniers.

Bêches..................... 21,000
Pics, hoyaux................ 21,000
Ecouppes................... 3,000
Pics à roc.................. 1,000

Outils à mineurs.

Coins...................... 14
Masses à main.............. 6
Moyennes masses............ 6
Grosses masses............. 6
Grosses masses à pannes........ 4
Becs-de-cane................ 25
Pioches à tranches........... 12
Pics hoyaux................. 14
Petites pinces............... 6
Moyennes pinces............. 6
Grosses pinces.............. 2
Ciseaux hardis.............. 14
Pistolets................... 12
Poinçons................... 14
Curettes................... 4
Epinglettes................. 4

Chandeliers de fer.... 48
Refouloirs.................. 3
Aiguilles................... 4
Tranches................... 6
Tranches à deux tranchants..... 5
Tranches à pointe et à taillant... 5
Tranches à tête.............. 3
Pinces à main............... 4
Trépan..................... 1
Poinçons à grain d'orge........ 24
Crochets pour pendre les paniers. 10

Outils d'ouvriers en bois.

Besaiguës.................. 6
Ciseaux à planches........... 24
Hoyaux en bois.............. 8
Marteaux fendus............. 14
Masses de fer à enrayer........ 4
Grandes cognées à charpentiers.. 6
Grandes cognées à charrons..... 12
Tarières de différentes grosseurs. 100
Grandes scies montées......... 5
Scies à main montées.......... 37
Scies de long montées......... 3
Planes..................... 24
Fermoirs................... 20
Becs-d'âne.................. 12
Amorçoirs.................. 5
Passe-partout............... 5
Gouges carrées et rondes....... 8
Crochets pour scieurs de long... 6
Compas de fer............... 10
Guillaumes.................. 3
Varlopes................... 4
Demi-varlopes............... 4
Fers de varlopes, demi-varlopes
    et bouvets................ 37
Valets d'établis.............. 8
Petits ciseaux à planches....... 9
Petits becs-d'âne à menuisiers... 8
Rabots..................... 6
Trusquins.................. 2
Equerres et fausses équerres.... 3
Refendresses................ 3
Feuillerets................. 4

Vilebrequins...................   4
Mèches de vilebrequins   68
Vrilles......................   41

Outils de tonnelier.

Hoyaux........................   3
Tirefonds.....................   6
Tabloires.....................   1
Scie tournante................   1
Planes rondes.................   2
Planes creuses................   2
Grand compas de fer...........   1

Outils tranchants.

Haches....................... 2,000
Serpes....................... 4,000
Manches d'outils de rechange de
   toute espèce............... 4,000

Engins à lever et peser.

Chèvres complètes, garnies de
   leurs poulies de cuivre et de
   poulies à écharpe...........   6
Crics.........................   8
Triqueballes..................   3

Équipage de pont.

Pontons de cuivre montés sur
   leurs haquets...............   26
Haquet de rechange............   1
Poutrelles de sapin...........   189
Madriers de sapin.............   324
Ancres........................   6
Cabestans.....................   2
Écoppes.......................   8
Crocs hampés..................   39
Piquets ferrés................   12
Masses........................   4
Essieux de bois ferré pour re-
   change......................   3
Avant-train avec ses roues......   1
Paire de roues de rechange pour
   haquet......................   1
Clavettes.....................   400

Bois de remontage.

Essieux pour affûts de 33, 24, 16,
   12 et avant-train, chariots à
   canon, charrettes, etc........   70
Essieux de fer................   4
Rais.........................   300
Jantes.......................   160
Limonières....................   29
Paires de roues de charrettes à
   essieux de fer..............   5
Paires de roues de charrettes à
   essieux de bois.............   3
Paires de roues pour affûts de 33.   2
   Id.   id.   de 24.   8
   Id.   id.   de 12.   2
Paires de roues pour chariots à
   canon.......................   4
Établis à menuisiers...........   4
Flèches.......................   10
Armons........................   10
Empanons......................   10
Sassoirs......................   10
Epars.........................   80
Entretoises...................   3
Faisceaux de bois pour masses...   75
Masses.......................   75
Pieds de planches de bois blanc. 4,600
Pieds de feuillets de bois blanc ..1,000

Bois à plates-formes.

Madriers de chêne pour plates-
   formes à canon...............1,522
Heurtoirs....................   120
Gîtes ou lambourdes...........   300
Madriers pour plates-formes à mor-
   tiers.......................   500
Forges complètes dont une rou-
   lante.......................   7
Fers de toute espèce, pesant.....7,192[1]
Acier de toute espèce, pesant....   285[1]
Estocs.......................   2
Estocs à main.................   1
Chevilles ouvrières d'avant-train.   6
Chevilles ouvrières de chariots...   10
Boulons de limonières.........   20

Forge, fer, acier, charbon.

Liens de roues des deux espèces.		»
Chevilles de liens.............		»
Liens de rais avec leurs chevilles.		»
Bandes de différents rouages....		»
Paires de ragots..............		»
Esses de différentes grosseurs et espèces...................		»
Clavettes....................		»

Clous de bandes :
- de 33, pesant.. 100¹
- 24......... 300
- 16 et 12.... 100
- chariots.... 200
- charrettes... 160

Clous à tête plate :
- de 24 et 16.... 400
- 12......... 157
- 8 et 4...... 130

Clous :
- picquarts...... 100
- demi-picquarts. 93
- de 18........ 87
- 14........ 77
- 10 pr outils. 234

} 2,138¹

Razières de charbon de terre.... 30

Outils à forgeurs.

Marteaux à main.............. 8

Marteaux à devant............. 14
Tranches................... 10
Poinçons ronds et plats........ 8
Etampes à bandes et autres..... 9
Carreaux................... 12
Demi-carreaux............... 12
Cure-feux.................. 5
Ratissettes................. 5
Palettes................... 5
Mouillettes................. 4
Chasses carrées et rondes....... 8
Chasses cannelées............. 2
Gouges rondes............... 4
Seaux ferrés................ 6
Tenailles droites et à crochets... 18
Poinçons ronds à main........ 7
Paires de tricoises........... 8
Paquets de limes de toute espèce. 33
Tourne-à-gauche............. 6
Rivoirs.................... 8
Poudre en 3,505 barils de 200 livres chaque............. 701,000¹
Plomb en balles de 18 à la livre en 2,000 caisses de 100 livres chaque........ 200,000¹
Mèches entourées, pesant.... 14,672¹

Je soussigné, commissaire chargé du détail du parc de l'artillerie de l'armée de Flandres, certifie que toutes les pièces et munitions mentionnées au présent inventaire sont existantes dans le parc de ladite artillerie, desquelles je me suis chargé et me charge. Fait au camp devant Menin, le vingt-quatrième may mil sept cent quarante-quatre.

De Brou.

Nous, chevalier de l'ordre royal et militaire de Saint-Louis, lieutenant et commissaire du parc de l'artillerie de l'armée de Flandres, certifions que le présent inventaire est véritable en toutes ses parties. Fait au camp devant Menin, les an et jour avant dits. Brunet.

Contrôlé et enregistré au contrôle général de l'artillerie, au camp sous Courtray, le 16 août 1744. Dureville.

II. — **Armes portatives et équipement** (1).

On n'avait pas attendu les victoires de Frédéric II pour remarquer et imiter les innovations des Prussiens en matière d'armement et de tir. Bien avant l'invasion de la Silésie, des rapports avaient été fournis « sur la supériorité du feu de l'infanterie prussienne », et, dès 1738, on avait commencé à mettre en service dans nos bataillons, sans rendre d'ordonnance formelle, des fusils à baguette de fer d'un modèle nouveau, dits *fusils-grenadiers*. On déterminait en même temps la manière de transformer les anciens fusils pour leur adapter une baguette de fer. Le 13 juin 1744, le ministre ordonna de faire disparaître les dernières baguettes de bois en service dans les compagnies, et, le 11 juillet, il prescrivit la transformation de tous les fusils d'ancien modèle demeurés dans les magasins. En 1743 et 1744, les corps ne reçoivent plus que des fusils du nouveau modèle, qui sera définitivement réglementé par l'ordonnance de 1746 (2).

Au mois de janvier 1744, un certain nombre de fusils du nouveau modèle sont distribués aux corps ; on distribue également des baguettes de fer (3).

---

(1) On trouvera de plus amples détails sur ce sujet dans Bardet de Villeneuve : *Cours de la Science militaire*, 1741 ; et dans d'Espagnac : *Essai sur la Science de la guerre*, 1751.

(2) La baïonnette est à douille fendue ; la baguette, « d'un bon fer liant ; elle a en tout 3 pieds 7 pouces 8 lignes (1^m,18) ; le pousse-balle plat par-dessus de 7 lignes 1/4 (16^{mm}) de diamètre » ; la baguette a 3 lignes (1/4) (7^{mm}) de diamètre au collet du pousse-balle et 2 lignes 1/4 (5^{mm}) à l'autre extrémité, où elle est taraudée pour recevoir un tire-bourre.

Les marchés ont été passés avec les manufactures du Centre et des Ardennes pour la fourniture de ces armes en 1744 ; mais les établissements français ne suffisent pas et on envoie M. Renaud, commissaire des guerres, à Liège, pour y traiter avec les industriels de ce pays.

(3) Le régiment de Berwick reçoit 200 fusils neufs ; Orléans, 350 ;

La poudre employée pour la charge est assez fine pour servir aussi à l'amorçage. Pour charger, on déchire le culot de la cartouche avec les dents et l'on amorce en versant de la poudre sur le bassinet ; on ferme le bassinet qu'on maintient avec deux doigts ; on redresse le fusil, on enfonce la cartouche dans le canon : on bourre d'un seul coup de baguette et l'on vise le long de la génératrice supérieure du canon.

La vitesse d'un pareil tir n'atteignait pas 2 coups par minute. Elle approcha de 3 coups vers 1760, après quelques perfectionnements de détail, moyennant qu'on bourrât en frappant la crosse à terre, et qu'on ne visât pas (1).

D'après le *Mémoire sur le service prussien comparé avec le français*, quelques détails empêchaient encore notre armement de valoir celui des Prussiens :

« Les fusils prussiens sont faits conformément à la vitesse avec laquelle on fait l'exercice à feu et les baguettes sont infiniment meilleures que les nôtres. Chaque régiment a deux armuriers payés par le roi, qui en tout temps sont obligés de faire gratuitement tous les raccommodages, tant en ce qui regarde la ferraille que la boiserie des armes. Les capitaines ont par mois (outre la paye des armuriers auxquels on ne paye pas la façon, mais seulement ce qu'ils y mettent de neuf) dix-huit francs pour le raccommodage des armes.

« Quoique nos fusils soient bons pour tirer, ils ne le sont pas assez pour la vitesse. Les cercles qui tiennent les baguettes ne sont pas larges assez, puisque quand le soldat tient l'arme en main, il retient la baguette avec la main et se blesse entre le pouce et le premier doigt

---

Touraine, 615 ; Eu, 120 ; Piémont, 329 ; Dauphin, 836 ; Chartres, 150 ; la Marine, 126, etc. La Marine reçoit 600 baguettes ; Bresse, 240, etc. Le régiment de Grassin reçoit à sa formation 405 fusils, 45 carabines et 900 pistolets.

« Il y a bien des régiments, dit d'Espagnac, qui ont leurs fusils bronzés. »

(1) La lumière tronconique, adoptée en Prusse en 1770, ne fut introduite que dans notre modèle 1816. Ainsi, le fusil de 1744 est, à très peu de chose près, le même que celui de 1815.

lorsqu'il veut remettre la baguette, et il faudrait un cercle de plus
pour la faire glisser et la tenir mieux. Les baguettes n'étant que de fer
se plient et se courbent aisément et, ainsi courbées, elles rentrent difficilement. Celles que l'on a en Prusse et que plusieurs régiments ont
introduites chez nous sont épaisses par le bout et vont en diminuant,
moyennant quoi, étant plus lourdes, elles bourrent mieux la charge et
rentrent plus aisément. Mais si l'on voulait les introduire, il faudrait
mettre un ressort dans le dernier cercle ; autrement il retomberait à
chaque mouvement. »

Pour le fusil comme pour les bouches à feu, le pointage était des plus grossiers, et il n'était même théoriquement exact qu'à la distance du but en blanc ; cette
dernière se trouvait à 150 ou 180 toises. On considérait
donc comme distance normale pour la fusillade une
distance de 250 à 400 mètres. Le peu de précision de
l'arme ne permettait guère de tirer à de plus grandes
distances ; dès qu'on tirait plus près, il fallait viser au-
dessous du but. Ainsi l'expérience, l'habitude du tir et
de l'appréciation des distances avaient une importance
capitale.

Bien que le but en blanc fût à 180 toises, les balles
restaient meurtrières jusqu'à des distances bien supé-
rieures. De là, le grand nombre de blessures mortelles
causées par des balles perdues.

Les fusils des miliciens étaient de vieux modèles,
souvent de calibres divers, où les munitions ordinaires
ne pouvaient servir. Ils étaient mal entretenus en temps
de paix, les intendants refusant les sommes nécessaires
aux « radoubs » réclamés par les commandants des
bataillons (1).

Les troupes d'infanterie et de cavalerie possédaient
quelques carabines rayées en hélice. Étant donné le
mode de pointage usité, ces armes avaient une portée

______

(1) Archives de l'artillerie et enquête sur la capitulation de Lauter-
bourg en 1744.

inutilisable, mais elles donnaient plus de précision aux distances habituelles de tir. Il fallait les charger en enfonçant la balle à grands coups de maillet frappés sur une baguette de fer ; c'était une opération longue et pénible qui empêcha d'adopter les armes rayées tant qu'on ne chargea pas par la culasse. On laissa simplement deux carabines par compagnie d'infanterie, conformément aux ordonnances de Louis XIV ; ces ordonnances, un peu négligées avant la guerre, furent rappelées par une lettre de M. de Latour-Maubourg, en date du 15 janvier 1744, et remises aussitôt en vigueur. Nous avons vu que le régiment de Grassin avait reçu 45 carabines pour 405 fusils, soit 1/10ᵉ de l'armement. Il y avait donc, dans les troupes légères, 1 carabinier sur 10 hommes.

Les cartouches étaient lourdes ; elles contenaient une balle de 1/18ᵉ de livre et 1/45ᵉ de livre de poudre ; le tout pouvait peser 45 grammes. Ces cartouches étaient portées par l'homme dans des cartouchières qu'on appelait aussi « cartouches » et qui en contenaient 19 à 30. Les miliciens avaient de petites cartouchières contenant 9 charges, et le chevalier d'Espagnac demande, le 31 janvier 1744, qu'il en soit donné de semblables aux cavaliers. On leur donna des « cartouches » de 12 coups.

Les équipages d'artillerie de l'armée de Flandres contiennent, pour 100 bataillons, 1,651,200 cartouches, soit un peu moins de 25 coups par homme ; il y avait donc en tout à peu près 40 à 50 coups par homme.

Outre le fusil et la baïonnette, longue de 50 centimètres, douille comprise, le fantassin porte une épée à poignée de cuivre, dont la lame a 70 centimètres de long et qui est suspendue à un ceinturon de buffle porté par-dessus l'habit.

Chaque compagnie de fusiliers a 3 pelles, 3 pioches, 2 haches et 2 serpes ; soit un outil pour 4 hommes. Ces outils sont d'ordinaire renfermés dans un étui suspendu à une courroie portée en bandoulière.

Le sabre des grenadiers est recourbé ; la lame a de 80 à 95 centimètres. Chaque grenadier a une hache ; dans chaque compagnie, il y a 10 grosses haches et « le reste est à marteau suivant l'ancien usage ».

Tout compris, le chargement du fantassin est le suivant (page 586).

Le cavalier est armé d'un sabre à monture de cuivre, dont la lame a 90 centimètres de longueur ; d'une paire de pistolets et d'un mousqueton long en tout de 3 pieds 6 pouces 6 lignes ($1^m,15$).

D'Espagnac voudrait que ce mousqueton fût remplacé par la carabine rayée, le cavalier n'ayant à faire usage de son arme que par instants et non pour fournir des feux rapides et nourris. En attendant, il y a 4 carabines par compagnie.

Quoi qu'on en ait dit, toute la cavalerie portait une cuirasse ou plastron en fer à l'épreuve de la balle et une calotte de fer battu dans la coiffe du chapeau. Comme on se battait rarement, le port de la cuirasse était accepté avec peine. Il fallait que le roi en rappelât l'obligation fréquemment par des ordonnances (1).

---

(1) L'ordonnance du 17 décembre 1743 rappelle les précédentes auxquelles on désobéit « par une fausse délicatesse ». Les officiers de cavalerie, officiers généraux, officiers des états-majors, brigadiers et officiers-majors de toutes armes, doivent porter la cuirasse « tant en service de guerre, qu'aux jours d'exercice ou de revue » ; les cavaliers doivent porter le plastron toutes les fois qu'ils seront commandés pour monter à cheval.

« L'habitude de porter des cuirasses étant le moyen le plus sûr de les rendre moins embarrassantes, veut S. M. que toutes les troupes de gendarmerie et de cavalerie soient cuirassées également en temps de paix ou de guerre. »

« A l'entrée de chaque campagne, tout officier assujetti à la cuirasse sera tenu de se présenter à cheval avec la cuirasse aux revues des directeurs et inspecteurs » sous peine de retenue d'un mois de traitement.

Démonstration du fardeau du soldat dans les mouvements de guerre, afin de se rapprocher des premiers accidents qui opèrent successivement la ruine de l'infanterie.

USTENSILES.	FARDEAU COMMUN D'UNE COMPAGNIE ORDINAIRE d'infanterie française.			RÉPARTITION sur CHACUNE des 5 chambrées.	RÉPARTITION SUR CHAQUE SOLDAT de la chambrée.		
					A 8.	A 7.	A 6.
				livres.	livres.	livres.	livres.
Pour camper. 5 tentes, à 17 livres....	85 l.						
10 fourches et 5 traverses, à 3 livres....	45						
100 piquets, à 20 livres....	20	216 l.					
1 manteau, 1 faisceau d'armes, piquets et cordeau, à 16 livres.	16		271 l.	54,3	6 3/4	7 3/4	9 1/2
10 outils avec leurs étuis, à 5 livres....	5						
Cuisine. 5 marmites, à 8 livres....	40						
5 gamelles et 5 bidons, à 2 livres....	10	55 l.					
5 grandes cuillères, sel et poivre, à 1 livre....	5						
Fardeau particulier du soldat. Vivres pour 4 jours. 4 rations de pain à 1 l. 1/2....	6 l.						
4 rations de viande à 1/2 livre....	2 l.			»	8 1/2	8 1/2	8 1/2
8 onces de riz (dans le cas où l'on ne donne point de riz, le soldat n'en est pas moins chargé par les légumes qu'il ramasse sur la route....	1/2						
Armement... Fusil garni de sa baïonnette....	13 l. 1/2						
Épée, ceinturon, fourniment....	6 l.			»	27 1/2	27 1/2	27 1/2
Cartouche, bandoulière garnie de 18 coups....	6 l.						
Equipement. Havresac garni de 3 chemises, 1 paire de souliers, culottes, guêtres....				»	12	12	12
Objet du fardeau du soldat des différentes chambrées....				54,3	54 3/4	55 3/4	57 1/2
Et les jours d'une distribution pour 6 jours, comme il arrive dans les cas de marche forcée....				»	58 3/4	59 3/4	61

OBSERVATION. — Quoiqu'il paraisse étonnant qu'indépendamment de l'habit le soldat ait sur l'épaule un fardeau de 51 à 57 livres et de 58 à 61 livres lorsque, par des circonstances forcées, il reçoit à la fois 6 jours de subsistance, il est encore vrai que celui qui porte la tente trouve une augmentation de 10 livres qu'il est aisé de vérifier en ajoutant simplement les 17 livres du poids de la tente à celui des vivres, armes et équipement dont il ne peut se séparer. Tous les hommes ne sont pas également forts: ceux de faible constitution, élevés délicatement et forcés de plier sous de grandes fatigues, ne sont pas moins braves que de plus robustes devant l'ennemi. En considérant que le Français, de tout temps accoutumé au fardeau, y résisterait encore pour peu qu'il fût soulagé de la tente, marmites, etc., et secouru dans des cas possibles où peu de chose peut l'empêcher de succomber, on peut aussi convenir qu'avec tout le zèle et l'humanité connus de MM. les officiers particuliers, l'inexpérience des uns ou le défaut des autres de connaître de près la possibilité du soldat les éloignent d'un principe aussi salutaire à la gloire pour n'envisager que leur propre situation, et dans cette position, la nécessité de remplacer un valet ou charretier, même de protéger et tolérer un soldat vivandier qui ne rend d'autre service que celui d'embarrasser dans les divisions, de piller, et d'empêcher enfin le paysan d'amener ses denrées, affaiblissent une compagnie; il s'ensuit un dégoût qui, joint aux maladies, la réduit bientôt de 38 à 30, et par là les chambrées de 8 à 6, écrasées sous un fardeau qui augmente à mesure que le nombre d'hommes diminue par des marches pénibles, et ne se trouvant plus la force, à son arrivée au camp, de soutenir les fatigues indispensables pour s'apprêter à manger, s'abandonne au repos, néglige ce qui peut le soutenir, et réduit pour se soulager à vendre ou jeter ustensiles ou vivres le jour de la distribution, deux jours après manque de tout. C'est dans cette extrémité que, voyant accroître leurs peines, les uns, guidés par l'honneur, résistent jusqu'à extinction; d'autres, découragés, traînent et gagnent les hôpitaux, et les autres s'éloignent et se livrent à la désertion et à tout le désordre où leur penchant peut les entraîner. Tant d'abus et d'accidents à la fois réunis à une multiplicité de bagages et à nombre de valets superflus font plus de dégât que les troupes dans un pays qu'on ne peut occuper qu'en y ménageant les subsistances. Les fourrages délivrés pour la quantité de rations attribuées, sont insuffisants à MM. les officiers pour nourrir leurs chevaux survenus rares; les valets en prennent partout, mais, soit qu'on les fasse subsister en payant de gré à gré, soit au moyen de la faux, n'est-ce pas toujours piller à la même source? Le paysan est-il en état de repaître son invasion, et n'est-ce pas en effet contribuer soi-même à la nécessité d'abandonner et de retrancher une partie de la subsistance de la cavalerie, chevaux des vivres et de l'artillerie dont le dépérissement met le comble, comme on l'a vu, à la ruine d'une armée malgré sa supériorité.

Les dragons sont armés d'un fusil d'infanterie au lieu de mousqueton et ils ont une giberne pouvant contenir 30 coups comme celle de l'infanterie. Il y a, dans chaque compagnie de dragons, 8 grosses haches, 4 serpes, 4 pelles et 4 pioches. Le dragon porte un outil d'un côté de l'arçon de la selle et un pistolet de l'autre. Il a des bottines au lieu de bottes.

Les hussards ont une carabine rayée courte, suspendue avec un porte-carabine roulant à une large bandoulière.

Les cavaliers du régiment de Saxe-volontaires étaient, les uns dragons, les autres uhlans ; ceux-ci avaient la lance et pas de mousqueton ni de carabine.

D'Espagnac se plaint du poids énorme des besaces, qui met le tiers des chevaux hors de service à mi-campagne. Les chevaux des troupes étrangères, dit-il, résistent mieux à la fatigue parce qu'ils sont moins chargés et mieux soignés.

III. — L'absence de règlements de manœuvre.

C'est l'ordonnance de 1703 qui devrait régler en 1744 l'exercice et les manœuvres de l'infanterie, car il n'en a pas été adopté d'autre dans l'intervalle. Or, cette ordonnance de 1703 a été rédigée au moment même où l'on mettait en service le fusil à baïonnette, c'est-à-dire avec une ignorance absolue des effets qu'on en pouvait tirer, et des manœuvres que cette arme nouvelle devait entraîner. Les auteurs du règlement de 1703 ne con-

---

Tout officier général ou autre qui se présenterait sans cuirasse un jour de combat serait renvoyé dans une place « pour y rester sans fonction jusqu'à ce que S. M. en ait ordonné autrement ».

Cette ordonnance a dû être observée assez strictement en Flandres, à cause de la présence du roi et du maréchal de Noailles, qui, dès 1743, avait déclaré cette mesure très importante et avait promis d'y tenir la main.

naissaient guère que le combat à la pique et au mousquet, et leur œuvre s'en ressent. D'ailleurs, il n'y est question ni des évolutions, ni des feux. On était donc obligé de combler cette énorme lacune en adoptant des règles particulières dans chaque régiment.

« Il serait à désirer, dit assez naïvement une circulaire ministérielle du 14 novembre 1743 (1), que tous les mouvements des troupes fussent réglés par un exercice uniforme, mais cette uniformité ne pouvant s'établir aussi promptement que les circonstances l'exigent, S. M. laisse à la liberté des colonels et des états-majors de ses troupes de suivre les anciens usages dans les évolutions des exercices, et même d'y faire les changements qu'ils croient les plus utiles au bien de son service. Le point principal auquel Elle désire que tous les officiers se conforment sans exception roule sur la manière dont ils doivent se placer lorsque le régiment est en bataille.

« S. M. étant informée que, dans presque tous les régiments de son infanterie, l'usage des capitaines ainsi que des lieutenants est de se mettre en avant du premier rang de leur bataillon lorsqu'il est en bataille ; que dans cette position ils ne peuvent avoir une attention aussi suivie aux mouvements qui peuvent arriver *dans les 4 rangs du bataillon* que s'ils y étaient en ligne avec le soldat, et que d'ailleurs la réunion des officiers sur le front de la troupe ne produit pas souvent le silence si nécessaire à l'exécution des plus simples manœuvres, Elle a résolu de changer cette disposition et, en conséquence, Elle veut que *la moitié* des capitaines, à l'exception de celui des grenadiers et de celui du piquet, soient placés dans le premier rang du bataillon et qu'ils s'y mettent en rang entre les soldats sans les déborder ; que l'autre moitié se place derrière le quatrième rang dans les distances ordinaires, que les enseignes se tiennent entre le 2° et le 3° rangs du bataillon, et que tous les lieutenants, et à plus forte raison les sergents, soient distribués également dans les quatre rangs, de manière qu'aucun officier ne puisse déborder le front du bataillon que le colonel, le lieutenant-colonel, le commandant du bataillon, et les capitaines de grenadiers et de piquet. »

Voilà, en réalité, tout ce qui existe en fait de dispositions réglementaires au sujet de l'exercice. Pour ce qui concerne le maniement d'armes et surtout les évolutions, on est dans un état d'anarchie complet, reconnu et

____

(1) Voir plus loin le texte complet de cette circulaire.

consacré officiellement. Le point important établi par cette circulaire de 1743, c'est qu'on se forme désormais sur 4 rangs, et non sur 5, comme le prescrivait l'ordonnance de 1703.

Les *Remarques sur l'infanterie française*, que nous avons déjà citées, confirment ces renseignements :

« Il y a apparence, dit l'auteur, que lorsqu'on a établi l'usage de mettre l'infanterie en bataille sur cinq rangs, on était plus exposé à combattre contre de la cavalerie que contre de l'infanterie, car le cinquième rang est absolument inutile dans un combat d'infanterie ; on ne peut, ni le faire bien tirer, ni le faire charger la baïonnette au bout du fusil, de quelque manière que l'on combatte. Son feu est même très dangereux pour les officiers et pour le premier rang ; on sait par expérience que ce cinquième rang ne peut tirer qu'en l'air ; mais, quand on trouverait moyen de l'employer, il serait nécessaire d'en réformer l'usage et de se conformer à celui de la plupart des ennemis. Il est vrai que la plupart de l'infanterie française en a connu l'abus, et se met en bataille à 4 de hauteur.

« Une supposition fera comprendre combien la manière dont la plupart des ennemis se servent pour faire combattre leur infanterie leur donne d'avantages sur la nôtre dans les combats d'infanterie. Supposé qu'une armée française composée de 50 bataillons combatte contre une armée allemande et hollandaise de même force : si les Français se mettent en bataille sur 5 rangs et sur 4, suivant leur coutume, et les ennemis sur 3 et 4, comme ils le pratiquent, il arrivera que l'infanterie ennemie débordera la nôtre sur la droite et sur la gauche, et pourra, par conséquent, prendre ses deux ailes en flanc, surtout si l'on se bat dans une plaine. »

Ce point mis à part, il n'y a aucune règle pour l'exercice et les évolutions.

« Pour l'exercice, écrit le maréchal de Saxe le 3 juin 1744, je n'ai pas essayé de le leur faire faire ensemble, vu la variété de leurs mouvements et le peu d'uniformité qu'il y a dans les troupes de France, tant par rapport au nombre des temps qu'au plus ou moins de vivacité avec laquelle chaque régiment le fait. »

Le *Mémoire sur le service prussien comparé avec le français* s'exprime ainsi :

« En Prusse, il règne dans tous les régiments une unité d'exercices, de paye, d'habillement, d'armes, et c'est un même nombre d'officiers qui ne se trouve dans aucun service du monde. En France, autant il y a de régiments, autant y a-t-il presque d'usages différents. Les régiments nationaux ont une paye différente. Chaque nation est commandée dans une autre langue, a des batteries différentes et un exercice différent. La raison en est naturelle : quand on veut introduire un autre exercice, on en envoie les ordonnances aux régiments; ces ordonnances, quelque belles qu'elles soient, et avec quelque précision qu'elles soient faites, sont cependant sujettes à mille explications différentes, etc. Il y a en Prusse fort peu d'ordonnances; toutes, y compris l'exercice, consistent dans un volume de deux doigts; elles ne contiennent que le nécessaire, peuvent être très exactement observées, et le sont aussi. Chaque officier est obligé de les avoir; on le leur donne gratis; aussi sont-ils obligés d'en rendre compte. Il faut qu'ils les aient sur eux lorsqu'ils montent la garde. C'est la cause pourquoi ils les savent presque tous par cœur; souvent l'ennui même les leur fait lire. Il serait honteux d'ignorer quelque chose qui se trouve dans le règlement. Les bas officiers ont des ordonnances séparées qui regardent leur service.

« En France, il y a tant d'ordonnances que l'officier le plus attaché à son métier est dans l'impossibilité de les savoir seulement; comment les peut-on observer? Car, outre le Code militaire qui est très ample, il y en a une infinité de publiées séparément.

« Il est donc de la dernière importance de former un recueil d'ordonnances, mais il faudrait que toutes puissent être observées et s'observassent. Quelle preuve plus forte peut-on donner, combien peu on les exécute, que la nécessité dans laquelle on se trouve de les renouveler si souvent? Pour que les ordonnances soient rigoureusement observées, il faut qu'elles ne puissent être ignorées de personne, qu'elles soient simples, en petit nombre, et surtout qu'on puisse les exécuter toutes au pied de la lettre. »

Nous trouvons des observations analogues dans un manuscrit intitulé : *Réflexions sur la meilleure manière de disposer les troupes pour un combat* (1) :

« Il faut bien qu'on avoue que ces lois si vantées étaient ignorées en partie et défectueuses dans des points essentiels, quand M. de Briquet en a fait la compilation, puisqu'il y a fait ajouter une règle pour le service dans les places et une explication sur les crimes et délits. Il trouve encore qu'il serait fort nécessaire de régler les devoirs de chaque

---

(1) *Archives de la guerre*, premiers mois de 1742.

emploi en marche et en campagne, et de prescrire des dispositions uniformes à tous les bataillons pour nous donner la célérité des mouvements.....

« Quand on commence une guerre, chaque régiment se fait une espèce de règle pour le service en campagne, et comme elle se trouve ordinairement mal expliquée, elle occasionne souvent des disputes; chacun soutient son opinion en citant différents usages; si le commandant décide la question sur certains cas, celui qui se trouve lésé en appelle comme d'abus, et dit qu'on lui montre la loi qui l'assujettit à ce qu'on exige, et comme il n'y en a point qui règle les devoirs de chaque emploi, la cour est souvent occupée à donner des explications, et le service ne s'en fait pas mieux, parce que ces explications ne se trouvent jamais assez étendues, et qu'on les interprète différemment selon ses intérêts..... La plus grande partie des officiers prétendent que ces explications ne font pas loi, et n'ont lieu que pendant le ministère de celui qui les donne, parce qu'on a vu des ministres détruire ce que leurs prédécesseurs avaient réglé. »

En matière d'évolutions, la diversité entre les régiments est si grande, qu'un général ne peut faire un commandement unique pour plusieurs bataillons ; il ne serait pas compris. Il ne s'agit donc pas seulement de divergences dans l'application, dans le détail des évolutions, mais bien dans les commandements. L'auteur des *Réflexions* en est réduit à démontrer l'avantage qu'il y aurait à se comprendre et à ordonner un même mouvement aux divers bataillons d'une armée :

« Par ce moyen, dit-il, un général serait toujours en état de changer la disposition de son armée comme il le jugerait à propos en voyant le terrain et les mouvements de l'ennemi, et il lui faudrait pour cette opération la moitié moins de temps qu'il ne lui en coûte aujourd'hui. » L'uniformité des mouvements nous donnerait une réelle supériorité contre des ennemis « dont les armées seront toujours composées de différentes nations diversement instruites, jalouses de leurs usages, et, par conséquent, incapables de parvenir à l'uniformité. Pour nous, nous l'aurons deux jours après qu'on nous aura donné une règle pour les évolutions, parce que nous savons déjà tous les mouvements nécessaires et qu'il ne s'agit plus que d'apprendre avec uniformité à les diriger par des commandements connus, pour former les dispositions particulières qui décident toujours de la bonté d'une disposition générale.

« Le général d'une armée en bataille, à une demi-lieue de l'ennemi, ne pourra s'assurer d'en changer à propos la disposition au besoin, si ses ordres ne sont entendus par toutes ses troupes ; et comment le seraient-ils de tous nos régiments, puisque chacun est fait à des commandements et à des mouvements particuliers, faute de règle ? Il est donc absolument nécessaire d'en donner une bien expliquée. »

Il faudra encore attendre dix ans avant qu'un règlement de manœuvres soit donné à l'infanterie.

IV. — Exécution des feux.

Les règlements traitent du maniement des armes et de la charge, mais ne vont pas plus loin. Pour acquérir quelque notion de la manière dont les feux s'exécutaient, nous sommes obligés d'avoir recours aux divers ouvrages sur la tactique. La manière la plus habituelle de faire tirer un bataillon est évidemment celle qu'indique Bardet de Villeneuve :

« Pour charger de pied ferme, le bataillon étant rangé sur 3 ou 4 rangs de hauteur (il vaudrait mieux sur 3, mais puisque c'est l'usage en France de ranger les troupes sur 4 rangs quand on veut faire l'exercice ou combattre, je m'en tiendrai à cette méthode), il faut commencer par faire serrer les trois derniers rangs jusqu'à la pointe de l'épée, ensuite diviser tout le bataillon par pelotons en nombre impair, afin qu'il y en ait un qui fasse le centre, devant lequel le commandant se poste : ce peloton ne tirera point, mais conservera son feu..... La troupe étant disposée de cette manière, on la fera marcher en avant très lentement, observant de ne point se rompre jusqu'à l'endroit où l'on voudra charger. Là, s'étant arrêtée, l'officier commandant le premier peloton de la droite dit : *Préparez-vous*. Alors les soldats présentent les armes, tenant le bout du fusil fort haut et le chien bandé, et tout d'un temps à ce même commandement le premier et le deuxième rang mettent le genou droit en terre et chaque soldat du troisième rang croise ou passe sa jambe gauche en dedans de la droite du soldat qui est devant lui, et se tient le corps un peu penché en avant ; chaque soldat du quatrième rang avance aussi le pied gauche entre les jambes de celui du troisième rang qui est devant lui, de sorte qu'étant en joue, les fusils des soldats qui sont aux trois derniers rangs passent par-dessus l'épaule droite de ceux qui sont devant eux. Ensuite cet officier fait mettre en joue, et lorsqu'il fait tirer, celui qui commande le premier peloton de l'aile gauche dit au sien : *Préparez-vous*. Quand le premier de droite retire

les armes, le troisième de droite dit : *En joue.* Quand celui-là dit :
Tirez, le troisième de la gauche dit : *Préparez-vous;* quand le troisième
de la droite retire les armes, le troisième de la gauche fait mettre en
joue, etc... et ainsi tous les pelotons du bataillon feront successivement
la même chose jusqu'au centre. Quand ceux-là auront fini, le deuxième
de la droite commencera, etc... observant que le peloton du centre ne
tire point. »

On exécute le feu en marchant suivant les mêmes
principes ; le bataillon marchant très lentement, le peloton qui doit tirer se porte vivement à 5 pas en avant
et tire. Au moment où il fait feu, le peloton suivant se
porte en avant, etc.

« Il y a, dit Bardet de Villeneuve, une autre manière d'attaquer
l'ennemi, si l'on était bien sûr de la valeur des soldats ou qu'on
remarquât en eux une grande envie d'en venir aux mains, comme il
arrive quelquefois ; ce serait de marcher toujours très lentement en avant
et de conserver son feu sans laisser tirer un seul coup jusqu'à ce que
l'on fût au plus loin à 15 pas de l'ennemi, s'il était possible. Il faudrait
alors faire mettre genou à terre aux deux premiers rangs, et faire une
décharge de tout le front du bataillon ; et sans lui donner le temps de
se reconnaître ni de se remettre du désordre que cette charge lui aurait
causé, foncer dessus incontinent après la décharge, la baïonnette au
bout du fusil. »

« Pour faire tirer par rangs, le major doit d'abord commander au
bataillon de présenter les armes ; il doit dire ensuite : *Fusiliers, apprêtez-
vous;* puis : *Premier rang en joue, — tirez, — retirez vos armes.* Ensuite,
afin que le rang qui a tiré aille gagner la queue du bataillon et que celui
qui le suit vienne prendre sa place pour y faire aussi sa décharge, si les
files sont ouvertes à un pas de distance, il dira au rang qui a tiré :
Demi-tour à droite, gagnez la queue du bataillon; à ce commandement,
ce rang, après avoir fait le demi-tour, passera le fusil du côté de l'épée,
et à celui de *Marche,* il passera à la queue par les intervalles des files ;
en même temps les trois autres rangs marcheront en avant pour remplir
le terrain. Si au contraire les files sont serrées et que, par conséquent,
les rangs ne puissent pas passer entre leurs intervalles pour aller prendre
la queue du bataillon, il faut diviser les rangs en deux parties et y
mettre un sergent pour en marquer la séparation, afin que l'une par la
droite et l'autre par la gauche puissent, filant sur les ailes, aller prendre
la queue du bataillon : *A droite et à gauche, gagnez la queue du
bataillon — Marche.* »

On peut aussi faire charger *par rangs entiers de tout le front du bataillon*. Dans ce cas :

« Il faut faire serrer les trois derniers rangs jusqu'à la pointe de l'épée, faire présenter les armes à tout le bataillon ensemble, et faire mettre la baïonnette au bout du fusil si l'on veut. Ensuite on dit : *Préparez-vous*; à ce commandement, tous les soldats du bataillon entier bandent le chien du fusil, et les trois premiers rangs, qu'on a eu soin de bien avertir, mettent tous le genou droit à terre ; après cela on avertit encore qu'il n'y a que le quatrième qui doit tirer, et on commande à celui-là : *En joue — tirez*. Quand on lui fait retirer les armes, le troisième rang doit incontinent se lever, puis on lui commande de mettre en joue et de tirer ; quand il retire les armes, le deuxième rang se lève, etc. Si l'on voulait on pourrait faire tirer deux rangs à la fois. »

On peut faire aussi une décharge générale en avant, le premier rang à genou, le second courbé, le troisième à demi-courbé, et le quatrième restant debout.

M. de Bombelles, lieutenant général, dans ses *Mémoires sur le service journalier de l'infanterie* (1re édition 1719, 2e édition 1746), indique également que le bataillon doit tirer par rang ou par peloton, en ayant soin de ne jamais se dégarnir de son feu.

Il est essentiel de constater que ces feux de salve par rang ou par peloton, même lorsqu'ils sont dits exécutés « de pied ferme », sont conçus comme un incident de la marche en avant ou en retraite. Il n'est pas question d'un tir prolongé ; on ne s'en occupe que pour la défense d'un retranchement. Dans ce cas, suivant Bardet de Villeneuve :

« Il faut ranger tout le bataillon sur trois rangs le long du retranchement que l'on doit défendre, et on le divisera par pelotons..... Quand on verra l'ennemi à une juste portée, et qu'on voudra commencer à charger, les officiers qui commanderont chaque peloton commenceront tous à la fois à faire tirer la droite de leur premier rang, qui, après qu'elle aura fait sa décharge, défilera sa droite et ira se ranger derrière le troisième rang ; incontinent le deuxième prendra la place que le premier occupait, etc. D'abord que l'officier a dit à son premier demi-rang de droite : *En joue*, son premier demi-rang de gauche se préparera, de manière que, quand la droite aura tiré, la gauche couchera en joue, et tirera dans le temps que le demi-rang de droite défilera.... Si les soldats rechargent promptement leurs armes, ils seront toujours prêts à tirer quand ils auront regagné la place du premier rang, parce qu'un soldat peut charger son fusil dans l'intervalle qu'il faut pour tirer cinq coups l'un après l'autre.

On peut aussi tirer derrière un retranchement par le moyen de la contremarche par files ; mais il faudrait alors, pour avoir un feu continuel, que le bataillon fût rangé sur six rangs, ce que l'on ne fait guère derrière un retranchement, parce qu'il faut occuper un grand front. »

Le capitaine Bottée, dans ses *Etudes militaires* (1731-1750), indique en outre pour le même cas d'autres procédés non moins compliqués. On tirait par exemple *en bordant la haie*, c'est-à-dire que les hommes se portaient à tour de rôle en avant, tiraient et revenaient prendre leur place pour charger. C'était peut-être là le feu le plus habituel, la troupe restant abritée en arrière du retranchement, et les hommes ne se portant à la crête qu'individuellement pendant le temps nécessaire pour viser et tirer (1).

En résumé, un seul rang de tireurs ne fournissait pas une fusillade assez nourrie, et pour assurer la continuité du feu, on avait besoin de trois rangs, même dans la défense des retranchements. En rase campagne, on ne tirait que par salves.

Nous avons remarqué, à propos du mode de pointage de l'arme, que l'éducation individuelle du tireur devait être plus difficile et plus importante que jamais ; le tir par salves, de son côté, donnait non moins d'importance à l'instruction collective et à la valeur morale de la troupe. Le défaut d'instruction et de discipline de notre infanterie à cette époque devait donc la placer dans un état d'infériorité particulièrement sensible.

Ce tir par salves régulières, au commandement, a

---

(1) Pour de plus amples détails, voir l'ouvrage de Bottée et le *Bulletin de la Réunion des Officiers*, 1883, pages 350 et suivantes.

d'ailleurs de graves inconvénients que Maurice de Saxe signale dans ses *Rêveries :* « Il est impossible que le soldat ajuste son coup, s'il est distrait par l'attention qu'il est obligé de faire au commandement. Comment veut-on que tous ces soldats, à qui l'on commande de coucher en joue, mirent leur coup jusqu'à ce qu'on leur dise de faire feu? Un rien les dérange; et il ne vaut plus rien dès qu'on a perdu l'instant. Outre cela, les soldats se poussent, et selon notre méthode, on les fait tenir dans une attitude gênante ». Le comte de Saxe ne veut donc employer les feux que pour la défense des retranchements, et, dans ce cas, il veut que les hommes du premier rang aient seuls à tirer, à volonté, les autres n'ayant qu'à charger et à passer à leur chef de file les armes chargées. En rase campagne, le feu de tirailleurs lui semble seul efficace; aussi le régiment-type du comte de Saxe compte-t-il une demi-centurie d'armés à la légère, qui forme la dixième partie de son effectif. « Quand il est question d'attaquer de l'infanterie, les armés à la légère doivent être dispersés sur le front, à 100, 150 ou 200 pas, si l'on veut, en avant. Ils doivent commencer à tirer sur l'ennemi de 300 pas de distance, sans ordre ni commandement, et à leur volonté. Chaque capitaine des armés à la légère ne doit faire battre la retraite et ne s'ébranlera avec son enseigne pour se retirer que lorsque l'ennemi est à 50 pas; et il doit revenir tout doucement sur son régiment, en faisant feu de temps en temps, jusqu'à ce qu'il soit arrivé sur les bataillons qui doivent être en mouvement dans ce temps-là. Ils pourront donc tirer l'espace de temps qu'il faut à l'ennemi pour faire ces 300 pas; il lui faudra toujours 7 à 8 minutes. Or, un armé à la légère peut tirer six coups à la minute (1); mais mettons qu'il n'en tire que quatre : cet armé à la légère aura tiré 50 coups avant que les bataillons ennemis aient fait les 300 pas. Dès lors, il est clair que les bataillons ennemis auront essuyé chacun pour le moins 400 à 500 coups avant qu'ils soient à même de m'attaquer, et par qui? par des gens qui passent leur vie à tirer d'une plus grande distance au but, qui ne sont point serrés, tirent à l'aise, sont adroits et ingambes, et qui ne sont point contraints, soit par le commandement, ou par l'attitude gênante où on les fait tenir quand ils sont dans les rangs, où ils se poussent et s'empêchent de voir et d'ajuster leurs coups; et je

---

(1) Le comte de Saxe les suppose armés de fusils se chargeant par la culasse, avec « un dé à secret ».

tiens qu'un coup tiré par ces armés à la légère en vaut bien dix tirés
par d'autres. »

V. — Emploi des feux dans le combat.

Pour admettre que ses tirailleurs obtiennent un résultat sensible, Maurice de Saxe est obligé de leur supposer
un armement spécial, de son invention ; en réalité, avec
les fusils tels qu'ils existaient en 1744, et la manière
dont on s'en servait, on ne croyait pas pouvoir produire
des effets décisifs. A part les quelques combats de la
succession de Pologne, on n'avait acquis aucune expérience entre 1715 et 1740 ; il fallut les quatorze campagnes de 1741 à 1763, pour se convaincre du rôle que
devaient prendre les armes à feu. On sait déjà ce que
Folard et Maurice de Saxe en pensaient ; mais il est aisé
de voir que la plupart des militaires pensaient de
même. On ne doutait guère qu'il ne valût mieux aller à
l'ennemi sans tirer : d'Héricourt et Puységur seuls font
exception. Le premier déclare que « la force de l'infanterie consiste principalement dans son feu », et le maréchal de Puységur a écrit que : « L'arme à feu est celle qui
détruit le plus l'homme, et surtout aujourd'hui. Pour en être bien persuadé, il n'y a qu'à aller aux hôpitaux : vous verrez combien peu il s'en
trouve de blessés par les armes blanches, en comparaison du nombre
qui le sera par les armes à feu ». Mais cette constatation si
facile, nul ne la faisait. Selon Maurice de Saxe, « les armes
de trait faisaient à peu près le même effet que les armes à feu. D'ailleurs la poudre n'est pas si terrible qu'on le croit : peu de gens, dans
les affaires, sont tués par-devant ou de bonne guerre. J'ai vu des salves
entières ne pas tuer quatre hommes, et je n'en ai jamais vu, ni personne, je pense, qui ait causé un dommage assez considérable pour
empêcher d'aller en avant, et de s'en venger à grands coups de baïonnettes dans les reins, et à coups de fusil tirés à brûle pourpoint ; c'est
là où il se tue du monde, et c'est le victorieux qui tue ». Et il cite à
l'appui de cette théorie l'exemple de deux troupes d'infanterie autrichienne qu'il a vu tailler en pièces pour
avoir tiré à vingt ou vingt-cinq pas.

« Il ne faut pas vouloir deux choses à la fois, écrit-il plus loin ; je veux dire charger et combattre de pied ferme. Dans l'un de ces cas, il faut tirer, et dans l'autre, point du tout..... Quoique je dise qu'il ne faille point tirer, il y a cependant des cas où il le faut, comme dans les haies, dans des pays coupés et contre la cavalerie..... Ainsi il ne faut point tirer contre de l'infanterie, en lieu où elle peut vous aborder, et où vous pouvez l'aborder ; mais derrière des haies, lorsqu'un fossé, une rivière, un ravin, et des choses pareilles vous séparent de l'ennemi, alors il faut savoir tirer, et faire un feu si terrible que rien ne puisse y résister. »

Ainsi, la tactique élémentaire du maréchal de Saxe est très nettement indiquée : il ne veut faire usage des feux que dans la défense des localités ou retranchements ; en terrain découvert, il ne ferait entretenir la fusillade que par des tirailleurs. Une troupe en terrain découvert ne doit pas tirer :

« Je veux supposer une chose impossible. Je veux que, deux bataillons s'attaquant, marchent l'un à l'autre sans flottement, sans se doubler, sans se rompre : lequel emportera l'avantage ? celui qui s'est amusé à tirer, ou celui qui n'aura pas tiré ? Les gens habiles me diront que c'est celui qui a conservé son feu, et ils auront raison ; car, outre que celui qui a tiré est décontenancé, s'il voit marcher à lui à travers la fumée, il faut qu'il s'arrête ; or celui qui s'arrête lorsque l'autre marche à lui est perdu. Si la dernière guerre avait duré encore quelque temps, l'on se serait battu indubitablement de part et d'autre à l'arme blanche, parce que l'on commençait à connaître l'abus de la tirerie, qui fait plus de bruit que de mal, et qui fait toujours battre ceux qui s'en servent... Il est dangereux de tirer, quand l'on a affaire à de l'infanterie, dans des lieux où l'on peut s'aborder, parce qu'il faut s'arrêter pour tirer, et qu'infailliblement vous vous faites battre, si l'ennemi ne fuit pas ; ce qui ne doit pas arriver, parce qu'il s'attend à vous voir tirer ; mais votre troupe, qui s'est flattée que ce feu allait exterminer l'ennemi, si elle ne le voit pas fuir, certainement elle s'en ira. »

Maurice de Saxe est donc absolument opposé à « la tirerie », qu'il appelle « le comble de la misère » ; M. de Bombelles en disait autant en 1719 : « Il ne faut jamais s'embarrasser d'essuyer le premier feu de l'ennemi qui sera souvent tiré avec tant de précipitation et de désordre qu'il fera très peu d'effets », et il ajoutait que les soldats, voyant le peu d'effet de cette première décharge et les forces de l'ennemi diminuées, prendraient courage et exécuteraient ce qu'on leur ferait faire avec plus de fermeté.

Quincy avait dit, quelques années auparavant, qu' « un bataillon est d'ordinaire battu quand il a tiré son feu, et que celui qui lui est opposé a encore tout le sien ».

L'auteur des *Réflexions sur la meilleure manière de disposer les troupes pour un combat*, écrit en 1742 :

« J'ai vu dans toutes les actions de belles occasions manquées par le retardement de l'ordre, par la lenteur de nos mouvements, ou par des décharges à contretemps, et il arrive communément, lorsque nos soldats tirent par accident, qu'on ne peut plus les porter en avant. N'ayant plus rien dans leurs fusils, ils craignent avec raison d'approcher une troupe qui aurait chargé les siens avant qu'on pût la joindre à la baïonnette, aussi s'arrêtent-ils pour tirailler de loin, et perdent souvent sans retour l'avantage qu'ils auraient eu infailliblement s'ils avaient conservé leur feu.

Il faut donc chercher à éviter cet inconvénient en partageant nos recrues de manière que les vieux soldats puissent les rassurer par leur contenance et les empêcher de tirer sans ordres; car les officiers et les sergents qu'on place derrière n'y parviendront jamais, surtout si on continue à marcher à l'ennemi avec les armes présentées, parce que, dans cette attitude fatigante, le soldat tire sans mettre en joue, soit qu'il bronche ou qu'il entende tirer. »

En résumé, on ne s'attendait guère aux effets foudroyants qu'allait produire le feu des troupes anglaises ou allemandes, et l'on s'explique tout naturellement la conduite des gardes françaises à Dettingen et à Fontenoy. Loin de se montrer inférieure au rang qu'elle tenait dans l'armée, il semble que cette troupe d'élite ait eu seule le courage, chèrement expié, d'attendre la décharge à bout portant des Anglais, ainsi qu'on le recommandait. Les généraux ne furent pas, du reste, moins surpris que les soldats. Le maréchal de Noailles écrit à Louis XV, après Dettingen :

Je n'aurais jamais pu croire, Sire, ce que j'ai vu hier. Leur infanterie était serrée et se tenait comme une muraille d'airain d'où il sortait un feu si vif et si suivi que les plus vieux officiers avouent n'en avoir jamais vu un semblable, et si supérieur au nôtre qu'on ne peut en faire aucune comparaison. »

Il faut constater, d'ailleurs, que nos ennemis n'avaient pas une doctrine bien différente de la nôtre, puisque les Anglais, à Fontenoy, veulent essuyer la première décharge.

Pour combattre par le feu, Maurice de Saxe veut donc établir son infanterie dans un retranchement, et de préférence dans des redoutes fermées, comme il l'a vu faire par les Russes :

« L'ennemi, en les attaquant, se met en désordre; et il n'oserait passer entre deux, ni les laisser derrière lui; il faut donc les emporter, et les emporter toutes; sans quoi il ne tient rien. Ce n'est pas aisé lorsqu'elles sont soutenues par derrière. On envoie des troupes qui vous prennent en flanc pendant que vous attaquez. Cela inquiète; il faut donc que la ligne avance pour soutenir ses détachements. Cela ne se fait point sans se rompre et se brouiller. Le canon et les amusettes fouettent toujours pendant ce temps-là. Enfin quand on voit les choses dans cet état, on s'ébranle, ce qui achève de faire perdre contenance.

Je veux que je sois repoussé, l'ennemi n'oserait me suivre, parce que ces redoutes ne sont pas prises et qu'on n'oserait les laisser derrière soi. Je me rallie et reviens à la charge, et tant et tant qu'il faut enfin qu'il se retire. *Je me propose de me poster ainsi, lorsque la situation des lieux m'invitera à le faire.* »

Voilà les dispositions de Fontenoy et les incidents mêmes de la bataille annoncés d'avance par le vainqueur.

VI. — Ordre profond et ordre mince.

Maurice de Saxe et ses contemporains, ne croyant pas à la décision par le feu en terrain découvert, sont portés à employer des formations profondes pour le combat à l'arme blanche. Il n'a jamais été question d'employer pratiquement la colonne de Folard (1), mais Maurice de

______

(1) D'après Folard, « la colonne est un corps d'infanterie serré et

Saxe veut que l'infanterie se range sur 8, pour le combat à découvert, qui n'est à ses yeux qu'une charge à la baïonnette :

« Les bataillons sont à 4 de hauteur, et cela pour avoir, dit-on, un grand front ;... mais supposons quatre bataillons de 600 hommes, rangés à l'ordinaire, et ceux que je range à ma façon et qui sont à 8 de hauteur; n'est-il pas vrai qu'ils occupent bien pour le moins le même front, et que je suis le maître de leur en faire occuper un plus grand, ce que l'autre bataillon ne saurait faire? je le déborderai toujours en donnant un ou deux pas de plus à mes intervalles, et je demeure plus fort que l'ennemi : Je suis toujours à 8 de profondeur contre des gens qui n'en ont que 4 ; je n'ai ni flottement ni doublement à craindre, rien ne m'arrête; je ferai 200 pas plus vite qu'il n'en fera 100 ; à l'arme blanche, je l'aurai percé dans un moment; et s'il tire, il est perdu.....Ces grands bataillons ont de terribles défauts, car ils ne sont bons qu'à tirer ; aussi ne sont-ils formés que pour cela. Quand donc cette tirerie n'y fait rien, ils ne valent plus rien, et il n'y a qu'à se sauver ;..... dirai-je d'où je crois que nous est venue cette belle méthode? je pense que c'est des revues. Cette façon de se ranger fait une plus belle montre ; et insensiblement l'on s'y est si bien accoutumé que l'on en a fait celle de combattre. L'on a appuyé cette ignorance ou cet oubli des bonnes choses de raisons apparentes : on a trouvé que cela faisait un plus grand front, et qu'on pouvait mieux employer le feu : j'en ai même vu qui mettaient les bataillons à trois de hauteur; mais mal en a pris à ceux qui l'ont fait. Sans cela je crois, Dieu me pardonne, que nous serions à deux et peut-être à un de hauteur ; car j'ai toute ma vie entendu dire qu'il fallait bien s'étendre pour pouvoir embrasser l'ennemi : quelle absurdité ! »

Selon le même général, la colonne de Folard a de graves défauts, à côté de qualités incontestables; il croit

---

supprimé, c'est-à-dire un corps rangé sur un carré long dont le front est beaucoup moindre que la hauteur. Il est formé de plusieurs bataillons à la queue les uns des autres, depuis un bataillon jusqu'à six. Je me fixe à 20, 24 ou tout au plus à 30 files dans un terrain libre ; mais dans un autre qui ne l'est pas, la colonne peut se maintenir dans sa force depuis 30 ou 34 même jusqu'à 16; je crois défectueux tout nombre plus grand ou plus petit. Les compagnies de grenadiers ne feront pas corps avec la colonne; on doit les placer à la queue, ou à chacun des côtés de la dernière section. »

7

« ce corps dangereux à 24 et 16 d'épaisseur, à cause du désordre qui
s'y met quand on a à le former. Il ne faut jamais le faire que de deux
bataillons d'épaisseur, à 4 de hauteur chacun ».

Bardet de Villeneuve constate que l'on peut attaquer
un retranchement en colonne, suivant les uns, ou en
bataillons déployés, suivant les autres.

Dans ce dernier cas, « il faut faire serrer les trois derniers
rangs jusques à la pointe de l'épée, laisser les files un peu ouvertes ».

Si le bataillon marche en colonne, « l'on fera doubler une de ses
divisions, il n'importe laquelle, moitié à droite et moitié à gauche de la
première ; ces deux demi-divisions laisseront entre la première division,
à côté de laquelle elles auront doublé, un intervalle aussi large que leur
front. Lorsque le bataillon sera à portée de charger, ces deux demi-
divisions tireront par rang pour inquiéter l'ennemi, tandis que la première attaquera en doublant un peu le pas ».

Cette attaque se fait en colonne à distance entière,
chaque division devant aborder l'ennemi à son tour si la
précédente a échoué. On peut former une seule colonne,
selon l'auteur, avec dix ou douze bataillons. Il va sans
dire que ce procédé n'avait pas reçu le baptème du feu.

La plupart des écrivains militaires professent des
opinions analogues. Un officier nommé Saulon, propose,
dans un mémoire daté du 14 décembre 1734, une formation mixte composée de bataillons déployés, entre-
mêlés de colonnes de 2 ou 3 sections seulement, soit
8 à 12 hommes de profondeur. Cette ligne de bataille
serait précédée d'une ligne ou masque, composé de
grenadiers ou de piquets, qui iront ensuite former des
pelotons à côté des colonnes. Enfin, en arrière, une
seconde ligne ou réserve serait formée de colonnes capables de se mettre à la suite des autres par un quart de
conversion.

En 1742, l'auteur des *Réflexions sur la meilleure
manière de disposer les troupes pour un combat*, prétend
que : « les Français sont reconnus pour avoir une supériorité de valeur
et sont plus propres à attaquer qu'à se défendre. Ils ne doivent jamais
tirer sur l'ennemi qu'ils peuvent joindre, parce que l'expérience les

assure que l'ennemi tirera toujours le premier et fuira si nous marchons à lui avec nos armes chargées. Il est donc inutile de nous mettre à 4 de hauteur pour tirer plus de feu de nos bataillons dans des occasions où ils ne doivent pas tirer pour vaincre. Il est certain qu'il nous faudrait mettre en bataille sur cinq rangs pour pouvoir fournir un feu continuel à la défense d'un chemin couvert ou d'un retranchement, et je crois même très nécessaire d'exercer nos brigades à se mettre sur beaucoup plus de hauteur par des mouvements simples et aisés pour pouvoir raccourcir à propos le front d'une armée, afin d'attaquer avec avantage une armée qui n'aura pas la même célérité dans ses mouvements....

On se croit en sûreté lorsqu'on ne peut être tourné ni débordé, mais nos lignes sont très faibles et sans ressource dès qu'on les a percées, parce qu'on les prend tout de suite par le front et les flancs, et qu'on les replie avec aisance ; de plus, la longueur de ces lignes assujettit un général à partager son autorité pour les mouvements dans une action avec trois lieutenants généraux qu'il a le droit de choisir, pour commander la droite, la gauche et le centre. »

Si l'on a réduit à quatre rangs la profondeur du bataillon en ligne déployée, il n'en est pas moins vrai qu'il y a presque unanimité pour demander que cette profondeur soit doublée ou triplée au moment de l'attaque, et pour proclamer que le combat en terrain découvert doit se réduire à une attaque à la baïonnette, soutenue par le feu des tirailleurs ou des demi-sections déployées de part et d'autre des colonnes.

Et pourtant, à la même époque, les Prussiens se formaient sur trois rangs, bien qu'ils fussent convaincus, eux aussi, que le combat se décidait à l'arme blanche. C'est qu'il y avait alors entre un bataillon prussien et un bataillon français ou autrichien, une différence prodigieuse ; la régularité de mouvements, la cohésion du premier lui permettaient de se mouvoir correctement en ligne déployée, tandis que les troupes des autres nations ne pouvaient garder un peu d'ordre dans leur disposition qu'en la constituant avec des colonnes séparées par d'assez grands intervalles.

« Les bataillons se touchent les uns les autres, dit Maurice de Saxe, marchent en avant, et cela bien lentement, parce qu'ils ne peuvent faire autrement ; les majors crient : « Serre ! », on serre vers le centre : insensiblement, le centre crève, et dans le centre on se trouve à 8 de hauteur, et sur les ailes à 4, ce qui fait des intervalles entre les bataillons. La tête tourne aux majors, parce que le général, à qui elle tourne aussi, crie après eux lorsqu'il voit ces vides entre les bataillons, qui lui font craindre d'être pris dans les flancs. Il est donc obligé de faire halte, ce qui devrait le perdre, etc. »

Le remède, c'est ou bien de se former en masses moins larges et plus profondes, avec des intervalles entre les bataillons, ou d'avoir des troupes instruites, rompues au coude-à-coude et au pas cadencé. Or, en 1732, époque où Maurice de Saxe écrivait les *Rêveries*, l'infanterie française ignore à la fois le « tact » et le pas cadencé. Elle n'est pas plus avancée en 1744.

Les Prussiens, au contraire, fixent très soigneusement, dans leur règlement de 1743, la position du soldat, les procédés d'alignement ; ils font serrer les files et marcher en cadence ; si l'on ajoute à cela que l'instruction et la discipline y sont très sérieuses, on conçoit que les bataillons prussiens, sur 3 de hauteur, conservent assez d'ordre et de cohésion pour la charge, tout en occupant un front plus étendu, grâce auquel ils donnent plus de feux :

« Le grand avantage que les troupes prussiennes ont sur les autres, dit le Mémoire sur le service prussien comparé avec le français, est qu'elles font à 3 hommes de hauteur les mêmes évolutions et manœuvres que les autres font à 4 de hauteur. Cet avantage est très considérable, surtout dans les batailles de plaine, en ce que, avec 30,000 hommes, on présente un front égal à un ennemi qui en a 40,000 à 4 de hauteur ; voilà le point dans lequel toutes les troupes veulent imiter les Prussiens.

On ne peut faire un feu aussi vif que le leur, à moins d'être à 3 de hauteur, et l'on est trop faible pour résister à 3 de hauteur à la cavalerie, à moins que d'être aussi bien exercés qu'eux. Qu'on veuille les imiter sans posséder les mêmes avantages, ce serait emprunter leur faible sans avoir en même temps ce qui constitue leur force. »

En résumé, les Prussiens seuls étaient assez fortement instruits et disciplinés pour adopter la formation sur trois rangs en toute circonstance, et les écrivains militaires français se trouvaient d'accord pour préconiser la formation en colonne ou sur huit rangs. Cependant, à part la colonne de Folard, qui reste en dehors de tout système appliquable en pratique, il ne semble pas qu'il soit question de la colonne serrée proprement dite : d'un côté, nous trouvons le bataillon de Maurice de Saxe, rangé sur 8 de hauteur et 90 de front ; d'autre part, la colonne à distance entière mentionnée par Bardet de Villeneuve et d'Espagnac. Seuls, deux mémoires manuscrits de 1734 et 1738, parlent déjà de colonnes à demi-distance et à rangs doublés (1).

VII. — Formations et évolutions.

Il n'y a pas, nous l'avons dit, de règlement de manœuvres officiel, car celui de 1703 est tout à fait abandonné et n'a pas été remplacé ; mais il nous reste un projet de règlement qui devait être essayé en 1733 dans les camps d'instruction (2), ainsi que divers chapitres

---

(1) Un officier appelé Lagarrigue, dans un mémoire daté du 18 novembre 1734, recommande de « raccourcir nos colonnes des trois quarts, sans leur donner plus de front qu'en marchant par quart de rang, et pour changer la disposition d'une armée dans la moitié du temps qu'on serait obligé d'y employer en suivant les maximes en usage, ce qui nous donnerait un avantage certain dans mille occasions, et surtout dans une bataille, où notre général pourrait toujours surprendre son adversaire et le battre en détail, ayant la faculté de rassembler à temps toute son armée pour attaquer une partie de celle de l'ennemi ».

Le 30 juin 1738, M. de Maupeou propose de « former une colonne d'attaque en rompant le bataillon par demi-quart de rang ». Chaque bataillon aurait d'abord dédoublé ses files. On observerait de « faire marcher les rangs de chaque division bien serrés à la pointe de l'épée, laissant d'une division à l'autre une demi-distance ».

La colonne ainsi formée aurait 64 rangs de profondeur et 9 à 10 files de front.

(2) Bibliothèque du ministère de la guerre, A. 1, E. 76. Ce projet

de Bardet de Villeneuve, d'Espagnac et d'Héricourt (1)
sur les évolutions. Or, il y a entre ces différents textes
une très grande analogie ; les formations indiquées y
sont exactement les mêmes, et l'on ne trouve de variantes
que dans les commandements et les détails des mouvements.

Le projet de règlement de 1733 poussait assez loin
l'étude des évolutions, qui sera abandonnée dans les
ordonnances qui vont suivre.

« On ne marquera plus dorénavant, dit-il, les divisions des bataillons par tiers, demi-tiers, etc., et l'on ne se servira plus des termes de
manche, demi-manche, quart de manche, etc. On les marquera par
demi-rang, quart de rang, demi-quart de rang et par 16 divisions, de
sorte que le demi-rang sera toujours composé de 8 compagnies, et les
divisions se trouveront naturellement formées par chaque compagnie,
fortes ou faibles telles qu'elles se trouveront. On observera seulement
d'égaler les rangs des compagnies, en mettant les hommes surnuméraires des plus fortes dans les plus faibles..... »

La colonne à distance entière se forme par division,
demi-quart de rang, quart de rang, demi-rang, après
avoir fait serrer les rangs « à la pointe de l'épée ». Au
commandement : *A droite par demi-quart de rang, rom-
pez le bataillon... Marche,* chaque demi-quart de rang
converse sur place : « Alors tout le monde marchera devant soi,
et les rangs reprendront insensiblement leur distance ordinaire, fixée à
quatre grands pas (2) ».

Outre la colonne à distance entière, il existait une
autre formation appelée *colonne,* et qui était simplement
un carré dont la face postérieure restait vide. Pour le
former, on prévenait les 6 compagnies (ou divisions) du

---

de règlement est relié avec divers projets d'ordonnances pour la cavalerie.

(1) *Éléments de l'art militaire,* 1748.

(2) Le « grand pas », qui est la mesure habituelle pour les exercices
militaires, campements, bivouacs, etc., n'est autre chose que la demi-
toise, c'est-à-dire le mètre d'aujourd'hui.

centre de ne pas bouger, et, après avoir fait faire un
demi-tour aux 5 compagnies de droite et aux 5 compagnies de gauche, on les rabattait par un demi-quart de
conversion, perpendiculairement au front, puis on les
remettait face à l'extérieur du carré par un second
demi-tour.

On formait également le carré plein ou vide.

Pour la *conversion* de pied ferme, disait le Règlement, l'aile extérieure « marchera d'un pas égal et léger, sans
courir ; le centre modérera sa marche à proportion, et elle diminuera
infiniment vers l'aile qui doit soutenir, laquelle ne doit que remuer
en approchant du sergent qui doit faire le pivot et tourner insensiblement ».

Comme on avait souvent, sur les champs de bataille,
à changer l'alignement du front de différentes manières,
et notamment en refusant une aile pendant qu'on avan-
çait l'autre, on attribuait une certaine importance au
mouvement du moulinet, ou conversion centrale ; on
plaçait les sergents au centre du bataillon, puis on faisait faire face en arrière à un demi rang, et la conversion s'opérait simultanément pour les deux moitiés.

Un article spécial était consacré au *ralliement*, opération essentielle dans un temps où les déploiements
étaient interminables. On recommande de faire le ralliement dans des terrains très accidentés, coupés de
haies, etc..., et en changeant le plus possible l'orienta-
tion du front.

Comme on marchait à travers champs en colonne à

distance entière, il fallait un mouvement spécial pour le
passage des défilés (ponceaux, rues de villages, etc.).
Enfin, comme on n'était guère fixé sur le nombre de
rangs qu'il convenait d'adopter, et qu'on croyait avantageux de prendre une solution différente pour la défensive ou l'offensive, le terrain couvert ou découvert,
etc..., il fallait pouvoir changer la profondeur de la formation. On n'y parvenait qu'en employant le mouvement intermédiaire de *former la haie*, c'est-à-dire de se
déployer sur un seul rang pour revenir ensuite à la
profondeur voulue. Par exemple, le bataillon étant sur
4 de hauteur, pour le mettre sur 5 on fait compter les
files par 5, et l'on forme des haies de 20 hommes, on fait
alors compter les hommes par 5, et l'on ordonne : *A
droite par quatre, formez les rangs, marche*. On sait également faire doubler ou dédoubler les files, serrer les
rangs, etc.

En résumé, on ne connaît qu'un très petit nombre de
formations ou de mouvements, et encore les divers
genres de carrés doivent-ils être peu usités. Il reste,
comme évolutions réellement pratiques, la rupture en
colonne à distance entière, et le changement du nombre
de rangs en passant par l'intermédiaire de former la
haie.

On avait constamment à serrer et à ouvrir les rangs
ou les files. Pour une revue ou une marche, les rangs
étaient ouverts à 4 grands pas ; pour tirer ou manœuvrer, on les serrait. Dans la colonne à distance entière,
les rangs restaient ouverts pour la marche directe, mais
il fallait les serrer chaque fois qu'on changeait de direction, car la conversion ne pouvait se faire qu'à rangs
serrés, sous peine de mêler les pelotons.

Si les évolutions sont peu nombreuses, en revanche
elles sont compliquées. Ajoutons que la position du soldat dans le rang, les intervalles laissés entre les rangs
et les files, ne sont pas de nature à augmenter la cohé-

sion, à mettre de l'ordre dans les formations et à faciliter les manœuvres. Le maréchal de Saxe réclame le coude-à-coude et la marche cadencée, mais il ne les obtiendra qu'après la paix d'Aix-la-Chapelle.

En attendant, les mouvements les plus simples présentent des inconvénients. Rien de plus facile, à coup sûr, que de déployer à droite ou à gauche la colonne à distance entière, si la troupe est peu nombreuse et bien instruite à garder ses distances et à marcher en files ; rien au contraire ne produit plus de désordre si les distances sont perdues et si les guides ne se suivent pas exactement. Or, cette évolution était la seule connue en 1744, c'était la seule qui pût servir à prendre l'ordre de bataille. Les troupes prussiennes, instruites à régler leur allure et à maintenir leurs distances, à prendre des alignements et des points intermédiaires dans la marche, en arrivaient à se déployer instantanément. Au contraire, il était à peu près impossible de déployer à droite ou à gauche une colonne d'infanterie française avant d'avoir passé un temps assez long à la régulariser.

En 1742, l'auteur des *Réflexions sur la meilleure manière de disposer les troupes pour un combat*, écrit que : « Notre ordre de marche est encore plus mauvais que notre ordre de bataille ; il nous expose à mille inconvénients. En 1734, au passage du Spirebach, nos soldats furent neuf heures en marche, chargés de leurs armes et de leur hàvresac, pour se rendre à la Rehhutte, chemin qu'un piéton peut faire en deux heures ; et en y arrivant, le plus fort bataillon n'avait pas 50 hommes avec ses drapeaux ; tous les autres s'étaient jetés dans les bois ou couchés le long du chemin, plus fatigués que s'ils eussent fait six lieues sans s'arrêter.

« Cela vient de la mauvaise habitude où l'on est de se mettre en colonne par quart de conversion par division, et de vouloir se maintenir en état, souvent sans nécessité, de se remettre en bataille par un second quart de conversion. Toute la colonne s'arrête en arrivant à un pont ou défilé, et toute la colonne marche vingt pas dès qu'une division a passé, de sorte que, si la colonne est de 30 bataillons, le dernier est assuré de faire 180 haltes de trois à quatre minutes, qui fatiguent autant que si l'on marchait toujours. Cela impatiente le soldat au point qu'il met tout en usage pour s'évader..... Notre ordre de marche nous exposerait encore à être battus si l'ennemi savait en profiter, comme je le démontrai à ceux qui voulaient me faire admirer en 1734 notre armée revenant d'Oppenheim sur quatre colonnes d'infanterie et quatre de cavalerie. Ils prétendaient qu'on pourrait les mettre en bataille dans un moment, et je leur fis voir, comptant les pas, qu'il faudrait au moins une demi-heure pour ajuster les divisions ou former notre colonne de 18 bataillons, et plus d'une heure pour la mettre en ligne avec les autres, de sorte que si l'ennemi nous avait côtoyés ou suivis à une lieue avec des colonnes mieux composées, il aurait eu le temps de nous joindre bien disposé, avant qu'on eût pu nous mettre en état de défense. »

Voilà, en quelques mots, tout le désastre de Rossbach annoncé. L'auteur de cette remarque insiste sur la nécessité de prévoir des formations et des mouvements d'ensemble pour plusieurs bataillons :

« Si l'on veut connaître l'utilité des mouvements que je propose, dit-il, il faut commander à une brigade de 6 bataillons de former les dispositions convenables aux différentes situations où elle pourrait se trouver à la guerre. Remarquons bien l'embarras du major et le temps qu'il emploiera à former chaque disposition, après quoi on me permettra de faire exécuter les mêmes ordres, et on verra que je les exécuterai mieux et en moins de temps sans me servir que des mouvements et commandements connus. Supposez qu'on approuve mon projet d'ordonnance, je proposerai une règle pour exercer les brigades, et démontrerai qu'un général pourra par ce moyen changer la disposition de son armée dans la moitié du temps qu'il lui faudrait aujourd'hui, et ce n'est pas un médiocre avantage. »

L'auteur de ce mémoire ne songe pas seulement au déploiement initial de l'armée, mais aux manœuvres même qu'on pourrait exécuter pendant l'action, au lieu d'être immobilisé dans l'ordre de bataille par l'incapacité manœuvrière des troupes :

« Le génie de la nation et son armement demandent que nous allions à l'ennemi au lieu de l'attendre, et qu'est-il arrivé quand nous l'avons ainsi attendu, et que nous avons trop déployé nos troupes, même sur un terrain avantageux ou jugé tel ?

« L'ennemi a toujours trouvé, sur un grand front, une hauteur, un bois ou un village propre à cacher le mouvement de quelques brigades pour

nous attaquer avec avantage d'un côté, pendant qu'il amusait le reste
de nos troupes par de fausses attaques sur un terrain coupé où elles ne
pouvaient faire de grands progrès.

« Quand notre général a été attiré sur la gauche par une fausse attaque, dans le temps qu'on se disposait à forcer sa droite, il y est revenu
trop tard. Il a eu beau demander du secours à ses lieutenants généraux
choisis, ses aides de camp, arrivés par bonheur dans une heure de la
droite au centre et à la gauche, rendant bien par hasard l'ordre qu'on
leur a donné à la hâte, ont trouvé ces messieurs occupés à attaquer ou
à se défendre et résolus à ne s'affaiblir qu'après avoir remporté quelque
petit avantage sur un terrain ingrat ; cependant on battait la droite,
qui entraînait la perte du reste de l'armée, comme il est arrivé à
Höchstedt et à Ramillies.

« Si, avec des lignes trop étendues, nous allions en plaine au-devant
de l'ennemi, l'ordre de l'attaque ne saurait être réglé que sur des conjectures, puisque notre général ne pourrait connaître la disposition de
son adversaire ni le terrain où il le joindra qu'en l'approchant à la tête
de son armée.

« Si, en reconnaissant et l'ennemi et le terrain à la distance d'une
lieue, il jugeait nécessaire de changer sa première disposition, il serait
obligé d'envoyer des aides de camp qui perdraient au moins une heure
à porter un ordre que l'on ne serait plus en état d'exécuter, se trouvant
alors trop près de l'ennemi, quand même on aurait d'abord arrêté
notre armée, ce qui ralentirait infailliblement l'ardeur du soldat.
Il resterait donc exposé à tous les inconvénients marqués ci-dessus et
même à plusieurs autres, si on se mettait en mouvement pour former la nouvelle disposition et qu'on fût attaqué avant de l'avoir ache-
vée. »

VIII. — Cavalerie et artillerie.

Les évolutions de la cavalerie sont assez nombreuses
et plus perfectionnées que celles de l'infanterie ; elles se
trouvent résumées au début du projet d'instruction
de 1733 (1) :

« Faire marcher un escadron par deux, par quatre, par huit et par
compagnie, former l'escadron en avant par la droite et par la gauche,
le rompre en avant ou en colonne, par compagnie ou par deux compagnies, lui faire faire le demi-tour à droite ou à gauche par compagnie,
le demi-tour à droite ou à gauche par cavalier, marcher en colonne par

______

(1) Bibliothèque du ministère de la guerre. A. 1, E., 76.

escadron, le mettre en bataille et faire le demi-tour à droite ou à gauche par escadron, le faire défiler par compagnie, par quatre et par deux, faire border la haie et former une troupe carrée. »

Les colonnes se déploient face en avant par les mêmes moyens que de nos jours. Il n'y a donc rien de particulier à dire sur ces évolutions, et nous ne parlerons que de la formation et du mode de combat.

La cavalerie se forme habituellement sur deux rangs, quelquefois sur trois. Elle charge en augmentant progressivement l'allure jusqu'au galop, et en faisant une décharge de mousqueterie. Il est recommandé de prendre d'écharpe la troupe ennemie en exécutant deux conversions successives :

« Ayant à combattre escadron contre escadron, il faut d'abord que l'ennemi s'avance du pas au trot, et du trot au galop ; prendre l'aile gauche de l'escadron qu'on commande, et par caracol se jeter à droite ; puis, quand l'ennemi passe, faire sa décharge, et en même temps en achevant le caracol au galop lui charger la queue, etc. Il faut que la cavalerie tire par rangs et par files, et se détache par caracol, en gagnant la main si l'on peut, c'est-à-dire faire leur possible pour avoir l'ennemi sur la droite. Elle doit se détacher au trot, puis pousser au galop, et, la décharge faite, gagner leurs serre-files. Il faut observer aussi de faire détacher par l'aile droite, faisant caracol à gauche ; par ce moyen ils auront l'ennemi à leur droite. »

L'artillerie n'a pas de manœuvres à elle, et à peine de tactique :

« Dans la bataille, les brigades d'artillerie sont placées à cent pas tout au plus de l'infanterie de la première ligne ; on leur fait occuper le plus possible toutes les hauteurs et les éminences qui s'y trouvent, et surtout celles qui seront sur la droite et sur la gauche. Le commandant de l'artillerie, s'il juge les batteries exposées, en avertit les officiers généraux qui commandent du côté où elles sont, afin qu'ils pourvoient à leur sûreté.

« Sitôt qu'il a posté une brigade, et que les ennemis se trouvent à portée d'en recevoir du dommage, il ordonne aux officiers de tirer, ce qu'ils doivent faire avec beaucoup d'activité..... On s'applique à faire tirer le plus fréquemment qu'il sera possible sur les troupes ennemies, à mesure qu'elles s'approcheront pour combattre ; et quand elles sont assez près pour que les cartouches puissent porter jusqu'à elles, les brigadiers en font charger toutes leurs pièces, et prennent cependant leur temps, de manière qu'ils ne se mettent pas en danger de se trouver obligés de les abandonner, ce qui arriverait s'ils laissaient approcher les ennemis de trop près. C'est pourquoi, lorsqu'on voit que les troupes sont à portée d'en venir aux mains, on fait retirer les brigades dans les intervalles des bataillons de la première ligne, et pour lors on tâche de faire une salve de toutes les brigades sur les troupes ennemies, et principalement sur la cavalerie, afin que le dérangement et l'ouverture qu'y fera le canon, chargé à cartouches, puisse donner lieu à ceux de son parti d'y entrer aisément et de les combattre avec avantage. Il est certain que, si toutes les salves d'artillerie étaient faites aussi à propos que je viens de le dire, il est sûr, dis-je, que ce corps contribuerait extrêmement au gain d'une bataille ; mais aussitôt que cette décharge sera faite, les brigades doivent se retirer au grand trot et aller se poster dans les intervalles des troupes de la seconde ligne, dans l'ordre que le commandant aura marqué, et toutes les munitions passeront derrière.

« Mais lorsque ce sera l'armée qui aura dessein de marcher aux ennemis, alors, dès le moment qu'elle voudra le faire, les brigades d'artillerie, qui sont à la tête des bataillons ou des escadrons, doivent se poster dans les intervalles de la première ligne, et marcher sur le même front, les officiers à cheval étant à la tête : elles font en sorte de le faire à la hauteur des étendards ou des drapeaux. Toutes les pièces de canon doivent être chargées pour lors à cartouches, afin que lorsqu'elles seront assez près de l'ennemi, elles s'arrêtent, et fassent une décharge générale, chacune en particulier de son côté. Si les officiers généraux avec lesquels on doit concerter cette manœuvre prennent bien ce temps pour charger les ennemis, ils seront presque assurés de les battre, par le désordre que de pareilles décharges mettent dans les bataillons ou dans les escadrons ; mais ces sortes de décharges, pour qu'elles fassent un bon effet, ne doivent se faire qu'à la demi-portée du mousquet.....

Si les ennemis étaient battus, de manière qu'ils fussent contraints de se retirer et d'abandonner le champ de bataille, les brigades doivent accompagner les troupes qui les poursuivent, du moins en partie, parce que souvent on a besoin de canon pour les chasser de certains postes qu'ils auraient occupés pour favoriser leur retraite. On a reconnu très souvent que, faute de ce secours, quelques actions n'ont pas été si complètes qu'elles le pouvaient être (1). »

Voici le seul passage où il soit question d'employer

---

(1) Bardet de Villeneuve, t. VIII, p. 57.

l'artillerie contre les obstacles naturels ou artificiels ; en général, elle ne fait qu'augmenter la zone battue efficacement par les feux d'infanterie. Bardet de Villeneuve ne parle pas ici des batteries de gros calibre disposées parfois en dehors des lignes d'infanterie, et qui doivent rester immobiles pendant la bataille. Il semble cependant que l'emploi de pareilles batteries fût systématique à l'époque de Vallière et de Dubrocard. Elles étaient formées avec des pièces de gros calibres, placées en dehors d'une des ailes de l'armée, sur une position un peu dominante, et devaient prendre d'écharpe ou d'enfilade les lignes ennemies en utilisant toute la portée que les pièces permettaient d'obtenir, soit 16 à 1800 mètres. On plaçait des batteries de ce genre au delà d'un cours d'eau, comme à Dettingen et Fontenoy, pour les mettre à l'abri d'une attaque.

Il existe, dans les Archives de la Section technique de l'artillerie, un mémoire manuscrit relatif à la tactique de l'artillerie, qui exprime des idées plus intéressantes que l'ouvrage de Bardet de Villeneuve :

« Il y a un grand avantage qui semble déterminer de tirer par préférence sur les troupes, par la raison que la retraite de l'infanterie ennemie entraîne toujours celle de leurs batteries, au lieu que celle de leurs batteries n'entraîne pas toujours celle des troupes ; cette règle cependant ne peut pas être générale, et il y a des cas à la guerre où l'on doit avoir pour objet de tirer contre les batteries ; par exemple, votre infanterie va attaquer un village retranché qui est défendu par de bonnes batteries qui battent tous les endroits où l'on peut former des attaques ; dans ce cas-là, il est nécessaire aussi d'avoir des batteries qui en imposent à celles de l'ennemi pour tâcher de ralentir son feu, sans quoi votre infanterie, canonnée vivement, souffrirait beaucoup et se trouverait en désordre dans le moment de l'attaque.

A ne suivre que le premier coup d'œil, il semble qu'il est plus avantageux de placer les batteries sur les hauteurs ; mais pour peu qu'on fasse réflexion, on en voit le désavantage ; car si les coups ne portent pas précisément sur la troupe, le boulet ira au delà ou en deçà et dans le premier cas il dépassera de volée l'infanterie, et dans le second il fera un ricochet, ce qui rendra le coup très incertain, au lieu que si la batterie est placée dans une plaine, il est rare que les coups soient perdus, parce que le feu rasant est le plus meurtrier.

Il y a cependant des cas particuliers où l'on doit placer les batteries sur les hauteurs, et c'est lorsqu'on est inférieur en artillerie. Il n'est pas douteux que le canon placé ainsi résistera plus longtemps à celui de l'ennemi, et qu'avec un tiers de pièces de moins, placées sur les hauteurs, on tiendra tête à l'ennemi dont le canon serait dans la plaine, ce qu'on n'aurait pu faire si l'on n'avait pas placé l'artillerie sur des élévations.

Lorsqu'une batterie est battue en rouage et qu'on ne peut pas quitter sa position, on est dans l'usage d'en séparer quelques pièces, qu'on transporte sur la droite ou sur la gauche de la batterie pour tirer de front sur celle qui bat en rouage ; mais il est bien plus avantageux en pareil cas de placer hors de l'alignement de sa batterie les pièces qu'on destine pour battre de front celles qui battent en rouage ; car par là on ôtera à l'ennemi l'avantage de tirer deux batteries à la fois.

L'artillerie peut jouer un grand rôle dans la défense d'un poste ou d'un village, si l'on a soin de la placer en sorte que son feu se croise devant le front qui est attaqué et sur les débouchés par où les colonnes peuvent pénétrer. Je trouve un grand inconvénient de placer du canon dans les vergers qui sont autour du village, parce que cela attire trop le feu de l'artillerie ennemie sur l'infanterie qui défend le poste, et comme les troupes sont rangées sur plusieurs lignes et dans un espace qui, souvent, n'est pas fort grand, le canon des ennemis y fait un grand fracas ; il faut, au contraire, attirer le feu de leurs batteries en dehors du poste attaqué et, pour cela, il faut placer votre canon sur les flancs du village, au delà des troupes ; vous aurez par là le double avantage de protéger la retraite de votre infanterie et d'en faciliter le ralliement pour rechasser l'ennemi du poste qu'il aurait pu prendre : en un mot, lorsque vous placez l'artillerie pour défendre un poste, dans le poste même, vous donnez la facilité à l'ennemi de battre vos troupes et vos batteries, au lieu qu'en plaçant le canon en dehors du poste, il a deux objets à battre.

L'artillerie facilite beaucoup le succès de l'attaque d'un poste, car elle rompt tous les obstacles qui pourraient arrêter les troupes : c'est dans ce cas-là où les batteries doivent avoir deux objets : le premier, de tirer vivement contre l'infanterie qui défend le poste, et le second de tirer contre les batteries ennemies pour leur en imposer et ralentir leur feu, sans quoi votre infanterie en attaquant pourrait être rompue par le canon ennemi.

Il ne suffit pas de battre le poste par son front ; il faut tâcher plus que jamais de battre en flanc les bataillons qui se défendent ; car, comme les troupes sont obligées de tenir ferme pour résister à l'attaque de l'infanterie, on aura le temps de faire un grand ravage parmi celles de l'ennemi.

Si, pendant qu'on se dispose à attaquer le poste, l'ennemi canonne vivement vos batteries, c'est une raison pour vous de diriger votre canon sur son infanterie ; car, dans ce cas-là, il ne tire à vos batteries que pour vous engager à tirer sur les siennes et non pas sur ses troupes, et à la guerre il faut toujours faire le contraire de ce que votre ennemi désire. »

Dans les marches, l'artillerie forme ordinairement une colonne distincte avec les bagages. Elle est divisée en brigades par son commandant. Elle comprend parfois quelques pièces de gros calibre qui forment la 1re brigade, avec les chariots nécessaires et un chariot d'outils. Le reste forme habituellement 5 brigades, comprenant chacune une dizaine de pièces, les caissons et chariots correspondants, et un chariot d'outils ; par exemple :

1 chariot d'outils..........................	4 chevaux.
10 pièces de 4, montées et armées............	40 —
1 affût de rechange (1)....................	4 —
2 chariots de poudre nette.................	8 —
3 caissons de 300 boulets chacun, de 20 cartouches et de 6 paquets de mèche.........	12 —
5 chariots composés.......................	20 —
2 chariots pour les officiers...............	8 —
Total : 24 voitures.	96 chevaux.

Outre les brigades, il y avait un parc comprenant 30 à 40 voitures (outils, sacs à terre, cordages, etc.), et les équipages des officiers (commandant de l'artillerie et ses adjoints, major, contrôleur, etc.). Il devait rester une cinquantaine de chevaux haut le pied.

Chaque pièce avait 30 coups à tirer dans le coffret d'affût et une centaine dans les caissons et charrettes.

Pendant la marche, on place en tête de la colonne un

(1) Les affûts étant alors beaucoup plus fragiles que les pièces, il était plus indispensable qu'aujourd'hui d'avoir des affûts de rechange.

« vaguemestre » pour montrer le chemin; il doit être
accompagné de 40 à 50 pionniers, suivis d'une charrette
d'outils pour couper les arbres ou souches qui pourraient
embarrasser le chemin, pour l'aplanir, remplir les trous
et le rendre praticable. Après la charrette d'outils on
fait marcher 4 pièces chargées à boulet, accompagnées
de leurs canonniers, le boute-feu allumé.

Après ces quatre pièces on fait marcher une charrette contenant de la poudre, du plomb, de la mèche et
des prolonges.

Ensuite viennent les pontons, puis une chèvre et une
équipe d'ouvriers; les pièces de canon marchent ensuite,
les plus grosses en tête, etc.

Le bataillon de Royal-Artillerie destiné au service des
pièces marche souvent en tête de la colonne, avec les
mineurs, s'il y en a.

Si l'on marche vers l'ennemi, et qu'on croie qu'il
puisse y avoir quelque action particulière, on met à
l'avant-garde de l'armée une ou deux brigades légères,
sous les ordres d'un lieutenant ou d'un commissaire
provincial.

Quand l'armée marche à la vue de l'ennemi, de sorte
qu'on puisse craindre que l'arrière-garde ne soit attaquée, on y fait marcher pareillement une ou deux brigades légères d'artillerie pour la soutenir et favoriser
sa retraite.

En arrivant sur le champ de bataille, on répartit le
bataillon de Royal-artillerie entre les pièces, attachant
en principe une compagnie à chaque brigade, et en laissant une compagnie en réserve pour garder les caissons et attelages. Le commandant de l'artillerie désigne
à chaque brigade les brigades d'infanterie devant lesquelles elle doit se placer. Les chefs des brigades d'artillerie envoient alors à chaque bataillon d'infanterie le
chariot de munitions qui lui est destiné; ces chariots
sont placés derrière les bataillons.

8

On doit avoir avec les pièces de canon de quoi tirer 30 coups par pièce ; le reste des munitions et des chariots est groupé entre les deux lignes d'infanterie, et à portée de la brigade d'artillerie correspondante. On les met le plus à couvert que l'on peut, en les faisant garder par 20 ou 30 hommes. Le reste des voitures du parc est rassemblé derrière le centre de l'infanterie de la première ligne.

On admet que le soldat d'infanterie porte les munitions nécessaires pour une bataille ; les précautions prises ne sont que pour suppléer à un défaut de munitions imprévu.

Les voitures qui ne peuvent qu'embarrasser, et notamment les pontons, sont envoyées avec les équipages à l'endroit désigné par le général pour les équipages de l'armée.

Si la première ligne est repoussée, on fait retirer les voitures des brigades en arrière de la deuxième ligne.

En résumé, les principes adoptés pour la marche et le combat de l'artillerie répondaient très exactement au système de guerre et au type de bataille du XVIIe siècle, qui allait subsister pendant quelques années encore, mais que le rôle toujours grandissant des armes à feu de tout calibre allait bientôt faire disparaître.

Nous ne terminerons pas cet exposé sommaire des méthodes tactiques en 1744 en traitant de la tactique générale, ou des marches et des batailles. Il semble que la relation des événements historiques constitue le meilleur exposé possible pour ce qui concerne la conduite des opérations et les mouvements d'une armée.

CHAPITRE III.

ORGANISATION ET DISCIPLINE.

I. — Infanterie de ligne.

Comme on le verra par le tableau suivant, la force d'une compagnie variait, en 1744, de 40 à 200 hommes ; celle d'un bataillon, de 600 à 860 hommes ; celle d'un régiment, de 600 à 4,830 hommes :

	FORCE d'une COMPAGNIE de		NOMBRE DE COMPAGNIES par bataillon.		FORCE DU BATAILLON.	NOMBRE DES BATAILLONS par régiment.	FORCE DU RÉGIMENT.	NOMBRE DES RÉGIMENTS de chaque catégorie.
	fusiliers.	grenadiers.	Fusiliers.	Grenadiers.				
Infanterie française et irlandaise	40 (1)	45	16	1	685	1	685	67 (dont 5 Irlandais)
						2	1,370	16
						3	2,055	13
						4	2,740	6
Régiment du roi	45	50	16	1	770	4	3,080	1
Gardes françaises.	150 (2)	110	5	»	750	6	4,830	1
			5	1	860			
Royal-Lorraine.	75	50	8	4	650	3	1,950	1
Infanterie italienne	50	»	12	»	600	1	600	2
Infanterie allemande	110 (3)	»	6	..	660	2	1,320	1 (Lowendal)
						3	1,980	4
						4	2,640	1 (Alsace)
Infanterie suisse	175 (4)	»	4	»	700	3	2,100	9) officiers compris
Gardes suisses	200 (5)	»	4	..	800	4	2,400	1)

(1) Dont 2 sergents, 3 caporaux, 3 anspessades et 1 tambour ; la compagnie est commandée par 1 capitaine et 1 lieutenant ; les compagnies de grenadiers ont en plus 1 sous-lieutenant ; celles qui appartiennent au colonel, au lieutenant-colonel ou à un commandant de bataillon, ont un lieutenant en second.

(2) Dont 6 sergents, 3 caporaux, 9 anspessades et 4 tambours. Les compagnies de fusiliers sont commandées par 1 capitaine, 1 lieutenant, 1 sous-lieutenant, et 2 enseignes ; les compagnies de grenadiers ont 1 lieutenant et 1 sous-lieutenant en plus.

(3) Dont 4 sergents, 1 fourrier, 1 capitaine d'armes, 2 fourriers-schütz, 4 caporaux, 3 tambours, 8 anspessades et 8 grenadiers. Elles sont commandées par 2 capitaines, 2 lieutenants et 1 enseigne.

(4) Dont 2 capitaines, 1 lieutenant, 1 sous-lieutenant, 1 enseigne, 4 sergents, 1 fourrier, 1 porte-enseigne, 1 capitaine d'armes, 1 prévôt, 6 caporaux, 6 anspessades, des tambours et fifres.

(5) Dont 1 capitaine, 2 lieutenants, 1 enseigne, 8 sergents, 1 chirurgien, 4 trabans, 5 tambours, 1 fifre, 6 caporaux, 6 appointés.

Ainsi, les deux unités fortement constituées au point

de vue de l'administration et de l'esprit de corps, la compagnie et le régiment, ne peuvent être prises comme unités tactiques ou éléments d'évaluation de la force d'une armée, à cause de l'extrême diversité de leurs effectifs. En campagne, on ne compte que par bataillons et par brigades de 4 à 6 bataillons. La brigade est commandée par un colonel ou lieutenant-colonel pourvu du brevet de brigadier, qui ne l'empêche pas de reprendre ses fonctions au corps quand il n'est pas chargé du commandement de sa brigade. Cette disposition bizarre donne lieu à un inconvénient des plus graves, un lieutenant-colonel se trouvant tantôt subordonné à son colonel, tantôt appelé à le commander.

Quant aux bataillons, leur commandement a toujours été exercé par le plus ancien capitaine, sauf pour un bataillon par régiment, qui est commandé par le lieutenant-colonel.

Une ordonnance du 27 décembre 1743 a achevé de donner aux commandants de bataillons une situation distincte de celle des capitaines. Ils conservent leur compagnie (comme c'est le cas, d'ailleurs, pour le colonel et le lieutenant-colonel), mais ils reçoivent toutes les prérogatives qui constituent un rôle distinct (1), y compris une solde et des indemnités spéciales :

ART. 1er. — Tout commandant de bataillon, pourvu dudit commandement par ordre signé de S. M., commandera à l'avenir à tout capitaine, de quelque régiment et de quelque corps que ce soit, et obéira à tout lieutenant-colonel.

ART. 2. — Les commandants des bataillons d'un même régiment rouleront entre eux suivant la date de leur brevet, et avec les commandants des bataillons des autres régiments, suivant le rang et l'ancienneté des régiments auxquels ils seront attachés.

---

(1) Le Ministre, demandant l'avis du maréchal de Belle-Isle à ce sujet, lui dit qu'il s'agit de « donner aux commandants de bataillon un grade supérieur à celui de capitaine ».

Art. 3. — Auront lesdits commandants de bataillons les mêmes
fonctions affectées aux lieutenants-colonels, soit dans le service de
piquet, soit dans les détachements, et seront commandés en général
dans toutes les opérations militaires comme lesdits lieutenants-colonels,
après cependant tous ceux qui en ont la commission ou qui en font le
service par leur charge.

Chaque régiment est commandé par un colonel,
assisté d'un lieutenant-colonel et d'un major ; il y a un
aide-major par bataillon (1). Le colonel et le lieutenant-
colonel ont chacun une compagnie.

Les places de capitaine et colonel s'achètent avec
l'agrément du roi. Le lieutenant-colonel est nommé par
le roi ; c'est en général le plus ancien capitaine du
régiment (2). « Le major est pris ordinairement parmi les capitaines du régiment. On choisit le plus entendu, et il conserve le rang
de capitaine du jour de la date de son brevet. Cet officier est dans un
régiment comme le ressort qui fait mouvoir tous les autres... (3).
Comme il ne pourrait s'acquitter de ces fonctions s'il n'était régulièrement informé de tout ce qui se passe dans le corps, tous les sergents
pour cet effet lui sont subordonnés, ainsi que le porte son titre de
sergent-major. En cette qualité, ils doivent lui rendre un compte exact

---

(1) Il a ordinairement une commission de capitaine avec la paye de
lieutenant et quelques revenants bons. Le petit état-major comprend
un ancien maréchal des logis, un aumônier et un chirurgien. Les plus
anciens régiments ont une prévôté consistant en un prévôt, un lieutenant, un greffier, cinq archers et un exécuteur.

(2) « C'est ordinairement sur la direction de cet officier que roulent
toutes les affaires du régiment, les colonels n'y faisant pas ordinairement un long séjour. » (Bardet de Villeneuve, t. I, p. 10.)

(3) Le major tient 4 registres, l'un des recettes et dépenses concer-
nant l'ustensile, les masses, les recrues et le fourrage ; le second contenant la liste matricule des hommes incorporés, par compagnies ; le
troisième relatif au tour de service ; le quatrième est le registre
d'ordres.

Chaque capitaine en pied a 3 livrets : l'un pour le prêt, le second
pour le décompte des masses, etc., le troisième contenant la liste matricule des soldats.

de tout ce qui vient à leur connaissance et qui a rapport au service, sans en excepter même ce que leurs propres officiers pourraient faire qui y fût contraire (1). » Il semble que rien ne soit négligé pour jeter le trouble et créer des dissensions parmi les officiers.

II. — Cavalerie, dragons et hussards.

Chaque régiment de cavalerie, dragons ou hussards, est commandé par un mestre de camp, assisté d'un lieutenant-colonel, d'un major et d'un aide-major, d'un aumônier et d'un chirurgien. Le régiment des carabiniers, fort de 10 escadrons, est divisé en 5 brigades, dont chacune a un état-major de régiment. Les régiments de cavalerie sont à 3 ou 4 escadrons, ceux de hussards à 4 escadrons, sauf Berchiny, qui en a 6; les régiments de dragons sont à 5 escadrons.

L'escadron de cavalerie se subdivise en 4 compagnies de 35 maîtres (2); l'escadron de hussards ou de dragons comprend 3 compagnies de 50 maîtres (3).

Comme dans l'infanterie, la compagnie et le régiment ne peuvent être pris pour unité tactique. Il y a des brigades de 6, 8 ou 10 escadrons. L'unité tactique de la cavalerie est l'escadron (140 à 150 hommes), et il n'existe pas de grade spécial pour l'officier qui en a le commandement.

---

(1) Bardet de Villeneuve, tome I, page 10.

(2) Dont 2 brigadiers. La compagnie comprend en outre 1 capitaine, 1 lieutenant, 1 maréchal des logis; il y a une compagnie sur deux qui possède, en outre, un cornette. Les régiments de Rosen et Royal-Allemand ont, le premier : 1 auditeur, 1 greffier, 3 archers et 1 exécuteur; le second, un 2ᵉ lieutenant-colonel, un 2ᵉ major, un 2ᵉ aide-major, 1 prévôt, 1 lieutenant, 1 greffier, 4 archers et 1 exécuteur, ainsi qu'un 3ᵉ brigadier par compagnie.

(3) Dont 3 brigadiers. Le cadre comprend 1 capitaine, 1 lieutenant, 1 cornette, 1 maréchal des logis.

III. — Troupes légères.

Les compagnies franches d'infanterie sont d'effectif très différent : il y en a 8 à 150 hommes (1), 2 à 100 hommes (2), 2 à 50 hommes (3) ; en outre, il existe 3 compagnies suisses, l'une de 80 hommes, les deux autres de 50 hommes. La compagnie de Fischer est forte de 60 hommes, dont 15 chasseurs à cheval (4). Enfin le régiment de Grassin comprend 9 compagnies à pied de 100 hommes chacune (5), et 6 compagnies à cheval (6), formant 2 escadrons de 150 hommes. Il y a 6 compagnies franches de dragons de 150 hommes, dont 6 brigadiers (7), et la compagnie de Pinceny, de 80 hommes, dont 4 brigadiers (8).

En résumé, en laissant de côté les hussards, le total des troupes légères monte à 5,320 hommes, y compris

----

(1) Bock, Sertel, Galhau, Duchemin, Pauly, La Harte, La Croix et Jacob.

Sur les 150 hommes, il y a 6 sergents, 9 caporaux, 9 anspessades et 3 tambours.

Chaque compagnie est commandée par 2 capitaines et 7 lieutenants.

(2) Provisy et Massanne ; chacune comprend 4 sergents, 6 caporaux, 6 anspessades et 2 tambours, et a 2 capitaines et 4 lieutenants.

(3) Damiens et fusiliers-guides de Bruck, comprenant 2 sergents, 3 caporaux, 3 anspessades et 1 tambour. La première a 1 capitaine et 1 lieutenant, la seconde 1 capitaine et 2 lieutenants.

(4) Dont 2 sergents, 4 caporaux, 4 anspessades, avec 1 capitaine, 2 lieutenants, 1 maréchal des logis.

(5) 1 capitaine, 2 lieutenants, 4 sergents, 1 fourrier, 1 capitaine d'armes, 2 cadets, 4 caporaux, 4 anspessades, 2 tambours, 10 grenadiers et 72 arquebusiers.

(6) Chacune comprenant 1 capitaine, 1 lieutenant, 1 cornette, 1 maréchal des logis, 3 brigadiers, 1 trompette, 46 arquebusiers.

(7) Comte de Limoges, de Mandres, La Croix, Goderneaux, Jacob et Galhau, chacune ayant 2 capitaines, 7 lieutenants et 3 maréchaux des logis.

(8) Avec 2 capitaines, 4 lieutenants et 2 maréchaux des logis.

les troupes de montagne dont nous ne nous occupons pas.

Le régiment de Saxe-volontaires, créé le 30 mars 1743, à la demande du comte de Saxe, doit faire un service spécial.

« L'intention de Sa Majesté est que ce régiment ne soit point séparé et serve toujours dans l'armée où le comte de Saxe sera employé. Cette troupe étant spécialement destinée à battre l'estrade et courre les partis, le régiment sera dispensé de toutes corvées d'escorte, convois, de marcher et camper en ligne ; son service sera réduit à donner une troupe de 50 maîtres toutes les fois que le général le demandera, pour sortir et aller reconnaître le pays. Il fournira de plus deux autres troupes de 50 chevaux chacune pour battre l'estrade du côté que le général le prescrira, et lorsque le colonel du régiment voudra faire quelque entreprise considérable, il ne le pourra sans avoir obtenu la permission du général. »

Ce régiment se composait de 6 brigades de 160 hommes chacune (1) et d'un état-major qui comprenait 40 hommes de troupes (2). Les volontaires de Saxe devaient être recrutés dans la noblesse étrangère (tartare, valaque ou polonaise), et ils pouvaient signer des engagements pour la durée d'une campagne aussi bien que pour un temps plus long. Ils étaient armés en hulans, avec la lance, le sabre et une cotte d'armes. Les

----

(1) Chaque brigade est commandée par un rotmeister ou capitaine en pied, avec un capitaine en second, 1 premier lieutenant, 2 lieutenants en second, 20 bas officiers, 1 frater, 1 sellier, 1 maréchal ferrant, 4 tambours, 64 volontaires et 64 pacolets.

(2) L'état-major comprend : 1 polcovenic ou colonel, 1 lieutenant-colonel, 1 major, 1 quartier-maître, 1 adjudant, 1 garçon-major, 1 auditeur, 1 aumônier, 1 chirurgien-major, 1 vaguemestre, 1 prévôt, 1 maître harpentier, 1 timbalier, 10 hautbois et 10 valets.

pacolets ou dragons étaient armés de sabres et de carabines. Les chevaux étaient de race tartare, valaque ou bessarabienne.

IV. — Guides.

Il ne faut pas confondre les fusiliers-guides, qui forment une compagnie franche de 50 hommes, celle de Bruck, affectée en 1744, à l'armée de Noailles, avec les *guides* proprement dits, pris parmi les habitants. On conçoit qu'à cette époque, où l'on disposait de cartes médiocres et en très petit nombre, et où les chemins n'étaient pas soumis à un classement qui donnât une idée approchée de leur valeur, il fallait constamment des guides. On y attachait une grande importance, et un officier appelé « capitaine des guides » en était spécialement chargé.

« La connaissance du pays et l'intelligence sont ses principales parties. Il demeure toujours auprès de la personne du maréchal général des logis de l'armée, auquel il est subordonné. Il se pourvoit de guides et de gens qui connaissent le pays, pour en donner non seulement à tous les officiers généraux qui sont chargés de quelque opération, mais encore aux officiers particuliers qui sortent de l'armée avec quelque commandement, soit pour aller à la guerre, soit pour des escortes, soit pour des convois. Son intelligence lui sert à choisir des gens dans les lieux circonvoisins de l'armée, afin de les faire marcher à propos pour les divers besoins qu'il en a.

Il accompagne le maréchal des logis de l'armée lorsqu'il va préparer ou reconnaître des marches, afin d'être en état de distribuer les guides pour chaque colonne, suivant la connaissance des lieux où l'on doit passer.

Les conversations fréquentes qu'il a avec les paysans guides lui servent beaucoup pour s'acquérir la connaissance exacte du pays par lequel on doit passer, et dont le compte qu'il rend peut faire donner une disposition particulière à la marche..... Comme il fournit des guides à pied ou à cheval suivant qu'ils lui sont demandés, on a soin de lui donner le moyen d'entretenir quelques chevaux, ou on lui en procure des lieux voisins du camp. On pourvoit à la subsistance de ses guides, et toutes les fois que le général monte à cheval, il doit l'accompagner avec quel-

qu'un de ses guides qui connaisse le pays du côté où va le général, afin
d'être toujours en état de s'instruire de ce qu'il veut savoir. Les guides
doivent être bien nourris et bien payés. Ils doivent être gardés, principalement après qu'ils auront été interrogés..... Ces guides doivent être
renouvelés à mesure qu'on s'avance dans le pays ennemi. Chaque
colonne dans sa marche doit avoir au moins un guide à sa tête. »

(BARDET DE VILLENEUVE.)

Il est recommandé au capitaine des guides de trouver
des espions parmi ses guides.

Pour être en état de remplir leurs fonctions en temps
de guerre, les capitaines des guides étaient employés
pendant la paix à reconnaître la frontière sur laquelle
ils étaient appelés à opérer. Une lettre écrite, le 10 septembre 1743, par le Ministre à M. de Montet, capitaine
des guides, désigné pour l'armée de Flandre, montre
comment cette préparation était comprise :

« Sur les témoignages qui m'ont été rendus, Monsieur, de l'application que vous avez donnée à la connaissance des frontières de Flandre
et de Hainaut, et de l'expérience que vous y avez acquise sous un père
qui avait sur cela des lumières fort étendues, je vous ai proposé au Roi
pour continuer à y faire les observations dont on pourrait avoir besoin
si la guerre se portait en ce pays-là.

Vous avez déjà parcouru avec M. de Crémille la partie de la frontière
de Flandre depuis la Lys jusqu'à la Meuse, en vous bornant aux terres
de la domination du roi, et vous devez en avoir des mémoires détaillés.
Il s'agit aujourd'hui d'étendre ces connaissances sur les parties que
vous n'avez pas vues, depuis la rivière d'Aisne en avant jusqu'à la
Sambre, et depuis la Sambre jusqu'aux extrémités des frontières, en
observant de détailler dans les mémoires que vous dresserez tous les
chemins qui communiquent de ces deux rivières en avant, les camps
qu'on peut prendre dans cette étendue, et les routes à tenir, suivant
les positions que l'on voudrait prendre.

Comme les communications de la Lys à la Colme et de la Colme à la
mer sont difficiles, longues et tortueuses, il sera nécessaire que vous
fassiez un mémoire particulier de ce qu'on pourrait faire pour les
abréger, et des positions qu'on pourrait prendre pour empêcher un
ennemi de se porter d'Ypres sur St-Venant et Aire.

Si les circonstances vous permettent d'aller comme voyageur, sans entrer dans les villes de guerre de la domination d'Autriche, reconnaître la partie des pays de cette domination entre la Lys et la mer, entre la Lys et l'Escaut, entre l'Escaut et la Dendre, et entre la Dendre et la Meuse, vous ne devez pas en manquer l'occasion. Il est inutile de vous dire qu'en ce cas, vous ne devez porter avec vous aucuns papiers ni marques qui puissent vous désigner, mais vous contenter de prendre de légères notes de ce que vous aurez observé, pour en faire des mémoires détaillés à votre retour.

Vous sentez bien que l'objet de votre mission est de perfectionner vos connaissances au point de rendre vos fonctions de capitaine des guides aussi utiles qu'il sera possible, suivant les circonstances d'une guerre, soit offensive, soit défensive.

Si dans le cours de vos tournées, vous êtes instruit de quelque mouvement de troupes ou d'approvisionnements considérables d'artillerie, de vivres ou de fourrages, vous ne manquerez pas de m'en donner avis, en prenant cependant vos précautions pour ne pas vous compromettre.

Vous recevrez 300 francs par mois pendant le temps que vous serez employé à cette opération. J'ai donné sur cela les ordres nécessaires. Je suis, etc. »

V. — Etat-major des places. — Invalides. — Milices.

Ainsi qu'on l'a vu, les majors et en partie les lieutenants-colonels des régiments pouvaient seuls, parmi les officiers de troupe, être considérés comme des militaires professionnels. Si le service marchait malgré l'indifférence et l'ignorance du corps d'officiers en général, c'était grâce aux majors, d'une part, et aussi grâce à l'état-major des places.

Les grandes villes ou forteresses ont ordinairement un gouverneur, personnage considérable, dont la fonction n'est guère qu'honorifique en temps de paix ; mais le gouverneur est assisté d'un état-major assez nombreux qui assure le service. Dans le plus grand nombre des places fortes (1), cet état-major compte 4 officiers : 1 lieu-

---

(1) C'est le cas de Péronne, Ham, Condé, Saint-Quentin, le Quesnoy, Landrecies, Hesdin, Bapaume, Béthune, Saint-Venant, Bouchain, Gravelines, Bergues, Longwy, pour ne parler que de la frontière du Nord.

tenant du roi, 1 major, 1 aide-major et 1 capitaine des portes.

Quand la place est renforcée d'une citadelle, celle-ci a un état-major distinct (1). Enfin les grandes places, telles que Givet, Saint-Omer, Arras, Cambrai, Valenciennes, ont un état-major de 5 ou 6 officiers ; Lille, Douai et Metz en ont davantage.

Les forts isolés ou petites forteresses ont un gouverneur, un capitaine, ou un commandant (2), assisté parfois d'un second officier (3).

On nomme le plus souvent à ces fonctions de vieux serviteurs, ayant longtemps servi comme lieutenants, capitaines ou lieutenants-colonels dans les régiments. C'est grâce à eux surtout que la discipline est maintenue et que les troupes sont exercées, et sur la frontière, ils entretiennent un service de renseignements dans les pays voisins. Comme il n'y a pas de limite d'âge, ils arrivent, dit le maréchal de Noailles, à un « état de caducité » qui nuit au bien du service ; mais certains d'entre eux continuent à servir activement et utilement comme le vieux commandant de Rodemacker, M. Abincq, vétéran des guerres de Louis XIV, qui ne cesse de fournir d'excellents renseignements sur les mouvements de l'ennemi.

De vieux soldats forment la garnison des petites forteresses. Ce sont des invalides réunis par compagnies de

---

(1) Montreuil, Amiens, Calais, Verdun.

(2) Montdidier, Roye, le Crotoy, Rue, Saint-Valery, Orchies, Donchery, forts Risban et Bourgoin, château de Péronne, Ambleteuse, Beaumont-en-Argonne, Stenay, Marville, etc.

(3) Abbeville, la Fère, Ribemont, Marles, Vervins, pont de Rémy, Étaples, fort Saint-François, fort Saint-Sauveur, fort François, Mariembourg. La place de Guise comporte 3 officiers ; celles de Doullens, Ardres, Boulogne, Bouillon, Montmédy, en ont 4.

50 hommes (1), ou des bas-officiers en compagnies de 150 hommes (2).

En temps de paix, les troupes réglées sont réparties entre les différentes places; en temps de guerre, les garnisons sont surtout fournies par la milice.

Les compagnies de milice sont de 50 hommes (3); le bataillon en comprend 12. La Flandre maritime est occupée en outre par les milices boulonnaises et dunkerquoises. Les troupes boulonnaises sont réparties en deux régiments de 13 compagnies, dont une de 45 grenadiers et les autres de 40 fusiliers (4); la milice dunkerquoise

---

(1) 1 capitaine, 2 lieutenants, 3 sergents, 3 caporaux, 3 anspessades, 1 tambour et 50 invalides. Six de ces compagnies ont été portées à 70, 80 ou 100 hommes, avec cadres en proportion. Il reste une compagnie de 103 hommes à l'hôtel royal des Invalides.

Dans les places du Nord, les compagnies d'invalides sont réparties de la manière suivante :

2 à Dunkerque;	1 à Ham;
2 à Bergues et fort François;	1 à Guise;
4 à Arras;	3 à Sedan;
2 à Aire;	2 à Bouillon;
3 à Bapaume et la Fère;	2 à Lichtemberg;
3 à Hesdin;	2 à la Petite-Pierre;
3 à Ardres;	2 à Strasbourg;
2 à Boulogne;	2 au fort Mortier;
2 à Montreuil;	2 à Lanskron;
1 à Doullens;	2 à Belfort;
1 à Amiens;	2 à Blamont et Saint-Hippolyte;
1 à Péronne;	2 à Besançon, etc.

Le nombre total de ces compagnies est de 135.

(2) Le nombre des compagnies de bas-officiers est de 5, dont 3 sont à Lunéville, et 1 à Porrentruy.

Elles comprennent chacune : 2 capitaines, 6 lieutenants, 6 sergents, 6 caporaux, 6 anspessades, 2 tambours, 130 fusiliers.

(3) Dont 2 sergents, 3 caporaux, 3 anspessades et 1 tambour; chaque compagnie a 1 capitaine et 1 lieutenant.

(4) Cette milice a été créée le 16 juillet 1743.

forme 7 bataillons, qui comprennent chacun 6 compagnies de 3 officiers et 100 hommes. On met sur pied trois bataillons à la fois, et ils se relèvent tous les mois (1).

Il existe encore des gardes bourgeoises dans la plupart des villes (1).

VI. — Artillerie.

Il faut encore distinguer, à cette époque, le régiment Royal-Artillerie et le corps royal de l'artillerie. Le régiment Royal-Artillerie, chargé du service des pièces, comptait parmi les régiments d'infanterie, bien qu'il eût une organisation toute différente ; il comprenait en effet

---

(1) On a vu plus haut que la garde bourgeoise de Douai était organisée par certains corps de métier, et comptait une soixantaine d'hommes.

Quelques documents relatifs à la Franche-Comté montrent que dans cette province le gouverneur avait la haute main sur les compagnies bourgeoises, dont il réglait le nombre et la force. En 1744, elles étaient toutes de 25 hommes, ainsi réparties :

6 à Besançon ;
3 à Dôle, réduites à 2 par une ordonnance du 2 décembre 1744.
4 à Gray,   —   2   —   —
3 à Salins,   —   2   —   —
3 à Vesoul,   —   2   —   —
3 à Lons-le-Saunier, 2   —   —
3 à Ornans,.   —   2   —   —
2 à Pontarlier,
2 à Arbois,   —   1   —
1 à Beaune,
1 à Quingey,
1 à Poligny,
1 à Orgelet,
1 à Saint-Claude.
1 à Lure,
1 à Jussey,

36 compagnies réduites à 28, ou 700 hommes.

5 bataillons, 5 compagnies de mineurs (1) et 5 compagnies d'ouvriers (2).

Le colonel du régiment est le roi, suppléé par un colonel-lieutenant, qui est le grand maître de l'artillerie (comte d'Eu). Le commandement effectif est exercé par Vallière, lieutenant général d'artillerie et lieutenant général des armées du roi, directeur général des cinq écoles d'artillerie, et inspecteur des cinq bataillons du régiment de Royal-Artillerie.

Chaque bataillon a un état-major composé de 1 lieutenant-colonel, 1 major, 1 aide-major, 1 aumônier et 1 chirurgien. Il comprend 8 compagnies, dont 5 de canonniers, 2 de bombardiers et 1 de sapeurs, d'environ 100 hommes (3).

Le corps royal de l'artillerie, distinct du régiment de Royal-Artillerie, forme pour ainsi dire l'état-major particulier de l'arme. Il est également sous le commandement du comte d'Eu, lieutenant général, grand maître et capitaine général de l'artillerie de France. Ce corps est chargé, en temps de paix, du service dans les établissements de l'artillerie (4) ; en temps de guerre, il

---

(1) Composée de 1 capitaine, 2 lieutenants, 2 sous-lieutenants, 3 sergents, 3 caporaux, 3 anspessades, 2 cadets, 1 tambour, 16 mineurs et 22 apprentis.

(2) 1 capitaine, 2 lieutenants, 3 maîtres ouvriers, 3 sous-maîtres, 1 tambour, 25 ouvriers, et 8 apprentis.

(3) Chaque compagnie de canonniers, bombardiers ou sapeurs comprend : 2 capitaines, 2 lieutenants, 2 sous-lieutenants, 2 cadets, 4 sergents, 4 caporaux, 4 anspessades, 2 tambours et 84 hommes. Les simples soldats sont tous canonniers ou sapeurs dans les compagnies de canonniers ou de sapeurs ; mais chaque compagnie de bombardiers comprend 16 artificiers-bombardiers et 68 bombardiers.

(4) Il y avait d'assez nombreux arsenaux (Paris, Douai, la Fère, le Havre, Metz, Strasbourg, etc.) ; cinq fonderies (Paris, Douai, Strasbourg, Lyon et Perpignan) et des manufactures d'armes à Maubeuge, Charleville-Nouzon, Saint-Étienne-en-Forez (ordonnance du 10 juillet 1722). L'inspecteur général de l'artillerie, qui réunissait dans ses attri-

fournit les cadres des équipages de campagne et de siège.

La France est divisée, pour le service de l'artillerie, en 13 départements (1), commandés chacun par un des « lieutenants généraux d'artillerie », titre qui désigne une fonction et non un grade. Les lieutenants-généraux d'artillerie peuvent être colonels, maréchaux de camp, ou lieutenants généraux des armées. Certains d'entre eux peuvent être subordonnés aux autres, et d'ailleurs, l'organisation varie fréquemment. Ainsi en 1744, M. de Saint-Périer, lieutenant-général d'artillerie, commandant le département de Flandre, a sous ses ordres celui de Picardie, et même, à ce qu'il semble, celui de Normandie.

Dans chaque département se trouvaient un certain nombre de lieutenants provinciaux (ayant rang de colonels), de commissaires provinciaux (lieutenants-colonels), commissaires ordinaires (capitaines), commissaires extra-

---

butions la direction de tous les services, était directeur général des manufactures. Il était assisté par un inspecteur général des armes de France, et dans chacune des trois manufactures royales se trouvait un inspecteur des armes, avec un ou deux contrôleurs. En 1744, les entrepreneurs étaient : à Maubeuge, M. Darests ; à Charleville-Nouzon, MM. Mirbeau de Neuville, de Barillon, de Belon, de Romieux, de Berlut, Le Texier, Dorinière, Le Noble. Les manufactures de Charleville et Nouzon avaient deux directeurs, MM. Dubois du Mivet et de la Garde. A Saint-Étienne-en-Forez, il y avait 6 entrepreneurs.

Les moulins à poudre étaient très nombreux. Il y en avait à Saint-Ponce (près de Mézières), à la Fère, à Esquiegne (près de Saint-Omer), à Belleray (près de Verdun), à Metz, etc. Ce service était centralisé par un commissaire général des poudres et salpêtres.

(1) Ile de France et arsenal de Paris ; haute et basse Picardie ; Flandre, Hainaut, Boulonnais et Soissonnais ; Trois-Évêchés et Lorraine ; Champagne ; Alsace, duché et comté de Bourgogne ; Dauphiné et Provence ; Lyonnais, Forez et Beaujolais ; Roussillon et Languedoc ; Guyenne et Gascogne, Béarn et Aunis ; haute et basse Bretagne ; Touraine, Anjou et Maine ; haute et basse Normandie.

ordinaires (lieutenants), et officiers pointeurs (sous-lieutenants) (1).

En campagne, l'artillerie d'une armée est commandée par un lieutenant-général d'artillerie ; les équipages sont divisés en brigades, dont chacune est commandée en principe par un commissaire provincial. Les autres commissaires et officiers pointeurs sont répartis entre les brigades.

Bien que les officiers du régiment de Royal-Artillerie et ceux du corps de l'artillerie fussent assimilés, il n'y avait guère d'unité dans ce service. La complication en fut encore augmentée par l'ordonnance du 7 février 1744, qui sépara les ingénieurs militaires du corps de l'artillerie, sans retirer en même temps de Royal-Artillerie les compagnies de sapeurs et de mineurs.

Par une singulière anomalie, ces armées du XVIIIe siècle, qui n'avaient pour ainsi dire aucune mobilisation à faire dans l'infanterie et la cavalerie, n'avaient en temps de paix qu'une partie de leur matériel d'artillerie, et se

---

(1) Le département général de Flandres et Hainaut, commandé par M. de Saint-Périer, était réparti entre 5 lieutenants provinciaux, résidant à Lille, Douai, Cambrai, Valenciennes et Philippeville. Il comportait : 41 officiers du corps royal, 3 contrôleurs, 3 trésoriers, 47 gardes-magasins, 6 artificiers et 1 commissaire des fontes, sans compter les gardiens de batterie, dont le nombre et les fonctions étaient à peu près les mêmes qu'aujourd'hui.

Le département général de Picardie et Artois, subordonné au précédent, était réparti entre 10 lieutenants provinciaux, résidant à Dunkerque, Calais, Saint-Omer, Hesdin, Aire, Arras, Amiens, Saint-Quentin, Avesnes et la Fère. Le lieutenant provincial résidant à la Fère était le commandant de l'École d'artillerie (d'Aboville). Il était assisté de 3 commissaires provinciaux, remplissant les fonctions de professeurs, etc. (Bélidor était du nombre).

Dans chaque département, l'artillerie avait un contrôleur et un trésorier provinciaux. Ceux de Flandres résidaient à Lille et à Douai ; ceux de Picardie à Arras et Amiens ; ceux de Soissonnais à la Fère.

trouvaient astreintes, en ce qui concerne cette arme, à une mobilisation très longue.

On était loin de posséder en magasin tout le matériel nécessaire pour entrer en campagne. On fondait des pièces jusqu'au dernier moment, et pendant la guerre même, et surtout il fallait constituer d'urgence la plus grande partie des agrès, assortiments, armements et affûts. La mobilisation de l'artillerie comportait donc cette première partie, très laborieuse, du travail dans les établissements.

Il fallait en outre réunir les chevaux nécessaires aux équipages, pour lesquels on n'avait qu'un assez faible noyau constitué par l'équipage de réserve.

VII — Ingénieurs.

D'après l'ordonnance du 7 février 1744, les ingénieurs, au nombre de 300, sont nommés officiers réformés (c'est-à-dire à la suite) d'infanterie, et reçoivent successivement des commissions des différents grades, mais sans pouvoir prétendre à aucun commandement sur les troupes. En campagne, l'ingénieur nommé au commandement supérieur des brigades d'ingénieurs de l'armée rend compte directement au général en chef de ce qui concerne le service desdites brigades.

En temps de paix, la France est divisée en directions du génie (1), en dehors desquelles il existe quatre ingé-

____

(1) Il y en a 23, parmi lesquelles Dunkerque, Saint-Omer, Lille, Arras, Amiens, Valenciennes, Maubeuge, Sedan, Thionville, Metz, etc.

Il existe dans chaque place de guerre un ingénieur en chef, secondé d'un nombre variable d'ingénieurs.

Il y a 12 ingénieurs ordinaires à Metz.

9	—	Gravelines.
6	—	Lille, Thionville.
5	—	Calais, Sedan.
4	—	Aire, Bergues, Douai.

nieurs en chef indépendants. Le service est centralisé à Paris par un directeur général, assisté d'un ingénieur en chef, directeur du bureau général des fortifications.

Il existe une autre catégorie d'ingénieurs, peu nombreuse, destinée au service topographique. Nous y trouvons, en 1740, sous la direction d'un brigadier d'infanterie, 9 officiers (capitaines ou lieutenants réformés) et un ingénieur géographe pensionnaire du roi.

VIII. — Etat-major

On appelait alors *maréchal général des logis de l'armée* l'officier qu'on désignerait aujourd'hui par le titre de chef d'état-major. Ses attributions étaient moins étendues que de nos jours, d'abord parce que la plupart des services étaient centralisés par l'intendant, et en second lieu parce que les opérations militaires avaient moins d'ampleur, de complication et de rapidité.

« Les fonctions du maréchal des logis de l'armée consistent à en faire le campement et à en distribuer l'étendue aux différents corps et aux autres parties qui la composent, comme le quartier général, celui de l'artillerie et des vivres. C'est lui qui dirige la marche de l'armée lorsqu'elle décampe et, pour cet effet, il en fait le plan et le communique au général pour recevoir son approbation et ses ordres sur la manière dont les colonnes marcheront. Il doit parfaitement connaître le pays afin de prendre de justes mesures pour que rien ne puisse retarder les marches. Il doit demander et faire conduire tout ce qui est nécessaire

3 ingénieurs ordinaires à	Arras, Valenciennes, Le Quesnoy. Charlemont, Verdun.
2 —	Amiens, Boulogne, Saint-Omer, Dunkerque, Cambrai, Condé, Philippeville.
1 —	Béthune, Hesdin, Bapaume, Maubeuge, Landrecies, Longwy, Montmédy.

Enfin l'ingénieur en chef est seul à Abbeville, Péronne, Doulens, Saint-Quentin, Montreuil, Ardres, Saint-Venant, Guise, Ham, la Fère, Bouchain, Avesnes, Mariembourg et Bouillon.

pour élargir les défilés, passer les ruisseaux, les rivières et les lieux marécageux. Il doit avoir un état de toutes les troupes qui composent l'armée (1). »

Le maréchal général des logis s'occupe également de la discipline et de l'instruction des troupes. Il est secondé par quelques officiers appelés « aides-maréchaux des logis de l'armée ». Nous verrons se former peu à peu les grandes unités, divisions et corps d'armée, mais en 1744, il n'y en a pas encore, et l'armée n'est divisée qu'en infanterie et cavalerie; il n'y a donc pas d'autres états-majors subordonnés que celui de l'infanterie et celui de la cavalerie.

Le chef d'état-major de l'infanterie s'appelle *major général*.

« Il fait le détail du service de ce corps avec les majors des brigades. Il est à l'ordre; il le reçoit du maréchal de camp de jour; il le distribue à tous les majors des brigades qui, pour cet effet, doivent se rendre tous les jours chez lui. Il est aux gardes le matin; il les fait défiler en parade pour les examiner. Il accompagne et suit toujours le général, de qui il reçoit directement des ordres. En l'absence des officiers généraux de jour, il ordonne tous les détachements d'infanterie. Les jours de marche, il suit le maréchal de camp avec le campement et distribue par brigades le terrain de l'infanterie. Il rend compte au général et aux officiers généraux de jour de tous les postes d'infanterie, dont il leur donne un état par écrit. Les jours de bataille, il voit mettre l'infanterie en bataille et se tient auprès du général pour recevoir les ordres qui regardent ce corps. Il donne et signe tous les ordres pour les partis d'infanterie qui vont à la guerre. Il tient un rôle de tous les officiers généraux, des mestres de camp, des colonels, lieutenants-colonels et majors, suivant leur ancienneté. Ses fonctions dans un siège sont fort étendues, etc. »

Le maréchal des logis de la cavalerie exerce des fonctions analogues. Ils sont secondés, l'un par des aides-majors généraux, l'autre par des aides-maréchaux des logis.

---

(1) Bardet de Villeneuve, *Cours de la science militaire*, tome II, Paris, 1740.

Le major général des dragons remplit des fonctions analogues en ce qui concerne les dragons ; quand même il n'y aurait qu'un régiment de cette arme, elle n'est jamais fondue dans l'infanterie ou la cavalerie.

Les majors de brigade sont chargés, dans leur brigade, du même service que le major général dans toute l'armée. « Ils vont tous les soirs recevoir l'ordre des majors généraux et le distribuent ensuite aux majors des régiments de leur brigade, après l'avoir communiqué au brigadier. » Ils tiennent un rôle des officiers pour désigner ceux qui doivent marcher, etc. Le commandant de l'artillerie, l'intendant, un ingénieur, le capitaine des guides, un vaguemestre, le personnel de la prévôté, font partie de l'état-major. Il s'y trouve aussi un fourrier chargé du logement.

IX. — Maréchaussée et Prévôté.

En temps de paix, il existe 31 compagnies de maréchaussée répondant aux généralités du royaume (1). Chacune d'elles est commandée par un prévôt, secondé par un certain nombre de lieutenants et d'exempts ; elle comprend 1 trompette et un nombre variable de brigades de 5 cavaliers (2). Les prévôts et lieutenants sont « en charge et en titre d'office, et choisis entre les anciens

---

(1) La compagnie de l'Ile de France dépend du Ministre chargé de ce département. Les autres sont sous les ordres du ministre de la guerre.

(2) La compagnie de Flandres comprend 8 brigades, avec 2 lieutenants (Lille, Cambrai) et 2 exempts (Lille, Douai). La compagnie du Hainaut comprend 7 brigades, avec 1 lieutenant (Valenciennes) et 2 exempts (Avesnes, Maubeuge). La compagnie de Picardie et Artois comprend 24 brigades, avec 4 lieutenants (Amiens, Abbeville, Arras et Boulogne) et 7 exempts (Amiens, Saint-Quentin, Péronne, Abbeville, Doullens, Poix, Aire). La compagnie de Soissonnais comprend 14 brigades, avec 3 lieutenants (Soissons, Laon, Clermont) et 5 exempts (Soissons, Noyon, Villers-Cotterets, la Fère et Guise).

officiers des troupes du roi comme personnes capables, expérimentées au fait des armes ». Ils sont sur le pied :

Les prévôts généraux, des lieutenants-colonels de cavalerie ;

Les prévôts particuliers et lieutenants, des capitaines en pied ;

Les exempts, des lieutenants en pied ;

Il n'y a d'ailleurs pas d'assimilation.

Il existe, en outre, près de la Cour, une compagnie de connétablie, commandée par le Grand Prévôt général, avec 4 lieutenants, 4 exempts, 4 brigadiers, 1 porte-étendard et 48 gardes à cheval.

Le service de la Prévôté aux armées est assuré par prélèvement sur la connétablie et la maréchaussée. En 1744, les deux armées qui opèrent en Flandres ont une prévôté comprenant :

Le Grand Prévôt général (1), un prévôt général (celui

____

(1) Le prévôt de l'armée, qui est ici le grand prévôt général, « est chargé de tous les ordres de punition qui lui sont donnés par le général. Il a son logement au quartier général, à portée des lieux destinés pour les marchands et pour les marchés. Il doit maintenir l'ordre et la discipline, tant dans les marches que dans les camps. Les marchands vivandiers particuliers des régiments qui ne campent point au quartier général sont sous la discipline du major et du prévôt du régiment auquel ils sont attachés. Le prévôt de l'armée se promène avec ses archers autour du camp, afin d'y conserver la sûreté pour l'abord de ceux qui y apportent des marchandises ou subsistances ; il arrête tous ceux qui se trouvent en faute, rend compte au général de ceux qu'il a arrêtés, et prend son ordre pour la punition. Les prisonniers de guerre sont ordinairement à la garde du prévôt lorsqu'ils ne sont pas en grand nombre, et y demeurent jusqu'à ce qu'on ait occasion de les envoyer dans les places frontières. Outre les crimes que les soldats sont sujets à commettre et qui sont de son ressort, il connaît aussi de ceux des officiers pour les querelles et combats qui ont rapport au crime de duel ; ... il peut aussi par son greffier recevoir les testaments des officiers et autres personnes qui suivent l'armée ; il peut de même faire les contrats de mariage, expédier des procurations, passer des obligations, etc. Il juge de tous les différends ou procès qui arrivent entre

de Rouen), 3 lieutenants de connétablie, 1 lieutenant de maréchaussée de Flandres et 1 de Hainaut; l'exempt de Flandres, 1 d'Artois, 1 de Rouen et 3 autres ; 40 gardes de la connétablie, 5 cavaliers de la maréchaussée de Flandres, 6 du Hainaut, 5 d'Artois, 1 de Rouen, 2 trompettes.

Ainsi la connétablie est à peu près entièrement employée ; la maréchaussée de Flandres et du Hainaut est diminuée de 1/7; les autres compagnies subissent des prélèvements insignifiants. C'est d'ailleurs en 1744 qu'on fait concourir pour la première fois la maréchaussée au service de la prévôté aux armées; jusque-là on se se contentait de la connétablie.

X. — Administration centrale et correspondance.

En temps de paix, le ministre commande directement tous les corps de troupe et toutes les places. Il centralise les renseignements sur les puissances étrangères, sur la discipline et l'instruction ; il dirige la préparation des règlements et des plans de campagne. En temps de guerre, il est encore, pour ainsi dire, le chef d'État-Major général de toute l'armée, et chacun lui rend compte, jour par jour, des moindres détails.

---

les vivandiers et autres marchands de l'armée qui établissent leur boutique au quartier général ; il y distribue à chacun la place qu'ils peuvent occuper. » (Bardet de Villeneuve, t. 1, p. 35.)

« Le prévôt a un droit sur les vivandiers de l'armée. Ce droit a été réglé par un tarif qui fut fait par M. de Louvois au siège de Mons. Chaque marchand de vin, eau-de-vie ou bière, entrant dans les quartiers généraux, doit au prévôt un pot de chaque pièce vendue en gros, pour les entrées. Chaque vivandier doit un pot par pièce de vin, eau-de-vie ou bière vendue en détail, et 20 sols par semaine pour la place qu'il occupe. Chaque boucher ou mercier doit 20 sols par semaine ; les autres petits marchands ou artisans 50 sols; le prévôt perçoit en outre 3 francs par passeport. » (M. de Beaumont, l. c.)

Les bureaux de la guerre étaient alors infiniment moins nombreux qu'aujourd'hui, et le Ministre faisait son rapport à peu près comme un chef de service ou un officier général de notre époque. Il lisait et annotait lui-même les pièces reçues avant de distribuer le travail aux chefs de bureau.

Il n'y avait à Paris qu'un bureau assez insignifiant (déserteurs, signalements et contrôles, oblats, pensions, etc.). Le ministère était à Versailles et comprenait 8 bureaux :

1° Propositions aux états-majors des places, emplois vacants, croix et pensions ;

2° Expédition des provisions, discipline, correspondance militaire et partie des affaires du département de la guerre (1) ;

3° Détail de la marche des troupes par étapes et autres détails militaires ;

4° Solde, pensions, dons et brevets.

5° Expédition des ordres et arrêts du roi, détail d'une partie des provinces pour les affaires contentieuses ;

6° Détail des retenues des officiers et délits militaires ;

7° Artillerie, fortifications, maréchaussées, vivres et fourrages ;

8° Milices, hôpitaux, uniformes, lits, bois et lumière.

En temps de paix, le Ministre correspond directement avec les chefs de corps et les commandants des places, chose naturelle, puisqu'il n'y a pas de grandes unités permanentes ; mais, en outre, en temps de paix comme en temps de guerre, il correspond directement avec tous les officiers et fonctionnaires, qui lui rendent compte de ce qui vient à leur connaissance ou de leurs

---

(1) Ce bureau, de beaucoup le plus important, est celui où se fait presque toute la correspondance militaire ; il est dirigé par M. de Briquet, connu par un recueil d'ordonnances, et dont le nom est souvent mentionné dans les notes marginales du Ministre.

affaires personnelles, sans intermédiaire hiérarchique. En particulier, les majors des régiments et les maréchaux généraux des logis entretiennent assez régulièrement une correspondance de service avec lui. Au cours des opérations, les lettres des généraux ne traitent que des mouvements des armées, de la partie stratégique, tandis que le maréchal général des logis tient le ministre au courant des détails relatifs à l'administration, à l'instruction et à la discipline.

Les officiers écrivent le plus souvent pour se rappeler au souvenir du Ministre. Ils lui adressent alors un mémoire plus ou moins sérieux sur un sujet technique, et saisissent ce prétexte pour solliciter quelque faveur ou quelque secours. Par suite de la situation pécuniaire très fausse et peu avantageuse faite aux officiers, leurs sollicitations sont presque incessantes. Ainsi, le chevalier d'Espagnac, serviteur dévoué, laborieux, très au courant de tous les détails du service, qui resta pendant toute la guerre de la Succession d'Autriche un des auxiliaires les plus appréciés du maréchal de Saxe, sans avoir toutefois de hautes capacités, écrit en ces termes au Ministre, le 4 juin 1744 :

Lettre du chevalier d'Espagnac, 4 juin 1744 :

« ..... Je reçois tout présentement la lettre dont vous m'honorez, du 29 du mois passé : je conviens que je n'aurais pas lieu de me plaindre, si les grâces dont vous m'avez décoré me donnaient de quoi vivre ; mais elles ne me donnent pas un sol de revenu ; je n'en ai pas un de ma famille puisque ma légitime du côté de mon père s'est montée à mille écus une fois payés : je n'ai donc pour tout bien qu'une compagnie dont les faux frais absorbent le produit. Je suis si peu importun, que je consens à n'avoir nuls bienfaits du roi, du reste de ma vie, si je vous en impose. Vous pouvez même être convaincu que j'aime si fort le métier que je fais, que si je le quitte, ce sera faute de pain. J'ai exposé ici mon état à M. le Maréchal, qui m'a assuré qu'il vous en parlerait en homme qui sait mes besoins. Soyez persuadé, Monseigneur, qu'il faut qu'ils soient bien grands, puisque je vous les avoue. De plus, les grâces dont on m'a honoré ne me sont pas particulières, et sont tombées aussi sur des sujets qui avaient au plus trois ou quatre mois d'exercice, d'emplois dans l'état-major. Il est malheureux que je ne sache pas, tout comme eux, faire valoir des riens. »

Un capitaine de dragons écrit au Ministre la lettre suivante pour demander de l'avancement *dans l'intérêt du roi*, ainsi qu'un secours en argent :

Au camp de Marly, sous Valenciennes, ce 28 juin 1744.

M. le duc d'Harcourt fortifie son camp, ayant multiplié tous les postes ; son camp me paraît ouvert de tous côtés et je crois que si j'avais l'honneur d'être chargé d'une semblable commission, je ne me serais jamais campé de cette façon. Quand j'ai l'honneur de vous proposer une commission de lieutenant-colonel, c'est le bien du service qui me porte à vous demander cette grâce ; je vois tous les jours des officiers ne savoir ce qu'ils font ; si j'eusse commandé hier ce détachement, j'aurais pris de si justes mesures que ces hussards, qui étaient au nombre de 200, ne m'auraient pas échappé ; mais un capitaine ne commande que 50 hommes et est toujours subordonné pour l'ordinaire à gens peu capables de mener un détachement à la guerre ; cela ne doit point vous étonner, Monseigneur, puisque je vois tous les jours des maréchaux de camp ne point savoir camper une armée et, par ce moyen, exposer mal à propos les troupes du roi. Toutes les fois que le roi est mal servi, j'en suis au désespoir et souhaite dans ce moment quitter le service ; j'ai cette douleur souvent. Je n'ai aucune nouvelle de celui que j'ai eu l'honneur de vous demander pour les mois de février, mars, avril et mai ; il me paraît singulier que, quoique j'aie été de semestre et que j'aie eu des congés par la faute des commissaires et la négligence du major du régiment, je ne puisse être payé de mes appointements que par un relief. Je vous supplie, Monseigneur, d'en dire un mot à M. Duchiron. Sans argent, on est bien embarrassé dans ce pays-ci ; j'ai dépensé plus de 2,000 francs à remettre ma compagnie au delà de ce que le roi m'a donné et je n'en suis pas encore content.

DESCHAMPS.

XI. — Etat des officiers.

Le ton de ces lettres et d'autres semblables et ces demandes de grâces et de secours pécuniaires auxquelles étaient réduits les officiers, provenaient de la vénalité de leurs charges et de l'insuffisance des alloca-

tions accordées pour l'entretien de la troupe. Le mode
d'administration en vigueur avait encore, pour la discipline et l'instruction, d'autres conséquences infiniment
plus graves (1).

La vénalité des charges existe dans l'armée comme
dans la magistrature : le capitaine est propriétaire de sa
compagnie, qu'il paye jusqu'à 10,000 livres. Les régiments d'infanterie se payent de 25,000 à 75,000 livres ;
certains régiments de cavalerie ou de dragons valent
plus de 100,000 francs. Il ne suffit pas, toutefois, d'acheter une compagnie ou un régiment ; il faut obtenir
d'abord l'agrément du roi et être nommé au grade de
capitaine ou de colonel. Il existe des capitaines ou colonels qui ne sont pas propriétaires de compagnies ou de
régiments ; placés à la suite des corps, ils sont capitaines
réformés et colonels réformés. Telle est, en particulier,
la situation de tous les ingénieurs.

La compagnie, une fois payée, le capitaine en a, pour
ainsi dire, l'entreprise ; il la recrute, l'arme, l'habille et
la nourrit, n'ayant à se conformer pour cela qu'à des
règles assez larges. Les diverses allocations, dont la
principale est *l'ustensile*, sont trop faibles pour assurer
l'entretien de la compagnie, et surtout, calculées d'une
manière uniforme, au lieu de varier avec les circonstances, elles exigeraient des alternatives de grosses
économies et de fortes dépenses. En réalité, il faut que
le capitaine, qui devrait retrouver au moins l'intérêt du
prix d'achat de la compagnie, l'entretienne à ses frais ou
l'entretienne mal. On devine aisément quelle est la solution la plus ordinaire.

Si le capitaine ne témoigne pas assez de sollicitude
pour le bien-être de la troupe en temps de paix, il en

---

(1) Au sujet de la situation des officiers, voir Babeau : *La Vie militaire sous l'ancien régime*, tome II : « Les officiers. »

témoigne parfois trop pour sa conservation en temps de guerre. Cependant, à la première action un peu vive, ou après des quartiers d'hiver désastreux, il se trouvera endetté de 12,000 à 15,000 francs, que le roi ne lui rendra que rarement sous forme de gratification. Il tâche d'économiser sur sa compagnie en temps de paix, et elle le ruine en temps de guerre. Le roi et l'officier sont donc frustrés tour à tour.

« Le capitaine d'infanterie, dit Langeron (1), est trop mal à son aise pour qu'on puisse espérer qu'il ne cherchera pas à tromper ses chefs et les commissaires sur le nombre des recrues ; les chefs même sont obligés souvent à fermer les yeux, parce qu'ils sont informés du peu de facultés des officiers, et il résulte de tout cela que le roi est mal servi et qu'il ne sait jamais précisément le nombre de ses troupes. »

Il n'y a pas de profit pécuniaire à espérer du commandement d'un régiment ; il ne constitue qu'un honneur coûteux et un acheminement au grade de maréchal de camp. Le colonel est ordinairement un homme de cour, riche et de grande famille, qui n'a pu obtenir son régiment que par faveur et l'a payé cher.

En réalité, le mérite et les services ne sont guère pris en considération pour donner une compagnie ou un régiment. Les majors et lieutenant-colonels sont seuls nommés d'après le mérite ou l'ancienneté, et il y a aussi quelques officiers de valeur parmi les capitaines *réformés*, c'est-à-dire à la suite des régiments. Par malheur, ceux-là même qui travaillent et s'intéressent au métier, comme d'Espagnac, ne s'attachent qu'à des questions secondaires ; l'instruction supérieure leur fait défaut à tous ; ils ont été nommés lieutenants, enseignes ou cornettes sans avoir rien fait que de solliciter ce grade et, après l'avoir obtenu, ils ne se sont formés que par le service courant du régiment.

---

(1) Mémoire manuscrit sur les abus de l'infanterie.

Il faut bien reconnaître combien étaient insuffisants les officiers que fournissaient un pareil système, puisque c'est le chef d'état-major du maréchal de Saxe, **M. d'Hé-**rouville, qui fait de l'éducation et de la conduite des officiers ce portrait peu flatteur (1) :

« Depuis 1684, le nombre de nos régiménts est si prodigieusement augmenté, tant de gens en ont obtenu, que tout le monde s'est cru en droit d'en demander ; de plus, le roi a réglé que lorsque l'on serait officier général, on se démettrait de son régiment, et a fait une grande promotion d'officiers généraux, au moyen de quoi nous ne voyons plus à la tête de nos régiments que des gens sans expérience et souvent sans aucune application. A peine sont-ils sortis de l'Académie (2) et ont-ils servi pendant deux ou trois ans à la tête d'une compagnie de cavalerie, qu'ils se croient mal traités si on ne leur donne pas le commandement d'un

---

(1) Dans l'introduction de son *Traité des légions,* petit opuscule qui fut attribué quelque temps au maréchal de Saxe.

(2) « Il y a dans Paris, dit l'*Almanach royal,* trois de ces académies, qui sont établies par le roi, sous les ordres de M. le prince Charles, grand écuyer de France, pour l'éducation des gentilshommes ; l'on y apprend les exercices convenables à la noblesse et aux gens de guerre. Outre MM. les écuyers, il y a des maîtres de mathématiques, d'armes, de danse, maîtres de langue, maîtres à dessiner, et pour apprendre à jouer de toutes sortes d'instruments, sans sortir de la maison.

Académie de Vandeuil,

rue des Canettes, vis-à-vis le grand portail de Saint-Sulpice.

M. de Vandeuil, écuyer du roi.

MM. de Montcarville, pour les mathématiques ;
    Dumouchel,   les armes ;
    Decamp,   — la danse ;
    de Laval,   — l'exercice militaire.

Académie de Dugard,

rue de l'Université.

M. Dugard, écuyer du roi.

MM. Clairaut, pour les mathématiques ;
    Thélagorie, — les armes ;
    Decamp,   — la danse ;
    de Laval,   — l'exercice militaire.

régiment d'infanterie; ils l'obtiennent bientôt, courent avec précipitation pour se faire recevoir; dès que la cérémonie est faite, ils commencent à s'ennuyer dans leur garnison, courent aussitôt promener leur ennui dans toutes les villes voisines, quoique cela soit expressément défendu; mais les égards qu'on croit devoir à un jeune colonel empêchent les commandants des places d'en informer la Cour, et ce qu'il y a d'étonnant, c'est que, plus un colonel est jeune, plus ils ont pour lui de ces sortes de complaisances. Il est vrai qu'ils reviennent tous les huit jours pour faire faire l'exercice à leurs régiments; ils voient bientôt qu'ils n'y entendent rien; cependant, ils veulent commander toujours et trouvent plus expédient, pour cacher leur ignorance, de ne plus faire prendre les armes au régiment.

A l'égard des détails et de la discipline au corps, on ne cherche point à les en instruire, et rarement cherchent-ils à les connaître. C'est une matière sèche et ennuyeuse qu'ils dédaignent, et, s'il se trouve quelque major ou lieutenant-colonel ferme et attaché à ses devoirs, oserait-il contredire en face un colonel qui n'est venu que pour plaire, non pour punir, et dont il attend peut-être toute sa fortune? Enfin, las et excédé du soldat et de la garnison, content d'avoir fait faire bonne chère aux officiers de son régiment, le colonel, au bout de deux mois, part dans la ferme résolution de revenir le plus tard qu'il pourra, pour y rester encore moins de temps et y faire encore moins son métier. Il arrive à la Cour; la première chose qu'il demande est la retraite d'un vieil officier qui ne sait que son métier, dont il a arrangé le marché avec un jeune homme aimable qui lui a tenu compagnie dans toutes ses parties de plaisir, et c'est là que se sont réglées toutes les affaires les plus importantes pour le service du roi, en la retraite des meilleurs officiers du régiment; c'est en conséquence des résolutions qu'on y a prises qu'on fait servir l'autorité du roi et qu'on sacrifie le bien de son service au caprice, au goût et à la prévention des gens les moins sensés. Voilà à qui l'on confie l'exécution des lois militaires qui demandent tant de

---

Académie de la Guérinière,

au bas de la rue de Tournon, à l'hôtel de Téra.

M. de la Guérinière, écuyer du roi.

MM. d'Armancour, pour les mathématiques;
     Ladroit,   — les armes;
     Le Cointre,   — la danse;
     de Laval,   — l'exercice militaire ».

En réalité, l'équitation et l'exercice occupaient presque entièrement les élèves des académies.

sévérité, de rigueur et de justice, et l'emploi le plus important, le plus susceptible de talent, puisque c'est de lui que doivent dépendre les bonnes ou mauvaises qualités des troupes, et, par conséquent, la gloire et le salut de la nation.

A l'égard des lieutenants-colonels et commandants de bataillons, nous n'aurions pas à leur reprocher leur manque d'expérience, si l'âge et le temps suffisaient pour l'acquérir ; mais combien en voyons-nous qui soient tels qu'ils devraient l'être et qui fassent ce qu'ils devraient faire ; comme ils sortent des corps des subalternes et que je ne puis faire mention des uns sans parler des autres, je vais examiner en détail les différents états et commencer depuis le sous-lieutenant.

La noblesse de province, c'est-à-dire la plus pauvre du royaume, compose presque toute cette partie du corps de l'infanterie, à l'exception de quelques financiers ou gens de robe qui, par complaisance pour leurs enfants et par le peu de talent qu'on remarque en eux pour le métier de leur père, leur laissent embrasser celui des armes, dans la ferme résolution que c'est celui de tous où le savoir et l'application sont les moins nécessaires. Mais ils y restent ordinairement fort peu de temps, et, lorsqu'ils sont en état de vivre chez eux, sans les grâces du roi, convaincus de la vanité de leur ambition et rebutés des fatigues de la guerre, ils n'ont pas même la patience d'attendre la croix de Saint-Louis. Pour les autres, leur conduite est tout à fait différente ; il n'est pas un seul gentilhomme dans les provinces les plus reculées de la France qui ne soit destiné par son père, ses parents, ses voisins, ses amis, à entrer dans tel régiment à douze ou treize ans ; il commence à s'ennuyer à la maison paternelle ; père, amis, parents persécutent le colonel du régiment auquel il est destiné pour lui donner de l'emploi. Le colonel demande seulement quelle sera sa pension, qui roule pour l'ordinaire sur cinq, huit ou neuf cents livres ; cela examiné, il le nomme à une enseigne. Le jeune officier part avec son fusil pour se rendre à la garnison ; à son arrivée, il trouve un ancien capitaine, choisi par ses parents pour être son tuteur, qui commence par lui dire qu'il faut songer à ménager sa bourse et à être poli avec les officiers, doux avec les soldats et surtout ne pas les frapper ; d'ailleurs pas un mot de tout ce qui est nécessaire qu'il apprenne ; et comment lui en parlerait-il, lui qui l'ignore et ne sait ce dont il faut l'instruire, ni comment il pourra le faire ; le lieutenant-colonel cependant ou le major lui disent qu'il est nécessaire qu'il apprenne à faire l'exercice ; et voilà à quoi se bornent toutes les études militaires. Alors, délivré du joug et de l'autorité paternelle, emporté par la folie de la jeunesse, la fougue des passions, excité par l'exemple de ses camarades, il embrasse ardemment la vie oisive et libertine qu'il voit mener à ceux avec lesquels il s'est lié, et, selon le choix qu'il a fait, il passe son temps en bonne ou mauvaise compagnie, au billard ou au café. C'est là à tout moment qu'il entend fronder la discipline, murmurer contre l'autorité, gémir de ce que les soldats sont trop fatigués par des exercices ou par des gardes, blâmer celui qui les punit ; lui-même se verra bientôt supplié de son capitaine de ne point rendre compte à son commandant des fautes et même des crimes des soldats de sa compagnie, qui seront par hasard venus à sa connaissance. On lui dira qu'il en est déserté tant pour avoir été mis en prison, que tant sont entrés à l'hôpital parce que l'on a fait l'exercice deux fois par semaine, qu'un tel est ruiné parce que l'on a dû compléter sa compagnie, qu'un tel a été tué dans une telle affaire par les soldats de son régiment parce qu'il en avait frappé quelques-uns, que le soldat français ne doit pas être battu, qu'on ne les mène que par douceur et honneur, et mille autres propos vicieux et incroyables à rapporter. D'ailleurs, un point seul décide de la façon dont il réussit dans ce corps : on s'informe des facultés de sa famille, si elle est en état de lui donner la retraite d'un ancien capitaine, c'est-à-dire six mille francs, c'est un sujet à ménager, à garder, qui convient fort au régiment ; sinon, on le néglige, on en fait peu de cas, et l'on serait fort aise de le voir remplacé par un autre.

Ce tableau paraîtra un peu chargé à tous ceux qui n'ont pas servi en qualité de subalterne dans l'infanterie et vécu dans la garnison ; mais les autres conviendront qu'il est peint d'après nature et dans la plus exacte vérité. Enfin, le lieutenant parvenu au bout de sept à huit ans à la tête de ses camarades, très persuadé que le métier d'officier est de monter la garde quand il est commandé et rien de plus, qu'il n'y a de solide dans l'infanterie que cet argent qu'on peut tirer d'une compagnie, et c'est de cette façon de penser que l'on commence à juger que la jeunesse est passée et qu'il est en état de commander une troupe, qu'un officier ne doit et ne peut porter ses vues plus haut que la croix de Saint-Louis et, s'il est du nombre des élus, et par conséquent assez heureux pour parvenir à une lieutenance-colonelle, de là à une lieutenance du roi, qui est le *nec plus ultra*, c'est le terme de son ambition, et, pour cet effet, il ramasse cinq ou six mille francs, qui sont pour l'ordinaire la plus grosse partie de sa légitime, devient plus assidu à faire sa cour à son colonel, c'est-à-dire à le suivre dans ses parties de plaisir et à réussir à faire par complaisance ce qu'on appelle accommodement et, souvent, contre l'avis de son lieutenant-colonel, le voilà parvenu à une compagnie. A peine a-t-il reçu sa commission, qu'il s'informe scrupuleusement du caractère du commissaire, pour savoir quel est le plus petit nombre auquel on puisse avoir la compagnie, de la quantité des soldats de garde, pour se plaindre qu'ils sont trop fatigués de service ; il fait venir ses sergents pour leur recommander la douceur et le secret de ce qui se passera à la compagnie, leur défendant même sévè-

rement d'en rendre compte à d'autre qu'à lui. Voilà l'esprit dans lequel
cet officier acquiert le droit de dire : j'ai trente ans de service. Cherchant
continuellement, s'il n'est emporté par d'autres passions, à épargner sol
par sol sur la dépense de sa compagnie, pour se dédommager de ce
qu'elle lui a coûté, à avoir de quoi se retirer et vivre tranquillement
chez lui lorsqu'il aura obtenu la croix de Saint-Louis, de sorte que l'on
pourrait compter une armée de tous ces petits pensionnaires qui sont
répandus dans le royaume, dont la plus grande partie ne sont ni caducs
ni invalides par les blessures qu'ils ont reçues et ont quitté le service au
moment où ils pourraient y être le plus propres.

Il y a certainement des exceptions à faire à ce que je viens de dire,
mais j'ai parlé du plus grand nombre et l'on ne doit pas en être étonné.
C'est cependant, à peu de choses près, la même espèce d'hommes qui
composaient le corps de l'infanterie sous M. de Turenne ; mais les événements arrivés dans l'état militaire depuis ce temps ont dû nécessairement occasionner de grands changements. Premièrement, l'augmentation considérable qui s'est faite dans les troupes nous a mis dans
l'impossibilité de choisir des officiers, et pour peu que nous ayons deux
années de guerre un peu vives, quelque nombreuse que soit la noblesse,
nous sommes obligés de chercher des subalternes dans un état qui n'est
pas fait pour former des militaires : je veux dire les bourgeois et les
marchands. D'ailleurs, la paye des officiers est si modique, surtout en
temps de guerre, qu'il leur est impossible de faire un équipage, de
l'entretenir et de vivre, s'il n'a au moins 600 livres de pension de sa
famille. Il y en a un grand nombre qui, par cette raison, quittent le
service ou n'y entrent pas, de façon que la pauvre noblesse du royaume
est obligée de rester dans la province où elle s'abrutit et s'avilit, au lieu
qu'elle se relèverait bientôt si elle pouvait embrasser le métier des
armes. C'est aussi cette raison qui contribue le plus au découragement
des officiers et au dépérissement de la discipline. Les appointements
d'un capitaine d'infanterie sont pour l'ordinaire les trois quarts de son
bien, je ne sais ce qu'ils ont été autrefois, mais en supposant qu'il n'eût
que la moitié de ce qu'il a aujourd'hui, ce qui est incroyable, son traitement aurait été infiniment meilleur, attendu que le prix des denrées
est plus que double, les hommes ne se conduisent que par intérêt ou
par honneur ; encore le premier motif se confond-il souvent avec le
dernier qui, pour lors, est plus caché et mieux entendu, mais dont
l'objet est plus éloigné. Or il est certain que l'intérêt de l'officier, celui
de qui dépend en partie la discipline, se trouve souvent opposé à l'intérêt du service et, pour lors, l'emporte sur celui-ci ; le mal-être de son
état, la modicité de ses appointements et la difficulté qu'il a de subsister
le tiennent dans des transes continuelles sur la perte d'un soldat,
parce qu'un soldat est la quatrième partie de son bien et attire tous ses

soins et toutes ses attentions sur les plus vils et les plus misérables intérêts, et de là cette impunité générale, source de tous les crimes. Aussi, parmi les troupes étrangères les mieux disciplinées, le capitaine a un traitement beaucoup meilleur qu'en France ; et comment vouloir espérer de la vigueur dans le commandement et de la vigilance dans le service, de l'exactitude dans ses devoirs, de l'émulation et du désir de s'instruire, et de la noblesse d'un homme continuellement mécontent de son métier, occupé sans cesse des moyens d'y subsister, ou d'en sortir, et en en attendant le moment avec impatience.

La misère abrutit nécessairement l'esprit, avilit l'âme, flétrit le courage, et engourdit infailliblement tous les talents ; et, en un mot, un officier doit vivre de son épée et espérer sa fortune ; il faut donc lui donner un point de vue dont l'attrait soit assez puissant pour lui faire sacrifier avec courage l'intérêt présent à un avenir qui flatte son ambition. S'aveugler sur cet article, c'est refuser de remédier aux vices qui feront la perte de l'infanterie. Voilà ce qui regarde l'intérêt.

A l'égard de l'émulation et de l'ambition, un officier d'infanterie ne peut pas raisonnablement en avoir, les seuls points de vue qu'on lui propose aujourd'hui sont aisés à compter : devenir brigadier à l'âge de 60 et 70 ans, et, sur deux mille qui entrent au service, à peine y en a-t-il un qui parvienne ; encore, lorsqu'il est honoré de ce grade, il n'a pas davantage de quoi subsister, et quelquefois il est à plaindre pour lui d'être fait officier général ; mais un simple particulier ne peut aspirer qu'à une lieutenance de roi ou à une majorité de cinq à six mille livres de rente (ce sont là les bonnes). Lesquels moyens faut-il pour y parvenir ? Les uns, persuadés du crédit de leur colonel, sacrifient le service du roi avec la plus basse complaisance et négligent tout ce qui peut être avantageux à leur régiment, dès que cela peut déplaire à leur colonel, si un lieutenant ou enseigne a eu le bonheur de lui plaire, c'est un homme capable, et ils sont les premiers à conclure le marché ou retraite d'un autre officier pour lui procurer une compagnie, même au préjudice de ses anciens ; les autres, incertains du succès que peuvent avoir de pareilles démarches, sont trop fiers pour s'y soumettre, cherchent à se brouiller avec lui, le contredisant en tout, tâchant de former un parti dans le régiment, et, soit à tort ou à raison, font profession d'être d'un avis contraire au sien. Mais il s'ensuit de tout cela que le régiment est sans subordination et sans discipline, la Cour en est informée, et, dans les deux cas, la famille du colonel employe tout son crédit pour faire placer le lieutenant-colonel ; comme ceux-ci savent que ce sont les moyens les plus sûrs et les plus prompts pour être placé, et comme ils n'ont pas d'autre chose à espérer, pour l'ordinaire, quand ils serviraient encore vingt ans de plus, il est rare qu'ils prennent d'autre voie que celle dont je viens de parler ; les plus sages et les plus sensés sont ceux qui, voyant au bout de 35 ans leur santé épuisée et leurs biens entièrement consommés, abandonnent avec une petite pension de retraite une vie ennuyeuse et pénible dont le terme n'a rien d'utile ni de flatteur pour l'ambition. C'est ainsi que se termine la carrière de tous nos officiers : ils entrent au service avec une ardeur folle, y vivent dans l'ignorance et une oisiveté criminelle et le quittent avec un dégoût et un mépris trop bien fondés, au lieu qu'il n'y a pas encore soixante ans, que l'on trouvait dans plusieurs régiments d'infanterie des capitaines capables de commander une ligne, une division et j'ai ouï dire à plusieurs anciens militaires qu'il en était sorti de très bons officiers généraux qui servaient chez les étrangers.

A l'égard des officiers majors dont je n'ai pas encore parlé, c'est la partie la mieux composée de l'infanterie, et, sans eux, nous aurions perdu tout à fait l'idée de la discipline ; ce qui les rend plus attentifs au bien du service, c'est qu'étant chargés plus particulièrement que les autres et n'ayant point de troupes à eux, ils n'ont aucun intérêt à y être contraires ; la plupart, cependant, par faiblesse ou par complaisance pour leurs camarades, dont ils craignent le reproche et l'inimitié, se relâchent sur le service et sur la discipline, renfermant pour toujours en eux-mêmes des talents qui ne les conduiraient à rien, qu'à troubler le repos et la douceur journalière de leur vie ; d'ailleurs, leur traitement est si modique que tous sont obligés, pour subvenir aux frais indispensables de leur emploi, de recevoir une certaine somme du capitaine, qui leur serait retranchée, s'il arrivait qu'une compagnie, quelque faible qu'elle soit, ne passe pas complète à la revue du commissaire. De façon que les majors, dont la principale fonction est de maintenir la discipline et de faire exécuter les lois militaires, se trouvent aujourd'hui réduits à faire tout le contraire, à tromper journellement le régiment et à recevoir premièrement le salaire de leurs camarades dans tous les autres services ; le major est la troisième personne du régiment, et c'est un quartier-maître ou aide-major qui est chargé de toutes les distributions, comptes et logements.

Les aides-majors chez nous exercent un emploi fort pénible, fort laborieux, surtout en campagne, et, comme il ne leur donne pas de quoi subsister, dès qu'ils ont obtenu la commission de capitaine, ils emploient tous les moyens, jusqu'à négliger les fonctions, pour qu'on les fasse passer à une compagnie ; aussi ne voit-on pas à présent guère d'anciens officiers remplir cette charge que l'on est obligé de donner aux lieutenants qui veulent bien l'accepter pour la commission. »

Un mémoire manuscrit, conservé aux Archives de la guerre et daté de 1729, développe des idées analogues :

« Il m'a paru que les mauvais succès de la dernière guerre proviennent de trois causes principales : du manque de subordination, du manque d'émulation, du défaut de savoir parmi les officiers..... La subordination est la plus essentielle partie de la discipline, sans laquelle elle ne peut être parfaite ni même exister..... La plupart des officiers de nos troupes étant composée de toute la noblesse, une subordination rigide ne conviendrait pas. En entrant au service, ils se tiennent les uns aux autres ce langage ; l'expérience, les malheurs qu'ils en voient journellement arriver, ne sont pas capables de les faire revenir de cette erreur.....

Qu'est-ce que des troupes disciplinées ? C'est celles où il règne une disposition certaine à l'obéissance, sous les armes un grand silence, une attention continuelle sur celui qui commande, une prompte exactitude à exécuter ses ordres, en un mot celle où il n'y a que le chef qui raisonne. Qu'est-ce que nos troupes aujourd'hui ? C'est précisément le contraire. C'est une cage à poulets, où le plus petit veut caqueter, où chacun veut mettre du sien, se croit plus habile que les chefs, obéit avec répugnance. Qu'en arrive-t-il ? Qu'ils se contiennent tout au plus jusqu'au moment de la mêlée, qu'alors perdant leurs chefs de vue, ils perdent de même les ordres qu'ils en ont reçus ; chacun prend son parti à sa guise ; plus de ralliement, et voilà la véritable raison qui fait dire que le Français n'a que la première fougue. On attribue ce défaut à la nation, qui ne vient que de la mauvaise discipline, selon moi du manque de subordination.

Pour la rétablir, il faut commencer par sentir en quoi elle consiste ; qui croirait qu'elle suffit quand on est sous les armes s'abuserait fort. Le temps le plus considérable passe hors du service, dans la société ; si vous y tolérez une liberté trop grande, une égalité, insensiblement on s'en fait une habitude. Il y a peu de gens qui, dans le commerce journalier, sachent se faire rendre ce qui leur est dû ; cette familiarité contractée, souvent tourne en mépris, et je ne comprends pas comment on peut s'imaginer qu'il suffit de deux coups de baguette pour changer la disposition des esprits, sur des habitudes contractées par le long usage d'un commerce journalier.....

Il faut dire une chose du respect que les capitaines doivent avoir pour les lieutenants-colonels : c'est qu'il est difficile que ces derniers se le fassent rendre au point où il devrait l'être ; la situation de leurs affaires les oblige de vivre à l'auberge avec eux ; cela entraîne presque indispensablement cette familiarité si dangereuse. Il faudrait que le roi entrât dans cette raison et leur donnât cent livres par mois de plus ; ils seraient par là en état de vivre seuls.

ÉMULATION.

On ne s'aperçoit d'une diminution sensible que depuis la dernière guerre ; c'est donc, si je l'ose dire, depuis qu'on a perdu de vue les deux points si nécessaires à suivre pour le soutien d'un État : punir et récompenser ; cette grande maxime a paru finir avec la guerre de 1688, et a été suivie d'une erreur que quelques ministres ont introduite soit pour se soulager d'un soin, soit pour couvrir leur ignorance d'un voile d'équité : c'est de proportionner les grâces aux années de service, maxime d'autant plus dangereuse que, ne laissant plus aux officiers d'espérance de parvenir qu'en vieillissant, l'ambition, l'émulation s'éteint dans leur cœur, et ils ne pensent plus la plupart qu'à passer leur jeunesse agréablement et tranquillement ; puisqu'il n'y a d'espérance de parvenir qu'en arrivant à la tête des corps, qu'avons-nous à faire de nous tourmenter et de nous exposer ? Attendons avec tranquillité que le temps nous y porte : voilà leur raisonnement, qui est juste, et dont on ne peut les blâmer. Je ne parlerai point de la vénalité de leurs charges ; on prétend que c'est un mal nécessaire en France.

Que l'on ne se plaigne donc plus que l'émulation est éteinte : c'est aux ministres et aux généraux à la rétablir, et ils y parviendront quand ils voudront se donner le soin nécessaire pour distinguer les bons sujets d'avec les médiocres et faire valoir les actions de ces premiers. J'ose dire plus ; peut-être que le zèle m'emporte : c'est au roi à rétablir cette ancienne distinction qu'on donnait tout d'une voix aux militaires, et qui semble bien due à ceux qui, sans contredit, composent le plus noble de tous les états du royaume, et sans lequel il ne peut se soutenir..... Il ne s'agit, pour le rétablissement de l'émulation, que de rendre justice, de chercher à connaître le mérite, les talents et la volonté, distribuer les honneurs à ceux-ci, les encourager par des distinctions et des espérances flatteuses, et n'accorder que des grâces pécuniaires à ceux qui, sans talents, n'ont que la longueur de leurs services qui parle pour eux.....

DU DÉFAUT DE SAVOIR.

Le peu de savoir et d'application à l'étude qui se trouve dans le plus grand nombre des officiers est une des causes qui font qu'après des guerres presque continuelles, le nombre des bons sujets n'est pas aussi considérable qu'il devrait l'être, et ce défaut a causé en partie la perte de nos dernières batailles, car le général n'étant pas secondé et ne pouvant suffire seul dans l'action, avec des armées aussi nombreuses qu'en a établies Louis XIV, souvent on lui a perdu la bataille d'un côté ou manqué l'occasion de la gagner, pendant qu'il était occupé d'un autre. La décision tenant presque toujours d'un moment à saisir, soit pour profiter d'une faute, surprendre le faible de l'ennemi, profiter d'un désordre, soit pour empêcher qu'il ne découvre ou surprenne le vôtre, si les officiers généraux, même les chefs des corps ne savent pas prendre d'eux-mêmes un parti, qu'ils soient obligés d'envoyer chercher l'ordre du général ou de l'attendre, l'occasion est presque toujours perdue avant qu'ils soient en état de l'empêcher.....

Si l'on veut avoir par la suite un nombre de bons généraux, que l'on fasse donc dès à présent ce que l'on croira nécessaire pour former de bons subalternes. Pour en venir là, il faut chercher la cause de cette ignorance ; elle provient, selon moi, de deux points principaux. Le premier, de ce que l'on envoie la jeunesse de trop bonne heure à la guerre, après ne leur avoir fait apprendre que fort superficiellement une langue inutile au métier auquel on les destine, ou tout au plus après leur avoir donné une assez légère teinture des exercices des armes. Alors, livrés à eux-mêmes, et devenus trop tôt les maîtres de leurs actions, ils ne pensent qu'à se dédommager de la dure contrainte de leurs premières années, et, s'abandonnant sans réserve aux plaisirs, ils prennent une répugnance invincible pour tout ce qui s'appelle étude ; en second lieu, s'il s'en trouve qui soient animés du louable désir d'apprendre, n'ayant point de règle qui les dirige dans la route qu'il faut tenir pour s'instruire, ils bornent leurs études à un peu de dessin et de fortification, ou à quelques lectures d'histoire, où ce qui concerne la guerre se trouve si fort embrouillé dans un nombre infini d'autres faits, étrangers à ce métier, qu'ils n'en retirent que fort peu de fruit, et commençant même presque toujours par où ils devraient finir, ils ne peuvent arranger dans leur tête ce qui s'y est introduit sans ordre ou mêlé avec mille choses qui n'ont nul rapport à la première fin de leurs études. »

Le sieur Donworth, capitaine réformé et ancien officier major au régiment de Berwick, apprécie les officiers français de la manière suivante dans une lettre au Ministre (30 avril 1744) :

DES COLONELS.

Tous les colonels en France aujourd'hui sont composés de la première noblesse, que le roi, pour de bonnes raisons, veut attacher à son service. Cette jeune noblesse, sortant du collège, se trouvant à la tête d'un corps, chacun s'empresse à leur faire la cour et à prévenir leurs jeunes esprits en sa faveur, et au lieu de leur inspirer des senti-

ments guerriers et zélés pour le service du roi et de l'État, on ne leur
parle que des galanteries et de la mollesse et des intrigues de la cour;
on flatte et aveugle ainsi leurs jeunes esprits, et s'il se trouve dans un
régiment quelque bon, zélé et fidèle officier, qui ne cherche jamais à
faire sa cour autrement qu'en bien faisant son devoir, on le fait passer
pour hypocondre, et s'il y a une croix de Saint-Louis ou quelque emploi
de faveur à obtenir, ces jeunes colonels les demandent pour le plus
habile de leurs flatteurs, et ce bon officier reste oublié et inconnu du
roi et des ministres.

DES LIEUTENANTS-COLONELS.

On parvient ordinairement à ce grade dans un âge avancé, quand
l'ambition et le désir de se distinguer dans le service du roi commencent à changer en avarice, ce qui fait qu'ils ne songent qu'à épargner
de l'argent et, par conséquent, procurer le même avantage aux capitaines de leur régiment, aux grands dépens du service et de l'État.

DES CAPITAINES.

Le plus grand nombre des capitaines aujourd'hui sont des jeunes
gens qui aiment à se divertir et à briller dans les garnisons, et à faire
la partie de madame la commissaire, afin de gagner le mari à passer
leur compagnie complète, et par ce moyen tromper le roi et l'État, et
quand ils se trouvent à court d'argent, pour continuer leurs plaisirs,
s'ils ont un bon soldat dans leur compagnie, qui a de l'argent, on lui
vend son congé, et on dépense l'argent en faisant la partie de madame
la commissaire; moyennant quoi la compagnie étant à trente misérables
soldats, qui n'ont point d'argent, elle passe complète et belle, et pour
la revue de l'inspecteur, quelques jours avant, on tâche de ramasser
quelques vagabonds pour paraître en état de servir. En entrant en
campagne, ces vagabonds n'étant point disciplinés ni accoutumés à la
vie des soldats, par conséquent ils restent dans les hôpitaux et deviennent à charge à l'État, et un général qui compte sur 100,000 hommes
en entrant en campagne, au bout de 15 jours ne saurait en trouver
50,000; de plus, j'ai toujours remarqué que les meilleurs soldats de
l'armée sont employés aux équipages de leurs capitaines. Je me suis
trouvé la dernière campagne à table avec un capitaine d'infanterie qui
sollicitait la charge de commissaire des guerres, et qui disait ouvertement à table qu'en se retirant de la Bavière, sa compagnie n'était qu'à
9 hommes, dont 4 qui avaient de l'argent, auxquels il a donné leur
congé pour 50 écus chacun, sur quoi j'ai pris la liberté de lui dire

qu'il ne devait pas se vanter d'une chose pareille, dans le temps que
le roi avait tant besoin de soldats.

DES OFFICIERS MAJORS.

Je peux parler plus amplement sur cet article, ayant fait la fonction
d'officier major pendant sept années, et ayant essuyé bien des chagrins
pour n'avoir pas voulu sacrifier mon devoir à l'amitié des mauvais
sujets peu zélés pour le service du roi. Les officiers majors ont des
mesures à garder avec les capitaines et tâchent autant qu'ils peuvent
d'être d'accord, afin d'avoir plus de facilité à piller le roi et l'État,
moyennant quoi les majors mangent plus de fourrage en campagne
que tous les chevaux de l'armée, et brûlent plus de bois que tous les
soldats de l'armée, et convertissent plus de paille en argent qu'on n'en
fournit à toute l'armée, qui très souvent couchent dans la boue pendant
que les majors convertissent la paille en argent. Les commissaires des
guerres et les entrepreneurs ont beaucoup de part à tout cela. En garnison, messieurs les majors convertissent plus de poudre en argent
dans une année que leurs régiments n'en brûlent dans deux années,
ce qui fait que les soldats sont si peu accoutumés à tirer, et que si
l'armée devait tirer en bataille, les derniers rangs tueraient plus des
premiers rangs qu'ils ne tueraient de leurs ennemis.

Les commissaires des guerres, les majors et les capitaines s'entendent le mieux du monde ; ils n'ont qu'un même intérêt, qui est celui
de piller le roi et de partager le butin.

XII. — Instruction.

On rencontre parfois des rapports satisfaisants des
officiers généraux sur l'instruction de tel ou tel régiment ; mais il est facile de constater que, dans l'ensemble, les troupes sont peu ou point exercées.

Le 25 juin 1743, le roi fait expédier une ordonnance
prescrivant que les compagnies de cavalerie de nouvelle
levée « monteront à cheval pour manœuvrer *trois fois la semaine*. Les
manœuvres se réduiront à former l'escadron sur trois rangs, à le faire
marcher, le faire rompre par compagnie, le mettre en bataille, puis
marcher par quatre et se remettre en escadron.

Les commandants, pour accoutumer les cavaliers et les chevaux au
feu, feront tirer de dessus de pied ferme et en marchant.

S'il se trouve plusieurs escadrons nouveaux dans la même garnison, les commandants les exerceront ensemble et les feront marcher en escadron, gardant les distances de l'un à l'autre, de façon qu'en se mettant en bataille par leur droite ou par leur gauche, les escadrons marchant en colonnes, il n'y ait que trente pas de distance de l'un à l'autre.

Les jours que les cavaliers ne monteront point à cheval, on les assemblera avec leurs mousquetons pour les exercer à pied aux mêmes manœuvres qu'ils font à cheval. »

Le 14 novembre 1743, le Ministre croit nécessaire d'adresser aux chefs de corps d'infanterie une circulaire qui réveille leur zèle.

*« Circulaire aux commandants des régiments d'infanterie
du 14 novembre 1743.*

L'exercice des troupes, quoiqu'une des principales branches de la discipline militaire, ayant été, Monsieur, interrompu par les mouvements continuels auxquels elles ont été occupées hors du royaume pendant les dernières campagnes, et ce défaut d'exercice ne s'étant fait que trop sentir dans les différentes occasions où elles ont été employées, le roi a jugé qu'il était d'autant plus nécessaire d'en rétablir l'usage, que le grand nombre des miliciens ou soldats de recrue qui y ont été incorporés seraient peu en état d'exécuter avec ordre les évolutions et les mouvements que l'habitude seule peut rendre uniformes et réguliers.

C'est dans cette vue que Sa Majesté m'a ordonné de vous dire que son intention est que, lorsque le régiment que vous commandez sera établi dans la garnison ou le quartier qui lui est destiné, vous profitiez de tous les jours qui seront propres pour l'assembler avec les drapeaux, lui faire faire le maniement des armes, les marches, les mouvements et les évolutions usités, et faire tirer les soldats sans confusion.

Lorsque votre régiment se trouvera dans une ville ou un quartier du plat pays, il faudra choisir un terrain en jachère assez étendu pour y faire manœuvrer commodément.

S'il se trouve dans une place de guerre, il sera nécessaire de se concerter avec celui qui y commandera pour le choix d'un lieu convenable, observant que les jours d'exercice, quoique le régiment soit assemblé sous les drapeaux, les escouades qui en auront été tirées pour la garde n'en resteront pas moins dans leurs postes.

Il serait à désirer que tous les mouvements des troupes fussent réglés par un exercice uniforme..... (1)

..... L'intention de Sa Majesté étant que les troupes soient particulièrement exercées à tirer, Elle a donné ses ordres pour leur faire délivrer une quantité de poudre suffisante, en sorte que chaque soldat puisse tirer plusieurs coups à chaque exercice, et on ne peut, en les exerçant dans ce genre, donner trop d'attention à ce que leur feu soit ménagé de manière que les bataillons s'accoutument à tirer soit par rang entier, soit par manche ou par peloton, et à remédier à l'abus, où l'on est que trop souvent tombé, de laisser partir tout à la fois le feu des quatre rangs du bataillon.

Sa Majesté ne vous prescrit rien de particulier sur les autres articles de l'exercice, dont tous demandent des attentions particulières, mais Elle s'est rapportée à la confiance qu'Elle a dans votre zèle sur les ordres que vous donnerez à ce sujet; ce qui lui importe le plus aujourd'hui, c'est que son infanterie soit exercée fréquemment pendant cet hiver, et Elle saura beaucoup de gré à ceux de MM. les colonels qui s'y appliqueront avec distinction et qui se mettront à portée de juger par eux-mêmes des progrès que le régiment qu'ils commandent y aura faits, avant qu'il soit question de le faire entrer en campagne ».

Le Ministre envoya cette circulaire, non seulement aux chefs de corps, à qui elle s'adressait, mais aussi aux commandants des places, qui formaient, avec les majors des régiments, la partie sérieuse du corps d'officiers. Il adressa en même temps à ces derniers une circulaire spéciale pour assurer l'exécution des ordres contenus dans la première :

« J'envoie, Monsieur, à MM. les colonels et commandants des régiments d'infanterie les ordres du roi pour faire faire à leurs corps pendant le quartier d'hiver les plus fréquents exercices qu'il sera possible, et je joins ici copie de la lettre que je leur écris, afin qu'informé des intentions de Sa Majesté, vous vous employiez et teniez la main à ce qu'elles soient ponctuellement exécutées dans la place où vous commandez. Sa Majesté désire que vous assistiez, autant que vous le pourrez, à ces exercices, et que vous me mandiez régulièrement tous les

---

(1) Une partie de cette circulaire a été citée plus haut, à propos des règlements de manœuvre, et n'est pas répétée ici.

huit jours ceux de la semaine auxquels les régiments auront pris les armes, et le progrès que vous aurez remarqué dans les manœuvres particulières de chaque régiment, afin que je sois en état d'en rendre compte à Sa Majesté, qui a fort à cœur un point aussi essentiel à son service.

Vous serez informé, par une lettre particulière, de la distribution de poudre qui doit être faite à chaque bataillon. Sa Majesté l'a réglée de manière que le soldat aura plusieurs coups à tirer dans chaque exercice.

Je vous répète encore que j'attendrai de vous une lettre tous les huit jours sur l'état de ces exercices, et que je ferai tenir des mémoires exacts de ceux qui y auront satisfait ou qui auront négligé de le faire.

Je suis avec un très parfait attachement, etc. »

Dans la pratique, comment ces instructions sont-elles appliquées? Il est avéré, tout d'abord, que les officiers ne prennent part que rarement aux exercices, et que l'on s'étonne de les y voir :

« Au camp de Huy, ce 8 août 1747.

Je viens actuellement de voir exercer le régiment de Fersheim, dont j'ai été extrêmement content; ils me paraissent bien imiter les Prussiens, et le feu qu'ils font serait fort avantageux. Ce régiment se ressent d'avoir un bon colonel, lieutenant-colonel et major; ce qui m'a plu davantage dans l'exercice, c'est que ce sont les officiers qui font faire les mouvements, contre notre ordinaire; car ce sont les majors qui le font ordinairement.

ARMENTIÈRES. »

Le 7 janvier 1744, M. de Séchelles, intendant de Flandres, écrit au comte d'Argenson :

« Je prends la liberté de vous représenter toujours, Monsieur, la nécessité d'entretenir l'émulation pour faire exercer les troupes; elle est soutenue dans cette ville (Lille), mais le ralentissement gagne dans les autres places, et la présence de MM. les inspecteurs sera nécessaire le plus tôt qu'il sera possible. »

Les inspecteurs sont déjà en tournée et leurs rapports se succèdent sans interruption.

M. Dumesnil, maréchal de camp, envoyé à Maubeuge, écrit le 24 janvier :

« Le régiment de Bresse, qui est ici en garnison, est complet, à peu de chose près, très bien exercé et tenu avec beaucoup de soin, ainsi que le régiment de Seedorf. Les deux bataillons de milice de Mantes et de Pont-Audemer sont aussi très nombreux ; le premier manœuvre aussi bien qu'un vieux corps. Le régiment d'Asfeld cavalerie est aussi très bien tenu. Il est commandé par le major, qui se nomme le marquis d'Escars, qui est un très bon officier et très entendu ; il y a trois escadrons de ce régiment auxquels il ne manque pas la moindre chose ; le quatrième sera en état au mois de mars et prêt à bien servir. »

Le 3 mars, cet officier général écrira encore que « les troupes continuent à s'y exercer journellement et avec succès, et que le service de la place se fait exactement ».

Cependant un froid très vif et un mauvais temps exceptionnel avaient obligé à interrompre les exercices. Le 15 janvier, M. de Latour-Maubourg écrit de Valenciennes :

« Le froid est devenu si violent en ce pays, et la plupart des troupes sont si mal vêtues, qu'un grand nombre de soldats sont tombés malades pour avoir voulu les exercer une ou deux fois par semaine, ce qui m'a fait prendre le parti de suspendre les exercices jusqu'à ce que le temps devienne plus traitable ; cela n'empêche pas que les corps n'exercent en particulier tous les jours les recrues dans les chambres ou dans les écuries. »

Il faut en effet distinguer l'instruction individuelle ou par compagnie donnée dans les corps, et les exercices d'ensemble exécutés à l'extérieur sous la direction des gouverneurs. M. Dumesnil, qui a exprimé sa satisfaction sur les régiments de son ressort, déclare cependant qu'il serait bien nécessaire d'avoir quelques jours de beau temps pour faire manœuvrer les régiments de cavalerie à l'extérieur (1).

---

(1) M. de Mesplex écrit d'Avesnes, le 25 mai 1744 :

Monseigneur,

Je n'ai pu avoir l'honneur de vous rendre compte plus tôt de l'état

M. d'Apcher, maréchal de camp et commandant par intérim à Dunkerque, écrit aussi, le 20 janvier, que « le temps étant devenu très doux, on a recommencé les exercices, et qu'on les continuera régulièrement tant que le temps le permettra ».

Enfin, à l'armée du Rhin, le maréchal de Coigny écrit la lettre suivante, le 9 février :

« Pour vous donner une connaissance générale, Monsieur, de l'état où sont les troupes dans cette province, je me fais communiquer ceux des inspecteurs qui sont ici, et je vois chaque mois le progrès des différents corps qui sont sur cette frontière. Je vois avec plaisir le rétablissement de nos régiments français, qui est tel que je puis le désirer; j'en fais exercer les recrues autant que l'extrême rigueur de la saison peut le permettre, et je presse le plus qu'il est possible leurs réparations. »

Les exercices se poursuivent pendant la campagne même, favorisés par l'immobilité persistante des ar-

---

de la cavalerie de notre armée, parce que nous n'avons pas été encore rassemblés, mais j'ai vu nos régiments, partie dans la marche que nous avons fait pour venir ici et partie dans leurs cantonnements. Vous savez, Monseigneur, que les quatrièmes escadrons de ces régiments sont restés en Lorraine et qu'il n'y a que le régiment Dauphin étranger qui ait le sien; cependant, il en est resté une compagnie en Lorraine, parce qu'elle a quelques chevaux soupçonnés de morve. Les régiments Dauphin étranger, Beauvilliers, Vintimille, Broglio et Chepy cavalerie, qui sont ici et près de Maubeuge, sont en assez bon état; toutes les compagnies sont complètes, à quelques chevaux près, qui sont restés éclopés en route; ils ne perdent pas leur temps dans leurs cantonnements, on les fait monter à cheval pour les exercer à une évolution nécessaire, quasi tous les jours. Il y paraît dans tous une grande volonté et je crois qu'il ne leur manque que d'être mis en œuvre. Je serai exact à vous rendre compte de tout ce qui concerne mon détail et je ne négligerai rien pour tâcher de mériter l'honneur de votre estime et de vos bontés.

Je suis, avec le plus profond respect, Monseigneur, votre très humble et très obéissant serviteur.

DE MESPLEX.

mées. C'est pendant cette année 1744, au camp de Courtrai, que le maréchal de Saxe forme ses troupes pour les
campagnes suivantes, ainsi que l'indiquent les lettres
de M. d'Hérouville de Claye au comte d'Argenson :

« Au camp sous Courtrai, le 3 juin 1744.

..... Nous exerçons tous les matins pendant deux heures au moins
tous les piquets de l'infanterie ensemble; je crois que cette façon est
très nécessaire et plus utile que de faire manœuvrer chaque corps en
particulier. Par ce moyen, le soldat s'habitue à différents commandements, l'officier particulier à commander sa troupe, tous les majors de
brigade à faire mouvoir des troupes de différents corps et de différentes
nations, et il y a apparence qu'après quelque temps de pareils exercices, les détachements de notre armée seront aussi faciles à manœuvrer qu'un même régiment, ce qui n'a pas été jusqu'à présent. Pour
l'exercice, je n'ai pas essayé de le leur faire faire ensemble, vu la variété
de leurs mouvements et le peu d'uniformité qu'il y a dans les troupes
de France, tant par rapport au nombre des temps qu'au plus ou moins
de vivacité avec laquelle chaque régiment le fait ; d'ailleurs, c'est une
partie beaucoup moins essentielle que celle des manœuvres, et il faut
employer le temps aux choses les plus nécessaires; outre cela, les
recrues s'exercent tous les jours, soir et matin, et on les fait tirer,
ainsi que les piquets, très régulièrement.

Demain, tous nos piquets viendront border la haie dans les rues de
la ville par où passera la procession du Saint-Sacrement, et une compagnie de grenadiers l'escortera. »

« Au camp sous Courtrai, le 17 juin 1744.

..... Nous distribuons aujourd'hui cent livres de poudre par
bataillon pour les exercices; nous nous exerçons continuellement. M. le
Maréchal fit hier manœuvrer un bataillon de Normandie en sa présence; il fit placer les officiers et les sergents dans les rangs pour
manœuvrer, le capitaine à la droite du premier rang de la compagnie,
le lieutenant à la gauche du dernier, un sergent à la droite du second
et l'autre à la gauche du troisième. Il montra, outre cela, aux uns et
aux autres, à porter leurs spontons et leurs hallebardes, dans ces occa-
sions-là, contre l'épaule droite, à la façon allemande. Tout cela a été
aujourd'hui ordonné à l'ordre. »

Les agents de notre service de renseignements ont

grand soin de noter si les détachements ennemis
sont exercés régulièrement. Par exemple, le rapport
général, fourni en janvier par M. de Séchelles, spécifie
que les garnisons des places de la Flandre autrichienne,
Nieuport, Ostende, Bruges, Ypres, Menin, Furnes, etc.,
ne font pas l'exercice.

Une lettre écrite au Ministre, le 16 octobre 1743, par
M. de Chabannes, donne une idée à peu près complète
de la situation des troupes françaises au point de vue de
l'instruction, de l'armement et de l'équipement :

« Au camp d'Haguenau, le 16 octobre 1743.

« Monseigneur,

J'ai reçu en même temps les deux lettres, que vous m'avez fait l'honneur de m'écrire, des 8 et 10 octobre, et je me suis acquitté sur-le-
champ des ordres que vous m'avez donnés par la dernière, dont j'ai
envoyé copie à tous les commandants des corps, afin qu'ils prennent
promptement des mesures pour les petites réparations de leurs habille-
ments, qui sont pressantes particulièrement dans les régiments venus
de l'armée de Bohème, qui n'ont pas eu le temps de les faire avant
l'entrée de la campagne.

Je dois vous informer aussi, Monseigneur, que j'ai observé par mon
détail que la réparation des armes de l'infanterie ne demandera pas
moins d'attention, plusieurs étant défectueuses dans quelques-unes de
leurs parties, soit par les ressorts, les batteries, la longueur et la forme
des baïonnettes, ou les douilles qui ne s'enchâssent pas solidement
dans le canon. Les cartouches, en général, m'ont paru trop petites,
tant par les poches, les compartiments et les couvertures, qui ne les
garantissent pas assez de la pluie; celles qui ont été tirées des magasins du roi dans les Évêchés, ne contenant que 9 cartouches au lieu
de 19, sont totalement à renouveler.

Le soldat n'est pas assez exercé dans le maniement de ces armes et
sur les évolutions; il n'est pas accoutumé à la construction et à l'usage
des cartouches.

Il y aurait beaucoup d'observations à faire sur l'état des commandants des corps, les talents de l'état-major, qui influent essentiellement
sur l'activité et la régularité du service, ainsi que sur la tiédeur et le
rattachement en général des officiers, dont j'aurai l'honneur de vous
rendre compte quand vous l'ordonnerez.....

CHABANNES. »

L'instruction des miliciens est assurée par l'état-major
des places. Le commandant de la citadelle de Cambrai,
M. du Mast, écrit le 13 décembre 1743 :

« Permettez-moi de vous rendre compte de mon exactitude et attention que j'ai de faire faire l'exercice aux miliciens nouvellement arrivés, tous les jours, au moins deux fois, dehors, autant que le temps
peut le permettre, et, quand il ne le permet pas, ils la font dans les
chambres. Tous les jours qui se trouvent beaux, les quatre compagnies
la font ; nous ne perdons pas un moment pour les mettre en état de
pouvoir servir. Les trois officiers qui composent la garnison, et moi,
sommes toujours présents ; j'espère que, dans peu, ils seront en état
du maniement des armes et qu'ils sauront se bien placer ; il y en a
quelques-uns qui sont hors d'état de servir. Nous ne discontinuerons
pas de les exercer. »

De nombreuses ordonnances, notamment celles de
1717 et 1718, fixent la quantité de poudre allouée pour
les tirs. Elle est de 200 livres par an et par bataillon, et
la charge du tir d'exercice est de $1/60^e$ de livre. En 1742
et 1743, une circulaire ministérielle autorise les chefs
de corps à se faire délivrer des quantités plus considérables de poudre, jusqu'à concurrence du double (1).
On a ainsi environ 40 coups à tirer par homme. On ne
pratique d'ailleurs aucune instruction du tir (2), ou, du
moins, il n'en existe aucune trace, non plus que d'exercices d'ensemble.

---

(1) Archives de l'artillerie : registres de correspondance.

(2) Le maréchal de Noailles écrit, le 17 novembre 1743, au Ministre :
« Je suis persuadé, Monsieur, que vous sentez combien il est digne
de votre attention de faire distribuer de la poudre aux troupes et de
donner les ordres du roi aux colonels des corps, et aux commandants
et lieutenants du roi des places pour faire tirer les soldats au blanc,
leur proposer des prix, les accoutumer à faire feu de toutes sortes de
manières, sans négliger le feu roulant des étrangers qui est encore plus
important qu'il n'est meurtrier, et, pour cet effet, les exercer et les
faire manœuvrer trois fois par semaine. C'est un art qui a été trop
négligé depuis longtemps et dont, cependant, les effets peuvent être
de la dernière conséquence ».

Quelle est l'opinion des contemporains sur les résultats obtenus?

D'après M. de Chabannes (1), « le soldat n'est pas assez exercé dans le maniement de ses armes et sur les évolutions. Il n'est pas accoutumé à la construction et à l'usage des cartouches ».

L'auteur des *Remarques sur l'Infanterie française* est assez pessimiste : « L'on ne s'attache point assez, en France, à faire faire les évolutions aux troupes; on se contente ordinairement de faire faire le maniement des armes et de faire bien marcher les soldats. Cela est bon, mais cela ne suffit pas; il est nécessaire qu'on leur apprenne à former un bataillon carré, à battre en retraite, tirer par pelotons, se mettre en bataille d'eux-mêmes après avoir été rompus, et plusieurs autres mouvements que les ennemis pratiquent. Si on objecte qu'il est plus sûr de battre l'ennemi en chargeant la baïonnette au bout du fusil, j'en conviendrai, mais je réponds que, lorsque l'on sait bien les évolutions, on ne s'en sert que quand l'occasion le demande, et que cela n'empêche point que l'on ne charge l'épée à la main.....

..... Je répète que rien n'est meilleur que l'usage de charger avec les armes blanches, mais comme les ennemis évitent toujours ces sortes de combats avec nous, il est absolument nécessaire que nos troupes apprennent leurs manœuvres pour s'en servir contre eux lorsque le terrain ne leur permet pas de les joindre. Il est même très utile de fixer à l'infanterie une manière de se mettre en bataille et de faire tirer et d'ordonner qu'en plaine elle sera à quatre de hauteur, et dans un pays couvert et coupé, à trois, car l'usage n'en est ni égal ni déterminé; or, l'unique moyen de faire tirer l'infanterie promptement et sans confusion est d'imiter les ennemis; on sait *qu'ils ont un avantage infini sur nous lorsque le feu seul doit décider de la victoire.* »

Le même auteur développe tous les avantages que nos ennemis ont sur nous :

« Si le combat se donne dans un pays couvert ou coupé, l'ennemi sera en état d'occuper un front égal au nôtre et d'avoir un corps de réserve; s'il y a des bois et des haies, l'ennemi fera beaucoup plus de feu, plus promptement et avec moins de confusion que nous, et cela parce que leur infanterie est accoutumée de longue main à tirer par

____

(1) Lettre du 16 octobre 1743, citée plus haut.

pelotons ; de cette sorte, les trois rangs sont serrés à la pointe de 'épée ; le premier met un genou en terre, le second est courbé et le troisième se tient droit ; ces rangs tirent les uns après les autres ; par cette disposition, ils font un feu continuel et ne se rompent jamais, au lieu que les Français ne connaissent presque que l'usage de charger la baïonnette au bout du fusil et combattent avec un désavantage infini lorsque le terrain ne leur permet pas de joindre les ennemis.....

..... Les Espagnols, les Hollandais et les Allemands savent mieux que les autres nations faire de belles retraites ; ils tirent par pelotons sans se rompre ; dès qu'un peloton a fait sa décharge, il rejoint le centre du régiment et, pendant qu'il recharge, un autre peloton fait la même manœuvre, et ainsi tous, les uns après les autres, font un feu continuel. S'ils sont poursuivis ou environnés par plusieurs escadrons, ils forment un bataillon carré. C'est par cette manœuvre que l'infanterie espagnole et l'infanterie allemande ont acquis tant d'honneur, la première à la bataille de Rocroy et la seconde à celle de Villaviciosa ; dans cette dernière, un bataillon carré de 4,000 hommes se retira, malgré tous les efforts de l'armée victorieuse qui l'attaqua cinq fois sans pouvoir le rompre ; personne, je crois, ne disconviendra qu'il ne soit nécessaire et très facile d'apprendre ces sortes de mouvements à l'infanterie française.

Je conviens qu'il y a une très grande différence entre la nation germanique et la nation française ; les soldats allemands sont nés avec peu d'ardeur, mais, en récompense, ils ont beaucoup de disposition à l'obéissance et à la patience ; de là vient qu'ils chargent rarement l'épée à la main et que leur force consiste à bien manœuvrer, de sorte que souvent ils se laissent tuer dans leurs rangs sans les rompre, comme il arriva à la bataille de Spire ; les Français, au contraire, sont nés ardents et, par conséquent, peu disposés à demeurer tranquillement en présence des ennemis ; dès qu'ils les voient, ils ont de la peine à se contenir ; ils marchent à eux et, ordinairement, ils les mettent en déroute lorsqu'ils les peuvent joindre ; mais quand ils trouvent un terrain propre à la chicane, l'ardeur étant un mouvement violent, mais peu durable, ils se rebutent et se rompent facilement ; on peut conclure de là que les généraux allemands tirent tout le service qu'ils peuvent de leurs troupes, parce qu'il n'est pas en leur pouvoir de leur donner l'ardeur que la nature leur a refusée ; mais il me paraît que, quoique les Français soient pleins d'ardeur, il n'est pas impossible de leur faire acquérir l'art des manœuvres..... Les Français sont si accoutumés à ne point tirer, qu'aussitôt qu'ils sont en présence de l'ennemi ils mettent la baïonnette au bout du fusil, sans examiner si le terrain et la situation des armées leur permettront de les joindre. Cette habitude est pernicieuse, car quand on est obligé de combattre avec les armes à feu, le soldat ne peut tirer que le premier coup utilement, parce que la baïonnette empêche que l'on ne bourre aisément ; les soldats se contentent de mettre de la poudre et des balles dans leurs fusils, sans bourrer, ce qui ne fait presque point d'effet. Il est important d'insinuer aux officiers de ne faire mettre la baïonnette au bout du fusil que quand on est à portée d'entrer dans les bataillons ennemis ; il est si facile de mettre la baïonnette au bout du fusil que l'on ne doit pas craindre de n'en avoir pas le temps. Je répète encore une fois que, dans les occasions où l'on peut joindre l'ennemi, rien n'est meilleur que de ne point tirer et de charger la baïonnette au bout du fusil. »

Le *Mémoire sur le service prussien comparé avec le français* n'exprime pas une opinion plus favorable :

« En Prusse, les soldats sont censés recrues pendant une année entière et, en cette qualité, ils font continuellement l'exercice deux fois par jour, en commençant à le faire seul, puis ensemble, les recrues avec les maladroits, et enfin seulement dans le bataillon.

En France, le recrue n'est pas encore habillé qu'il monte déjà la garde et est abandonné à la conduite d'un sergent ou caporal. Aucun officier ne s'en mêle ; à peine sait-il manier un fusil qu'on le fait déjà manœuvrer avec toute la troupe, où il ne sert qu'à empêcher les autres de bien faire. Il est cependant de la dernière conséquence d'enseigner, dès le commencement, le soldat dans tout ce qu'il peut avoir à faire, puisque, quand une fois il aura pris de bons principes, il fera bien, même par habitude et par ignorance de faire autrement que bien, n'ayant pas appris à faire mal. Mais on flatte le soldat et on ne fait pas attention que l'on donne aux recrues toutes les façons que l'on veut, mais que les premiers principes qu'il aura eus restent toujours.

. . . .

. . . . . Qu'on fasse attention aux avantages que les troupes prussiennes ont sur les autres troupes par l'exercice continuel qu'ils font et par le temps qu'ils l'ont déjà fait. Posons que nous puissions les égaler, comme assurément il est très possible, la moindre guerre qui revient, les augmentations considérables qui se font dans nos armées mettront d'abord des difficultés pour parvenir à la perfection. Et que serait-ce d'une troupe qui manœuvre parfaitement en temps de paix et qui ne le saurait faire en temps de guerre ?

Je crois avoir presque prouvé que l'exercice prussien n'est bon qu'autant qu'il est fait avec la dernière exactitude et qu'il est dangereux de le faire à moins de pouvoir le faire aussi bien qu'ils le font.

Considérons encore quelques avantages que les Prussiens ont sur les autres.

Ils portent toujours soixante coups à tirer; à moins de cette précaution, la vitesse de leur feu, qui fait leur force, tournerait à leur désavantage, puisqu'ils se trouveraient bientôt dans le cas de manquer de munitions. Ils ont, pour cet effet, les bandoulières des cartouches du double plus larges que les nôtres, sans quoi le poids de soixante cartouches à balles écraserait le soldat.

Quoiqu'on objecte que tous les coups ne portent pas, on dit assez communément qu'un feu lent tue plus de monde qu'un feu extrêmement vif; on a même évalué et calculé le feu prussien contre celui des autres troupes. Mais c'est un abus que de croire que les Prussiens tirent plus vite que les autres, il est même très distinctement ordonné dans les ordonnances de laisser coucher longtemps le soldat en joue afin qu'il puisse viser; leur avantage consiste en ce qu'étant plus exercés ils chargent plus vite. L'expérience combat plus solidement les objections que des raisons, car les Prussiens ne doivent le gain de leurs batailles qu'à la supériorité de leur feu et non à la supériorité du nombre.

Ils font toutes leurs manœuvres et toutes les évolutions, la baïonnette au bout du fusil. Ce serait un exemple très utile à imiter, puisque le soldat habitué à manier toujours la baïonnette et la regardant comme partie de son arme n'est pas dans le cas de se blesser si souvent, soi ou ses camarades, cela n'arrive que faute d'habitude.

Ils ont, en tout temps, par bataillon, deux pièces d'artillerie de campagne à trois de calibre et cinquante coups à balles et cinquante à cartouches, qui sont desservies par douze hommes qui sont attachés aux régiments. Par ce moyen, ils ont beaucoup moins à craindre de la cavalerie qui, par ces canons tirés à cartouches, doit déjà être mise dans un désordre assez considérable avant que de pouvoir former l'attaque et approcher l'infanterie.

Ils sont d'une taille plus élevée. On dit qu'un homme de cinq pieds deux pouces est aussi fort qu'un homme de six pieds; j'en veux convenir; mais je crois aussi qu'une armée entière, composée de gens d'une taille haute, ont un avantage sur une armée du même nombre d'une taille moins élevée, et qu'étant à trois de hauteur, ils font un effet égal à des petits à quatre de hauteur. Surtout la haute taille est avantageuse contre la cavalerie et soutient bien mieux un choc.

Avec ces avantages et un exercice continuel, ils sont en état de faire les mêmes manœuvres et évolutions, un feu supérieur et soutenir l'attaque d'un ennemi à quatre de hauteur, n'étant qu'à trois. Mais qu'on veuille les imiter sans posséder les mêmes avantages serait emprunter leur faible sans avoir en même temps ce qui constitue leur force.

On pourrait proposer de doubler les bataillons dans un cas de nécessité et les mettre à six de hauteur. Mais qu'on examine cette manœuvre, on en verra les dangers inséparables. Comment le pourrait-on faire vis-à-vis d'un ennemi qui, avec une poignée de cavalerie, ne laisserait pas de profiter des intervalles? ou comment les voudrait-on remplir? Je ne veux pas dire combien cette manœuvre découragerait le soldat qui, n'étant pas habitué d'être à six de hauteur, regarderait cette ressource comme une disposition de retraite. Outre que ces trois derniers rangs habitués à tirer ne laisseraient pas de tirailler et feraient plus de mal que de bien.

Les voudrait-on placer toujours sur six de hauteur; combien une armée ne perdrait-elle pas de son front et combien les ailes ne risqueraient-elles pas d'être enveloppées? Il faut ajouter qu'une troupe à six de hauteur se rallie plus difficilement.

La marche prussienne est extrêmement vite, c'est plutôt une course, mais je la crois aussi dangereuse pour le génie de la nation française, qu'utile à l'allemande; il ne faut aux Français que des manœuvres pour les tenir en ordre et pour modérer son premier feu, il faut l'exciter dans l'Allemand. Outre qu'une marche aussi vive, à moins d'être faite dans la dernière perfection et par une troupe extrêmement disciplinée, est sujette à mille inconvénients : le moindre ravin, un fossé, une haie, choses qu'on ne peut pas manquer de rencontrer à chaque pas, suffit pour mettre une troupe en désordre, et il faut bien de l'ordre à une troupe pour se remettre vis-à-vis de l'ennemi d'une confusion dans laquelle quelque difficulté peut l'avoir mise.

Il ne faut aux Français qu'une marche leste et naturelle qui puisse se contenir en ordre; il n'est que trop porté naturellement à la vivacité; il faut un exercice infini aux Allemands pour ne pas se rompre en marchant si vite; combien n'en faudrait-il pas au Français qui n'a rien du flegme allemand.

Je conclus donc qu'à moins d'imiter les Prussiens dans tout ce qui contribue à les rendre solidement disciplinés, il serait dangereux de les imiter dans ce dont l'exécution peut devenir funeste, n'étant pas fait avec les avantages qui répondent du succès. Et sur le pied comme est actuellement la composition des régiments français, surtout en temps de guerre, on courrait trop de risque de les mettre à trois de hauteur.

Pour ce qui regarde le maniement des armes, on peut le suivre tout des Prussiens, comme étant le plus leste, le plus facile, et dans lequel il n'entre absolument que le nécessaire, et on peut le faire à quatre de hauteur tout comme à trois. Mais je ne saurais aplanir les difficultés qui s'opposent à mon esprit en ce qui regarde les évolutions à trois de hauteur ; si ces difficultés ne sont pas chimériques, il faudrait songer à un exercice à feu à quatre de hauteur.

Celui que nous avons est excellent ; il est vrai qu'il demande des gens très exercés, et il a ses difficultés aussi, à moins d'être bien fait, puisque non seulement le feu du dernier rang devient d'assez peu d'utilité, mais il peut même devenir funeste au premier, surtout dans une affaire où tout le monde n'est pas assez de sang-froid pour viser juste, et j'aimerais presque autant et mieux même que le dernier rang ne tirât point du tout, et ce serait un expédient pour aplanir les difficultés qui se trouvent d'être ou à trois ou à quatre hommes de hauteur ; quand on voudra l'examiner sans prévention contre la nouveauté du projet, on verra qu'il produit des avantages considérables et remédier contre des difficultés infinies, puisqu'il a les avantages des deux exercices à la fois, étant aisé à faire et solide contre la cavalerie. Voici mon projet :

Je voudrais que les bataillons fussent toujours rangés à quatre hommes de hauteur, mais que dans l'exercice à feu il n'y eût que le premier rang qui mît genoux à terre et qu'il n'y eût que les trois premiers rangs qui tirassent, et que le quatrième restât le fusil sur le bras gauche.

Voici les avantages qui en résulteraient. On manœuvrerait aussi vite que les Prussiens, puisque dans la manœuvre à feu il n'y aurait que trois rangs qui travailleraient et il n'y a que le quatrième qui empêche la vitesse. On resterait toujours suffisamment fort contre la cavalerie étant à quatre de hauteur. Le feu du quatrième rang est à compter pour peu de chose ; il est même aussi pernicieux au premier rang qu'à l'ennemi. En cas qu'il soit attaqué au dos, il n'y aurait toujours qu'un rang à faire faire en face l'ennemi. N'ayant que trois rangs à faire tirer, on trouverait toujours un feu de réserve. Le quatrième rang servirait à remplacer les morts ou blessés des trois premiers, moyennant quoi on ne serait pas dans le cas de resserrer les bataillons vers le centre, ce qui ne peut pas manquer de causer des intervalles qui sont très à craindre. Et l'on resterait encore en état de soutenir un choc de cavalerie à laquelle je ne crois pas que nous puissions résister sans être à quatre de hauteur. Alors je crois qu'on pourrait adopter bien des choses de l'exercice prussien, puisqu'on serait à trois de hauteur comme eux pour les manœuvres et à quatre pour les évolutions. »

XIII. — Discipline.

Le tableau est loin d'être flatteur. Il sera plus sombre encore si l'on envisage l'indiscipline qui ne pouvait manquer d'accompagner cet extraordinaire relâchement dans l'instruction et l'entretien des troupes. En cantonnements, elles sont à peu près abandonnées à elles-mêmes, et l'on ne peut les avoir en main au moment du besoin. Les inspecteurs et intendants réclament alors qu'on les renvoie dans les villes (fortifiées pour la plupart) où elles seront mieux tenues. Cette observation est faite même pour des corps d'élite, et peu nombreux, comme les chasseurs de Fischer; mais, dès que les troupes ont séjourné quelque temps dans une même place, elles y contractent des habitudes et des relations qui rendent leur départ indispensable : « Vous ne sauriez trop tôt faire sortir d'ici (de Dunkerque) les régiments de Gondrin et surtout de Monaco, écrit, le 20 janvier, le chevalier d'Apcher; il y a trop longtemps qu'ils y sont; il me paraît que la discipline y est fort relâchée et qu'il y a beaucoup trop de licence, une quantité prodigieuse de femmes qui sont fort à charge à la ville par la fraude qu'elles y font. Du reste, l'esprit militaire est bon. » (!)

Une fois en campagne, le soldat a encore autant de loisirs qu'en garnison, les opérations de l'armée étant aussi peu actives que les exercices. Il est tout naturel qu'il s'occupe à marauder, mais le maréchal de Saxe, résolu à maintenir une discipline rigoureuse, réprime la maraude par les procédés les plus décisifs, et, en même temps, procure à l'armée les distractions nécessaires pour occuper les interminables loisirs du camp. Exécutions sommaires d'une part, représentations théâtrales de l'autre, tels sont les deux moyens qu'il emploie avec succès pour rétablir l'ordre. Les progrès se manifestent avec une étonnante rapidité.

Le 27 mai 1744, M. d'Hérouville de Claye écrit au comte d'Argenson, du camp sous Courtrai :

« ..... Notre infanterie est fort sage, quant à la maraude; nous exerçons beaucoup nos recrues. Nos Suisses désertent fréquemment. Nous avons cent quarante-quatre malades à l'hôpital; nous embarquons à force nos fascines, que nous envoyons à M. de Lowendal : notre premier convoi, parti hier, lui en a porté 6,233; le second va partir, et cela ira de suite et le plus promptement que le permettra la navigation.

P.-S. — Le second convoi de fascines va partir; il en porte environ 9,000. »

Le 1er juin, M. de Ségent écrit au Ministre : « Quoiqu'on ne puisse pas dire qu'il y ait de la maraude en cette armée, et que nos troupes soient tranquilles par la bonne discipline que M. le Maréchal y tient exactement, il est cependant arrivé que trois coquins de maraudeurs ont été commettre du désordre dans une petite ferme proche Detelghem, où ils ont tué un paysan d'un coup de fusil. On fait des recherches pour les découvrir, et il en sera fait bonne justice si on parvient à les découvrir ». Il semble que ceux-là aient échappé, mais, trois jours après, « quelques soldats s'étant débandés pour aller marauder, il y en a eu deux d'arrêtés du régiment d'Aunis, à qui M. de Lutteaux a fait casser la tête sur-le-champ, ce qui a arrêté la maraude ».

Le 10 juin, M. d'Hérouville constate que « les exemples faits sur trois déserteurs ramenés par un parti d'infanterie ont beaucoup ralenti la désertion ». Qu'on n'en conclue pas, d'ailleurs, qu'elle est réduite à rien ; elle est tombée de douze ou quinze déserteurs par jour, à deux ou trois.

Le 12 juin, M. de Ségent écrit au Ministre : « Il n'y a aucune maraude dans cette armée depuis quelques exemples de sévérité qu'il y a eus dans les commencements, et le soldat y est d'une sagesse à étonner. Le service y est exact, la discipline bien observée, et il semble qu'un chacun concoure à remplir de son mieux les fonctions de son état ».

Le maréchal de Saxe avait dû sévir contre les officiers autant que contre les soldats. Pour occuper les loisirs du camp de Courtrai, en 1744, ils s'étaient mis à jouer dans toutes les auberges des environs.

Dans la première partie de son *Traité des Légions*, écrit au camp de Courtrai, sous l'inspiration du maréchal de Saxe, M. d'Hérouville de Claye s'exprime en termes très vifs sur l'indiscipline ou plutôt l'ignorance de toute

discipline dans l'armée française et il indique les moyens
d'y remédier :

« Toutes les troupes que le roi a envoyées en Bohême et en Westphalie, et en Bavière, y sont passées très bien équipées, très belles et
complètes ; elles en sont revenues ruinées, épuisées, et y ont perdu
une quantité prodigieuse d'officiers et de soldats. Nous n'y avons cependant point eu d'affaires générales, et la seule qui ait été un peu considérable a été heureuse pour nous ; ce n'est qu'en détail que nous avons
vu fondre nos armées. En effet, la plus grande partie des détachements
envoyés à la guerre, des postes détachés, des escortes qui ont été atta-
quées par les ennemis, ont été surpris ou battus par l'indiscipline des
soldats ou la négligence de l'officier ; il est à naitre qu'on ait vu une
escorte marcher en ordre ; les soldats, continuellement occupés à piller
ou seulement à se soustraire à la vue de leurs commandants, ont
l'habitude de s'en éloigner dès le commencement de la marche, et à
peine se trouve-t-il un officier qui y fasse attention. S'il veut les contenir, le soldat, accoutumé à l'insolence, à la désobéissance et à l'impunité, n'en fait ni plus ni moins et s'évade au premier moment. Aussi
ne voit-on pas un officier à qui cela arrive qui n'avoue lui-même qu'il
n'a pu contenir sa troupe : réponse absurde et ridicule, dont les suites
doivent être infailliblement funestes à l'État. Il en est de même des
postes, des partis, des gardes et des détachements : ou le soldat s'en
éloigne, ou, s'il reste à sa troupe, c'est pour marcher en mauvais
ordre, s'arrêter à tout moment, parler quand il faut se taire et murmurer quand il faut obéir.

L'ennemi parait-il : il ne voit ni n'entend plus rien ; il ne sait ni se
former ni se défendre ; ce n'est que confusion et si, par hasard, il se
fait quelques commandements, chose assez rare, vous parlez à des
sourds et à des imbéciles peu accoutumés aux exercices militaires, à
l'obéissance et au respect qu'ils doivent avoir pour leurs officiers ; ils
lancent leur feu en l'air et sont nécessairement battus, et cela parce
que le soldat n'est pas accoutumé au commandement et que le sentiment n'est jamais assez prompt parmi nous, mais surtout parce que la
plupart des officiers ne savent ni commander ni se faire obéir, et que
ceux qui le savent n'osent souvent le faire, de crainte de s'attirer la
haine de leurs camarades, qui croient que la punition fait déserter le
soldat, ou d'être blâmés de leurs colonels, qui ne connaissent pas la
conséquence de la discipline et n'en ont, pour l'ordinaire, aucune idée,
parce que l'on ne peut s'en former de juste que sur ce que l'on voit, et
que tout ce qu'ils voient n'est pas propre à la leur donner.....

Nous avons vu la maraude et l'hôpital, qui en est une suite infaillible,
consommer journellement nos armées ; nous n'avons pas fait une seule

marche en Bohême qui ne nous ait coûté beaucoup de soldats, pris ou tués par les ennemis ou les paysans lorsqu'ils se sont écartés pour piller ; on ne saurait faire comprendre à la plupart des officiers l'ordre dans lequel doit marcher une troupe ; ils n'en ont aucune idée parce qu'effectivement ils ne l'ont jamais vu en France, et c'est leur parler un langage inconnu, ou se retrancher à leur dire de ne pas laisser écarter leurs soldats, mais ce n'est pas peu difficile à exécuter pour eux ; peu se donnent la peine d'y veiller, et il y en a à qui des soldats qu'ils veulent faire rentrer dans la colonne répondent des paroles injurieuses qu'ils n'auraient peut-être osé dire à leurs camarades ; d'autres, loin de punir eux-mêmes leurs soldats, prennent leur parti contre des officiers supérieurs, en présence et à la tête de leurs troupes ; on les a vus même demander raison, l'épée à la main, à des officiers majors ou à leurs camarades qui avaient frappé leurs soldats qui s'étaient trouvés en faute. Cela est certainement capable de décourager les plus zélés pour le métier, dès qu'ils ne se voient soutenus ni secondés de personne.....

On convient assez que la plupart de nos ordonnances sont bien faites et bien dirigées, mais elles se multiplient si prodigieusement qu'à peine est-il possible à un officier très appliqué de les bien entendre et d'en être parfaitement instruit ; d'ailleurs, cette multiplicité des lois a quelque chose d'indécent, on peut même dire de dangereux pour l'autorité ; c'est une preuve certaine de leur inexécution. »

Tel est le tableau peu avantageux que le chef d'état-major du maréchal de Saxe fait de nos troupes en 1744. Il ajoute qu'à son avis, et à n'en pas douter, tout le mal provient du mode de recrutement et d'avancement des officiers et du genre de vie qui leur est imposé.

Lorsqu'on veut relever la discipline et l'instruction dans nos armées, c'est d'abord en Prusse qu'on va prendre modèle ; mais la chose est moins aisée qu'elle ne le paraît. Prenez-y garde, s'écrient les officiers qui connaissent bien l'armée prussienne : tout se tient dans l'organisation et l'instruction de l'armée, ce ne sont pas des défauts superficiels qui gâtent nos troupes ; ce sont des vices essentiels, tenant à l'organisation même de l'armée, et peut-être à celle du royaume ; il est à désirer qu'on imite les Prussiens, mais, « à moins d'adopter en même temps la formation même de leurs corps et leur stabilité, on ne peut introduire exactement leur exercice ». Telle est la thèse que développe le *Mémoire sur le service prussien, comparé avec le français.*

« Je crois que ceux qui, avec un zèle outré, veulent introduire l'exercice et les manœuvres prussiennes dans tous les services, le font faute de connaître à fond la composition des troupes prussiennes et celle des troupes dans lesquelles ils veulent introduire cet exercice.

Je tâcherai de faire voir la différence de leur composition en comparant les troupes françaises avec les prussiennes. On verra, par cette comparaison, l'impossibilité ou du moins les difficultés qu'on trouvera de porter en France l'exercice au point de perfection dans lequel il est en Prusse. Cet exercice n'étant bon qu'autant qu'il est fait dans cette grande perfection, il pourrait être dangereux de l'introduire aveuglément, sans la moindre exception et sans l'apprécier, selon le génie de la nation et à la composition des troupes.

En Prusse, lorsque la Cour ordonne la levée d'un nouveau régiment, tous les officiers, excepté peut-être quelques enseignes ou sous-lieutenants, sont tirés des anciens corps, en choisissant même les officiers les plus attachés à leur métier et les plus entendus dans la discipline militaire.

Il est ordonné à toutes les compagnies de l'armée de fournir chacune, moyennant une somme spécifiée, un, deux, ou plus d'hommes, suivant le nombre des régiments qu'on veut lever. Ces gens sont tous exercés et disciplinés et sont commandés par des officiers qui savent le métier et les ordonnances militaires, qui sont les mêmes pour toutes les troupes, moyennant quoi un nouveau régiment a toujours un bon fond d'anciens soldats et est, au bout d'un mois de temps, en état de servir contre l'ennemi.

En France, où, dans les régiments nouveaux, presque tous les emplois se vendent, on ne trouve guère des officiers qui aient servi, excepté peut-être l'état-major.

Cette observation sert pour réfuter ceux qui objectent que : si en Prusse un nouveau régiment, presque dès sa levée, est aussi bon que les vieux régiments et tout aussi discipliné, pourquoi donc, dans les autres services, ne pourrait-on pas, en peu de temps, porter l'exercice au même degré de perfection qu'il est en Prusse? Qu'on compare la levée différente des régiments, on verra la raison.

Cette méthode de lever les régiments est excellente, puisque un ou deux hommes de recrue de plus ou moins dans une compagnie n'est pas un objet bien considérable, mais que souvent un régiment, composé entièrement de recrues, peut entraîner des malheurs infinis. Outre que chaque compagnie séparément se complète avec plus de facilité qu'on ne lève un régiment entier.

Les officiers prussiens ont, le plus grand nombre, commencé à servir depuis l'hallebarde, ou dans le corps des cadets; ils n'ont point d'autre point de vue que leur avancement, point d'autre objet que le service, dans lequel ils vieillissent tous. Ils sont presque toujours présents à leur corps et sont, par conséquent, dans une habitude continuelle. Ils sont assurés d'y faire leur fortune, puisque l'avancement va par ancienneté, depuis l'enseigne jusqu'aux premières dignités militaires. La protection n'y sert de rien; rien qu'un service plus signalé peut hâter l'avancement, le point de vue est plus brillant et peut dédommager d'un attachement et des fatigues continuelles.

En France, il n'y a guère plus qu'un ou deux officiers par bataillon qui aient servi comme bas officiers. Encore n'y sont-ils pas trop recherchés.

En Prusse, les bataillons sont tous composés d'un même nombre de compagnies et celles-ci du même nombre d'hommes, ce qui donne une facilité infinie dans le détail. Les troupes sont composées indifféremment de gens du pays et d'étrangers. Cependant, le fonds est toujours de gens du pays et aucun régiment n'a plus de privilèges qu'un autre.

En France, il y a des régiments de toutes les nations, commandant chacun dans sa langue et ayant chacun des privilèges et des usages différents, et ils ne parviennent que lorsqu'ils sont déjà tout lassés; on ne les avance que pour leur procurer une retraite plus honorable et ils ne peuvent guère prétendre à une fortune plus brillante que celle d'être placé dans l'hôtel des Invalides. On doit cependant supposer qu'un corps d'officiers, qui tous ont passé par tous les grades, et où il ne déroge pas d'avoir été quelque temps en faction, doit bien connaître l'intérieur du service et le devoir de chaque état. On sait commander savamment quand on a exécuté soi-même tous les commandements.

Les officiers, en France, sont plus souvent absents que présent à leur corps. On retourne au régiment après huit mois d'absence; on n'y reste que quatre, pendant lesquels on n'a guère le temps d'apprendre derechef ce qu'on a pu oublier pendant un si long espace de temps.

Le point de vue n'est pas brillant assez pour se sacrifier entièrement au service. La protection fait tout, le zèle pour le service peu. Vingt officiers ont fait fortune par protection contre un qui se soit poussé uniquement par un service plus signalé. Ceci et les moyens d'y remédier ont été enseignés plus amplement dans le Traité des légions.

Les régiments prussiens sont continuellement stables et jamais sujets à la moindre réforme ni à aucun changement considérable.

Voici une des principales, ou pour mieux dire l'unique véritable difficulté, pour porter jamais en France l'exercice au point qu'il l'est en Prusse. Puisque, à peine est-elle faite, qu'on réforme les deux tiers des troupes; mais, pour donner une idée plus frappante de ces réformes, mettons pour exemple un régiment allemand.

A la dernière guerre, il était à 4 bataillons ou 24 compagnies à 110 hommes chacune; à présent, il est à 2 bataillons ou 16 compagnies à 40 hommes par compagnie. Ces 4 bataillons font 2,640 hommes, actuellement 640. A peine la guerre commence qu'il faut mettre, outre 8 compagnies nouvelles (et combien de régiments nouveaux), 70 hommes de recrues dans chaque compagnie, qui n'ont aucune teinture de l'exercice et qu'on n'a pas même eu le temps d'exercer ou de discipliner, et pour peu qu'il y ait encore des congés absolus à donner dans une compagnie, on se trouve les deux tiers de recrues. Mais posons même toutes les compagnies complètes, on trouvera 640 vieux soldats confondus parmi 2,000 recrues. Et on prétend, avec une différence aussi disproportionnée comme est la stabilité des troupes prussiennes et le changement des troupes françaises, introduire un même exercice pour les deux troupes.....

En Prusse, chaque régiment et chaque compagnie a son canton, qui est un certain nombre de petites villes, bourgs ou villages, qui sont assignés aux compagnies pour en tirer leurs recrues. Tout fils de paysan et de bourgeois est né soldat et est inscrit dans le rôle de la compagnie aussitôt qu'il est baptisé.

Ces gens sont obligés de servir toute leur vie sans le moindre engagement; quand ils s'absentent par congé, ils sont obligés de rejoindre leur troupe au premier ordre.

Ces cantons sont toujours dans le voisinage de la garnison des régiments, qui ne changent guère de quartier, pour donner plus de facilité aux soldats pour rejoindre leurs régiments et pour labourer leur terre.

Le capitaine envoie annuellement un officier ou sergent faire la visite du canton, qui mesure la jeunesse et amène au régiment ceux qui sont de taille pour être soldats.

Comme en temps de paix, le capitaine peut renvoyer par congé, pendant 10 mois de l'année au moins, une moitié de sa compagnie, sans leur donner la moindre chose et sans tenir compte aux présents des gardes des absents; il est obligé d'envoyer en recrue dans les pays étrangers, bien que sa compagnie soit non seulement complète, mais quand même elle serait de beaucoup surnuméraire; il faut que le capitaine travaille pour l'embellir et pour y mettre plus d'étrangers qu'il peut.

A mesure qu'il arrive des recrues étrangers aux compagnies, on en renvoie des gens du pays, aussitôt qu'ils savent l'exercice et qu'ils sont bien disciplinés. Ces gens sont, en grande partie, des paysans qui ont leurs terres et sont mariés. Moyennant quoi, on commence la guerre avec un grand nombre d'étrangers, et quoiqu'ils soient plus sujets à la désertion, il en reste néanmoins toujours un bon nombre, et ceux qui meurent ou ceux qui sont tués par l'ennemi ne sont pas des sujets et toute leur perte n'est autre chose que l'argent de l'engagement, et même un bon nombre de désertés retournent, puisqu'ils ont toujours pardon lorsqu'ils reviennent librement. Outre que cette perte est en partie remplacée par des déserteurs et prisonniers de guerre, qui prennent du service, de façon qu'on peut regarder la désertion plutôt comme une circulation d'hommes réciproque que comme une perte réelle et considérable.

Chaque compagnie a 8 hommes de surnuméraires qui suivent la compagnie et occupent seulement les places vacantes, moyennant quoi les compagnies restent assez longtemps complètes, et le capitaine peut encore tirer un bon nombre de recrues hors de son canton, qui tous ayant déjà servi quelque temps aux régiments, sont tous très bien exercés et disciplinés, et on peut compter que l'armée prussienne peut faire deux campagnes de suite sans y mettre d'autres recrues que des gens exercés, et on doit supposer cette armée bien plus formidable à la fin de deux campagnes que du commencement de la première, puisqu'elle ne consisterait que d'anciens soldats ou d'étrangers qui, ayant fait deux campagnes, n'auront pas succombé à la tentation de déserter, ou de gens du pays qui, étant tous établis, combattraient non seulement comme des soldats, mais encore comme des sujets qui défendent leurs femmes, leurs enfants et leurs biens.

J'ai déjà dit que les gens du pays sont obligés de servir à vie ou du moins tant qu'ils ont de forces, sans recevoir jamais le moindre engagement. Pour ce qui est des étrangers, on leur donne de l'engagement avec une capitulation pour tant et tant d'années; mais quand le premier engagement est fini, on les rengage de nouveau, et ainsi ils vont d'engagement en engagement sans aucune espérance de congé absolu. Il est vrai que la désertion n'est pas punie de mort; aussi les paysans, étant récompensés des déserteurs qu'ils ramènent, ne se font aucun scrupule de les prendre, au lieu qu'en France les paysans n'en ramènent aucun, ne voulant pas avoir la vie d'un homme à se reprocher.

On voit, par cet arrangement, qu'il doit toujours rester dans chaque régiment un fonds très considérable d'anciens soldats.

En temps de guerre, le roi tire le non-complet de toutes les compagnies, qui est fort religieusement donné, quoiqu'il n'y ait ni commissaires de guerres ni revues d'appel. Mais la cour se charge de recruter les compagnies. Le capitaine tire de son canton les gens de taille, et la cour, ayant des recruteurs dans toutes les villes libres de l'empire, envoie les étrangers qui sont répartis suivant les besoins de chaque corps.

En France, le capitaine est obligé de payer les recrues fort chèrement, il est dans le cas de ménager les soldats bien différemment qu'en Prusse. En temps de guerre, les recrues n'ont pas le temps d'être exercées et disciplinées, à peine apprennent-elles à tirer; mais on ne peut pas leur apprendre à manœuvrer ou à faire des évolutions.

Les compagnies sont trop changeantes, il s'en va beaucoup de monde par congé absolu et après une paix de dix ans il n'y aura plus guère de soldat qui ait fait campagne, à moins que ce ne soit quelques-uns qui veulent gagner les Invalides.

Puisque en France le rengagement dépend uniquement de la bonne volonté du soldat, le capitaine est obligé de le flatter et de le conniver, afin qu'il se rengage, et il ne peut pas si bien tenir la main à la discipline, et ceux qui les veulent tenir raides ne sont pas imités par leurs camarades, sont par conséquent peu aimés du soldat, qui ne demande autre chose que du relâchement dans la discipline.

En Prusse, il y a dix bas officiers par compagnie de cent quatorze hommes, non compris tambours et fifres :

1 premier sergent ;

2 seconds sergents ;

1 fourrier ;

1 capitaine d'armes ;

1 porte-drapeau qui est gentilhomme ;

4 caporaux parmi lesquels il faut qu'il y ait un gentilhomme.

Ces bas officiers sont l'âme de la discipline militaire et c'est l'école dans laquelle se forment les officiers et de laquelle on les tire tous. Ils sont pris, ou des soldats qui ont bien servi et qui savent bien écrire, ou de gens de famille, puisqu'il faut qu'il y ait deux gentilshommes par compagnie. On ne peut être bas officier à moins d'avoir fait quelque temps le service de simple soldat, ou d'avoir été dans le corps des cadets.

Par conséquent ce poste est très honorable, puisque c'est un poste par lequel il faut passer nécessairement pour devenir officier. Ils sont estimés par les officiers parce qu'ils sont d'égale condition, qu'ils ont été dans le même poste et parce qu'ils deviennent bientôt leurs égaux ; ils sont respectés des soldats, parce qu'ils ont une supériorité sur eux, ou par leur naissance, ou par leur service ; on ne les avance qu'autant qu'ils se distinguent par leur bonne conduite et par leur exactitude dans le service.

Leur nombre peut suppléer à celui d'officiers, qui sont en fort petit nombre, n'y en ayant que 25 par bataillon qui sont de plus de 700 hommes.

22 anspessades par compagnie font les fonctions de nos caporaux et de nos anspessades, étant chefs de chambrée et relevant les sentinelles.

Ils campent et sont logés ensemble, et ne peuvent pas, sans déroger, faire ordinaire avec les soldats ou boire avec eux.

En France, nous avons un nombre prodigieux d'officiers, mais comme la discipline est le fruit de la force, et non des sentiments d'honneur, les officiers ne font pas le même effet que les bas officiers puisqu'on ne peut pas les tenir avec la même raideur, et qu'ils n'ont pas commencé à obéir à la force, et telle théorie qu'on puisse avoir, elle ne donne jamais une connaissance de la subordination égale à celle qu'on a acquis soi-même par la pratique ; on est sûr d'être juste dans ses commandements quand on a exécuté ceux des autres.

Les bas officiers en Prusse connaissent le soldat jusqu'au fond du cœur puisqu'ils passent une grande partie de leur temps avec eux ; ce commerce ne les avilit pas, puisqu'ils sont sûrs de leur avancement si leur conduite est bonne.

En Prusse, toutes les choses sont rapportées pour en faciliter l'exercice, tout y est apprécié. L'habillement est court et sans pli afin que le premier rang étant genou à terre ne puisse le poser sur l'habit de celui qui est à côté de lui, qui se renverserait ou lui déchirerait son habit en se relevant avec précipitation. Les habits amples empêchent la vitesse des demi-tours à droite et s'accrochent aux baïonnettes et aux fusils.

On dira peut être que j'entre trop dans les bagatelles ; il est vrai, s'il n'y avait qu'un point, mais beaucoup de bagatelles ensemble sont intéressantes lorsqu'elles empêchent à parvenir à la perfection.

Nos habits sont bons, mais pour la manœuvre et les évolutions prussiennes trop longs et trop amples ; nous ne pouvons pas les avoir différemment puisqu'ils servent de couvertes dans les tentes au lieu que les Prussiens en ont deux dans chaque tente.

Les habits ne devraient pas être plus longs qu'il ne faut pour que le soldat, étant à genoux, l'habit ne puisse pas friser la terre.

En Prusse, les sabres de l'infanterie ne sont pas plus longs que des couteaux de chasse et sont ceints de la hauteur de la hanche, afin que, quand le soldat, dans l'exercice à feu, est à genoux, la pointe du sabre, en s'appuyant contre la terre, ne puisse rendre le mouvement du bras difficile.

L'épée ou le sabre de l'infanterie n'est pas une arme assez nécessaire pour qu'elle puisse balancer contre les empêchements qu'elle cause dans les exercices à feu ; on peut donc la raccourcir sans aucun risque. Outre que le sabre trop long, à moins qu'il ne soit mis le long de la cuisse, empêche extrèmement dans les demi-tours, ils embarrassent dans la marche et empêchent les soldats de serrer bien les rangs, et en les mettant le long des cuisses, ils embarrassent dans l'exercice à feu.

Il est impossible que nos grenadiers puissent faire l'exercice prussien en conservant leurs sabres, de quelle façon on les mette ils sont toujours trop longs. Le point principal de l'exercice prussien est celui d'être extrêmement serrés dans toutes leurs manœuvres et évolutions; comment, avec nos sabres, pourrions-nous l'être comme eux?

Il y a des régiments qui ôtent les sabres pendant l'exercice; de quelle utilité est donc une arme qui ne peut pas servir dans toutes les occasions? Si ce n'est que pour se couper la gorge réciproquement qu'ils l'ont, on n'aurait qu'à les laisser tout à fait. Outre que le soldat, étant habitué de faire l'exercice sans sabre, on serait encore plus embarrassé dans l'occasion.

Il est donc nécessaire de choisir des sabres qui ne puissent embarrasser en aucune façon et même servir dans le besoin, et des ceinturons faits de sorte que l'épée ne puisse pas flotter, mais qu'elle reste ferme contre la hanche.

Les chapeaux même font un objet, puisque le point essentiel, dans l'exercice à feu, est que le soldat soit bien serré l'un contre l'autre, afin qu'un bataillon soit plutôt un corps entier qu'un corps composé de plusieurs parties, et moins il est composé de parties plus il est difficile à le percer.

Je n'ai cité l'article du chapeau que pour faire voir que tout devient intéressant lorsqu'il s'agit d'une chose aussi essentielle que le service. Nos chapeaux sont trop grands de bord et assurément, si nous voulions faire l'exercice à feu aussi serré comme le font les Prussiens, on jetterait, en chargeant, bien des baguettes par terre.

Les armes, chez nous, ne peuvent pas être maintenues en si bon état qu'elles le sont en Prusse. Le soldat, étant obligé de payer de son prêt tout ce qu'il y casse, ou le capitaine étant obligé de payer tout le raccommodage de sa bourse, l'intérêt guide tous les deux; ils aiment mieux se relâcher sur l'exercice que payer à leurs frais tout ce qui peut contribuer à le rendre plus parfait. Car il est naturel que, plus on fait l'exercice, plus on casse des armes, et on ne peut cependant devenir bien parfait à moins d'exercer beaucoup.

En Prusse, les capitaines sont mieux payés qu'ils ne le sont en France; ils ont deux mille livres par an, non compris les revenus de la compagnie, comme il a été dit page 8. Et quand même ils seraient dans le cas de dépenser leur patrimoine dans l'état de subalterne, la certitude dans laquelle ils sont d'y faire leur fortune et de ne jamais manquer de rien, vu qu'ils n'ont pas de réformes à craindre, les dédommage. Ils ne sont donc pas dans le cas de vivre sur le soldat, ni de trembler pour la perte d'un homme, et peuvent, sans aucun intérêt, se livrer entièrement au bien du service qui n'est combattu par aucun autre sentiment.

Il n'est pas nécessaire de montrer la différence des deux services sur ce chapitre.... »

Nous avons cité ou résumé toutes les appréciations que nous avons pu trouver sur l'organisation de l'armée vers 1740-1750. Elles sont toutes défavorables, sans exception et sans restriction. Ce ne sont pas les critiques de quelques mauvais esprits, c'est la voix unanime de tous ceux qui ont vu et jugé nos troupes. Il ne peut donc subsister aucu doute. Il n'y avait dans l'armée ni discipline, ni instruction, et cela par suite des vices fondamentaux qui tenaient à l'organisation sociale et politique du royaume. Le désastre inattendu de Dettingen, le fâcheux début de la bataille de Fontenoy devaient faire prévoir Rosbach.

Or, nous l'avons vu, la tactique de cette époque rendait plus importantes que jamais la discipline et l'habileté manœuvrière des troupes. Les vices organiques de la monarchie et de son armée devaient donc se manifester avec force jusque sur les champs de bataille.

XIV. — Service en campagne.

Quand M. d'Hérouville se plaint du trop grand nombre des règlements, ce ne peut guère être que pour ce qui concerne la désertion ; le mal était si grand et si persistant qu'il fallait renouveler sans cesse les ordonnances (1). Pour les autres questions intéressant la dis-

---

(1) Nous ne parlerons pas en détail de la législation relative aux déserteurs. On la retrouve partout sous l'ancien régime ; le mal était si profond qu'on ne cessait de s'en occuper, sans cependant réussir à l'arrêter. Les lois contre la désertion tiennent une place énorme dans les recueils d'ordonnances ; elles sont d'ailleurs invariables et édictent toujours la peine de mort. Cette excessive sévérité, au dire des con‑ temporains, allait à l'encontre du but, car les militaires même se fai‑ saient scrupule de saisir les déserteurs pour les livrer au bourreau.

cipline, elles avaient fait en partie l'objet de certaines
ordonnances de 1727, 1735 et 1741. On y visait la
discipline générale, le jeu, la maraude, les femmes,
les vivandiers, les bagages ; mais rien de ce qui inté-
ressait le service des marches, les postes, etc.

Une lettre du maréchal de Saxe prouve qu'on vivait
sur des traditions dix fois séculaires pour bien des parties du service. Il se plaint que l'on en soit encore à une
ordonnance de Philippe-Auguste pour régler les devoirs
des sentinelles ; et il y a plus : une annotation ma-
nuscrite, ajoutée sans doute au ministère après examen
de la question, mentionne que l'ordonnance en question
n'existe pas ; en d'autres termes, il n'y avait aucun texte
pour régler un point aussi important :

Il serait de la plus grande nécessité, pour le maintien de la discipline, que le roi rendît *une ordonnance qui renouvelât celle de Philippe-
Auguste, au sujet des consignes des sentinelles,* ce qui est comme la
base de toute la discipline militaire et qui est si fort négligée aujour-
d'hui que l'on a toutes les peines de faire observer aux sentinelles leur
consigne et aux officiers leur devoir dans les postes.

Il n'y a même pas de châtiment dans les ordonnances sur pareil cas,
et l'ordonnance de Philippe-Auguste, qui porte *que les soldats qui
quitteront leur poste seront passés par les piques,* semble ne devoir indiquer que ceux qui abandonnent leur poste par lâcheté.

Il m'est plusieurs fois arrivé de faire mettre des soldats au conseil de
guerre pour avoir négligé leur consigne, et le conseil de guerre les a
absous, alléguant qu'il n'y avait pas d'ordonnance formelle sur tel ou
tel cas.

En tout l'on peut dire que la nonchalance sur ce qui est ordonné est
parce que les officiers et bas-officiers ne veulent pas se faire obéir avec
cette mâle vigueur qui est si nécessaire parmi les militaires.

Tout s'est tourné en complaisances et politesses par la douceur des
mœurs, qualités aimables dans la société, mais fatales à l'observation
des lois militaires qui demandent du nerf et une fermeté inflexible.

Il plaira donc au roi d'ordonner que *tout soldat, cavalier ou dragon
qui ne fera pas sa consigne lorsqu'il est en faction, ou se sera laissé forcer dans son poste sans avoir fait usage de ses armes, sera mis au conseil
de guerre et sera condamné à être passé par les baguettes.*

Que tout bas-officier qui se sera laissé forcer à la garde d'un magasin des équipages, ou à quelque garde qui lui aura été confiée, sans avoir tué plusieurs de ceux qui l'auront forcé, sera mis au conseil de guerre pareillement et condamné à être passé par les baguettes et mis à la queue de la compagnie.

Que tout officier qui se sera laissé forcer à la garde d'un magasin des équipages ou dans quelque poste qui lui aura été confié, sans avoir fait résistance et s'être servi de ses armes autant qu'il l'aura pu, sera mis au conseil de guerre et cassé comme incapable de servir.

A cette ordonnance il est nécessaire d'en joindre une seconde au sujet des baguettes, dont l'on ne fait presque plus d'usage, parce que d'une part l'on a avili cette punition militaire par l'usage que l'on en a fait, ce qui fait que l'on renvoie d'abord après l'exécution les soldats qui ont été passés par les baguettes, ce qui cause la perte de ces hommes pour le capitaine, *de là l'impunité.* Les soldats qui le savent ne craignent pas ce châtiment et plusieurs d'entre eux cherchent à le mériter parce que leur liberté en est le prix.

Il est donc essentiel que le roi rende une seconde ordonnance sur cette punition, qui contienne que Sa Majesté *défend que l'on passe par les baguettes les valets, filles de joie et toutes autres personnes qui ne sont pas militaires.*

Défendra aussi Sa Majesté que l'on ne congédie aucun soldat, cavalier ou dragon qui aura été passé par la courroie ou les baguettes, qu'un an et un jour après l'exécution, quand même le terme de son engagement expirerait plus tôt.

Ces deux ordonnances sont si nécessaires que l'on ne saurait se flatter sans elles de rétablir solidement la discipline dans les troupes.

M. DE SAXE.

A Versailles, le 15 janvier 1745. »

Un projet de règlement sur le service de campagne avait été élaboré en 1733, en même temps que le projet de règlement de manœuvre. Il fut enfin adopté avec quelques modifications et additions à la fin d'avril 1744, mais par le Ministre seulement, et sans recevoir la consécration d'une ordonnance royale. Ce règlement fut distribué au camp de Cisoin le 15 mai 1744 (1).

---

(1) Bibliothèque du ministère de la guerre, A.-I.-e.-76 et 77. — Bibliothèque nationale, collection Cangé (Réserve F,212.)

Voici les matières qui s'y trouvent traitées (règlement pour l'infanterie) :

Chapitre   I. — Départ du quartier pour l'assemblée de l'armée et le campement.
Chapitre   II. — Règles et discipline du camp.
Chapitre III. — De l'ordre.
Chapitre   IV. — Le piquet.
Chapitre   V. — Règles générales pour commander les officiers.
Chapitre   VI. — Gardes : 1° assemblée des gardes ; 2° gardes du camp ; 3° gardes et postes de l'armée ; 4° service dans les postes ; 5° consignes des postes ; 6° gardes d'honneur.
Chapitre VII. — Détachements.
Chapitre VIII. — Fourrages.
Chapitre   IX. — Des marches : 1° marche de l'armée ; 2° marche des équipages.
Chapitre   X. — Des distributions.
Chapitre   XI. — Honneurs que les troupes doivent rendre.
Chapitre XII. — Conseils de guerre.
Chapitre XIII. — Des jours d'action.
Chapitre XIV. — Sièges.
Chapitre XV. — Cantonnements.
Chapitre XVI. — Défenses générales.

Le règlement pour le service en campagne de la cavalerie est divisé de même, sauf qu'il ne contient pas le chapitre : « des jours d'action », et comprend en revanche un chapitre relatif à la « garde d'étendards ».

Les prescriptions qui présentent quelque intérêt d'ordre tactique sont les suivantes :

« Les détachements commandés par des capitaines (pour les gardes et postes de l'armée) ne sont jamais moindres que de 50 hommes, y compris les sergents et le tambour..... Le capitaine de garde examinera si toutes les sentinelles sont bien placées, si elles savent leur consigne, s'il n'est pas nécessaire d'en augmenter le nombre, si l'on peut le diminuer ; de même s'il faut le doubler en certains endroits, soit de jour, soit de nuit ; il reconnaîtra les chemins ou avenues par où l'ennemi peut venir, afin d'y mettre quelques petits postes en avant pendant la nuit, qui se retireront le matin à la troupe, après qu'on aura envoyé à la découverte.

..... Si le poste n'est pas bien retranché, quand même le camp ne devrait durer qu'un jour, l'officier commandant y fera travailler promptement et se servira de tous les moyens praticables pour se mettre diligemment en état de défense ; et faute de l'avoir fait, l'officier général le fera relever et l'enverra en prison.

L'étendue d'un retranchement doit être proportionnée à la force de la garde ; on compte ordinairement 3 pieds par homme, ce qui reviendrait à 25 toises de circonférence pour 50 hommes.....

A l'entrée de la nuit, le commandant de chaque poste fera prendre les armes à son détachement pour en faire la visite et instruire encore plus précisément les soldats du poste qu'ils doivent occuper en cas d'attaque ; il leur fera garder toute la nuit leur arme entre les bras, fera ôter le tampon de dessus le bassinet, et les soldats s'asseyeront autour du feu, vis-à-vis leur poste, sans dormir.....

Lorsqu'il fera jour, on détachera 1 sergent et 4 fusiliers, qui auront la baïonnette au bout du fusil, pour aller faire la découverte..... Les officiers et leur détachement borderont le parapet de leur poste et y resteront jusqu'à ce que la découverte ait été faite. »

On voit qu'il est fait souvent usage de la fortification passagère ; aussi tout détachement envoyé en expédition doit-il avoir un outil par trois hommes.

Ce règlement fixe les dimensions des camps. Le front d'un bataillon est de 120 pas, intervalle compris ; celui d'un escadron, 50 pas ; on laisse 20 pas entre les brigades, 15 entre les régiments de cavalerie, 25 à 30 entre l'infanterie et la cavalerie. Les deux lignes sont à 300 ou 400 pas l'une de l'autre. Les cuisines, les tentes des lieutenants, des capitaines, et des officiers supérieurs sont respectivement à 30, 50 et 70 pas du *fond* du bataillon.

Le pas qui sert ici de mesure et qu'on appelle « grand pas » est d'une demi-toise, c'est-à-dire d'un mètre. Le tracé se fait au moyen de deux cordeaux, l'un de 106 grands pas, l'autre de 22.

La place de la garde du camp des bataillons de première ligne est à 150 pas des faisceaux, au centre de chaque bataillon. Celle de la garde du camp des bataillons de deuxième ligne est à 40 pas en arrière de la tente du colonel, c'est-à-dire à 110 pas du fond du bataillon.

Le camp devait avoir en tout 6 à 700 mètres de profondeur.

Dans l'infanterie, il faut pour monter une tente :

2 perches de 6 pieds 1/2 de long et 6 à 7 pouces de tour, pour former la fourche.

1 perche de 9 pieds de long et même grosseur, pour servir de traverse.

15 piquets de 10 à 12 pouces de long, et 2 à 3 pouces de tour.

Pour les faisceaux d'armes, des piquets de 5 pieds 1/2 et 5 à 6 pouces de tour, etc.

Les chevaux sont attachés à des piquets de 6 pieds de long et 10 à 12 pouces de tour.

Le règlement de 1753 devait supprimer la plupart des indications numériques qui précèdent, et laisser la latitude de faire varier les dimensions du camp d'après l'effectif des bataillons et escadrons. Nous renvoyons à ce règlement, assez répandu dans les bibliothèques militaires, pour toutes les autres dispositions du règlement de 1744.

Le comte de Saxe donna l'ordre suivant en 1744, au moment de s'embarquer pour l'Angleterre avec son corps de 12,000 hommes :

Ordre du jour sur la discipline.

« Le roi ayant principalement ordonné à M. le comte de Saxe de faire ordonner les loix militaires avec la plus grande sévérité pour maintenir l'ordre et la discipline dans le corps de troupes dont il lui a confié le commandement, ce point étant de la plus grande importance pour les objets que le roi s'est proposé de remplir, M. le comte de Saxe fait avertir MM. les officiers qu'il ne pourra se dispenser de s'en prendre à eux de l'indiscipline des soldats qui sont sous leurs ordres ; ainsi ils auront soin dans les marches de n'en laisser sortir aucun des rangs et files de leurs divisions sans laisser un sergent, caporal ou anspessade avec eux, sous quelque prétexte que ce puisse être, et s'il en arrivait autrement, M. le comte de Saxe s'en prendra à l'officier commandant la division, comme à ceux aussi qui commandent les postes ou gardes, au cas que l'on trouve de leurs soldats écartés à plus de 25 pas de ses détachements, et dans les marches, d'une division à l'autre. M. le comte de Saxe prie MM. les colonels et commandants de bataillons d'y tenir la main, ne pouvant se dispenser de rendre compte à la cour de ceux qui ne se feront pas obéir exactement dans les corps qu'ils commandent par les officiers qui sont sous leurs ordres.

Comme il est de la plus grande importance que l'obéissance soit observée dans les vaisseaux, et que MM. les officiers de terre ne (1) conséquence dont sont une infinité de choses à la mer, M. le comte de Saxe fait avertir MM. les officiers de se prêter avec promptitude, et la plus rigoureuse résolution à ce que les capitaines des vaisseaux marchands demanderont d'eux. M. le comte de Saxe ne pourra regarder que comme un manque essentiel au service du roi l'indifférence, lenteur ou négligence qu'ils pourraient apporter dans ce cas.

M. DE SAXE. »

(Archives du dépôt des fortifications.)

Quelques mois plus tard, le maréchal de Saxe dictait encore à M. d'Hérouville un ordre pour son armée sur la discipline et le service en campagne :

Ordre pour toute la campagne donné par M. le maréchal de Saxe
à M. d'Hérouville (12 mai).

« La garde du quartier général, quatre hommes de la compagnie du Prévôt de l'armée, et sa garde, se trouveront tous les jours de marches au lieu ordonné pour l'assemblée des campements, pour être les premiers rendus au quartier général. Ils y entreront seuls avec les marqueurs, y empêcheront les désordres et arrêteront qui que ce soit,

---

(1) Lacune dans le manuscrit.

domestiques, maîtres d'hôtel ou autres, qui y entreront avant que les marqueurs aient fini de marquer le logement.

Les nouvelles gardes des officiers généraux se rendront de même au lieu indiqué pour le campement et marcheront à leur suite, et au moyen de cela il ne marchera personne de leur garde avec leurs équipages ; les domestiques que les officiers généraux enverront au logement se tiendront à la queue des gardes des officiers généraux jusqu'à ce qu'on les appelle.

Personne n'ira ni n'enverra de domestiques avec les campements que ceux qui doivent être logés. Tout autre qui ira sera arrêté, mis au Prévôt et payera 10 L. pour retirer son cheval.

Les vivandiers qui iront d'avance au campement seront pillés et leurs chevaux confisqués.

Indépendamment des officiers qui doivent, en conformité des règlements faits pour le service en campagne, marcher avec les éclopés, il y aura toujours pour l'infanterie un capitaine par division, et un lieutenant-colonel pour toute l'infanterie.

Tous les drapeaux de l'infanterie seront portés à pied par les enseignes, sergents ou soldats qui en seront chargés, sans qu'ils le puissent jamais être à cheval, pour quelque prétexte que ce puisse être.

Lorsque dans les marches il se trouvera des vides entre les bataillons, on ne pressera pas pour cela la marche desdits bataillons ; on aura soin seulement de les faire marcher ensemble, le commandant du bataillon en informera le brigadier, et celui-ci l'officier général conduisant la division, qui en fera avertir le lieutenant général ou autre qui conduira la colonne.

Les colonels ou commandants de bataillon ne souffriront pas que leurs soldats défilent, pour quelques mauvais pas qui peuvent se trouver dans les marches ; ils les feront marcher sur le même front qu'ils se trouveront ; il vaut mieux arriver au camp un peu mouillé que d'y arriver pendant la nuit.

Les majors resteront avec leurs régiments, se porteront continuellement de la tête à la queue pendant la marche, et les feront marcher en ordre, ils empêcheront qu'aucun soldat se mêle d'une division dans l'autre, ni qu'ils entrent dans les maisons, et qu'ils sortent de la colonne, à moins de quelques besoins, auquel cas un sergent ou caporal se tiendra avec eux pour les faire rentrer dans leurs rangs.

Les capitaines marcheront à la tête de leur compagnie, les lieutenants à la queue, et à leur défaut, le lieutenant remplacera le capitaine et un sergent remplacera le lieutenant.

Les valets d'officiers suivant leurs maîtres ne se tiendront point auprès d'eux entre les divisions, mais marcheront à la queue du bataillon.

Outre ce qui est prescrit pour la cavalerie dans le règlement du service en campagne, les brigadiers, colonels, et commandants de régiments empêcheront les cavaliers de défiler, à moins d'une nécessité absolue, et lorsqu'ils y auront été obligés, ils feront halte en sortant du défilé, et se reformeront par le même front où ils marchaient avant d'y entrer.

Les officiers seront responsables des soldats, cavaliers ou dragons qu'ils conduisent, et s'il y en a d'arrêtés à l'écart dans les marches, on s'en prendra aux officiers de la troupe, ou aux commandants des détachements ou postes dont ils seront.

Les officiers commandants aux postes, gardes ordinaires, et autres lieux où ils auront passés, répondront de les avoir laissé passer.

Pour le bois et la paille.

Lorsque les troupes seront arrivées au nouveau camp et qu'elles iront chercher le bois et la paille dans les villages voisins, si les pailles et bois sont assemblés au dehors des lieux qui seront indiqués pour les aller prendre, les officiers qui les commanderont empêcheront que qui que ce soit n'entre dans les dits lieux, et au cas qu'il n'y eût point assez de bois et de pailles assemblés au dehors du village, ils feront une visite des maisons où il pourrait y en avoir et y conduiront leurs soldats, cavaliers et dragons, sans souffrir qu'ils entrent en aucune autre.

Outre les troupes d'infanterie ordonnées par le règlement pour y aller en même temps qu'elles, les régiments de cavalerie y enverront les petites escortes qu'ils envoient ordinairement avec les fourrageurs.

Messieurs les majors tiendront un état des officiers commandés pour ces détachements, pour qu'on puisse savoir à qui s'en prendre s'il arrive du désordre.

Lorsque le bois et la paille seront donnés par distribution à des magasins, les soldats, cavaliers et dragons y seront toujours conduits par un officier, indépendamment de l'officier major chargé de les leur faire délivrer et d'en donner des reçus.

Pour les fourrages.

Les officiers commandés pour mener les fourrages d'infanterie les feront fourrager ensemble.

Le vaguemestre général, ou un de ses aides y conduira les fourrageurs du quartier général.

Les fourrageurs de l'artillerie et des vivres y seront conduits par ceux que le commandant d'artillerie ou de l'équipage des vivres y préposera.

Tout homme fourrageant ailleurs qu'avec sa troupe sera mis dehors du fourrage qu'il aura marqué, par la troupe qui jugera à propos de le prendre.

Tous les jours de fourrage, un détachement de la prévôté marchera à la tête de la colonne des fourrageurs; il arrêtera tous ceux qu'il trouverait revenant du fourrage lorsque les autres iront; il fera conduire chez lui les hommes, chevaux et leurs trousses, confisquera leurs trousses et ne laissera sortir les hommes et les chevaux qu'après qu'ils auront payé une amende de 10 L. par chaque cheval.

Tout homme qui fourragera ailleurs que dans les lieux où le fourrage aura été indiqué sera conduit au prévôt, à qui l'on payera 10 L. par cheval, sur lesquelles le prévôt donnera sur-le-champ la moitié aux cavaliers, dragons ou soldats qui les y auront conduits.

Pour la marche des équipages.

Les équipages qui seront rencontrés hors de leur rang et colonne seront arrêtés pour être mis à la queue de tout.

Tous les valets, chevaux, chevaux de main ou équipages que l'on trouvera écartés de la colonne ou entrés dans les villages, seront conduits chez le prévôt, et il sera payé 10 L. pour chaque cheval, dont moitié sera donnée sur-le-champ par le prévôt à ceux qui les auront conduits.

Messieurs les majors tiendront la main à ce que les vaguemestres de leurs régiments ou brigades soient exacts à faire atteler et charger les équipages aux heures ordonnées, et aussi à les faire rendre aux rendez-vous indiqués; ceux qui ne s'y trouveront pas à l'heure marquée seront mis à la queue de toute la colonne.

S'il y a des équipages mal attelés qui ne puissent suivre, ils seront mis à côté de la colonne pour ne point interrompre la file, et ils en prendront la queue, de même que ceux qui pourraient rompre en chemin.

Chaque jour de marche, il y aura des petits détachements commandés, pour le bon ordre des colonnes d'équipages; ils se rendront à l'instant qu'on battra la générale aux lieux qui leur seront indiqués; ils empêcheront qu'aucun équipage ne se mette en marche avant que le vaguemestre les y ait mis et lui donneront main-forte pour le faire obéir.

Tous les détachements, de quelque nature qu'ils soient, commandés pour les escortes des équipages, ne rentreront point dans le camp que toute la colonne n'y soit rentrée; à mesure qu'ils arriveront à la vue du camp, ils y attendront l'arrière-garde à laquelle ils se joindront pour rentrer tous ensemble, et l'officier qui commandera la dite escorte ira, après l'avoir congédiée, rendre compte à M. le maréchal de ce qui s'y sera passé, comme aussi des hommes qui pourraient avoir manqué, et du nom des officiers commandant les détachements dont seraient les dits hommes.

Le greffier du prévôt remettra tous les soirs à M. le maréchal les interrogatoires qu'il aura faits aux prisonniers qui y auront été conduits.

Messieurs les commandants et majors des régiments auront soin de faire entendre aux soldats, cavaliers et dragons, que, quoi qu'il n'y ait point eu de bans battus, ils ne sont pas moins tenus à observer les ordonnances et à se soumettre aux défenses faites par les généraux.

Messieurs les majors tiendront la main à ce que les soldats soient exactement instruits des ordonnances et défenses qui se feront à l'ordre, parce que dans les cas où ceux qui seraient arrêtés pourraient se justifier par les avoir ignorés, messieurs les majors en répondraient. Les principales de ces défenses sont contenues en l'extrait ci-joint, dont lecture sera faite au commencement de la campagne et le premier jour de prêt de chaque mois.

Messieurs les majors répondront de même des soldats qui, ayant manqué à l'appel, n'auraient point été dénoncés par eux.

Messieurs les officiers auront soin que leurs valets soient instruits des ordonnances du Roi et des défenses des généraux qui les regardent.

M. le Maréchal prie messieurs les officiers généraux et autres de tenir exactement la main à ce qui est porté dans le règlement qui vient d'être envoyé pour le service en campagne, comme aussi de faire exécuter tout ce qui est porté dans le présent ordre, faisant arrêter et conduire au prévôt tous soldats, cavaliers et dragons qu'ils trouveront en faute, encore qu'ils ne fussent pas de leur division.

Extrait des ordonnances du roi rendues au sujet de la discipline dans les camps et marches d'armées.

Ordonnances des 1er juillet 1727 et 20 juillet 1741.	Il est défendu à tous soldats, cavaliers et dragons, de sortir soit de jour, soit de nuit, au delà des gardes de l'armée, sans un congé dans la forme prescrite par les ordonnances, sous peine d'être traité comme déserteur.
Ordonnances des 1er juillet 1727 et 20 juillet 1741.	Il est défendu, sous peine de la vie, de prendre aucun vivre et denrée que de gré à gré et en payant.
Ordonnance du 1er juillet.	Il est défendu, sous peine d'être passé par les verges, d'aller au-devant de ceux qui portent des vivres au camp, même pour les acheteurs de gré à gré, de les arrêter ni de leur faire aucun tort.

Ordonnance du 20 juillet 1741.	Il est défendu, sous peine de la vie, de mettre le feu, ni de prendre autre chose que le simple fourrage, dans les lieux où il sera permis de fourrager.
Ordonnance du 20 juillet 1741.	Il est défendu, sous la même peine, d'entrer dans les lieux où il y aura des sauvegardes ni de leur faire violence.
Ordonnance du 20 juillet 1741.	Il est défendu, sous la même peine, de s'écarter hors de l'enceinte ordonnée pour les fourrages.
Ordonnance du 20 juillet 1741.	Il est défendu, sous la même peine, de couper aucun arbre fruitier et vignes, de dégrader les maisons, de pêcher dans les rivières, viviers et étangs, ni d'endommager les moulins.
Ordonnance du 1er juillet 1727.	Il est défendu d'établir aucun jeu au quartier général, dans le camp ni aux environs.
Ordonnance du 20 juillet 1741.	Dans les marches, tout soldat, cavalier ou dragon, se tiendra, sous peine de la vie, à son régiment ou détachement; les valets se tiendront, sous la même peine, avec les équipages de leurs maîtres et les vivandiers à leurs rangs.
Ordonnance du 20 juillet 1741.	Il est défendu, sous peine d'être passé par les verges, de tirer sans ordre dans le camp ou dans les marches.
Ordonnance de 1586.	Il est défendu, sous peine de la vie, d'outrager, de faits ni de paroles, le prévôt, ses officiers ou archers.
Ordonnance du 1er juillet 1727.	Il est défendu, sous peine de la vie, de s'opposer à ce que le prévôt ou ses archers arrêtent prisonniers des soldats ou autres accusés, de les leur ôter de force ou de se mettre en devoir de les leur ôter.
Ordonnance du 1er juillet 1727.	Il est défendu de vendre sa poudre ou son plomb sous peine d'être mis pendant 15 jours au piquet à l'heure de la garde.
Ordonnance du 1er juillet 1741.	Celui qui, étant engagé dans quelque querelle, appellera ceux de sa nation, régiment ou compagnie, ou qui formera quelque attroupement, sera passé par les armes.

Défenses principales portées par le règlement pour le service de campagne.

Il est défendu, sous peine d'être passé par es verges, d'aller chercher ni paille, ni bois, ni eau, dans les villages, sans y être conduit, de même que des légumes.

Il est défendu, sous les peines portées par les ordonnances, d'aller à la chasse dans les camps, détachements, marches et pâtures.

Il est défendu à tout soldat, cavalier ou dragon, de s'établir ailleurs que dans son régiment pour travailler de son métier.

Il est défendu de vendre aucune harde sans une permission par écrit du major des régiments.

Il est défendu de crier alerte pendant la nuit; si c'est un voleur qu'on veuille faire arrêter, on criera au voleur. »

En même temps que cette circulaire sur la discipline, le maréchal de Saxe rédigeait une instruction pour les détachements, où les prescriptions d'ordre militaire sont mêlées à celles qui concernent l'ordre et la conduite de la troupe.

Instruction pour ceux qui conduisent les détachements et partis à pied à la guerre.

« Le commandant, après avoir assemblé son détachement, partira à l'entrée de la nuit et ira par..... pour s'embusquer avant le jour dans les environs de..., où il passera la journée à se reposer, observant que si quelque passant ou autre personne le découvrait par hasard, il les arrêtera et les gardera auprès de lui, jusqu'à ce qu'il se remette en marche, pour n'être point trahi par ceux qui auraient découvert le lieu de son embuscade, ce qui est d'une très grande conséquence pour les partis qui sont à la guerre, car ils doivent toujours surprendre et ne l'être jamais.

Si celui qui conduit le détachement prévoit qu'il aura besoin de vivres le lendemain pour son détachement, il envoie une heure ou deux avant la nuit dans le village le plus voisin un sergent avec quatre hommes et se fera apporter pain, beurre, fromage et bière, une quantité suffisante pour nourrir le détachement le lendemain. Et aussitôt après la distribution, il se remettra en marche. Il ne souffrira pas que les soldats qu'il commande fassent du feu, soit pour cuire ou pour se chauffer, parce que la fumée les ferait découvrir. Il ne souffrira pas non plus qu'aucun soldat s'écarte de la troupe. S'il se voit découvert dans son embuscade par les habitants ou autres, il se remettra aussitôt en marche et ira s'embusquer à une grande distance de là.

Il se pourvoira de bons guides fidèles et intelligents qu'il paiera bien et qui auront outre cela chacun deux parts de soldats aux prises. Les guides ne sont pas des guides ordinaires pour montrer le chemin seulement, mais ils doivent être du pays, en parler la langue et être vêtus comme les gens du pays.

Il les enverra devant dans les bourgs et villages pour prendre langue, savoir des nouvelles des ennemis, et pour les surprendre, soit dans les lieux où ils se reposent, soit dans leur marche : car celui qui conduit un parti ne doit jamais s'attacher qu'à surprendre et à ne pas l'être.

Il arrêtera tout voyageur et examinera s'il n'est pas homme de guerre ou officier, et s'il se trouvait tel par son aveu, ou par des indices comme lettres et autres choses, il les fera prisonniers, à moins qu'ils ne soient pourvus de bons passeports.

Dès que celui qui commande aura fait quelque prise, il l'enverra par un détachement de son parti suffisant pour la conduire et si cette prise était grande, il la conduira lui-même au camp avec son détachement.

Toutes les fois qu'il aura des nouvelles de l'ennemi, il m'en fera part par un paysan dont lui répondra le maire de la communauté où il aura été pris.

Au demeurant, il respectera les sauvegardes et conduira sa troupe en bon ordre et discipline.

Il reviendra à l'expiration de son passeport.

Fait à Courtrai, le 19 mai 1744.

CHAPITRE IV.

ADMINISTRATION.

I. — L'intendant.

Depuis Louvois, l'Intendant est un personnage considérable aux armées comme dans la nation. Des pouvoirs de toute sorte sont concentrés dans ses mains. En temps de paix, il réunit toutes les attributions, administre et gouverne entièrement son « département ». Police, finances, justice, agriculture, commerce, industrie, administration militaire, recrutement, instruction même des troupes, son action s'étend sur tout. En temps de guerre, son rôle est considérable, d'abord parce qu'il a la direction presque indépendante de tous les services, administration, hôpitaux, réquisitions de chevaux et de travailleurs, espionnage, etc., et aussi parce que les dispositions qu'il prend pour le ravitaillement exercent une influence très sensible. Les intendants ne voient rien qui prime le service des vivres, et ils le proclament avec un sentiment très vif de leur supériorité :

« Les munitions, en général, sont nécessaires pour parvenir aux fins qu'un souverain se propose, lorsqu'il veut se faire craindre, se défendre, soutenir ou entreprendre une guerre ; mais entre ces munitions, celles qui servent à la subsistance des hommes et des chevaux sont les plus importantes ; car, supposant que des provisions d'artillerie manquassent, il en arriverait qu'une conquête serait retardée de quelques jours, ou si l'on veut, qu'elle manquerait totalement ; mais si les choses nécessaires à la vie des hommes et des chevaux qui composent une armée manquaient quatre ou cinq jours, non seulement il ne faudrait point espérer à cette conquête, mais encore la désertion et le désordre que la famine causerait ruineraient entièrement l'armée la plus formidable et exposeraient le royaume au pillage (1). »

L'intendant de Flandres, M. de Séchelles, arrive à l'armée en 1744 avec la conviction qu'il exercera une influence sérieuse sur les opérations. Dès le début de la campagne, il remet au Ministre un mémoire sur les fourrages, dans lequel il indique les opérations que devrait exécuter le maréchal de Saxe pour faciliter le ravitaillement :

« M. le maréchal de Saxe pouvant choisir ses positions et en changer souvent, sa cavalerie ne fourragera jamais qu'à portée de son camp ; elle vivra avec choix et abondance, et ne sera exposée à aucune fatigue pour aller chercher ses subsistances pendant que le magasin de Courtrai se formera avec facilité. Il paraît indispensable de diminuer les subsistances que l'ennemi pourrait trouver sur la terre, dans le cas où il voudrait venir à nous et troubler nos entreprises en passant l'Escaut à Gand ou à Oudenarde, et c'est le pays qu'on se propose de faire manger par la cavalerie de M. le maréchal de Saxe. »

Ce dernier trouve fort mauvais que l'intendant se mêle de lui donner des conseils, et il riposte au comte d'Argenson :

« La partie de l'intendance doit toujours s'accorder avec les positions militaires, mais elle ne doit pas les régler, parce que l'on tomberait dans de grandes fautes si l'on était obligé de suivre les idées de personnages qui n'entendent rien à la guerre. »

En même temps, il se plaint en termes plus vifs au maréchal de Noailles :

A Courtrai, le 30 mai au soir, 1744.

Monsieur,

Je suis rentré vers midi, et tout le détachement que j'avais avec moi. J'ai trouvé, à mon arrivée, une lettre de M. le comte d'Argenson avec un mémoire que je soupçonne de M. de Seychelles, par lequel l'on me

---

(1) Dupré d'Aulnay, *Traité général des subsistances militaires*. Paris, janvier 1744, page 1.

propose d'aller en campant et de fourrager. Je lui ai renvoyé, pour réponse, la copie de la lettre que j'ai eu l'honneur de vous écrire hier ; outre les raisons que j'ai dites la dernière fois que j'ai conféré avec vous et le roi, j'ai demandé à M. le comte d'Argenson 10,000 pionniers pour faire des ponts pour les fourrageurs que l'auteur du mémoire prétend que nous fassions ; il est, en vérité, bien triste de se voir toujours commander par des scribes, des intendants, qui n'entendent rien à la guerre et qui, de leur cabinet, en robe de chambre, se divertissent à faire marcher les armées selon que les visions de leurs sous-scribes le leur suggèrent ; faites, mon maître, que je ne dépende plus que de vous ; vous entendez mon jargon militaire, et délivrez-moi du Seychelles qui, entre vous et moi, est l'ennemi des généraux et des armées plus que ne l'étaient tous les eunuques du sofi de Perse de la révolution de Perse. »

Voilà qui est net, et vraiment militaire, mais l'intendant aura sa revanche, quand le général lui donnera prise. M. de Beaumont écrira, après les victoires stériles de 1745, 1746, 1747 :

« On a peu d'exemples, en France, qu'on ait profité d'une bataille gagnée, et si l'on examine quels en ont été les motifs, *et à la vérité quelquefois le prétexte*, on trouvera qu'on l'a principalement attribué au défaut de pain (1). »

Le reproche est à peine indiqué, mais il est des plus graves pour qui connaît les circonstances de Raucoux et de Laufelt, et il dictera peut-être le jugement de la postérité sur la conduite du général.

Malgré cette dispute d'un jour, le maréchal de Saxe rend pleinement justice aux éminentes qualités, et surtout à l'activité de M. de Séchelles. Celui-ci s'acquitte en effet d'une manière remarquable des tâches les plus diverses et les plus lourdes. C'est sur lui que retombe tout le travail des préparatifs de la mobilisation. Il a levé et organisé les milices, il surveille les troupes dans leurs quartiers, forme les magasins, aménage les hôpi-

______

(1) M. de Beaumont, o. c., page 55.

taux, lève les 20,000 pionniers, les voitures, chevaux
et charretiers nécessaires aux transports, frète des
bélandres, s'entend avec le lieutenant général d'artillerie pour les mouvements de matériel entre les places;
il a dû en outre, comme on le verra, préparer et diriger
le service de l'espionnage, dont il restera chargé en
campagne.

Non seulement les intendants ont les attributions les
plus étendues, sont réellement les représentants du roi
et des ministres en toute chose, mais leur importance
est encore grandie par ce fait qu'ils ne peuvent déléguer
leurs pouvoirs que pour un détail et en un point donné :

« L'intendant de l'armée, dit d'Espagnac (1), est ordinairement
maître des requêtes ; il est mieux qu'il le soit, qu'un simple commissaire ordonnateur, comme cela s'est souvent vu. La raison en est qu'un
maître des requêtes est intendant de justice, police et finances, et qu'il
a les grades pour exercer la justice. »

Les intendants chargés des départements voisins des
frontières sont de grands personnages, de ceux que le
jargon moderne appellerait des « ministrables ». M. de
Séchelles sera un jour secrétaire d'État ; M. de Chauvelin, intendant de Picardie, l'a été ; M. de Machault,
intendant de Soissons, va le devenir ; M. de la Galai-
zière, intendant de Lorraine, porte aussi le titre de
chancelier du duché de Lorraine, etc. Un maréchal de
France est certes un tout autre personnage, et peut le
prendre de haut avec eux, mais bien des lieutenants
généraux ont une situation inférieure à celle des intendants.

On choisit en principe l'intendant d'une généralité
voisine de la frontière où l'on fait la guerre, pour servir
à l'armée. On utilise ainsi sa connaissance complète des
ressources du pays, l'autorité qu'il a sur les populations

____

(1) *Essai sur les grandes opérations de la guerre,* I, page 226.

civiles et les diverses magistratures, et l'on retire de grands avantages de cette fusion des pouvoirs civil et militaire en une seule main. A mesure que l'on s'avance en pays ennemi, l'intendant de l'armée se trouve être naturellement l'administrateur des provinces conquises, qui s'ajoutent au territoire de son département. Les intelligences qu'il a su se ménager dès le temps de paix, les agents de renseignements qu'il a préparés et placés d'autant plus facilement que le commerce est de son ressort, tous ces moyens seront employés dès le début de la campagne pour éclairer le Ministre et le général.

II. — Correspondance de l'intendant.

« On estime qu'un intendant ne peut avoir moins de deux secrétaires, et pour de grosses armées il en faudrait trois. La division des ouvrages à donner à chacun de ces secrétaires pourrait se faire comme il suit :

Un pour la suite de tout ce qui regarde le trésorier et les hôpitaux, qui fût chargé de rassembler avec exactitude toutes les revues, d'en faire les dépouillements expliqués dans cette instruction, et de la correspondance des commissaires des guerres sur ces différentes parties.

Un autre pour la partie des vivres, celle des fourrages et celle de la viande; le commandement des voitures et toute la correspondance qui a trait à ces parties.

A l'égard des deux premiers secrétaires ayant des départements, c'est à eux d'établir l'ordre dans leurs bureaux et à mettre sous les yeux de l'intendant l'extrait des réponses, à faire faire grande attention lorsque, par ces réponses, on fait des difficultés aux choses qui ont été demandées. Par cette disposition, l'intendant, qui a son secrétaire sous lui, demeure chargé de sa correspondance pour son intendance, que son secrétaire peut faire à bien des égards.

Il doit se réserver la correspondance avec le Ministre, les officiers généraux et commandants dans les places, les intendants ou subdélégués qui représentent les intendants et les commissaires ordonnateurs des guerres dans les cas secrets ou mystérieux où il s'agit de donner des ordres pour l'exécution de quelque projet ou d'approfondir la conduite des gens soupçonnés.

Un intendant doit observer, dans sa correspondance avec le Ministre, de ne jamais mêler deux matières dans une même lettre; il faut mettre

autant de lettres qu'il y a de matières, pour le soulagement des
ministres et pour l'ordre des bureaux où l'on doit faire les renvois ; il
est essentiel de ne présenter dans les lettres que des faits rendus lumi-
neux. S'il est question d'opérations projetées, les moyens de l'exécution
doivent être démontrés par des états joints aux lettres, qui représentent
tous les objets et qui mettent le Ministre en état de voir d'un coup
d'œil s'il y a des ordres à donner de sa part, si, selon sa connaissance,
les dispositions sont telles qu'elles doivent être, ce qui fait un grand
soulagement, tant pour le Ministre que pour le rapport qu'il a à faire.
Cette explication paraît suffisante pour fournir l'idée de l'arrangement ;
l'usage plus aisé pour les correspondances est que l'intendant dicte à son
secrétaire toutes les lettres qu'il écrit et que ce secrétaire les écrive sur
un registre, de suite, dans l'intervalle du temps qu'il ne travaille pas
avec l'intendant ; il fait un relevé succinct des lettres, qui est, à proprement parler, un dépouillement particulier et distingué, par des
cahiers séparés pour les personnes auxquelles sont écrites ces lettres,
qu'il observe exactement la date, le compte rendu au Ministre, ou la
demande faite ; il a le soin d'examiner si les réponses du Ministre satis-
font à toutes les choses sur lesquelles l'intendant a besoin d'ordre ; de
même pour les lettres écrites aux intendants ou aux subdélégués sur
des affaires qui exigent le secret, si les réponses sont exactes et consé-
quentes à l'objet, et il en fait mention à côté de son dépouillement. »

(M. de Beaumont, L. c.)

III. — Commissaires des guerres.

Les auxiliaires de l'intendant pour la surveillance des
divers services administratifs sont les commissaires des
guerres.

En temps de paix, ils sont répartis entre les diverses
places de chaque département. Il y a, par exemple, dans
le département de Flandres :

1 commissaire provincial et 1 commissaire ordonnateur à Dunkerque ;

1 commissaire ordonnateur et 1 commissaire ordinaire
à Lille ;

2 commissaires ordinaires à Douai, 1 à Cambrai.

Dans le département du Hainaut, il y a :

1 commissaire provincial et 1 commissaire ordinaire
à Valenciennes ;

1 commissaire provincial à Maubeuge, 1 commissaire ordinaire dans chacune des places de Charlemont, Philippeville, le Quesnoy et Avesnes.

Dans le département de Soissonnais, il y a 2 commissaires ordinaires, à Compiègne et à La Fère.

Dans le département de Picardie et Artois, il y a 1 commissaire provincial à Amiens, 1 commissaire ordonnateur à Péronne, 2 commissaires ordinaires à Calais, 1 dans chacune des places de Saint-Omer, Aire, Arras.

Dans le département de Champagne, il y a 1 commissaire provincial dans chacune des places de Sedan et Mézières, et 2 commissaires ordinaires à Châlons.

En Lorraine, il y a un commissaire provincial à Nancy, 1 commissaire ordonnateur à Lunéville, 1 commissaire ordinaire à Bitche.

Dans le département de Metz, il y a 1 commissaire provincial à Thionville, 1 commissaire ordonnateur et 3 commissaires ordinaires à Metz, 1 commissaire ordinaire dans chacune des places de Stenay, Longwy, Verdun, Sarrelouis, Toul et Phalsbourg.

Chacun de ces commissaires doit assurer le service dans un certain nombre de places, comme les sous-intendants d'aujourd'hui ; un ou plusieurs d'entre eux sont chargés en outre du « plat pays ».

En temps de guerre, l'intendant répartit les commissaires entre les divers services :

« Il faut un commissaire ordonnateur des plus expérimentés pour les hôpitaux. Il se tiendra dans la place où le plus grand nombre de malades sera envoyé. Il aura sous lui un commissaire ou même deux, suivant les cas, qui feront des visites fréquentes tant dans le lieu principal que dans les autres. Un commissaire des guerres doit être chargé de la partie des vivres ; sa principale fonction est de se trouver aux distributions. Un autre est chargé de la viande.

Un commissaire doit avoir le détail des pionniers.

Il faut aussi qu'un commissaire des guerres soit chargé de l'inspection de l'hôpital ambulant de l'armée.

Un commissaire des guerres doit examiner la conduite du prévôt et de ses officiers pour tout ce qui a trait aux vivandiers et aux subsistances du quartier général. Celui qui sera chargé de la partie des vivres ou de la viande, peut l'être aussi de cet article.

L'intendant doit avoir aussi un certain nombre de commissaires des guerres qui, n'étant attachés à aucune partie du service en particulier, puissent remplir celles que les circonstances font naître, comme marcher avec un détachement lorsqu'il est assez considérable pour en exiger un, entrer dans une place dont on s'est emparé, etc.

Lorsque les troupes sont en corps d'armée, les commissaires des guerres sont chargés de faire des revues. C'est l'intendant de l'armée qui, lorsqu'il s'agit de faire ces revues, prend l'ordre du général, et qui, après être convenu du jour et de l'heure, assemble des commissaires pour leur distribuer les régiments (1). »

IV. — Service des vivres.

Le service des vivres, distinct de celui de la viande, ne comprend en somme que la fourniture du pain. Il est fait le plus souvent à l'entreprise (il n'en fut pourtant pas ainsi en 1743), et il y a un ou plusieurs entrepreneurs généraux.

« Ces entrepreneurs, dit d'Espagnac, entretiennent ordinairement dans chaque armée un de leurs principaux commis, sous le nom de directeur général. Cette fonction, qui est des plus importantes, demande un homme d'une très grande capacité. C'est lui qui, sur les ordres du général ou de l'intendant, doit veiller à ce que la fourniture du pain de munition ne soit jamais interrompue. Pour cet effet, il doit pourvoir tous les magasins qui sont à portée de l'armée des choses nécessaires, et savoir en établir à propos, pour seconder le dessein que le général pourrait avoir de porter son armée en quelque endroit éloigné de ceux où sont les dépôts ordinaires. C'est pourquoi il est quelquefois appelé au conseil..... La viande a pareillement un munitionnaire général et un directeur en sous-ordre qui se tient à l'armée, avec des employés pour la distribution (2). »

Dupré d'Aulnay fournit les détails suivants sur l'organisation et le matériel du service des vivres :

---

(1) M. de Beaumont, page 391.
(2) *Essai sur les grandes opérations de la guerre*, I, 229.

« Une armée comprenant 120,000 rationnaires, auxquels la distribution est faite tous les quatre jours, il faut pouvoir y porter à la fois 480,000 rations. Chaque voiture en contient 800, de sorte que le nombre de voitures strictement nécessaire serait de 600, attelées par 2,400 chevaux. Mais comme les équipages des vivres ne servent pas seulement à la distribution ; qu'on les emploie à des transports de farines et de pain par convois des places des premières et secondes lignes dans les camps ; aux amas de bois nécessaire pour les fours établis en campagne, ou dans les bourgs ou villages ; que les différentes positions de l'armée, les camps détachés, les corps de réserve, obligent à changer fréquemment les travaux ; que les charrettes portent la subsistance des chevaux et les ustensiles de fours et d'équipages ; enfin qu'au commencement du service il périt plusieurs chevaux dans le cours d'une campagne, environ un sixième ; l'usage a fait connaître qu'à la fixation fondamentale il fallait, pour assurer le service, ajouter par estimation un cinquième.

Sur ce principe, il faudrait 2,880 chevaux....... Si les munitionnaires suivaient exactement la clause du Résultat (1), sur le remplacement de leurs chevaux, quinze jours après leur perte, l'on pourrait, au lieu d'un cinquième d'augmentation, n'admettre tout au plus que le sixième ; mais le remplacement ne se fait jamais, quoique le roi paye la solde pour le complet, et que le service se fasse également. Ainsi il conviendrait aux intérêts de Sa Majesté d'obliger les munitionnaires à remplacer, aux termes du Résultat, et de n'employer que le sixième d'augmentation sur la proposition de 800 rations par 4 chevaux. C'est au Ministre à en décider.

Pour prouver que le cinquième d'augmentation peut être réduit au sixième, il faut observer :

« 1° Que les munitionnaires n'ont jamais le nombre fixé par le Résultat ; 2° qu'ils répandent leurs équipages dans les places pour faire des manœuvres et des transports qui sont à leur charge ; 3° qu'ils en prêtent beaucoup, contre la disposition de l'ordonnance, à plusieurs personnes ; 4° que les chevaux qui crèvent depuis le commencement de la campagne jusqu'à la fin tournent à l'avantage des munitionnaires, qui reçoivent la solde complète, et qui profitent de la cessation de a dépense..... (2) »

M. de Beaumont complète ces observations par les suivantes :

----

(1) Nom donné au marché depuis Louvois.
(2) Dupré d'Aulnay, page 59.

« Dans la campagne de 1745, les équipages des vivres pour l'armée de Flandres, forte de 109 bataillons et 150 escadrons, consistaient en 5,000 chevaux et 1200 caissons. Le marché de l'entrepreneur était de 3 l. 5 s. par cheval pendant les 184 jours de la campagne, et 15 jours au delà *pour l'assemblée* (1). M. du Verney a eu l'administration générale des vivres comme commissaire du roi, et M. Pavé a été directeur général ».

Comme on le voit, le nombre des chevaux et voitures est très supérieur à celui qu'indique Dupré d'Aulnay.

« Il y a un capitaine général de tous les équipages ; 24 caissons forment un équipage, pour lequel il y a 1 *capitaine*, 2 conducteurs, 1 charron, 1 maréchal, 1 bourrelier, et 2 charretiers haut le pied, avec 4 chevaux. Lorsqu'il est question de faire un chargement de pain, le directeur général des vivres donne ses ordres au capitaine général des équipages, qui fait ses arrangements en conséquence, étant instruit du nombre d'équipages en état de marcher. Il y a par quatre équipages *un lieutenant* qui prend ses ordres et qui marche avec les équipages commandés.

Chaque caisson porte 1,000 rations si les chemins sont beaux, et 800 s'ils sont rompus.

La compagnie qui s'offre pour la fourniture des vivres pendant la campagne passe un marché sous seing privé avec le Ministre de la guerre, et c'est sur ce marché que le traité se passe au conseil en la grande direction, et avec toutes les formalités de l'adjudication, ce qui s'appelle Résultat.

M. de Louvois est le premier qui imagina des emplacements qui subsistassent toujours dans les villes frontières en première et deuxième ligne, afin qu'indépendamment des fonds des magasins que doivent faire les munitionnaires pour subvenir à la fourniture du pain de munition, il y ait toujours, au delà de cette fourniture, des quantités suffisantes en réserve pour la subsistance des troupes à tout événement, ce que les successeurs de M. de Louvois ont imité.

Le Ministre, pour la sûreté du service, oblige les munitionnaires à

---

(1) La campagne terminée, la compagnie chargée du service des vivres rassemblait ses équipages dans une localité choisie à l'intérieur, pour y réparer les voitures et mettre les chevaux à l'écurie. On agissait de même pour les équipages d'artillerie : à la fin de la campagne, on passait une revue finale, le matériel rentrait en direction, et on logeait les chevaux.

avoir un certain nombre de sacs d'emplacement, et à lui remettre de 15 en 15 jours des états certifiés, place par place, département par département, de l'existence des magasins en grains et farines, et de la consommation journalière ; ces états se suivent, et le restant de la dernière quinzaine est rapporté à la première colonne de la quinzaine suivante.

Lorsqu'il y a des emplacements aux dépens du roi, il les fait remettre souvent au munitionnaire comme dépositaire. Quelquefois il leur est ordonné de les consommer pour les renouveler, mais à la charge de remplacer au fur et à mesure ce qu'ils en emploient par les blés qu'ils sont obligés d'acheter pour l'exécution de leurs entreprises, en sorte que la quantité de l'emplacement doit subsister toujours en entier.

La base du service des vivres est : 1° l'état des grains et farines qui sont dans toutes les places à portée des différents départements où l'armée pourrait se porter, avec des notes particulières à chaque place des fournitures qui doivent y être faites pour des marchés non exécutés, et du temps où ces livraisons doivent être faites (1).

2° L'état des équipages des vivres, contenant le nombre de chevaux, le nombre de voitures et les noms des principaux commis qui sont chargés de la conduite;

3° L'état des fours du roi qui sont dans chaque place ; ce qui est important pour connaître si, dans les places à portée de l'armée, il y en a un nombre suffisant pour la fourniture du pain;

4° L'état des fours bourgeois, pour savoir combien on y peut faire de pain en vingt-quatre heures ; lorsqu'on est forcé de prendre ces fours, on en laisse le tiers pour l'usage des bourgeois ; on ne doit s'en servir qu'à la dernière extrémité, et dans le cas de l'impossibilité totale de former l'établissement des travaux, le pain n'étant jamais aussi bien fait par tous les boulangers de ces différents fours et d'ailleurs le chargement en étant très difficile, parce qu'il faut envoyer les caissons dans les différents endroits où ces fours sont dispersés (2);

5° L'état des moulins dans les places et à portée, et ce qu'ils peuvent moudre par jour; le tiers des grains doit ordinairement être converti en farine et se trouver remplacé jusqu'à concurrence de la même quantité, quelque consommation qu'il se fasse ; cependant en France, où l'on n'est point embarrassé de la mouture des grains, on s'embarrasse peu d'en avoir le tiers en farine ;

---

(1) Etat envoyé tous les dix jours à l'intendant de l'armée.

(2) Nous appelons l'attention sur ce paragraphe, qui donne les raisons sur lesquelles on a fait reposer tout le système de ravitaillement, et l'on peut dire la stratégie même jusqu'au premier Empire.

6° L'état des principaux commis à l'armée avec leurs fonctions ;

7° L'état des commis des départements et des places avec leurs fonctions ;

8° Un secrétaire chargé de tout ce qui vient d'être expliqué ci-dessus, pour que l'intendant puisse y avoir recours, selon les différentes circonstances militaires.

Avec ces connaissances, quelque projet que puisse former un général, l'intendant est toujours en état de juger, sans avoir besoin de se confier à personne, de la possibilité ou des difficultés de l'exécution du projet du général.

Il faut d'abord avoir devant les yeux l'état général des troupes dont l'armée est composée.

On estime que la consommation peut aller par jour à 800 rations pour un bataillon de 685 hommes, les officiers compris, et pour un escadron, y compris les officiers, à 200 rations. Pour une armée de 50,000 hommes, il faut 75,000 rations de pain par jour, c'est-à-dire un tiers en sus, à cause du grand et du petit état-major, de l'artillerie, des charretiers des vivres et autres.

Il faut que l'approvisionnement des places soit fait indépendamment de ce que doit consommer l'armée.

Lorsque l'on a constaté l'état de la consommation de l'armée tous les jours, il faut compter que, pour que le service ne manque pas, il y a quatre jours de pain dans les mains du soldat, quatre jours dans les fours et quatre jours dans les magasins, ce qui forme douze jours ; et à la suite de cette supputation, il ne doit jamais y avoir d'intervalle pour le remplacement, que celui de la consommation, sans quoi le service manquerait.

Lorsque le roi fournit le pain, chaque sergent, soldat, brigadier, cavalier ou dragon en a une ration par jour (1).

Les officiers n'en doivent avoir que pendant la guerre et en campagne, pour la subsistance de leurs domestiques, dont le prix est déduit sur leurs appointements comme la retenue qui se fait sur la paye du soldat ; ils en ont chacun un certain nombre de rations par jour, réglé par les ordonnances du roi, suivant leur grade (retenue 24 deniers en garnison, 30 en campagne).

Les distributions de l'armée doivent toujours être faites la veille du jour que le pain est dû aux troupes. Lorsqu'on perd cette avance et que l'on n'a pas un assez grand nombre d'équipages pour pouvoir mener pour six ou sept jours du pain à l'armée, il est très difficile de se mettre en règle parce qu'il faut toujours un jour pour mener le convoi au

---

(1) La ration était comme aujourd'hui d'une livre et demie.

camp, un jour pour faire la distribution et un jour pour retourner faire le chargement qui suit, ce qui ¦prend quatre jours. Lorsqu'on a perdu le jour d'avance, il ne reste plus que trois jours pour faire la manœuvre et regagner cette avance, ce qui souvent est très difficile ; et le soldat a toujours mangé son pain avant le jour qu'il lui est dû.

Il est d'usage que la veille ou la surveille de la distribution, le directeur général remette à l'intendant un projet de cette distribution, dans lequel il rappelle : 1° les troupes qui doivent être fournies ; 2° les quantités nécessaires pour cette fourniture ; 3° les différents établissements de travaux d'où ces quantités doivent être livrées.

C'est le pied des revues dont l'extrait est délivré chaque mois au munitionnaire, que l'on suit dans les distributions ; et à la fin de la campagne, le munitionnaire tient compte aux régiments du pain qui n'a pas été pris, sur le pied d'un tiers de diminution du pain du roi. C'est le major du régiment qui fait ce compte avec le munitionnaire.

Il faut avoir attention que les troupes prennent à chaque distribution une quantité égale de pain, parce que c'est le seul moyen pour proportionner la fourniture à la consommation ; et lorsqu'on laisse à la volonté des troupes d'en prendre tantôt plus, tantôt moins, on s'expose à une perte considérable, parce que souvent l'excédent du pain qui n'a point servi à la distribution se gâte et ne peut être d'aucun usage pour les distributions suivantes, ce qui entraîne des procès-verbaux que le munitionnaire fait dresser pour constater le dépérissement et le faire supporter par le roi.

Pour éviter ces inconvénients, il ne doit y avoir, au parc des vivres, que ce qui est nécessaire pour la distribution, et un excédent médiocre qui puisse fournir aux différents détachements qu'envoie le général, parce que c'est un principe de l'exécution duquel on ne doit jamais s'écarter, que tout détachement qui va à la guerre doit emporter son pain pour quatre jours.

Lorsqu'il est question de projet de marches qui éloignent des établissements, il faut avoir recours à du biscuit ou à du pain biscuité, ce qui n'arrive presque jamais en Flandres, pour deux raisons : l'une, la proximité où les villes sont les unes des autres ; l'autre, la commodité des chemins qui consistent, la plupart, en de très belles chaussées.

L'intendant ayant la confiance du général est souvent en état de juger si les armées peuvent en venir à une action, et lorsqu'il entrevoit quelque apparence, il doit s'occuper de deux objets bien difficiles dans leur exécution. Le premier est, dans la supposition d'un événement malheureux, des suites qu'il peut avoir, pour ne jamais laisser dans les places de la première ligne que les quantités nécessaires dans les magasins pour la défense de ces mêmes places en cas de siège, et que les

dépôts considérables soient toujours dans les villes de la seconde ou de
la troisième ligne. Il doit même prendre connaissance de la position
des convois au jour de l'action pour les faire placer de manière qu'ils
soient en état de se retirer sans embarrasser l'armée. Cette dernière
circonstance est plutôt du fait du général ou du maréchal général des
logis que de l'intendant; mais cela ne l'exclut pas d'y donner ses attentions et d'en parler au général, qui, souvent occupé d'objets trop supérieurs dans ces moments-là, n'a pas le temps de tout prévoir.

Le deuxième cas est plus difficile dans son exécution : c'est quand,
par une bataille heureuse, l'armée doit suivre l'ennemi pour profiter de
sa victoire. Comme les troupes s'éloignent par leur marche, et que,
souvent, les convois ne sont pas à portée de suivre, parce qu'ils sont
en route pour retourner au chargement, ou qu'ils chargent le convoi,
ne pouvant pas arriver assez tôt, l'armée est forcée de s'arrêter, et l'on
perd souvent, par cette raison, les fruits avantageux d'une grande action. On a peu d'exemples, en France, qu'on ait profité d'une bataille
gagnée, et, si l'on examine quels en ont été les motifs, et, à la vérité,
quelquefois le prétexte, on trouvera qu'on l'a principalement attribué
au défaut de pain (1). Un intendant doit continuellement réfléchir sur
la position des armées, et supposer les différents événements qui
peuvent arriver, et ce qu'il aurait à faire pour les subsistances dans
chacune de ces suppositions; c'est précisément là ce qu'il y a de plus
difficile à la guerre; mais ce n'est qu'en s'en occupant que l'on parvient
à s'en instruire.

Lorsque les dispositions se font pour une action générale, s'il y a
des voitures de vivres au parc, comme il en reste tous les jours en
entrepôt, l'attention de l'intendant doit être de placer ces voitures
à une certaine distance de l'armée, et qu'à mesure qu'il sort des blessés
de l'armée, il puisse les faire charger sur-le-champ sur des voitures et
les faire défiler à mesure pour conduire les blessés dans la place où
sont les travaux (boulangerie). Cette précaution fut très utile à la bataille de Malplaquet et sauva plus de 2,000 blessés.

Si l'intendant pouvait juger qu'il y eût une action, ce qui dépend
souvent du général, quand il est déterminé à aller attaquer les ennemis, il doit avoir des voitures du pays à portée de l'armée pour faire la
même opération qui est expliquée ci-dessus, c'est-à-dire pour emmener
les blessés; cette attention honore l'intendant et est fort utile.

Au début de la campagne de 1744, « les magasins de
Flandres, Artois, Picardie, Hainaut, Soissonnais et fron-

---

(1) Voir ci-dessus page 194.

tières de Champagne » comprennent les quantités suivantes de grains et farines (situation du 1ᵉʳ mai) :

1° Flandres, Artois, Picardie et Soissonnais :

Froment........................	24169 sacs.
Seigle...........................	1004 —
Méteil..........................	33792 —
Farine	44062 —

2° Hainaut et frontières de Champagne :

Froment........................	13745 sacs.
Seigle...........................	3500 —
Méteil....	4559 —
Farine	24910 —

Soit, au total, 80,769 sacs de grain et 68,972 sacs de farine.

M. de Séchelles estime la consommation de l'armée à 775 sacs par jour et 150 sacs pour les garnisons, ce qui donne, au bout de 15 jours, 13,875 sacs. Il restera donc, le 15 mai, 135,866 sacs.

« A compter du 15 mai jusqu'au 1ᵉʳ juillet, ajoute-t-il, on suppose que les consommations augmenteront de 300 sacs par jour à cause des pionniers et des charretiers d'ordonnance, ainsi qu'elles sont supposées de 1225 sacs par jour, ci pour 46 jours.................... 56,350

Resterait au 1ᵉʳ juillet..... 79,516

On suppose que, au 1ᵉʳ juillet, les fournitures extraordinaires cesseront et que les consommations ne seront plus que de 925 sacs par jour, tant pour les armées que pour les garnisons.

A compter du 1ᵉʳ juillet jusques au 23 septembre, les consommations pendant 85 jours à 925 sacs par jour monteraient à 78,625

Partant, resterait le 24 septembre..... 891

L'objet de ce calcul est de faire connaître jusques à quel temps les subsistances sont assurées par ce qui existait dans les magasins au 1ᵉʳ mai.

Le munitionnaire a passé des marchés pour l'achat de plus de 100,000 sacs, dont il n'est rentré qu'une petite partie dans ses magasins ; les remises auraient été plus abondantes sans la gêne où il s'est trouvé par le défaut de sacs vides, mais cette difficulté diminue tous les jours par les soins qu'il se donne pour en rassembler de tous côtés.

Les ordres sont donnés pour conclure de nouveaux marchés de grains.

L'ordre est aussi donné pour pousser les moutures de tous les côtés avec la plus grande activité.

Les principales places d'où l'on compte tirer des farines pour les travaux de l'armée sont Arras, Cambrai, Valenciennes, Douay, Lille, Béthune, Aire et Saint-Omer ».

V. — Des fours de campagne.

L'établissement des fours de campagne a joué un rôle si important, on pourrait presque dire si fondamental dans les systèmes de guerre du XVIIe et du XVIIIe siècles, qu'il est intéressant d'en connaître exactement la structure et le fonctionnement. On a déjà vu pourquoi on ne voulait pas recourir aux fours existant dans les localités traversées par l'armée.

« Les fours de campagne, dit M. de Beaumont, se font avec des cintres de fer et doivent être composés chacun de sept cintres du poids de 100 à 200 livres au plus chacun, d'une aiguille de fer d'environ 100 livres, laquelle sert à embrasser les sept cintres par-dessus, et d'une plaque de fer battu, en manière d'une porte qu'on nomme « bouche du four », d'environ 60 livres; ainsi un four en son entier doit peser aux environs de 1000 livres.

Il faut un chariot pour porter les cintres de fer de chaque four avec les ustensiles nécessaires pour le travail.

Pour construire un four avec des cintres de fer, il ne faut, quand on est pressé, que des pierres brutes et de la terre grasse mêlée et bien pétrie avec du foin; si l'on peut avoir de la brique, on s'en servira pour faire la bouche et la cheminée. L'âtre doit être de 6 pouces de terre grasse seulement et bien battue pendant quatre heures. La hauteur du four, depuis le rez-de-chaussée jusqu'à l'âtre, sera de 3 pieds, et depuis l'âtre jusqu'au haut de la voûte, de 18 pouces. Sa longueur, ou profondeur, de 13 pieds sur 12 de large.

Tous les matériaux étant préparés, cinq maçons avec trois manœuvres construisent un four en sept ou huit heures (1).

____

(1) Ce four paraît être l'analogue du « four portatif en fer et tôle »

Pour construire un four massif, il faut observer les mêmes proportions qu'à celui fait avec des cintres de fer et y employer le même nombre d'ouvriers qui seront au moins trois jours à le construire, parce que le four massif doit être élevé en maçonnerie ou avec de la chaux ou avec de la terre bien préparée.

Sur la hauteur depuis le rez-de-chaussée jusqu'à la superficie de l'âtre, qui sera de 3 pieds 6 pouces, on élèvera perpendiculairement de chaque côté, sur la longueur du four, un mur de 6 pouces sur lequel on commencera insensiblement à former les reins de la voûte des deux côtés. La hauteur du milieu sera de 18 pouces en dedans, et, pour parvenir à lui donner sa forme, on prendra des branches de bois vert, qu'on coupera dans la forme que doit avoir le four, sur lesquelles on mettra des planches pour soutenir pendant un temps la maçonnerie de la voûte qui sera faite de briques posées debout avec du mortier fin. A l'égard du carrelage dont l'étendue du four doit être couverte, il faut, pour poser les carreaux, se servir de mortier de terre glaise et non de celui fait avec de la chaux et du sable, parce que la chaleur le ferait enfler et détacherait les carreaux en peu de temps. La bouche du four aura 2 pieds de large sur 1 1/2 de hauteur.

On observera, quelques jours après sa construction finie, de le décintrer en ôtant tous les bois qui seront en dedans et qui auront servi à former la voûte.

Les fours que l'on a faits à l'armée doivent toujours être à couvert; tout ce que l'on pourrait faire, si l'on n'avait pas assez d'emplacement pour les y mettre entièrement, ce serait de les construire en dehors d'une grange, mais il faudrait que les ouvertures fussent en dedans, afin que les boulangers pussent travailler et enfourner à couvert.

Avant de se servir d'un four qui vient d'être construit, il faut le faire sécher pendant vingt-quatre heures au moins, en y faisant d'abord un petit feu que l'on augmentera à mesure que le four séchera.

Il faut, pour le service de chaque four, quatre boulangers, dont le chef, appelé brigadier, est celui qui enfourne. »

« Un four de 13 pieds de long sur 12 de large doit contenir 500 à 550 rations; on peut faire dans un travail ordinaire six fournées de pain par vingt-quatre heures; il faut une heure pour pétrir la pâte, une heure pour la peser, tourner et laisser revenir sur couche, et qu'elle

---

de nos armées. D'après l'*Aide-mémoire d'état-major*, la construction d'un pareil four demande trois heures et demie à quatre heures pour être construit par six hommes; mais il ne contient que 200 rations, tandis que celui d'autrefois en contient 500. Il y a donc à peu près équivalence. Même observation pour le four en maçonnerie.

soit une heure dans le four, ce qui fait trois heures pour chaque fournée. On compte, par conséquent, qu'un four peut faire 3,000 rations de pain par jour.

La construction des fours se fait aux dépens du roi ; dans les pays ennemis, on fait, autant qu'il est possible, supporter ces dépenses par les villes, ce qui s'est pratiqué en 1745 à l'égard de la ville de Gand, où l'on a formé un établissement de 34 fours qui ont été construits aux dépens du pays, et depuis à l'égard de Bruxelles où l'on fit construire 30 fours et des magasins à portée. Les magistrats ayant prétendu qu'ils ne devaient pas supporter cette dépense, on leur répondit que, dans toutes les places conquises, les magistrats en avaient été chargés. »

Peu s'en fallut qu'on n'abandonnât, dès la première moitié du XVIIIe siècle, le système des fours fixes. Dupré d'Aulnay nous apprend (pages 145 et 632) qu'un sieur de Lavault avait inventé des fours de fer roulants et des moulins à bras portatifs. En 1741, le contrôleur général Orry avait décidé l'adoption de ces moulins pour la ville de Paris ; les dépenses de la guerre l'avaient empêché de mettre son projet à exécution ; mais plus de 60 seigneurs de paroisses avaient acheté des moulins de la nouvelle invention. On emporta une centaine de ces moulins en Bohême en 1741. Leur fabrication hâtive les rendit sujets à certains inconvénients qui furent corrigés depuis. Il tient 10 de ces moulins dans une voiture.

« Les fours portatifs sont montés sur un train de bois et armés de cercles de fer ; l'avant-train se détache quand ils sont arrivés à l'endroit où l'on veut cuire, et, lorsqu'on veut les faire suivre les voitures de l'armée, on remet l'avant-train avec sa cheville-ouvrière ; le four serait chaud et chargé de son pain qu'il suivrait avec la même facilité que s'il était froid. Il n'y a pas plus de difficulté à le conduire qu'une voiture ordinaire.

Pendant que le camp se marque, les boulangers mettent le feu au four, pétrissent, tournent le pain et enfournent.

Chaque four a 14 pieds de long sur 4 pieds 6 pouces

14

de large et 2 pieds 10 pouces de hauteur. Il pèse, les roues comprises, 4,500 livres.

Les boulangers peuvent y cuire, en 24 heures, 16 fournées de 200 rations, soit 3,200 rations. Un four ordinaire n'en donne que 3,000 (5 fournées de 600).

Les chefs aux travaux désirent qu'on ne s'en serve pas, parce qu'ils seraient frustrés du profit illicite qu'ils font sur la construction des fours de cintres ou massifs. »

Pour les fours roulants comme pour les fours fixes, nous obtenons aujourd'hui des résultats équivalents à ceux de 1744. On peut faire 16 fournées en 24 heures avec nos fours roulants comme avec ceux du sieur de Lavault. Ceux-ci pèsent 4,500 livres; les nôtres 5,300. Les fours d'autrefois contenaient 200 rations; ceux d'aujourd'hui, 160 à 168. Nous serions donc tentés de juger que le rendement des fours roulants est moindre qu'au XVIIIe siècle, si nous ne pouvions soupçonner Dupré d'Aulnay d'avoir exagéré un peu les avantages des inventions du sieur de Lavault. En tout cas, le progrès est peu appréciable.

VI. — Viande.

« Six semaines ou deux mois avant d'entrer en campagne, le Ministre fait un marché avec un entrepreneur, dont la copie doit être remise à l'intendant pour fournir la viande aux troupes d'infanterie, de cavalerie, dragons et hussards de l'armée pendant la campagne, à raison d'une demi-livre de viande par jour et par homme, à l'exception des vendredis que le roi ne donne point de viande. Ainsi l'on compte qu'un bœuf, lorsqu'il pèse 500 livres, fournit 1000 hommes par jour, et l'on voit sur ce pied, par le calcul des troupes que l'on doit fournir, la quantité de bœufs qu'il faut chaque jour.

Le Ministre, informé par les intendants des provinces d'où l'on tire les bœufs et les vaches, de l'abondance ou de la disette de l'espèce et de sa valeur, connaît par ce moyen le vrai prix de la livre de viande.

Les provinces d'où l'on tire les bêtes sont le Limousin, l'Auvergne, la Marche, le Morvan, la Bresse, le Charollais et le Berry; on peut en cas de disette les tirer de l'Allemagne, de Hongrie, de Suisse et de Hollande.

Le Ministre oblige ordinairement les entrepreneurs par leur marché d'avoir sur pied dans le 15ᵉ d'avril le sixième au moins de la quantité de bœufs nécessaire pour la fourniture totale pendant les six mois de campagne ; ces bêtes, suivant l'ordre du Ministre, sont réparties en différents lieux par les soins de l'intendant, qui leur assigne des communes pour les mettre en pâturage, et elles doivent être remplacées sans cesse jusqu'à concurrence du même nombre ; ainsi, si, pour la fourniture de l'armée, il faut 24,000 bœufs pendant la campagne, la réserve doit être de 4,000 et subsister par des remplacements dans ce nombre complet jusqu'à la fin de septembre pour servir à la fourniture du mois d'octobre.

Dans les anciennes guerres et même encore en 1734, la fourniture de la viande n'était jamais régulière, parce que les rachats sont extrêmement avantageux à l'entrepreneur, et c'est par cette raison qu'on ne doit jamais les permettre et qu'on ne doit payer que la fourniture effective.

En 1734, le prix de la viande, suivant le marché de l'entrepreneur, était de 5 s. la livre ; en 1741, 1742 et 1743, il a été de 6 s. la livre, et, en 1744 et 1745, de 6 s. 8 d. à cause de la mortalité des bestiaux.

Il faut observer que, en temps de guerre, les troupes ont dans la même année deux traitements différents, celui d'hiver et le traitement de campagne. Il se fait pour ces deux traitements deux ordonnances : celle pour le traitement d'hiver se fait à la fin d'octobre et son exécution a lieu depuis le premier novembre jusqu'au dernier avril inclusivement ; celle de campagne, depuis le premier mai jusqu'au dernier octobre inclusivement.

Dès qu'une troupe entre dans une place, même pendant le courant de la campagne, le traitement de campagne cesse à son égard et elle devient sur le pied de garnison.

La fourniture de la viande ne se fait que pendant 158 jours à cause des 26 vendredis qui se trouvent dans les 184 jours de campagne.

Suivant l'ordonnance du roi pour le traitement de campagne, l'infanterie française reçoit une ration de pain, une demi-livre de viande et 2 s. 6 d. par jour, sans la ration de pain et la demi-livre de viande ; la solde serait fixée à 5 s. 6 d., mais il y a 2 s. pour la ration de pain et 1 s. pour la demi-livre de viande, ce qui fait que par l'ordonnance de campagne la solde n'est portée qu'à 2 s. 6 d. par jour.

Il faut observer que, lorsque l'infanterie française est à paye de garnison et qu'il y a ordre de lui fournir de la viande, la retenue s'en fait à 2 s. la livre.

L'infanterie étrangère ayant le même traitement en campagne qu'en garnison, lorsqu'elle prend la viande, elle la paye sur le pied de 2 s. 11 d. la livre.

Tous les régiments suisses, qui n'étaient point dans l'usage de prendre la viande, en ont demandé la fourniture dans la campagne de 1745. et M. de Séchelles a ordonné qu'elle leur fût fournie.

Elle leur a été fournie, mais lorsqu'il a été question de leur en faire la retenue, ils ont prétendu ne la payer que comme l'infanterie étrangère à 2 s. 11 d. la livre; mais le Ministre ayant fait observer qu'ils ne pouvaient en avoir qu'en la payant sur le pied du roi à l'entrepreneur, ils n'ont pas demandé que la fourniture leur en fut faite en 1746.

La cavalerie, hussards et dragons, avant la guerre de 1733, ne prenaient de la viande que lorsqu'elle en voulait; la viande étant devenue chère dans les camps, ils ont demandé qu'il leur en fût fourni; mais attendu que l'ordonnance du roi ne leur déduit que le pain, l'entrepreneur de la viande leur fait faire la retenue de celle qu'il leur livre sur le pied de 3 s. 5 d. la livre.

Cette distribution se fait pour quatre jours ordinairement et jamais d'avance, à moins qu'il n'y ait un ordre du général; elle se fait sur les reçus des officiers chargés du détail des régiments et à raison de quatre pesées par bataillon de 17 compagnies et d'une pesée par escadron de cavalerie, hussards et dragons.

Il faut pour quatre jours à un bataillon composé de 17 compagnies, dont 16 à 40 et la compagnie de grenadiers à 45, ce qui fait en tout 685 hommes, 2,740 rations, ce qui fait 1370 livres.

Une armée de 120,000 hommes consomme tous les quatre jours 200,000 livres de viande qui font 400 bœufs tous les quatre jours, s'ils pèsent 500 livres, et 496, s'ils ne pèsent que 480 livres.

Nota. — Le marché explique qu'on pèse la tête et la fressure.

Il suffit que l'entrepreneur ait toujours à l'armée pour quinze jours de subsistance et que l'intendant soit assuré que le surplus de la fourniture soit par échelons sur le derrière de l'armée pour y arriver suivant les besoins; il faut que, à mesure que l'on consomme des bestiaux, il s'en avance toujours dans les quartiers où ils peuvent être en sûreté, en sorte que, sans en avoir à l'armée un nombre embarrassant, elle ne puisse pas en manquer.

Le général donne ordinairement une garde de 30 hommes pour escorter dans la marche et au parc les bœufs de l'entrepreneur, auxquels on désigne une pâture, toujours, autant qu'il est possible, derrière le centre de l'armée.

C'est à l'entrepreneur à s'informer des prairies et pâturages qui sont à portée du camp et hors d'insulte.

Lorsqu'on fait une opération pendant l'hiver ou dans un pays où il n'y a point de munitionnaire de la viande, on fait une répartition des bestiaux sur le pays et on les fait distribuer par portions égales aux troupes. Nommément pendant le siège de Bruxelles, il a été fait une imposition sur le pays à raison de deux vaches par bataillon pour quatre jours, attendu qu'il n'y avait que 400 hommes par bataillon qui ont marché à ce siège ; cette viande a été donnée gratis aux troupes sans aucune retenue.

La distribution de la viande se fait à la droite, au centre et à la gauche de l'armée, suivant le nombre de troupes dont elle est composée ; il y a aussi 30 hommes et un officier commandés pour être présents à cette distribution, et il faut que les bestiaux soient tués en sa présence, car on ne doit apporter aucune viande morte, hors le cas où elle proviendrait d'une autre distribution faite le même jour et qu'elle serait escortée de deux soldats de la garde.

Il est de règle qu'un commissaire des guerres soit présent aux distributions ; cependant, il n'y est nécessaire que dans les cas où la viande serait refusée par les troupes, soit que le bœuf soit déclaré ladre ou de mauvaise qualité par les bouchers experts ; dans ce cas, le commissaire le fait enterrer en sa présence et n'en délivre point de procès-verbal ; s'il est mort d'une maladie accidentelle, ce qu'on entend par maladie épidémique ou contagieuse, car si le bœuf mourait de fatigue ce serait pour le compte de l'entrepreneur, le commissaire des guerres, sur la réquisition de l'entrepreneur, le fait ouvrir en sa présence, le fait ensuite enterrer et en dresse un procès-verbal.

Il est permis à l'entrepreneur de fournir bœuf ou vache, cependant il fournit peu de vaches, à moins que les bœufs d'engrais ne manquent, ce qui peut arriver dans les mois de septembre et d'octobre.

La distribution se fait sur le pied des revues, et, s'il arrive qu'un régiment prenne plus de viande qu'il ne lui en est dû, il la paye sur le pied du marché de l'entrepreneur.

On déduit, en outre, les journées des soldats aux hôpitaux dont le régiment ne doit pas prendre la viande.

L'entrepreneur doit remettre tous les mois un état de sa consommation, qui est envoyé au Ministre de la guerre et sur lequel il obtient des ordonnances à bon compte sur le trésorier général de l'extraordinaire des guerres ou sur le trésorier royal.

A la fin de la campagne, l'état de la fourniture de la viande s'arrête sur les revues par l'intendant, qui ordonne le payement du supplément du prix accordé par le roi à l'entrepreneur, lequel, joint à la retenue qui est faite sur les troupes qui doivent la supporter, telles que l'infanterie légère, la cavalerie, les hussards et les dragons, fait le prix total de l'entrepreneur suivant son marché.

Cet état est arrêté quadruple, un pour la cour, un pour l'intendance, un pour le trésorier général et une expédition pour l'entrepreneur, il ne passe point à la chambre des comptes et ne fait qu'un article dans le compte du trésorier général de l'extraordinaire des guerres en exercice.

Sur la copie de cet état de fourniture qui est envoyée au Ministre, on expédie deux ordonnances de fonds, l'une pour consommer la retenue faite sur les troupes par le trésorier général de l'extraordinaire des guerres, et l'autre pour lui remettre le fonds de supplément qui est à la charge du roi, et acquitter à l'entrepreneur ce qui lui est dû. »

Lettre du Ministre en envoyant à l'intendant copie du marché de l'entrepreneur de la viande pour 1744.

« Je vous envoie, Monsieur, la copie du marché qui a été fait pour la fourniture de la viande aux troupes qui doivent servir dans les armées qui agiront sur les frontières la campagne prochaine, par laquelle vous verrez à quoi les entrepreneurs sont engagés, et leur ferez suivre exactement les conditions. Il faut, s'il vous plaît, vous entendre avec les intendants des provinces voisines, pour faire qu'à mesure qu'il se consommera des bestiaux, il s'en avance toujours dans des quartiers où ils puissent être en sûreté, de sorte que, sans en avoir à l'armée un nombre embarrassant, elle ne soit point dans le cas d'en manquer.

Vous aurez soin de faire solliciter M. le maréchal de Noailles de faire donner aux entrepreneurs, dans le quartier du Roi, le logement et terrain nécessaires pour la boucherie, la distribution, et parquer les bestiaux, avec une garde suffisante pour empêcher qu'il ne leur en soit pris pendant la nuit.

Vous commettrez un commissaire des guerres pour avoir une inspection particulière sur la fourniture desdits bestiaux aux troupes, et veiller à ce qu'il n'en soit délivré que de bonne qualité, qu'il ne soit point fait de difficulté mal à propos auxdits entrepreneurs, et que, s'il arrivait quelqu'une des pertes mentionnées dans son marché, ledit commissaire fût en état d'en dresser procès-verbal, dont il vous remettra copie dans vingt-quatre heures, m'en enverra autant et me rendra compte toutes les semaines de ce qui se passera à l'égard de cette fourniture.

Vous ordonnerez audit commissaire, qu'après que la viande sera pesée par l'entrepreneur, il fasse mettre à part les têtes de bœufs pour être réparties aux soldats, cavaliers et dragons également.

Vous devez tenir la main à ce que, dans les marchés, on ait un très grand soin desdits bestiaux, et que, lorsqu'ils arriveront à l'armée, on leur donne telles choses qu'il ne puisse en mésarriver.

La fourniture doit se faire aux soldats, sergents, brigadiers, cavaliers et dragons effectifs sur le pied de 3 livres de viande par semaine, et chaque livre payée à raison de 7 sols suivant son traité; il ne doit rien être déduit, pour cette fourniture, sur la solde de campagne des

sergents et soldats de l'infanterie française ; à l'égard de l'infanterie
étrangère, il sera retenu 8 s. 9 pour les 3 livres de viande qui leur seront fournies par semaine, et 10 s. 3 sur celle des brigadiers, cavaliers
et dragons, le surplus devant être payé par le Roi à l'entrepreneur,
suivant son traité.

Vous arrêterez, à la fin de la campagne, un état général du montant
de la fourniture de la viande, suivant le modèle ci-joint, au bas duquel
vous mettrez votre ordonnance, et m'en enverrez une expédition, sur
laquelle je ferai expédier une ordonnance de décharge sur le trésorier
général de l'extraordinaire des guerres à Paris, de la somme qui sera
à la charge du Roi, outre celle qui proviendra des retenues faites sur la
solde de l'infanterie étrangère et de la cavalerie et des dragons pour la
viande qui leur aura été fournie.

Vous observerez que les gardes du corps du Roi, les gendarmes,
chevau-légers, mousquetaires et grenadiers à cheval de S. M., les
gardes françaises et suisses et les autres régiments suisses, ne doivent
point avoir de viande, si ce n'est en la payant aux entrepreneurs sur
le pied du Roi, et, comme il leur est défendu de faire aucune fourniture en détail aux officiers généraux ou particuliers, vous obligerez
celui qui fera la charge de maréchal des logis de la Maison de S. M. et
ceux qui feront les fonctions de majors des régiments des gardes françaises et suisses et des autres régiments suisses, de vous donner, tous
les mois, un état de chaque compagnie qui voudra prendre la viande ;
vous leur ferez délivrer, ainsi qu'aux autres troupes, et en ferez délivrer la valeur auxdits entrepreneurs, à la fin de chaque mois, par le
trésorier particulier qui sera à la suite des troupes de la Maison du
Roi, et pour les régiments, non compris celui des gardes, par le commis de l'extraordinaire des guerres de l'armée, sans néanmoins qu'ils
soient obligés d'en prendre de leur plein gré.

Quant au payement à faire auxdits entrepreneurs pour la valeur de
leur fourniture, vous ne la passerez point en dépense dans le compte
du trésorier de l'armée, mais vous y mettrez seulement, par advertatur,
la somme à quoi montera cette dépense.

Vous observerez encore que S. M. ne veut point, pour quelque raison
que ce soit, que l'on fasse aucun décompte ni rachat aux troupes, en
argent, pour la viande qui pourrait ne pas leur avoir été fournie dans
le temps ordonné, en sorte que les soldats puissent profiter réellement
de la quantité de viande que S. M. leur ordonne. Si lesdits entrepreneurs ont besoin de fourrages pour la subsistance de leurs chevaux,
vous leur en ferez donner la quantité qu'ils désireront, en payant comp
tant à l'entrepreneur des fourrages ce qu'il en coûte à S. M. »

L'intendant doit exciter, par la voie des subdélégués et par celle

des magistrats, les bouchers, boulangers et autres marchands de denrées, dans les lieux voisins de l'armée, à porter des approvisionnements
au camp ; cette précaution est rarement nécessaire en Flandres lorsqu'il
n'y a point de maraude ou de parti ennemi sur les derrières de l'armée.
Lorsque l'un des deux cas arrive, l'intendant peut faire donner avis aux
vivandiers, soit par ses subdélégués, soit par les commissaires des
guerres, du jour du départ des convois que ces vivandiers peuvent
suivre, et retourner, par la même voie, aux provisions, en ayant l'attention de faire donner l'ordre par le général à l'officier qui commande
les escortes, de laisser filer tous les vivandiers à la queue du convoi
même. Sans cette précaution, il arriverait souvent que le commandant
de l'escorte n'admettrait pas les vivandiers, et ce serait un grand mal.

Il y a beaucoup d'inconvénient à taxer les denrées, et l'intendant ne
doit s'y porter qu'à la dernière extrémité ; il doit sans cesse être instruit
du prix courant du pain et de la viande, et entretenir ce prix lorsqu'il
est raisonnable ; il doit surtout empêcher que le prix de la viande ne
se trouve fixé par des maîtres d'hôtel qui, par intérêt ou par ignorance,
donnent souvent des prix dont ils retirent des contributions.

Ce détail mérite d'autant plus l'attention de l'intendant qu'on le
rend toujours garant de la cherté qui se trouve dans le camp, et cela
influe désavantageusement sur sa réputation ; une attention marquée
sur cet article n'est pas longtemps à être connue ; le corps des officiers
en profite et lui applaudit.

VII. — Fourrages.

On ne comprend bien les difficultés du ravitaillement
dans les guerres d'autrefois et la lourdeur des armées
que si l'on tient compte de la grande proportion de chevaux que comprenaient ces armées, et de la quantité de
fourrage qu'ils exigeaient. Une armée de 86,000 hommes,
comme celle de Flandres en 1744, comprenait 23,600
cavaliers. De plus, tous les officiers étaient montés, la
Cour suivait l'armée avec une nombreuse cavalerie, et il
y avait environ 8,000 chevaux de trait. Au début de la
campagne, on arrivait à un total d'environ 56,000 rations
de fourrage, qui diminuait ensuite rapidement.

« La ration de cavalerie est composée de 18 livres de foin sans paille
ou de 15 livres de foin et de 5 livres de paille, et des 2/3 de boisseau

d'avoine, mesure de Paris. (Le boisseau de 13 liv. 518, cette ration d'avoine pèse environ 4 kilogr. 500.)

Celle d'infanterie, de 16 livres de foin sans paille ou 12 livres de foin et 8 livres de paille et du demi-boisseau d'avoine (3 kilogr. 400 environ).

Quand on craint de manquer de foin ou qu'on a des raisons pour le ménager, on réduit la ration de cavalerie à 12 livres de foin et 10 livres de paille, et celle d'infanterie à 10 livres de foin et 10 livres de paille.

On voit par là qu'on donne 5 livres de paille pour 3 livres de foin.

36 livres de foin font la ration complète de la cavalerie, quand il n'y a ni grain ni paille ; 60 livres de paille, quand il n'y a ni foin ni grain ; un boisseau et un tiers d'avoine, quand il n'y a ni foin ni paille. On réduit par proportion la ration d'infanterie. Quand il n'y a que de l'orge, on en donne 7 livres à la cavalerie pour les deux tiers du boisseau d'avoine et 5 à l'infanterie pour le demi-boisseau. »

On donne 2 rations à un maréchal des logis, 3 à un cornette, 4 à un lieutenant ou sous-lieutenant, 6 à un capitaine, 8 à un major, 10 à un lieutenant-colonel, 12 à un mestre de camp. Les officiers réformés de cavalerie ont moitié moins de rations que ceux des escadrons. Dans l'infanterie, les lieutenants ont 2 rations, les aides-majors 3, les capitaines 4, les commandants de bataillons 6, les colonels 10.

Il suit de là que chaque escadron de cavalerie a droit à 205 rations, chaque bataillon d'infanterie française à 115 ou 130, etc.

L'armée de Flandres, en 1744, touche 29,000 rations de cavalerie et 22,000 d'infanterie.

L'état-major et la Maison du Roi en touchent 2,419.

Si l'on y ajoute celles des princes du sang et des maréchaux de France, pour qui le nombre de rations était fixé à 100, mais dépassait souvent ce chiffre, on trouve au moins 3,000 rations pour le quartier général. La « Maison commensale » du Roi formait, dit M. de Séchelles, « un objet de 900 rations par jour ». Il y avait enfin 2,500 chevaux de trait, sans compter ceux des équipages. Ces derniers, tout en ne recevant pas le fourrage au même titre que les chevaux du Roi, étaient cependant à nourrir sur les mêmes magasins que l'armée (1).

En résumé, il fallait trouver chaque jour le fourrage de 36,000 rations de cavalerie et 28,000 d'infanterie, soit 260,000 kilogrammes, d'avoine et le reste en proportion.

Ces fourrages sont fournis au moyen de magasins formés par les soins de l'intendant. Il en constitue avant la campagne, par voie d'achats, de manière à nourrir tous les chevaux de l'armée pendant la concentration et jusqu'à la première opération, siège ou bataille. Il procède ensuite à la fois par achats et par réquisitions pour former de nouveaux magasins, qui ne sont jamais aussi vastes que les premiers; les distributions sont réduites et les corps nourrissent leurs chevaux en grande partie sur le pays.

« Les fourrages dont les magasins sont formés proviennent de différentes origines, savoir : des impositions ou contributions, des magasins établis par les états du pays, des magasins du Roi et des fournisseurs particuliers.

---

(1) « Le fourrage est aussi fourni aux chevaux des vivres et de l'équipage de l'artillerie, lorsque les entrepreneurs, qui doivent s'en fournir eux-mêmes, n'ont point de magasins; c'est à la prudence de l'intendant, lorsqu'il se trouve à l'étroit pour la fourniture de l'armée, d'obliger les entrepreneurs à s'en pourvoir; mais si les magasins sont considérables, il donne des ordres pour leur en distribuer sur le pied de 20 livres de foin (poids de marc) et d'un boisseau d'avoine la ration. Ce fourrage est payé au Roi par les entrepreneurs à raison de 20 sols la ration, suivant leur traité ». A l'égard des chevaux de l'artillerie, « on fournit du fourrage aux chevaux de la réserve, ce qui fait un objet de 1000 rations par jour. On n'est cependant obligé de leur fournir que du foin et point de grain, suivant le marché des entrepreneurs, et cela suppose toujours que l'on a de quoi fournir l'armée au large, sans quoi on oblige les entrepreneurs de s'en fournir, auquel cas, si c'est un article de leur marché, le Roi leur en tient compte. On fournit aussi le fourrage aux chevaux des caissons de l'hôpital ambulant sur le pied d'une ration de cavalerie par cheval, et le Roi retient 20 sols pour chaque ration sur le prix du marché qui est de 3 francs ». (M. de Beaumont.)

C'est un principe certain que tout le fourrage du pays appartient à l'armée qui occupe le pays. En 1744, M. de Séchelles, intendant de Flandres, demanda 12,000 rations au Tournaisis, à la Verge de Menin, aux châtellenies de Courtrai et d'Ypres, au Furneubach et au Franc de Bruges. La répartition s'en fit par communauté, sur un ancien dénombrement suivant lequel se règlent les impositions de toute la Flandre. Les mandements furent, en conséquence, adressés aux baillis et gens de loi des communautés, avec ordre de fournir la quantité de foin, paille et avoine qui y était exprimée, à peine d'exécution militaire, et ce dans le délai porté par le mandement.

Lorsque quelques communautés sont en retard pour fournir le fourrage qui leur a été demandé, l'intendant, qui a sous les yeux les états de répartition de l'imposition ou contribution ainsi que ceux des communautés qui ont livré et de la quantité qu'elles ont livrée, demande au général un détachement pour accélérer par quelque exemple l'arrivée dans les magasins de ce qui a été demandé.

Quand les troupes s'emparent d'une ville, tous les magasins de fourrages appartiennent au Roi, surtout lorsqu'ils occupent des emplacements publics, parce qu'ils sont présumés avoir été assemblés pour la subsistance de l'armée ennemie.

Cet article a formé un objet fort considérable à Gand, où il s'est trouvé plus de 600,000 rations de foin et près de 15,000 sacs d'avoine, dont il a été dressé des états et pris possession pour le Roi. On n'a pas eu égard aux représentations des différents entrepreneurs qui ont réclamé les fourrages comme leur appartenant et n'étant point pour le compte de la reine de Hongrie, de la Hollande ni de l'Angleterre ; on a pensé avec raison qu'ils étaient destinés à l'armée des alliés ; leur position a détruit la prétention des entrepreneurs, auxquels on a dit de s'adresser pour le payement aux puissances avec lesquelles ils avaient traité.

Souvent le pays, pour éviter le fourragement, aime mieux fournir le fourrage vert aux troupes et convient avec le commandant d'en faire voiturer tous les jours à la tête du camp la quantité nécessaire, ce qui cependant est d'une exécution très difficile pour une armée »....

..... « L'intendant ne saurait se faire représenter trop souvent les états de situation des magasins ;..... il doit toujours avoir pour dix ou quinze jours de fourrage, cette avance lui laissant le temps d'en faire assembler de nouveaux.

Il doit faire sur les quantités que l'on distribue aux troupes les réductions que les circonstances exigent et autorisent ».

« Dans les marches que font les armées, les dépôts de fourrage ne peuvent être qu'en arrière, surtout lorsque l'on marche à l'ennemi et que l'on occupe les camps qu'il vient d'abandonner. C'est dans ces conjonctures que le service des fourrages devient plus difficile. L'intendant envoie ordinairement, avec les détachements qui marchent pour marquer le camp, un commissaire des guerres chargé des mandements, portant ordre aux communautés voisines de livrer les quantités de foin, paille et avoine que contiennent ces mandements ; mais comme souvent la proximité de l'ennemi et les secours qu'il a tirés des villages auxquels ces mandements sont adressés empêchent que l'on en puisse tirer grand'chose, il faut avoir toujours un nombre de chariots considérable qui puisse arriver sûrement au camp avec la quantité de fourrages nécessaire pour que les troupes n'en manquent pas. »

A mesure que l'armée s'avance dans le pays ennemi, l'intendant ne fait plus fournir qu'une fraction de moins en moins grande du fourrage, d'abord la moitié, puis le tiers, le sixième, et il arrive à n'en plus fournir du tout. Les troupes se procurent le fourrage nécessaire, soit en mettant leurs chevaux au vert à proximité immédiate du camp, soit au moyen des fourrages ordonnés par le général (1).

« Les fourrages s'ordonnent et se font de différentes manières, tant en vert qu'en sec. Ils se font ou en avant ou derrière l'armée ou sur les ailes ; ils sont généraux ou particuliers. De quelque nature qu'ils soient, ils doivent avoir été précédemment reconnus, tant pour la disposition des escortes générales, pour l'étendue du pays qu'on croit devoir embrasser, que pour avoir assez de fourrages dans l'enceinte, et pour la sûreté de la marche des fourrageurs. »

VIII. — Service de Santé.

Le Service de Santé compte, au XVIIIe siècle, parmi les services administratifs, et c'est l'intendant de l'armée qui en a la direction. Les éléments mobiles y sont moins nombreux qu'aujourd'hui, et, grâce à la lenteur des mou-

---

(1) La carte ci-jointe, dressée à l'état-major du maréchal de Saxe le 22 septembre 1744, fait ressortir les principes suivant lesquels était organisé l'ensemble des fourrages exécutés pendant une campagne. On voit que les environs du camp, dans un rayon de deux à trois lieues, ont été divisés en un certain nombre de circonscriptions que l'armée a exploitées successivement.

En outre, les localités plus éloignées, dans un rayon double, ont été frappées de réquisitions, surtout du côté de l'armée ennemie.

Il a été fait un fourrage général tous les cinq jours, du 8 juin au 1er octobre, époque de l'entrée en quartiers d'hiver.

vements stratégiques, les malades sont presque toujours portés directement dans un hôpital permanent.

Les hôpitaux permanents sont à peu près au XVIIIe siècle ce qu'ils sont au XIXe, si l'on ne s'occupe que du service courant et du genre de vie des malades. Organisation des salles, repas et uniforme, service de garde des chirurgiens, médecins et infirmiers, etc., sont à peu près en 1744 ce qu'ils sont encore aujourd'hui. On remarque seulement la distinction établie entre médecins et chirurgiens, et l'existence de « galopins » chargés des besognes les plus grossières parmi celles qui incombent aujourd'hui aux infirmiers.

Le personnel de chaque hôpital comprenait : 1° le personnel technique ; 2° le personnel de l'entreprise ; 3° le personnel administratif.

Le personnel technique comprenait, dans un grand hôpital, un ou deux médecins, un ou deux chirurgiens-majors et un certain nombre de chirurgiens aides-majors. Les hôpitaux de moindre importance ne comportaient pas toujours de chirurgien-major, etc. (1).

---

(1) En Flandres, le personnel médical des hôpitaux était le suivant :

Lille, hôpital Saint-Louis, 1 chirurgien-major (appointements : 1500 livres), 3 chirurgiens aides-majors (appointements : 600 livres chacun), 1 médecin (1200 livres).

Hôpital des Blevets, néant.

Hôpital des Vieux-Hommes, 2 chirurgiens aides-majors (600 livres chacun).

Citadelle, 1 chirurgien-major (900 livres).

Bouchain, 1 chirurgien-major (800 livres).

Douai, 1 chirurgien-major (1500 livres), 2 chirurgiens aides-majors (600 livres chacun), 1 médecin (1200 livres).

Cambrai, 1 chirurgien-major (1000 livres), 1 chirurgien aide-major (600 livres), 1 médecin (1200 livres).

Dunkerque, 1 chirurgien-major (1200 livres), 1 chirurgien aide-major (600 livres), 1 médecin (800 livres).

Gravelines, 1 chirurgien-major (1200 livres), 1 chirurgien aide-major (600 livres), 1 médecin (800 livres).

Les aides-majors reçoivent des appointements à peu près uniformes. Ceux des médecins et des chirurgiens-majors varient suivant les places. Ils cumulent assez souvent leur emploi dans l'hôpital militaire avec des fonctions exclusivement civiles et rétribuées soit par l'Etat, soit par la ville. La plupart du temps, ils sont logés dans les bâtiments militaires.

Il y a cinq inspecteurs généraux, aux appointements

Bergues, 1 chirurgien-major (1200 livres), 1 chirurgien aide-major (600 livres), 1 médecin (1000 livres).

Dans le Hainaut, le personnel médical des hôpitaux comprenait :

A Valenciennes, 1 chirurgien-major (1500 livres), 1 chirurgien aide-major (600 livres), 1 médecin (1200 livres).

Au Quesnay, 1 chirurgien-major (1150 livres), 1 médecin (1200 livres).

A Condé, 1 chirurgien-major (1200 livres), 1 médecin (900 livres).

A Landrecies, 1 chirurgien-major (1200 livres), 1 médecin (800 livres).

A Givet, 1 chirurgien-major (1200 livres), 1 chirurgien aide-major (600 livres), 1 médecin (1000 livres).

A Avesnes, 1 chirurgien-major (1500 livres), 1 chirurgien aide-major (600 livres).

A Maubeuge, 1 chirurgien-major (1400 livres), 1 chirurgien aide-major (600 livres), 1 médecin (1200 livres).

A Philippeville, 1 chirurgien-major (1000 livres), 1 chirurgien aide-major (600 livres), 1 médecin (800 livres).

Dans la généralité d'Amiens :

A Calais, 1 chirurgien-major (900 livres), 1 chirurgien aide-major (600 livres), 1 médecin (600 livres).

A la citadelle de Calais, 1 chirurgien-major (180 livres).

Au fort Nieulay, 1 chirurgien-major (180 livres).

A Abbeville, 1 chirurgien (150 livres).

A Doullens, 1 chirurgien-major (240 livres).

A Ardres, 1 chirurgien-major (150 livres).

A Hesdin, 1 chirurgien-major (500 livres).

A Bapaume, 1 chirurgien-major (500 livres).

A Saint-Omer, 1 chirurgien-major (1100 livres), 1 médecin (650 livres).

A Aire, 1 chirurgien-major (1100 livres), 1 médecin (500 livres).

A Béthune, 1 chirurgien-major (1100 livres).

A Saint-Menant, 1 chirurgien-major (600 livres).

A Arras, 1 chirurgien-major (1000 livres), 1 médecin (1200 livres).

de 3,600 l. L'un d'eux est inspecteur des hôpitaux militaires de Picardie, Artois, Flandre et Hainaut.

Les hôpitaux de cette région contiennent :

L'hôpital Saint-Louis à Lille.......	228	lits.
— de Douai...............	250	—
— Bouchain...........	20	—
— Cambrai............	83	—
— Dunkerque.........	197	—
— Gravelines..........	110	—
— Bergues	233	—
— Valenciennes	200	—
— Le Quesnoy..........	151	lits (et 21 dans le grenier).
— Condé	200	—
— Landrecies ....,	123	—
— Givet..............	160	—
— Avesnes...........	87	—
— Maubeuge..........	227	—
— Philippeville.........	111	lits. } On pouvait en placer encore 115.
— Calais	274	—
— Abbeville...........	80	—
— Doullens...........	32	—
— Ardres.............	37	—
— Hesdin............	50	—
— Bapaume...........	48	—
— Béthune...........	143	—
— Arras.............	312	—

En résumé, en tenant compte des places disponibles dans les hôpitaux moins importants et de celles qu'on pouvait trouver dans les maisons religieuses, il était possible de loger environ 4,000 malades et blessés dans les hôpitaux permanents situés à portée du théâtre de la guerre. C'était à peu près suffisant en temps ordinaire, mais non pour un lendemain de bataille.

M. de Beaumont fait les observations suivantes sur le service de santé en campagne et le service des évacuations (1) :

____

(1) Page 271.

Il y a à l'armée un hôpital ambulant, qui est sous la direction du 1ᵉʳ chirurgien ; cet hôpital est principalement nécessaire pour les jours où il y a des actions, pour faire les premiers appareils et mettre les blessés en état d'être transportés à l'hôpital le plus prochain.

L'intendant doit s'occuper dans ce moment à choisir le lieu de l'entrepôt où l'on panse les officiers et les soldats.

Lorsque l'armée s'établit dans un camp, on a toujours soin de marquer un endroit à portée pour l'hôpital ambulant ; il faut choisir l'endroit le plus convenable sans écouter aucune autre considération, l'objet de l'hôpital étant sans contredit le plus intéressant de tous.

Lorsque les circonstances annoncent une action prochaine, l'intendant doit prendre toutes les précautions pour faire rassembler les quantités de brancards, d'infirmiers et de chirurgiens nécessaires, ainsi que la charpie, les draps à pansements, l'eau-de-vie pour servir aux pansements et quantité de cruches remplies par égale portion de vin et d'eau pour donner à boire aux blessés.

Il doit aussi faire tenir à la portée de cet entrepôt un nombre considérable de voitures couvertes et garnies de paille pour transporter les blessés dès qu'on leur a mis le premier appareil.

Le détail et les opérations de l'hôpital ambulant roulent presque entièrement sur les commissaires des guerres ; ce sont eux qui, sous la direction de l'intendant, règlent tout ce qui est nécessaire pour ce service et qui en arrêtent les états. Le Roi fait tous les frais de ces établissements. On fait provision de tous les remèdes nécessaires qu'on remet à l'apothicaire-major ; le chirurgien-major de l'armée a l'inspection sur tous les autres chirurgiens ; on nomme un directeur qui est chargé des ustensiles dont on a besoin et des paillasses, draps et couvertures en quantité proportionnée au nombre d'hommes dont l'armée est composée. L'intendant doit avoir attention de se faire remettre des états exacts des remèdes, ustensiles, draps à pansements et fournitures qui sont dans l'hôpital, pour être par là à portée de faire venir promptement ce qui pourrait y manquer.

Lorsque les travaux sont établis dans une place voisine du camp où l'hôpital ambulant est placé, il est convenable de former dans cette place un hôpital de dépôt où l'on puisse transférer les malades de l'hôpital ambulant, lorsqu'ils sont en état de supporter le voyage. On se sert, pour ces transports, de caissons vides de vivres.

En général, l'intendant doit s'occuper de faire évacuer, autant qu'il est possible, les malades et blessés de l'hôpital ambulant, pour éviter les engorgements. Il doit les faire porter dans les hôpitaux qui sont établis dans les places voisines du camp et les faire même ensuite passer dans des places encore plus éloignées ; ce service doit être tellement arrangé qu'il y ait toujours de la place dans l'hôpital ambulant pour recevoir un nombre considérable de blessés, ainsi que dans les villes qui sont le plus à portée. Sans cette précaution, on est hors d'état de procurer les secours convenables aux blessés que produit une action. Dans le temps de la bataille de Fontenoy, M. de Séchelles avait eu grand soin que non seulement l'hôpital ambulant de l'armée qui était établi à Blandin, mais même les hôpitaux de Lille et Douai fussent entièrement libres. Il avait fait passer sur les places de derrière, telles que Valenciennes et Arras, tous les malades qui étaient dans les hôpitaux des premières lignes. L'événement prouva la nécessité de cette précaution : il vint tout à coup 5,000 blessés, tant des nôtres que des ennemis ; la plus grande partie fut portée à Lille et à Douai.

Il faut, autant que l'on peut, choisir les endroits les plus vastes pour y placer les salles des malades et blessés. Les églises sont d'une grande ressource en Flandres, étant presque toutes vastes et bien bâties, même dans les villages. A leur défaut, on prend des granges ; s'il n'y a pas assez d'ouvertures pour que l'air pénètre, il est nécessaire d'en pratiquer, le renouvellement de l'air influant beaucoup sur l'état des malades et des blessés. Il faut aussi faire disposer des logements convenables pour recevoir des officiers. Enfin, la cuisine, la direction, l'apothicairerie et tout le service de l'hôpital doivent être à portée.

Après la bataille de Fontenoy, les hôpitaux de Lille ne pouvant point contenir le grand nombre de blessés que cette bataille avait produits, M. de Séchelles en fit placer dans les églises et dans les cloîtres des maisons religieuses. Le service y est extrêmement commode, parce que le même endroit renfermant beaucoup de blessés, les infirmiers et les garçons chirurgiens ont plus de facilité à leur donner tous les secours dont ils ont besoin que s'ils étaient dans des endroits séparés ; ce qui fit que, malgré toutes les peines qu'on se donna pour que les blessés anglais et hanovriens fussent traités avec la même attention que nos propres soldats, on ne put y réussir parfaitement, parce qu'on avait été obligé de les disperser 3 ou 4 par chambrée dans des casernes et un pavillon d'officiers.

Lorsque l'armée se trouve en pays ennemi, il est de la prudence de l'intendant de l'armée et du commissaire des guerres chargé du soin de l'hôpital ambulant, de faire les établissements convenables à ce sujet ; ils sont en ce cas aux frais du pays que l'armée occupe, mais le prix des journées des malades est toujours sur le compte du Roi.

En cas de siège, on doit établir l'hôpital le plus près de la place assiégée qu'il est possible, et il doit y avoir à la queue de la tranchée un entrepôt pour y porter d'abord les blessés et leur mettre le premier appareil. Cet entrepôt doit être hors de la portée du canon.

L'intendant est ordinairement prévenu lorsqu'il doit y avoir quelque attaque d'ouvrage ou de chemin couvert ; il doit. en ce cas, proportionner à la force de l'attaque et au nombre de blessés qu'il prévoit qu'elle pourra produire : 1° e nombre de brancards qui doivent être dans la tranchée ; 2° le nombre de chirurgiens et d'infirmiers qui sont à l'entrepôt ; 3° les quantités d'eau-de-vie, de linges et draps de pansements ; 4° les voitures qui doivent être, autant que faire se peut, couvertes et garnies de paille, pour transporter les blessés, dès qu'on leur a mis le premier appareil, à l'hôpital ambulant où tout doit être disposé à les recevoir. Il faut que, dans ces occasions, l'intendant se rende à l'hôpital de queue de tranchée dans le moment de l'attaque, qu'il s'informe en arrivant si les chirurgiens et infirmiers y sont au nombre qu'il a ordonné et pourvus de tout ce qui leur est nécessaire ; qu'il veille à ce que, dès que les blessés arrrivent, on ne perde pas un moment à visiter leurs blessures et à leur mettre le premier appareil, qu'il fasse renvoyer les brancards à la tranchée avec la plus grande promptitude ; que, dès que les blessés ont été pansés, il les fasse sur-le-champ porter sur les chariots qui doivent les transporter à l'hôpital ambulant, et que les chariots partent successivement sans la moindre interruption ; qu'à l'hôpital ambulant ils trouvent du bouillon à leur arrivée ; enfin que, dans ces occasions, le service se fasse avec la plus grande diligence et sans la moindre confusion.

Comme les blessés ne restent à l'hôpital d'entrepôt que le temps qu'il leur faut pour leur mettre le premier appareil, il suffit d'y avoir des paillasses, et quelques matelas pour les officiers ; on peut aussi avoir du bouillon lorsque l'on prévoit que les blessés pourront y rester quelque temps, et que l'hôpital ambulant est éloigné.

Dans les campagnes précédentes, il n'avait point été d'usage de nourrir à l'hôpital les chirurgiens, mais M. de Séchelles a senti qu'il était nécessaire pour le bien du service de les nourrir, afin qu'ils n'eussent plus de prétexte pour s'absenter.

ÉVACUATION D'HOPITAUX.

Cette opération est une de celles auxquelles l'intendant doit apporter le plus de précautions et d'attention, puisqu'il faut qu'elle se fasse sans intéresser en rien la vie des malades et blessés.

Il faut d'abord fixer l'endroit où les malades et blessés doivent être transportés, et prévenir le commissaire des guerres qui a l'inspection de l'hôpital placé dans cet endroit, pour qu'il ne soit pas surpris par l'arrivée inattendue de malades et de blessés, et qu'il ait le temps, soit de faire passer plus loin les malades de son hôpital pour faire place à ceux qu'on lui envoie (ainsi, au siège d'Ostende, les premières évacuations de l'hôpital ambulant établi au bourg de Lessingue se sont faites sur l'hôpital de Bruges, et on avait soin d'évacuer ce dernier hôpital sur Gand), soit pour leur faire préparer le bouillon et les autres choses nécessaires.

L'endroit où les malades et blessés doivent être transportés une fois indiqué, il faut examiner comment se fera le transport, si c'est par eau ou par terre. Au premier cas, il faut s'assurer d'un nombre de bateaux suffisant, et savoir précisément ce que chaque bateau peut contenir de blessés ; par exemple, à Lessingue, où l'on avait la commodité du canal, le transport des blessés jusqu'à Bruges s'est fait sur des belandres. Il faut avoir soin que ces bateaux soient garnis de paille, et de matelas lorsqu'on y transporte quelques officiers ; il faut aussi qu'il y ait du bouillon, du vin, de la tisane, et le nombre de chirurgiens et d'infirmiers nécessaires. Si l'évacuation se fait par terre, il faut avoir un nombre de voitures proportionné au nombre de malades et blessés que l'on doit transporter, et si l'hôpital où on les transporte est assez éloigné pour que le trajet soit long, ou même qu'ils ne puissent pas arriver dans le jour au lieu de leur destination, il faut faire placer des marmites dans un endroit convenable sur le chemin, pour y distribuer des bouillons aux blessés pour les soutenir.

Pour régler les opérations d'une évacuation d'hôpital, l'intendant doit se concerter avec deux personnes, savoir : le chirurgien-major et le directeur.

1° Le chirurgien-major doit d'abord s'informer de l'état de tous les blessés et malades, parce que les précautions doivent être prises relativement à la nature des blessures. Il y a des blessés qui peuvent se traîner aux voitures qui doivent servir à leur transport ; il y en a d'autres qu'il faut y porter sur des brancards, et de cette classe sont tous ceux à qui on a fait quelque amputation. Lorsque l'évacuation ne se fait pas avec précipitation et qu'on ne craint point l'engorgement, on ne transporte point de l'hôpital ambulant cette dernière espèce de blessés, et l'évacuation ne se fait que de ceux que le chirurgien-major marque lors de ses visites pour partir comme étant en état de supporter le voyage sans inconvénient.

2° L'intendant doit donner au directeur une instruction pour tout ce qu'il doit pratiquer dans le transport des blessés, de sorte qu'ils ne manquent de rien sur la route, et qu'il prévienne tous les jours de l'arrivée de ceux qui partent le directeur de l'hôpital où ils vont.

Lorsqu'il y a un commissaire des guerres intelligent attaché au service de l'hôpital ambulant, l'intendant peut se reposer sur lui de l'exécution de ces différents ordres, mais ce ne doit être qu'après lui avoir donné les instructions les plus précises et les plus détaillées à ce sujet.

On ne peut mieux faire que de rapporter sur ce titre le règlement fait par M. de Séchelles pour les évacuations des blessés et malades des hôpitaux de Gand sur ceux de Lille et sur les autres hôpitaux de la frontière de Flandres, en date du 1ᵉʳ mai 1746.

(Suivent les détails.)

Les chariots nécessaires pour le transport des malades et blessés seront fournis par le pays à la réquisition du commissaire des guerres ou des directeurs et contrôleurs en leur absence ; ils seront garnis de paille et couverts d'une toile autant qu'il sera possible.

Il faut distinguer trois sortes de maladies : maladies vives et qui seront de peu de durée ; maladies qui dureront davantage et enfin maladies qui traîneront en longueur.

Il ne faut point éloigner de l'armée les soldats malades de la première espèce, pour les laisser toujours à portée de rejoindre leurs corps ; on peut porter un peu plus loin ceux dont on prévoit que les maladies dureront davantage, et enfin dans l'hôpital le plus éloigné ceux qui sont dans un état à traîner en longueur.

L'intendant visite souvent les hôpitaux, se montre très sévère pour les employés ; mais si les réclamations des malades sont injustes, comme il arrive souvent, le soldat étant dans l'habitude de se plaindre souvent sans sujet et sans raison, il faut arrêter le cours de la mutinerie et des plaintes, en faisant punir les plaignants.

Suivant l'expérience de tous les temps, on peut compter, en entrant en campagne, lorsque l'armée est campée, sur 4 malades par 100 hommes, ce qui fait 800 sur 20,000.

A moitié campagne, le nombre des malades a coutume de doubler.

A la fin de la campagne, sur 20,000 hommes il y en aura environ 2,000, et bien davantage en cas de maladie épidémique.

Après une bataille longue et vive, on peut compter sur 100 blessés par 1000 combattants.

IX. — Administration des hôpitaux.

Les hôpitaux fixes sont administrés à l'entreprise. Il y a, dans chaque hôpital, un directeur responsable. Souvent c'est une congrégation religieuse qui a l'entreprise de l'hôpital. Les entrepreneurs ont à fournir les vivres, les médicaments, le chauffage, le linge, la vaisselle, etc.

D'après les termes mêmes employés par les ordonnances royales relatives à la gestion des hôpitaux, il semble qu'elle était encore viciée, dans la pratique, par de nombreuses fraudes. M. de Beaumont les signale et en indique en même temps le remède :

Les capitaines forment sans cesse des plaintes contre les directeurs des hôpitaux au sujet des retenues qu'on leur fait mal à propos pour journées de leurs soldats qui n'ont pas existé longtemps malades et pour d'autres qui n'ont jamais été dans leurs compagnies. Ces erreurs procèdent :

1° De l'ignorance ou de la fourberie des directeurs ou de leurs commis, qui, connaissant l'incapacité des contrôleurs et le peu d'ordre qu'ils gardent, peuvent laisser couchés sur leurs registres des soldats morts ou sortis il y a quelque temps, même de supposés, ce qui, dans une seule campagne, cause une perte considérable pour le Roi. A la sortie de la campagne, les troupes entrant en quartiers d'hiver et, par conséquent, les journées des soldats, cavaliers et dragons étant sujettes à retenue, un directeur d'hôpital laissera courir sur son registre des soldats sortis ou morts ; il dressera ses états pour la cour et ses feuilles de retenue, et il en recevra la valeur du trésorier qui, en conséquence, en fera la retenue aux troupes ; plusieurs des capitaines se trouvant, par cette manœuvre odieuse, surchargés de journées, viennent d'abord à l'hôpital en demander raison au directeur, qui visite son agenda et ses registres, où il ne se trouve aucune notion de la sortie ou de la mort de ces soldats ;

2° De l'ignorance ou du peu d'attention des officiers subalternes ou sergents qui expédient aux soldats, pour être reçus aux hôpitaux, des billets souvent si mal écrits qu'il est impossible de les déchiffrer, soit pour le nom du soldat, soit pour la signature.

Il a été fait par les ordres de M. d'Argenson un nouveau travail dont l'objet, ainsi qu'il est annoncé dans la lettre écrite par ce Ministre à M. de Séchelles le 7 mars 1746, a été de remédier à trois abus principaux :

Le premier est celui de trouver, dans les états des hôpitaux, des noms de malades ou blessés qui ne sont connus de personne et qui cependant sont employés sous le nom d'un corps, d'où il résulte qu'on demande aux officiers du corps une retenue pour la solde d'un homme qu'on soutient n'avoir jamais existé, et que le Roi paye souvent en pure perte le surplus de la dépense imaginaire. Le remède à cet abus est l'établissement des billets d'entrée dans des cartouches uniformes signés par des capitaines ou, en leur absence, par les officiers commandant les compagnies, et visés par le major ou autres officiers chargés du détail, et les états distingués compagnie par compagnie, nom par nom, lieu et naissance des soldats, cavaliers ou dragons déclarés au commissaire des guerres être aux hôpitaux lors de leurs revues.

Le deuxième abus est de trouver comme vivants pendant des mois entiers des malades morts depuis longtemps. Le remède à cet égard consiste à obliger les aumôniers de tenir, comme ils ont dû le faire dans tous les temps, un registre de tous les malades et blessés décédés dans l'hôpital, et d'en envoyer tous les mois un état au Ministre, qui en fera tenir un registre auquel les familles pourront avoir recours, et dont il sera délivré des extraits par le bureau établi à cet effet.

Le troisième abus est de trouver, à titre de convalescents, pendant des années entières, des soldats guéris mais hors d'état de rendre aucun service par les suites de leurs blessures ou par leurs infirmités, et qui devraient être renvoyés chez eux ou passer aux invalides. On demande à cet égard au chirurgien-major un état qu'il enverra au Ministre tous les mois, de ces sortes de malades ou blessés. Cet état mettra le Ministre à portée de donner des ordres convenables à ce sujet.

M. d'Argenson annonce dans cette lettre l'établissement d'un bureau général auquel tous ces nouveaux états étant remis serviront de pièces justificatives de la dépense portée dans les états arrêtés chaque mois pour chaque hôpital, états qui, jusqu'à présent, n'avaient été sujets à aucune contradiction. Il observe dans sa lettre que le Roi a dispensé les intendants de ce nouveau travail, qui ne pourrait être complet de leur part, tous les malades d'un régiment n'étant pas dans le même département, un corps qui, d'Allemagne, passe en Flandres, laissant ses malades en Allemagne, ce qui empêche les intendants d'avoir toutes les pièces nécessaires pour cet objet. Diverses ordonnances ont été rendues en application de ces principes.

Certaines prescriptions des ordonnances font entrevoir des fraudes plus coupables encore :

« Nul soldat ne pourra tester en faveur des officiers de l'hôpital où il sera, de l'aumônier ni de son couvent, sous prétexte de legs pieux; il pourra cependant donner à l'aumônier pour faire dire des messes ou prières. L'aumônier, en envoyant l'extrait mortuaire, avertira la famille des intentions du défunt, s'il y a lieu. »

Des mémoires du temps nous révèlent aussi que les malades étaient parfois nourris d'eau claire au lieu de bouillon; on donnait de l'écorce de chêne pour du quinquina, des feuilles de saule pour du séné, etc.

Pour arrêter ou réprimer ces fraudes, il y avait dans chaque hôpital un fonctionnaire appelé contrôleur, chargé de suivre pas à pas toutes les opérations du directeur. Ces contrôleurs étaient la plupart du temps sans instruction ; ils se recrutaient beaucoup parmi les bas officiers.

Le contrôleur devait tenir un registre-journal pour les entrées et sorties des malades, ainsi que du personnel de l'hôpital. Ce registre était le résumé de trois agendas où étaient inscrits au jour le jour les noms des entrants, sortants et morts à l'hôpital.

Le contrôleur devait surveiller l'alimentation, les distributions, la propreté de l'hôpital, le service des infirmiers, etc., et faire part de ses observations au commissaire des guerres, qui devait d'ailleurs coter et parapher les registres-journaux. C'est par les contrôleurs que l'intendant fait préparer l'installation des malades et leur évacuation au moment des batailles.

« Si l'entrepreneur met sur son registre des noms supposés ou fait encore exister comme vivants des soldats morts, il sera condamné en 100 francs d'amende au profit du dénonciateur, sur l'ordre qui en sera délivré par le commissaire sur le trésorier de la place, et, si le dénonciateur se trouve soldat, il lui sera délivré un congé absolu pour se retirer où bon lui semblera. »

Pour un directeur d'hôpital, l'amende est de 1500 fr., et, en cas de récidive, il est envoyé aux galères.

L'aumônier est chargé de tenir l'état civil à l'hôpital. « Il doit tenir un registre qu'il fera signer à la fin de chaque mois par le commissaire des guerres et par deux officiers de l'hôpital, dans lequel il marquera le nom de baptême des soldats, celui de la famille, celui de guerre, le lieu d'où ils sont et la ville la plus prochaine. Dès qu'un soldat sera mort, il en fera deux extraits mortuaires qu'il fera viser par le commissaire des guerres ; il en enverra un au régiment et l'autre à la famille ; pour les troupes étrangères, il suffit d'en envoyer un au régiment. »

Ces prescriptions ne paraissant pas suffire, M. d'Argenson ordonna en 1746 que l'aumônier de chaque hôpital tiendrait un registre de tous les malades morts dans l'hôpital, contenant leur nom de famille, leur nom de guerre, le lieu de naissance, le régiment et la compagnie, la date d'entrée et la date du décès. Il enverra un état au Ministre au commencement de chaque mois.

Le contrôleur tient un registre et adresse à la Cour un état, identiques à ceux de l'aumônier.

M. de Séchelles paraît avoir éprouvé beaucoup de mécomptes dans le service des hôpitaux, qui « a été de tout temps, dit M. de Beaumont, l'écueil des plus habiles intendants. Il est difficile de détruire tous les abus, mais on peut les diminuer; l'intérêt de l'État et l'humanité se réunissent pour exciter dans un intendant l'attention la plus suivie pour cette partie.

C'est ordinairement aux soins des commissaires des guerres que les hôpitaux sont confiés; il s'en trouve peu qui remplissent leur devoir à cet égard, les uns par défaut de connaissances et les autres par crainte et par répugnance pour entrer dans les hôpitaux, toutes circonstances dont le remède est difficile, quelques ordres que l'intendant puisse y donner. »

En un mot, dans ce service, plus que dans aucun autre, l'ordre et la régularité ne devaient s'établir qu'avec l'esprit et le régime militaires.

Les hôpitaux ambulants avaient été compris dans les marchés passés avec les entrepreneurs, mais on déclara bientôt qu'il leur était impossible d'exécuter le service dans cette partie et on mit les hôpitaux ambulants en régie. Le directeur y devint donc un fonctionnaire militaire comme le contrôleur.

Nous résumons ci-après l'état, donné par M. de Beaumont, du personnel et du matériel d'un hôpital ambulant pour 20,000 hommes :

« Un commissaire des guerres chargé de la police de l'hôpital;

Un directeur, un contrôleur, un garde-magasin, un commis aux entrées, un commis aux écritures, deux commis aux distributions, six aumôniers et un frère, deux boulangers, deux blanchisseurs, un tisanier, un cuisinier et deux aides, un infirmier-major et trente infirmiers, quinze charretiers et un seizième pour maître;

Quinze caissons bien forts et bien construits qui auront chacun une roue et un essieu surnuméraire, un cric, une fourche, une pelle, une pioche, une hache, une serpe, une faux, un marteau, une tenaille, des clous, plusieurs brasses de cordes et du cambouis;

Soixante chevaux (quatre par caisson), un maître maréchal et son garçon, un bourrelier.

Ustensiles pour la chapelle : une grande tente avec sa marquise pour la célébration de la messe, ladite tente de 12 pieds carrés avec un cul-de-lampe dans lequel se place la sacristie. Les murailles de la tente de 6 pieds et la marquise de 14 pieds de hauteur.

Effets et ustensiles pour les malades : deux cents demi-fournitures (une paillasse, un sac à paille, trois draps et une couverture), quatre cents chemises, etc.

Ustensiles pour la cuisine des malades, pour la cave, la boucherie, la boulangerie, pour la table et cuisine du directeur, ustensiles du blanchisseur, bureau du directeur.

Un bon chirurgien-major d'une habileté reconnue, qu'on devrait toujours tirer des hôpitaux militaires; six aides-majors chirurgiens, également intelligents, employés par leur mérite et non par faveur; vingt-quatre garçons chirurgiens qu'on devrait tirer par un, par deux, par trois des hôpitaux militaires éloignés des armées en leur assurant leurs places. On aura alors des sujets sur lesquels on pourra compter, qui sauront le service des hôpitaux, et l'on pourra remplacer ceux-ci par ceux qu'on a coutume de tirer des boutiques à barbe de Paris, qui se formeront facilement, guidés par les anciens qu'ils trouveront, où ils seront employés.

Ces trente chirurgiens devront former six brigades auxquelles on adjoindra un apothicaire et des infirmiers. En conséquence, il devrait y avoir six caisses d'instruments (un apothicaire, deux aides, quatre garçons).

(Liste des instruments et des médicaments.) »

« La quantité d'employés de l'hôpital ambulant dépend absolument de l'intendant de l'armée, qui leur donne des commissions signées de lui, à l'exception du directeur et du contrôleur, qui ont des commissions de la cour. A l'égard des cuisiniers, tisaniers, blanchisseurs, infirmiers et galopins, cela dépend du commissaire des guerres chargé de la police de l'hôpital, qui ordonne au directeur d'en prendre la quantité nécessaire pour le service. Les chirurgiens et apothicaires sont nommés par un état de la cour (1), et si le nombre n'en est pas suffisant, l'intendant de l'armée peut l'augmenter, comme il peut congédier les chi-

____

(1) Sur la proposition du premier médecin et du premier chirurgien du Roi, qui remettent à cet effet au Ministre un état du personnel choisi par eux.

rurgiens qui manqueront au service, quoique portés par l'état de la cour. »

« Lorsque le directeur a besoin d'argent, il faut qu'il fasse signer au commissaire des guerres un état de situation que le directeur porte à l'intendant de l'armée, qui se règle sur cet état pour la quantité d'argent qu'il veut lui faire donner par le trésorier.

Le commissaire des guerres doit faire un état en forme de compte de la date des entrées des officiers et soldats, du jour de leur mort ou sortie et de la quantité qui en reste par jour. L'apothicaire fournit tous les quinze jours un état qui est visé par le commissaire des guerres. »

Ainsi, pas d'effectifs fixes; des situations indécises pour la plupart des fonctionnaires, à moitié militaires, à moitié civils, ayant des intérêts personnels en contradiction avec ceux du trésor. Nulle part on n'aperçoit aussi nettement les vices du système bâtard qui est resté en vigueur dans nos armées jusqu'après la Révolution, et que nous rencontrons ici dans tous les services administratifs, dans celui des pionniers et des conducteurs de toute espèce. Rien ne peut faire ressortir aussi fortement la nécessité de l'organisation et de la discipline militaires pour tout personnel ou tout service auxiliaires de l'armée.

Telle est l'organisation *réglementaire* des hôpitaux. Un mémoire de Langeron montre combien il fallait en rabattre dans la pratique :

Pendant la longue guerre que le Roi vient de terminer glorieusement, les différentes armées qu'il a entretenues en Bohême, en Bavière, en Italie ont presque toutes été détruites pendant chaque campagne, moins par les combats, quoiqu'ils aient été vifs et fréquents, que par les maladies et la mauvaise administration des hôpitaux.

Je vais citer des exemples et j'entrerai ensuite dans le détail des abus qui règnent dans les hôpitaux ; il ne sera pas bien difficile de proposer des moyens sûrs pour les faire cesser, mais il n'y a que le Roi qui puisse les faire exécuter.

L'armée que M. le maréchal de Maillebois amena de Westphalie sur les frontières de Bohême pour faire lever le siège de Prague au prince Charles de Lorraine, n'arriva à Amberg que dans le mois de

septembre. Les pluies continuelles, les neiges, les marches longues et
pénibles et souvent nocturnes, les eaux chargées de minéraux, la disette
de vin et d'eau-de-vie de vin, enfin la disette de vivres et la quantité
prodigieuse de viande de maraude que le soldat mangea sans pain,
tout cela réuni causa une dysenterie générale dans l'armée, de façon à
ce que, lorsqu'elle commença à cantonner, le 17 décembre, les bataillons
étaient réduits à la moitié.

1743. — Pendant l'hiver, les troupes furent mal couchées, fort serrées dans leurs quartiers ; la maladie épidémique des fièvres malignes
qui emportait une partie des habitants, la mauvaise odeur, la malpro-
preté et la chaleur excessive des poêles, le froid outré de l'air, les
longues routes et les mouvements vifs que firent presque tous les bataillons, entretinrent et augmentèrent les maladies. Les hôpitaux se rem-
plirent et, malgré l'arrivée des milices et des recrues, l'armée de M. le
maréchal de Broglie, composée de 70,000 hommes, se trouva réduite
en entrant en campagne à moins de la moitié.

1746. — En 1746, lorsque l'armée de M. le maréchal de Maillebois
revint d'Italie en Provence, les maladies furent considérables.

Voilà, ce semble, assez de preuves de la dépense que le Roi a fait cette
guerre dans les hôpitaux et des pertes qu'il a faites de ses sujets ; on
aurait pu en citer encore une, et la voici :

1744. — En 1744, et au commencement de 1745, l'armée auxiliaire,
commandée par M. le comte de Ségur en Bavière, eut beaucoup de
malades par les mêmes raisons qui les occasionnèrent en 1743.

Lorsqu'on reprochera aux directeurs des hôpitaux que la quantité de
soldats qui sont morts serait une preuve qu'ils n'en ont pas eu tous les
soins que le Roi entend qu'on ait de ses troupes et que l'argent qu'il
donne est suffisant pour que rien ne leur manque, ils s'écrieront que la
maladie qui a détruit les armées en Bavière était contagieuse ; mais
remontons à la source.

Toutes les fois que la guerre se déclare, il y a toujours une foule de
particuliers avides qui emploient toutes sortes de moyens pour avoir
l'entreprise ou la régie des hôpitaux ; ils savent se captiver avec de l'argent la bienveillance des personnes qui approchent les grands de la
cour ; peu à peu ils se font connaître de ces mêmes grands, qui les
présentent au Ministre, deviennent les protecteurs et les garants de
leur bonne foi. L'entreprise ou la régie se donne ; ceux qui en sont
pourvus ne se soucient pas d'aller dans les armées ; ils se contentent,
disent-ils, d'un profit honnête et, pour éviter les embarras, ils sous-
traitent. L'argent que le Roi donne se trouve déjà divisé en deux, et

souvent ce n'est que le troisième ou quatrième sous-traitant qui est le
véritable entrepreneur ou régisseur ; je l'appellerai administrateur.

1743-44. — Si les hôpitaux sont en régie, l'administrateur fait passer
sur le compte du Roi mille dépenses qui n'ont jamais existé, surtout
lorsque le sort des armes oblige à des évacuations ; ce sont des magasins de fournitures, ustensiles, drogues, linges de toutes espèces, charpies, etc. On comprend qu'il est aisé de tromper sur de pareils états.
La tête tourne à tout ce qui n'est pas militaire, quand le bruit se répand
qu'on va sur les derrières. On n'a pas le temps ou on ne se soucie pas
de prendre celui qu'il faudrait pour compter ce qu'on jette ou ce qu'on
abandonne à l'ennemi ; s'il prend un convoi ou un dépôt, c'est bien
pis ; enfin, pour peu que le commissaire des guerres soit crédule ou
faible, sa signature enrichit l'administrateur ; parfois même ils s'enrichissent tous deux.

Quand la guerre est heureuse, à mesure qu'on entre dans le pays
ennemi, on lui fait fournir des fournitures, des ustensiles, des infirmiers, de la farine, du vin, de la viande, et qu'on paye ou non, il n'est
pas moins certain que le Roi paye toujours plus qu'il n'a été déboursé
pour lui.

Si la guerre se soutient également de part et d'autre, tous les abus
qu'on vient de dire subsistent en partie ; de plus, on fait vivre des
semaines, des mois entiers, des soldats qui n'ont resté que peu de
jours à l'hôpital ; on met plus d'eau qu'il ne faut dans le pain ; par là
le poids s'y trouve ; on se sert du poids du pays pour peser les portions ; ce seul article produit un cinquième ou un sixième de profit à
l'administrateur, comme en Dauphiné et en Provence.

L'ordonnance du Roi est que pour chaque soldat à l'hôpital on mette
par jour une livre de viande dans la marmite ; il en passe deux à chaque
employé ou chirurgien, etc., au lieu de 150 qu'il faudrait pour 100 malades et pour 25 employés, on en met 100 ou 120 ; le bouillon est
mauvais, la viande ne se fait pas assez cuire, parce qu'elle se diminue
moins.

On ne hache point les restes de viande après la distribution du
matin pour les jeter dans la marmite avec la moitié de la pesée pour
la distribution du soir ; souvent (oserais-je le dire si ce n'était un fait
constant) on jette de la chandelle ou du sucre pour que le bouillon
ait un air perlé, afin de tromper les commissaires, officiers ou autres
qui vont faire la visite.

Le Roi permet que l'administrateur se serve du vin du pays, pourvu
qu'il soit de bonne qualité ; cela s'explique dans les hôpitaux par gâté
tout à fait, mais on achète du vin au plus bas prix, qui est vert et
donne des coliques.

Comment peut-on espérer guérir les soldats qui ont la dysenterie, qui est la maladie la plus ordinaire dans les armées, soit qu'elles opèrent dans des pays de fruits ou qu'elles fatiguent beaucoup?

On fait payer au Roi beaucoup d'infirmiers, et souvent, comme on l'a dit, on prend des femmes du pays qui n'ont d'autre payement que des restes de viande ; il arrive aussi que, sous prétexte qu'on n'en trouve pas, on oblige les régiments à en fournir, ce qui occasionne encore une grande perte d'hommes parce que le mauvais air qu'ils respirent perpétuellement les font tomber malades.

L'article des drogues fait encore un profit sûr, quoique le Roi mette dans ses pharmacies toutes les drogues simples et composées dont on peut avoir besoin. L'apothicaire prend des drogues de la pharmacie, avec lesquelles il fait des compositions qu'il fait payer au Roi comme si elles étaient achetées séparément. On fait payer de l'huile d'olive pour des lochs, des figues, des amandes. L'une arrose les salades, les autres forment le dessert.

La rhubarbe à 1 fr. 50, à 1 fr. 60 la livre est souvent répétée sur les comptes de chaque mois; mais qui ne sait pas que les médecines ordinaires des hôpitaux se font avec de l'émétique, du rapontic, jalap et ipécacuanha?

Quand une fois la médecine est faite, personne ne peut en distinguer la composition; il faut s'en rapporter à la bonne foi de l'artiste. Combien n'est-elle pas suspecte, lorsqu'une partie des hôpitaux est aux frais du Roi et partie aux frais de l'entrepreneur? Il paye des chirurgiens 15 francs par mois et n'en a que le moins qu'il peut. Lorsque les malades augmentent dans un hôpital ou après une affaire, les blessés restent souvent deux ou trois jours sans être pansés et ne le seraient pas encore de longtemps, si un officier supérieur ne le faisait faire d'autorité.

Lorsqu'un soldat entre à l'hôpital parce que les marches continuelles ne lui permettent pas de suivre son corps, quoiqu'il n'ait que les pieds écorchés ou un reste de faiblesse, on le laisse deux ou trois jours sans lui faire de remèdes et on le met à la diète comme un fiévreux ou un homme qui a une indigestion. La source des abus est intarissable; en voici d'une espèce qui crie vengeance.

Les jours de marche pour l'hôpital ou lorsqu'on fait replier un hôpital sur un autre, on met les malades dans des caissons ou pour mieux dire on les y entasse tant qu'on peut y en entrer; on leur fait une distribution avant de partir, et, la marche durât-elle vingt-quatre heures, ce qui arrive souvent lorsque le convoi est considérable, comme de 600 à 700 caissons, jamais on n'arrête pour donner le temps aux malades de faire leurs nécessités ou de boire. Combien en périt-il qui sont étouffés par le trop grand nombre ou faute d'air ou par la puanteur de ceux qui ont des dysenteries ou des flux ou enfin par l'inhumanité et la barbarie des employés ou charretiers, qui ne veulent seulement pas leur donner les plus petits secours qu'ils demandent! Pourquoi ne pas mettre dans chaque caisson un flacon de métal plein de bouillon ou avoir des caissons à proportion des malades à la tête du convoi qui, dans un village ou dans le chemin même, arrêteraient pour faire chauffer des aliments qui donneraient des forces à ces malheureux et sauveraient la vie à 300 ou 400 hommes par campagne, car il est certain que ceux qui peuvent résister à la route sont au moins plus incommodés par la suite; cela répond à toutes les objections, et je n'en connais point de fondées quand elles tendent à la destruction de nos semblables.

Dans le pays où il faut faire les évacuations à dos de mulets ou de bourriques, surtout dans les chaleurs, combien n'en meurt-il pas par campagne le long des chemins? L'humanité ne parlera-t-elle jamais aux cœurs des administrateurs?

Malgré toutes les cascades du traitement fait par le Roi, il reste au moins 12 ou 15 par place (1) à l'administrateur. A mesure qu'il y a des convalescents, on n'a pas toujours l'attention de les mettre dans une salle à part, de sorte qu'ils continuent à respirer le mauvais air, retombent plusieurs fois et enfin périssent; il y a aussi des villes en Provence où on loge le soldat convalescent chez le bourgeois et on lui donne 10 sols par jour, outre le profit que font les administrateurs; le soldat, qui n'est plus contenu, mange avec excès des fruits qu'il achète à bas prix et en peu de temps il retombe malade ou, trouvant à travailler, il ne rejoint plus son corps; s'il a quelque talent pour écrire, on l'emploie à l'hôpital et rarement son capitaine le revoit, parce que l'intendant appuie la demande des administrateurs et la cour ordonne qu'on leur délivre des congés absolus.

On prend des femmes pour infirmiers, mais il arrive parfois que ce sont de ces femmes que la débauche attire à la suite des armées et qui sont si gâtées qu'elles n'ont d'autre ressource que d'aller dans les hôpitaux trouver de quoi vivre et se faire traiter; au lieu d'être touchées du spectacle qu'elles ont sur leurs yeux, elles abrègent les jours de nombre de soldats; cet abus est commun, mais aisé à faire cesser.

Venons actuellement à l'origine de beaucoup de friponneries et aux moyens dont se servent les administrateurs pour les faire avec sûreté. Lorsque l'hôpital n'est point sous les yeux d'un commissaire, l'administrateur a le champ libre. Lorsque l'intendant de l'armée y a envoyé un commissaire, l'administrateur, empressé à se captiver sa bienveillance, entretient sa table de pain et de viande, souvent ils vivent

---

(1) Il s'agit sans doute de sols; peut-être de deniers.

ensemble ; si le commissaire accepte cette aisance, il cesse d'être juge ;
il n'est que vassal de l'administrateur. Il est plus, à mon avis ; il est
complice et fauteur de l'assassinat des soldats qui périssent. Si l'on était
plus exact dans le choix des commissaires des guerres et qu'on n'eût
pas reçu le pernicieux usage de donner au bout d'un an ou deux une
de ces charges pour récompense à un secrétaire d'intendant ou à un
manant qui s'est enrichi, on les verrait comme par le passé occupées
par des gens d'honneur, dont la probité serait d'autant plus en sûreté
qu'on n'oserait pas la tenter.

Grasse. — Il arrive que le général de l'armée choisit un officier
d'infanterie pour garder l'hôpital ou veiller à ce que tout s'y passe en
règle. L'administrateur fripon lui offre du pain et de la viande pour sa
consommation, lui ajoutant que cela ne coûte rien à personne. J'ai
connu un officier qui l'a refusé. Je n'oserais pas parier qu'il y en eût
beaucoup. Je passe sous silence mille autres abus qui ne sont que des
branches de celles-ci que j'ai vues mille et mille fois dans les hôpitaux
et les années citées à la marge.

Je finirai ce mémoire par trois exemples qui se sont passés sous mes
yeux. Ils serviront à prouver que, quand on veut, on remédie aux friponneries des hôpitaux et que le Roi perdra toutes les campagnes des
milliers de soldats de moins, lorsqu'il mettra en place des gens qui
puissent faire exécuter le nouveau règlement qu'il a fait pour le traitement de ses soldats malades.

A la fin de la campagne de 1742, on a dit que les maladies furent
considérables ; en moins de deux mois, il y eut 8,000 malades au seul
hôpital d'Amberg. La mortalité fut si grande que toute l'armée fut
effrayée. M. le maréchal de Maillebois envoya M. le marquis de Brézé,
brigadier, commander à Amberg ; il s'aperçut visiblement que la fri-
ponnerie des administrateurs faisait périr plus de soldats que la dysenterie qui était la maladie générale.

Il fit planter une potence dans la cour de l'hôpital, établit des officiers au-dessus de chaque espèce principale d'employés ; il donna des
ordres judicieux qu'il mit dans toute leur vigueur par sa présence. La
mortalité diminua, les malades commencèrent à guérir, chose qu'on
ne voyait pas auparavant, et toute l'armée témoigna sa reconnaissance
à M. le marquis de Brézé par le souvenir qu'elle gardera à jamais du
service essentiel qu'il avait rendu au Roi et à l'État.

Je n'oserais citer un exemple qui m'est personnel après ce que je
viens de dire de M. de Brézé. Cependant, pour prouver que j'ai vu
toutes les friponneries que j'ai détaillées dans ce mémoire, je vais rapporter celles auxquelles j'ai tâché de remédier, espérant que ceux qui

en seront chargés à l'avenir s'en acquitteront avec autant de talent que j'y ai apporté de zèle.

Donnawerth, 1745. — J'arrivai à Donnawerth, la nuit du 4 au 5 janvier 1745, pour y commander ; à la pointe du jour, j'allai à l'hôpital dont il m'était revenu tant de plaintes des soldats du régiment que je commandais, qu'ils aimaient mieux revenir au corps que de rester à cet hôpital.

Je trouvai tous les aliments mauvais, deux officiers couchés sur une paillasse sans draps ni couvertures, toutes les fournitures pourries, point de linge, une puanteur horrible ; deux soldats entre autres étaient tellement mangés de vermine qu'un en fut étouffé et l'autre, qui mourut le lendemain ou le surlendemain, avait les reins tout rongés par les vers. Effrayé de cet horrible spectacle, je courus chez le commissaire des guerres, où je trouvai le régisseur de l'hôpital qui faisait ordinaire avec lui et les principaux employés, avant de me nommer. Je dis ce que j'avais vu et que je ferais des exemples si sévères que les abus et les friponneries cesseraient. Je suspendis tout autre travail ; je pris sur-le-champ un état détaillé même des moindres choses qui manquaient à l'hôpital ; je l'envoyai à M. le comte de Ségur qui commandait l'armée et au commissaire ordonnateur qui faisait les fonctions d'intendant ; ils donnèrent des ordres pour que les achats se fissent aux frais du Roi, parce que l'hôpital était en régie, et pendant tout l'hiver j'allai si souvent à l'hôpital que je peux dire que ma présence diminua les friponneries.

Digne, 1746. — En 1746, au mois de septembre, je passai à Digne en Provence avec le régiment que je commandais. Je fus à l'hôpital, et quoiqu'il fût sous la conduite d'un commissaire des guerres, il était en si mauvais ordre que je ne pus m'empêcher d'en porter mes plaintes à M. le maréchal de Maillebois en arrivant à l'armée. Il fit écrire à ce commissaire, mais comme personne n'éclairait plus sa conduite, voici ce qui arriva :

Peu de temps après, l'armée du Roi fut obligée de se retirer des bords du Var ; on envoya ordre de reculer l'hôpital de Digne. L'évacuation se fit avec tout le désordre qu'on peut s'imaginer lorsque le commissaire est de part avec les administrateurs, qu'il est totalement livré à ses plaisirs et qu'il ne met jamais le pied à l'hôpital. La crainte mal fondée de l'approche de l'ennemi augmenta la précipitation, et après qu'on eut mis sur des mulets, des bourriques ou des brancards une partie des malades, on n'examina pas s'il y en avait davantage, on ferma la porte de l'église des Cordeliers où était une des principales salles. Le lendemain, quelques bourgeois allèrent dans cette église par curiosité ; ils trouvèrent plusieurs soldats qui respiraient encore un peu et qui leur apprirent qu'ils avaient été abandonnés au moment de l'évacuation et qu'ils n'avaient rien pris depuis vingt-quatre heures. Ces bourgeois en parlèrent au commissaire qui ne les écouta pas, de sorte que les consuls firent soigner les malades.

1747. — En 1747, on rétablit l'hôpital de Digne sous la direction du même commissaire. Mêmes abus, mêmes friponneries. Je passai à Digne au mois d'août avec six bataillons que j'amenais du Dauphiné. Après avoir marqué le camp, j'allai à l'hôpital, je reconnus la vérité des plaintes que les soldats me portèrent ; j'en parlai au commissaire qui prit un air de hauteur déplacé, et soutint que tout était en règle ; il me força à rendre un compte exact de sa conduite à M. le maréchal duc de Belle-Isle, qui le fit sortir de Digne pour la conservation des malades, l'édification des habitants, et au regret des dames et des joueurs. Quelque temps auparavant, j'avais commandé un camp à Guillestre, dans le haut Dauphiné, et j'avais rétabli l'ordre dans les hôpitaux de Saint-Clément et de Saint-Crépin, où étaient les blessés de l'affaire de l'Assiette.

Après avoir fait connaître et prouvé tous les abus des hôpitaux militaires, il ne me reste plus qu'à proposer des moyens pour y remédier. Je pense premièrement qu'il ne faudrait jamais confier leur inspection à un jeune commissaire. Le dégoût et la répugnance qu'on a à voir deux ou trois fois par jour des morts et des mourants, la crainte de tomber malade est bien capable de ralentir son zèle, et son peu d'expérience ne lui permet pas de connaître tous les abus ; il ne peut donc les prévenir ou y remédier. Je passe sous silence l'appât du gain, terrible motif pour les hommes. On ne peut donner assez d'attention au choix du commissaire ;

2° Mettre dans chaque lieu où il y a un hôpital considérable, un officier général qui, par son grade et son autorité, veillerait à ce que tout se fasse dans la plus grande règle ;

3° Que les chefs de corps, choisis par le général de l'armée, fassent une tournée tous les mois dans les hôpitaux, ambulants ou sédentaires. Un officier particulier n'en impose pas assez aux administrateurs. D'ailleurs il y en a peu qui osent se brouiller avec un commissaire par la crainte qu'il a qu'il ne fasse la revue de la compagnie qui jamais n'est au complet.

Enfin, que les punitions les plus sévères, mêmes capitales, fussent mises en usage contre ceux qui font périr les soldats.

L'inhumanité, l'irréligion, l'assassinat de ses compatriotes et le vol étant les crimes dont se rendent coupables les commissaires des guerres, et les régisseurs ou administrateurs qui ne remplissent pas les intentions et les volontés du Roi dans le traitement des soldats qui sont dans les hôpitaux, il n'y a que le Ministre de la guerre et les généraux d'armée qui puissent mettre ces moyens en vigueur. »

X. — Postes et routes.

Il y a des courriers spéciaux pour le service de l'armée. Si le Roi commande en personne, ils font le trajet de Versailles au camp ; dans le cas contraire, ils conduisent la malle depuis l'armée jusqu'à la ville de France la plus voisine, d'où ils rapportent la malle qui est pour l'armée.

Il y a ordinairement un directeur, un contrôleur et plusieurs commis, avec le nombre de courriers et de postillons fixé par une ordonnance royale (en 1745, le nombre des courriers est de 6, avec 40 chevaux). Les courses peuvent être ordonnées par les officiers généraux ou par l'intendant, pour le service du Roi. Les chevaux reçoivent des rations de fourrage ; le directeur est payé 150 livres par mois, avec 4 rations de fourrage ; chaque postillon reçoit une ration de pain et 2 livres par jour, avec 1 l. 5 s. pour l'entretien de chaque cheval. Il est payé, en outre, 3 francs par cheval et par poste. Les chevaux morts dans le service ou pris par l'ennemi sont remboursés au taux de 150 livres par cheval.

Outre ce service de poste régulier, on organise presque toujours une communication entre la Flandre et l'Alsace. M. de Séchelles en propose l'établissement en 1744 (3 avril), au moyen de relais établis de 4 en 4 lieues depuis Dunkerque jusqu'à Huningue, chaque relai se composant de 2 hommes et 4 chevaux fournis par le pays à titre de corvée. Ces relais serviront à fournir des guides ou des chevaux aux courriers, ou à faire le transport des paquets expédiés d'une armée à l'autre. Cet établissement, selon M. de Séchelles, a l'avantage d'être économique et plus sûr. Il est organisé par les intendants,

M. de Séchelles en Flandre, M. de Machault en Hainaut, M. de Méliand dans le Soissonnais, M. de Beaupré en Champagne, M. de Creil dans les Évêchés et en Lorraine, de concert avec l'intendant de Lorraine, et M. de Vanolles en Alsace. Les relais sont établis, le long de la frontière du Nord, à Bergues, Cassel, Bailleul, Armentières, Lille, Pont-à-Rache, Bouchain, le Quesnoy, Landrecies, la Capelle, Hirson, Aubenton, Aubigny, Mézières et Sedan.

Jean Moreau, intendant de Flandre et des armées du Roi.

Étant indispensable d'établir une communication journalière et assurée entre Lille et Dunkerque au travers des terres de la domination du Roi, nous avons cru nécessaire, pour le bien du service, d'ordonner qu'il fût établi à Armentières quatre chevaux d'ordonnance dans une même écurie, pareille quantité à Bailleul et autant à Cassel, et qu'il y eût deux hommes préposés dans chaque écurie pour panser et avoir soin des chevaux et pour servir de guides aux courriers et aux personnes à qui il sera ordonné de fournir de ces chevaux pour être transportés d'un endroit à l'autre sur ladite route, soit en allant, soit en revenant.

L'établissement sera fait, savoir : à Armentières par MM. les baillis, représentant les châtellenies de Lille, Douai et Orchies ; à Bailleul, par MM. les députés ordinaires et échevins de ladite ville et châtellenie, et à Cassel, par MM. les baillis nobles, vassaux et hommes de fiefs de la cour, ville et châtellenie dudit Cassel, et aux frais des différents États et châtellenies.

Les chevaux et les hommes préposés en question ne pourront partir qu'en conséquence d'un ordre, certificat ou passeport signé de M. le maréchal duc de Noailles, de nous, de M. de Luttéaux, lieutenant général commandant à Dunkerque, ou de M. de Ségent, commissaire ordonnateur de la guerre en ladite ville.

Lorsqu'on dépêchera un exprès sur cette route, il lui sera fourni dans chaque endroit un des quatre chevaux, et il sera accompagné d'un des deux hommes, qui ramènera le cheval d'un endroit à l'autre pour qu'il puisse être permis de passer outre.

Quand un des deux hommes en question sera expédié seul pour porter un paquet à celui d'Armentières, celui d'Armentières le remettra à celui de Bailleul qui le portera à Cassel, et l'homme de Cassel le portera jusqu'à Dunkerque. L'ordre ou passeport qui leur aura été expédié à cet effet leur sera remis successivement et il y sera fait mention dans chaque endroit de l'heure à laquelle le paquet aura été remis à chacun d'eux, pour qu'on puisse vérifier le temps qu'ils auront mis à faire la route d'un endroit à l'autre.

Il y aura toujours un des deux hommes de garde dans l'écurie, soit de jour ou de nuit, pour pouvoir partir à toute heure, et, avant de se mettre en route pour exécuter l'ordre dont il sera chargé, il se fera relever par son camarade.

Cet arrangement sera fait et en état d'être mis en exécution pour le 1ᵉʳ avril prochain, sans autre délai. »

M. Méliand, intendant du Soissonnais, ne juge pas qu'il soit possible d'obtenir de bons résultats en requérant hommes et chevaux dans les paroisses, à tour de rôle ; il vaut mieux charger du service, dans chaque localité, un homme sûr qui en réponde, et qui soit payé par les administrations locales. Il rend une ordonnance pour obliger les maires, syndics et les dix « plus hauts en taille » de la Capelle, Hirson et Aubenton à faire les avances pour deux mois. Il fera faire ensuite par son subdélégué « une répartition juste de ces avances sur les paroisses, qui sera imposée sur tous les taillables au marc de la livre de la taille et levée par le syndic de la paroisse pour être remise aux syndics » des trois localités indiquées.

Par malheur, dès le début de la campagne, ces relais furent mal employés pour le service de l'armée et utilisés au contraire sans ménagement par les petites autorités locales. « Le premier venu, écrit le comte de Laval le 8 juin 1744, fait partir lesdites ordonnances sous prétexte de m'apporter, ou à M. l'intendant, une lettre sous le prétexte qu'elle est contresignée « affaires du Roi » ; d'où il résulte que les mêmes ordonnances marchent quatre ou cinq fois par jour pour des bagatelles, en sorte que, outre la fatigue inutile, s'il arrivait un véritable commis du cabinet ou quelque paquet important, l'on ne trouverait ni chevaux ni guides prêts à les faire passer avec la diligence nécessaire. » Pour y remédier, M. de

Laval ordonne qu'un courrier parte chaque jour de Sedan à midi et, passant par Mouzon, Montmédy, Damvillers, Marville, Étain et Jarny, recueille dans chaque localité les lettres ou paquets. On compte qu'il faut de quinze à seize heures pour aller de Sedan à Metz.

Vers la fin de la campagne de 1744, ces relais furent supprimés; la zone frontière ne paraissait pas sûre et l'on jugeait préférable de faire passer les courriers par l'intérieur. On rétablit la communication de Dunkerque à Huningue au commencement de la campagne suivante.

La nature et l'état des chemins ont sur les mouvements des armées et sur leurs procédés et formations de marche une influence qu'il serait superflu de démontrer. Il serait donc intéressant de connaître au juste l'état du réseau routier en Flandres à l'époque dont nous nous occupons; mais, par malheur, les documents sont rares, et il est impossible de reconstituer d'une manière vraiment exacte et complète la liste des routes entretenues en 1744. Nous emprunterons toutefois au livre de M. de Saint-Léger sur la Flandre maritime (1) quelques renseignements relatifs à cette région et qui permettront d'imaginer sans trop de peine la situation de toute la province :

Des ordonnances signées par Louis XIV pour faire rendre aux chemins leur largeur primitive et creuser des fossés de chaque côté, furent mal observées. Les routes des paroisses restèrent de véritables fondrières jusqu'à la Révolution.

Quant aux grandes routes, la première qu'on entreprit dans la Flandre maritime fut celle de Dunkerque à Lille, par Ypres et Bergues (1681). On l'empierra entre Dunkerque et Poperingue, puis, en 1700, entre Poperingue, Ypres et Warneton. C'était, en 1715, la seule

____

(1) Paris, Tallandier, 1900.

route praticable dans la région. Le pavé et les accotements étaient bien entretenus.

Après la perte d'Ypres, on dut se servir de la route de Dunkerque à Lille, par Bailleul ; mais elle n'était pas pavée et les transports continuaient à se faire par Ypres. On songea, en 1731, à faire paver cette route, mais le travail ne commença qu'en 1756 et ne fut terminé, entre Armentières et Dunkerque, qu'en 1759.

C'est en 1773 seulement qu'on fit la route de Cassel à Saint-Omer, en partie pavée. Une autre, qui formait un tronçon de la grande voie Paris-Dunkerque, était en cailloutis jusqu'à Morbecque, et pavée de Morbecque à Cassel. C'est en 1782 seulement qu'on proposa la construction d'une route pavée de Dunkerque à Calais, par Gravelines.

En résumé, il faut compter que les routes étaient peu nombreuses et qu'il n'y avait pas d'intermédiaire entre les grandes chaussées pavées, très rares, qui reliaient les principales villes, et les chemins de terre, fondrières moins praticables aux armées que les champs eux-mêmes.

Aux environs de Lille, les seules routes que toutes les cartes du temps s'accordent à représenter comme bien entretenues sont celles de Lille à Arras, à Tournay, à Menin et à Ypres. Il semble que les routes de Lille à Cassel et à Douai étaient aussi en bon état. Enfin, on indique encore comme propres aux charrois les routes de Lille à Oudenarde (par Lannoy et par Roubaix), à Armentières, à Béthune, à Werwick, celle de Bailleul à Oudenarde, par Warneton, Menin et Courtray, celle d'Ypres à Courtray et celles de Tournay à Courtray, à Oudenarde, à Leuze, à Condé, à Saint-Amand et à Orchies.

CHAPITRE V.

I. — Organisation générale.

L'espionnage avait, aux XVIIe et XVIIIe siècles, un développement considérable. On a vu que les soldats même avaient peu d'esprit national et passaient indifféremment d'un parti à l'autre, quand ils n'étaient pas originaires de quelque province foncièrement française ou autrichienne ; comment les populations auraient-elles montré un loyalisme plus prononcé ? La Flandre, le Hainaut, le Brabant, le pays de Luxembourg, après avoir appartenu aux Espagnols, étaient tombés sous la domination autrichienne et pouvaient s'attendre à être conquis par le roi de France ; aucun de ces maîtres passés, présents, ou futurs ne leur tenait fort au cœur. Les petits souverains allemands de Trèves, de Mayence, de Deux-Ponts, etc., ne dépendaient de l'Empereur que par un lien de suzeraineté très faible, et se vendaient souvent au roi de France avec leurs contingents. Enfin l'évêché de Liège, absolument neutre et indépendant, s'étendait à travers toute la vallée de la Meuse, des frontières de France à celles de Hollande. Ajoutez à cela que pas une des limites n'avait un tracé simple ; on ne trouvait qu'enclaves enchevêtrées les unes dans les autres, et la carte des Pays-Bas et des Cercles rhénans était un véritable manteau d'arlequin. Bref, de la mer jusqu'au Rhin et par delà, il était aisé de trouver des populations indifférentes à l'issue de la guerre, très disposées et très propres à fournir des espions.

Tout le monde pratique l'espionnage ; il n'est pas de haut fonctionnaire ni d'officier général qui n'ait ses agents ; parfois le même individu vend ses services à deux maîtres à la fois. C'est ainsi que les gouverneurs de Metz et de Sedan ayant envoyé aux nouvelles dans le pays de Luxembourg reçoivent deux rapports identiques, et il semble que le Ministre recevait directement de Bruxelles des rapports de même source que ceux qui lui étaient transmis par M. de Séchelles. Si l'on veut classer les centres d'espionnage, on peut distinguer les catégories suivantes :

1° Les ambassadeurs ou agents diplomatiques ;

2° Les intendants ;

3° Les généraux en chef des armées et gouverneurs des places ;

4° Les ministres de la guerre et des affaires étrangères.

II. — Ambassadeurs et Agents diplomatiques.

Ce qui peut être connu et communiqué ouvertement par les représentants du Roi auprès des puissances étrangères forme l'élément le plus sûr et le plus important de la connaissance qu'on peut avoir des armées ennemies. Notre diplomatie est très active à cette époque, et agit en liaison intime avec l'autorité militaire.

Les représentants de la France auprès des puissances sont parfois des diplomates de carrière, gens d'épée cependant, comme M. de Bussy ; parfois encore des officiers comme M. d'Agien, qui, représentant le Roi en temps de paix à Bruxelles, demande à servir comme aide maréchal des logis en temps de guerre dans les Pays-Bas ; M. Renaud, qu'on envoie spécialement à Coblentz, est commissaire des guerres ; le marquis de Fénelon, notre ambassadeur en Hollande, est lieutenant général. A la déclaration de guerre il revient prendre son poste dans le Hainaut.

Nos agents à Cologne, le comte de Sades, puis l'abbé Aunillon, envoient fréquemment des rapports intéressants.

L'ambassadeur à Berlin, M. de Valori, procure au Ministre de la guerre la copie des règlements et instructions que Frédéric fait distribuer à ses officiers, et qui sont secrets.

Il écrit le 16 mai 1744 à M. d'Argenson :

« Je ne doute pas, Monsieur, que M. Amelot ne vous ait remis la copie du livre des règlements pour l'infanterie du roi de Prusse, que je lui ai envoyé l'hiver dernier, et que vous ne l'ayez fait traduire. Je crois qu'il vous aura fait part des difficultés qui se rencontraient à avoir ce livre, et de la dépense qu'il fallait faire pour en avoir une copie ; chaque officier à qui on le remet fait serment de ne le montrer à qui que ce soit, et ils ne peuvent l'enfreindre sans encourir des peines capitales, et celle d'être déshonorés, eux et leurs familles.

Cependant j'ai trouvé le moyen d'avoir le règlement de l'infanterie en manuscrit. J'ai fait marché pour celui de la cavalerie. »

L'abbé de La Ville, notre ambassadeur en Hollande, fournit très régulièrement l'état des troupes hollandaises et leur répartition, et fait connaître les levées et les subsides que votent les États Généraux. Le dernier état envoyé par lui avant la guerre est daté du 6 avril 1744. Il donnait les renseignements les plus complets sur l'armée hollandaise et pouvait servir de base aux calculs qu'on pourrait faire par la suite, lorsque des mouvements de troupes vers l'Angleterre, l'Allemagne ou les Pays-Bas autrichiens seraient signalés.

Au cours même des opérations, l'abbé de La Ville donna souvent des renseignements très importants sur les mouvements des troupes hollandaises. Bien que ces dernières combattissent contre les nôtres, les relations diplomatiques n'étaient pas rompues avec la Hollande, qui n'était pas censée en guerre contre la France. L'une et l'autre n'étaient considérées que comme auxiliaires de la reine de Hongrie et de l'empereur.

Notre représentant auprès de l'électeur de Trèves, qui réside à Coblenz, est chargé de la très importante mission de surveiller le cours du Rhin et de signaler tout passage de troupes d'une rive à l'autre, c'est-à-dire du théâtre d'opérations d'Allemagne vers celui des Pays-Bas, ou réciproquement.

Le poste de Coblenz avait été laissé vacant quelque temps avant l'ouverture de la campagne de 1744, et le Ministre de la guerre s'inquiétait de ne pas le voir remplir en temps utile pour former le plan d'opérations.

Je verrai aujourd'hui M. Amelot, écrit le maréchal de Noailles au comte d'Argenson le 24 mars 1744, pour l'engager, comme vous le désirez, de faire partir au plus tôt le sieur Renaud, commissaire des guerres, pour Coblentz ; je sens comme vous la nécessité d'y avoir un homme actif, et que les circonstances ne permettent pas d'y apporter aucun retardement.

Le maréchal de Belle-Isle et le Ministre lui-même s'expriment avec plus de vigueur sur ce point.

L'instruction remise à M. Renaud peut être donnée comme un modèle ; le soin avec lequel sont énumérés et dépeints les personnages de la petite cour électorale de Coblenz, la netteté avec laquelle est définie la mission militaire de ce prétendu agent diplomatique, les détails sur les correspondances qu'il devra entretenir, tant du côté de l'Allemagne que vers l'intérieur de la France, méritent d'être remarqués.

Instruction pour M. Renaud.

La lettre du Roi pour l'électeur de Trèves explique suffisamment les intentions de S. M. Les discours et les démarches de M. Renaud doivent y être relatives, et ne rien laisser entrevoir au public que le désir de conserver les droits de l'Empereur et de l'Empire, et d'éviter aux sujets de l'électeur les malheurs de la guerre, autant qu'il sera possible.

.....L'objet principal de S. M. en envoyant M. Renaud à Coblentz, est d'avoir une personne intelligente pour que le Ministre des affaires étrangères, le Ministre de la guerre et les généraux de ses armées puissent être exactement instruits de tout ce qui peut intéresser son service.

Il s'appliquera donc particulièrement :

1° A être fidèlement informé de toutes les réquisitions que les ennemis de S. M. pourront faire à l'Électeur pour le passage sur ses états de troupes, ainsi que des demandes qu'ils pourraient faire, soit en fourrages, soit en grains, soit d'armes, de munitions de guerre et artillerie, ou pour des emplacements de magasins et de dépôts;

2° A s'assurer, dans le subalterne, des gens intelligents qui puissent, chacun dans son district, observer exactement tout ce qui se passera sur le Rhin, au-dessus et au-dessous de Coblentz, relativement au précédent article ;

3° A se ménager l'amitié et la confiance de quelques magistrats de Coblentz ou de quelques baillis des environs, observant, dans toutes ses liaisons, de ne point laisser apercevoir le motif de ses recherches, du moins autant qu'il sera possible;

4° Quoique sa principale attention doive se porter sur le Rhin et la Moselle, il ne laissera pas d'étendre ses recherches sur la Lahn de droite et de gauche, et il observera que c'est par le nombre des différentes personnes employées, sans se connaître, qu'il peut se procurer la certitude des rapports qui lui seront faits.

.....La comtesse de Passenheim est la nièce de l'Électeur et sœur de l'électeur de Mayence; elle est veuve, jeune, jolie, parle volontiers, aime le jeu, et rassemble chez elle ce qu'il y a de mieux à Coblentz.

Le comte de La Leynen est neveu de l'Électeur; dans la guerre de 1733, il était protégé particulièrement par le roi de Prusse, et il a de grandes liaisons avec cette Cour. La comtesse sa femme rassemble aussi chez elle l'espèce de compagnie ordinairement la mieux informée de ce qui se passe, et ce sont ces deux maisons qu'il convient que M. Renaud fréquente le plus.

Le point le plus important et le plus difficile est l'établissement d'une sûre et prompte correspondance avec M. le maréchal de Noailles, M. le maréchal de Coigny et M. le maréchal de Belle-Isle; elle sera presque impraticable avec M. le maréchal de Noailles par le pays du Luxembourg; elle le sera moins par Liège, où le Roi a un résident auquel le maréchal de Noailles donnera des ordres pour qu'il corresponde exactement avec M. Renaud.

La voie la plus sûre et la plus simple, dans le moment présent, est Metz. M. Renaud enverra à Sarrelouis et à Trèves ses paquets par des piétons à un homme que lui indiquera M. le maréchal de Noailles, qui les lui enverra par d'autres piétons à Metz ou partout où il sera.

Il pourra aussi envoyer ses paquets par « staffet » jusqu'à Sierck, dernière poste impériale, et il les adressera au sieur Le Tellier.

M. Renaud pourra également se servir de staffets pour envoyer les dépêches à M. le comte de Bavière. Cette manière est assez sûre, parce qu'on met une double enveloppe aux paquets à l'adresse du maître de la poste de l'endroit où on les envoie; ainsi, on peut laisser ignorer qui les envoie et à qui ils sont adressés. Il pourra, de la même manière, les faire passer par Mayence, en les adressant à M. Blondel ou à M. Lechaudan, son secrétaire, qui y est actuellement.

M. Renaud vivra avec économie et sans aucune représentation. C'est le moyen de servir plus utilement le Roi dans la commission dont il est chargé. Il en aura plus de temps et de facilité pour voir et entendre ceux qu'il emploiera. Il priera M. le comte d'Argenson de lui faire donner un état des personnes employées tant sur le Rhin qu'à Liège et dans l'intérieur de l'Allemagne, et d'écrire une lettre circulaire à toutes ces personnes, pour qu'elles correspondent avec lui.

Par malheur, M. Renaud fut acheminé trop tard sur Coblentz, et son premier rapport ne parvint au maréchal de Belle-Isle, à Metz, que le 17 mai, deux jours après l'ouverture de la campagne. Les renseignements sur le passage du Rhin furent obtenus jusque-là au moyen d'agents subalternes envoyés à Coblentz et Biberich par le gouverneur de Thionville et par nos représentants dans l'Allemagne du Sud.

En 1742, et au commencement de 1743, notre représentant à Bruxelles était M. d'Agien, qui, étant officier, correspondait avec le Ministre de la guerre comme avec le cardinal Fleury. Il fut remplacé par M. Tiquet, qui n'adressa plus ses rapports qu'au Ministre des affaires étrangères, M. Amelot, mais qui n'en continua pas moins à fournir des renseignements d'ordre militaire.

La correspondance de M. Tiquet avec M. Amelot signale les tentatives faites avec plus ou moins de succès par son prédécesseur et par lui pour nouer des intelli-

gences à Bruxelles dans l'entourage du gouverneur
autrichien :

M. Amelot à M. Tiquet.

Paris, le 13 août 1743.

M. d'Agien vous aura peut-être parlé, Monsieur, avant que de quitter
Bruxelles, d'une demoiselle dont il croyait s'être assuré pour avoir par
elle des avis de ce qui s'y passe ou de ce qui s'y dit de plus intéressant.
Elle est fille du juif Carroso, et loge chez la demoiselle Bidot, rue de
Louis-le-Grand. Elle vient de s'excuser avec M. d'Agien si elle ne tenait
pas l'engagement pris avec lui, mais peut-être hésiterait-elle moins à
en former un nouveau avec vous, ce dernier devant l'exposer à moins
de risques. C'est ce qu'il serait d'autant plus à propos que vous ten-
tassiez, que M. d'Agien la suppose fort en état, par bien des raisons, de nous donner de bons avis. Je me remets à vous du choix
des moyens pour la regagner, et je compte assez sur votre prudence
pour être persuadé que, si vous y échouez, nul autre n'y aurait plus
de succès.

M. Tiquet à M. Amelot.

Bruxelles, le 18 août 1743.

Monseigneur,

M. d'Agien ne m'a donné aucune notion, relativement au service du
Roi, en quittant Bruxelles. Il était si peu à lui qu'il ne pouvait rien me
dire. Je suis extrêmement étonné qu'il ait imaginé avoir des avis de ce
qui s'y passe par la demoiselle Gatine, fille du juif Cardosso, qui s'est
sûrement moquée de lui, si elle lui a promis. Il devrait connaître son
caractère. Cette fille est fort jolie et encore plus coquette. Elle a de
l'esprit et est quelquefois méchante, souvent impertinente, capricieuse
et outrée plus qu'aucune femme. Malgré ses défauts elle est aimable
dans la société quand on sait la mener, mais elle n'a nullement le génie
d'intrigue en affaires.

Cardosso, qui est riche, a vécu pendant vingt ans dans la meilleure
compagnie en France ; il s'est retiré ici depuis longtemps ; il rassemble
chez lui tous les jours ce qu'il y a de mieux, et sa maison est la meilleure
de la ville ; c'est un homme des plus aimables et des plus singuliers
qu'il y ait : bon Français, quoique avec ménagement, gaillard, libertin
comme s'il n'avait que 30 ans, et il en a 86 ou 87. Mme la duchesse et
M. le duc d'Aremberg, et la plus grande noblesse le recherchent continuellement. J'ai toujours été de ses amis. Je lui écrivais de temps en
temps pendant que j'étais à Naples.

M. d'Agien n'avait pas pris le ton de cette maison ; il y allait rarement. Il fut surpris à mon arrivée de m'y voir si fort en connaissance, et je crois qu'il n'y est pas retourné avant son départ. La demoiselle Gatine a été à Paris il y a six semaines pour un mal qu'elle croyait avoir à l'œil, et elle en est de retour depuis dix-huit jours. Elle m'a dit qu'elle y avait souvent vu M. d'Agien, lequel lui avait demandé en grâce de le mener chez Gendron, qu'il voulait consulter pour savoir s'il porterait des lunettes, et qu'elle l'avait refusé. Elle m'a fait encore quelques autres plaisanteries dans ce goût-là sur son compte ; mais j'ai cru m'apercevoir qu'il lui avait fait des propositions ; que votre nom même, Monseigneur, avait été cité, ou bien qu'il s'était passé quelques autres choses sur lesquelles je n'ai point marqué de curiosité pour les savoir plus tôt, attendu qu'elle est extrêmement dissimulée ; ce qui ne m'a point encore réussi. Peut-être aussi n'y a-t-il rien.

Je tire d'elle, Monseigneur, tout le parti qu'il est possible pour avoir des éclaircissements et être instruit de ce qui a rapport au service du Roi, dans ce qu'elle est à portée de pouvoir savoir ; mais c'est toujours de manière qu'elle ne s'en aperçoive pas. Quoiqu'elle soit bonne Française, née à Paris, élevée à l'abbaye de Panthémont, et qu'elle ait une partie de son bien sur l'Hôtel de Ville, si elle imaginait que je me sers d'elle pour cet objet, son caprice la ferait taire ; elle ne me dirait plus le mot, et peut-être elle se brouillerait avec moi. Il y a onze ans que je l'ai connue sur ce ton, et je me suis toujours conduit avec elle en lui confiant des riens et en applaudissant à ses fantaisies.

Ce fut chez Cardosso que je vous écrivis, le jour que la nouvelle de l'affaire de Dettingen vint ici ; sa fille jeta les hauts cris, et je fus occupé pendant fort longtemps avec M. le commandeur de Saint-Germain, qui est son ami, à la consoler, et moi à l'empêcher de faire quelque scène qui aurait dérangé mon projet et qui l'aurait décréditée chez Mᵐᵒ la duchesse d'Aremberg, avec laquelle elle est parfaitement bien.

M. le prince de Grimberghen est fort ami du père et de la fille depuis longtemps. Si vous jugez à propos de lui en parler, sans lui laisser apercevoir les notions que vous en avez, je suis assuré qu'il vous les confirmera.

20 février 1744.

Je suis enfin parvenu avec beaucoup de peine, et après bien des recherches sourdes, à découvrir celui qui a remis au comte de Königsegg le plan des nouveaux ouvrages de Dunkerque. Il s'appelle Geisling, négociant à Ostende, lequel sait le génie, et surtout la partie de lever les plans. Il est contrôleur des fortifications de cette place. Par zèle pour la reine de Hongrie il a travaillé comme pionnier aux ouvrages de Dunkerque, et a eu tout le temps de les dessiner. Ce plan fait, il l'a remis au directeur des ingénieurs ici, qui l'a donné au comte de Wurmbrau, et celui-ci au comte de Königsegg, qui a ordonné que l'on donnât dix écus à Geisling pour ses peines. Cet homme qui, par son état, est au-dessus de semblable récompense, en meurt de chagrin. Les fatigues que lui ont causées ce travail et d'autres ouvrages qu'il a fait faire aux environs de Nieuport, dans un très mauvais air, l'ont jeté dans une langueur dont on croit qu'il ne se relèvera pas.

Je n'ai encore rien donné à Desronces, qui m'instruit assez régulièrement de ce qui s'expédie dans son bureau ; il peut être très utile dans la circonstance présente. Je vous supplie de me donner vos ordres à cet égard.....

1er mars.

C'est moi qui, anciennement, ai tiré les premières nouvelles de Desronces ; il me les donnait gratuitement. Il a reçu depuis de l'argent de M. de Jonville et de M. d'Agien. J'ignore à quoi cela montait. Il n'avait jusqu'à présent osé m'en parler ; je sais que ses appointements sont mal payés. Il vint chez moi le lendemain précisément du jour que j'eus l'honneur de vous écrire à son sujet, et me dit qu'il était pressé pour le payement d'une lettre de change qu'il avait faite dans son extrême besoin ; qu'on le menaçait de la faire protester et même de l'arrêter ; que cette lettre était de 200 florins, qu'il me priait de lui prêter ; je lui répondis que je ne les avais pas, et que je verrais dans une quinzaine de jours si je pourrais lui donner quelque chose. Il me fit beaucoup d'instances, et je lui donnai 12 ducats, qui font un peu plus du tiers de cette somme, qu'il m'a voulu rendre depuis parce qu'on n'avait pas voulu les recevoir à compte. Je lui dis de les garder. Il me presse encore toutes les fois qu'il me communique des expéditions, en m'exposant son état. Dans tout autre temps, il me toucherait peu. Je ne répondrais pas qu'il ne voulût tenir avantage de la circonstance et de l'utilité dont ses avis peuvent être. Mais 200 florins font près de 16 louis, et je suis très embarrassé.....

13 mars.

Je me conduirai, Monseigneur, avec Desronces comme vous me l'ordonnez. Il a obtenu du répit pour le paiement de sa lettre de change jusqu'au 15 de ce mois. Il m'a encore parlé plusieurs fois de son embarras, en m'assurant que je n'aurais plus semblable demande de sa part, et que je savais bien qu'il me disait tout autrefois sans argent. Je le verrai encore venir, et si je ne puis m'en défendre, je lui donnerai le reste des 200 florins.....

15 mars.

' Desronces n'a pas manqué de venir aujourd'hui. Je n'ai pu me dispenser de lui donner encore 22 ducats, lesquels, avec les 12 qu'il avait déjà reçus, font les 200 florins. Il m'a fait mille protestations que ce n'était que la crainte d'aller en prison qui lui avait fait recourir à moi.

8 avril.

L'on vient d'ôter au bureau de Desronces l'expédition de ce qui a rapport au militaire, en sorte qu'il n'est plus à portée de m'instruire aussi exactement de tous les mouvements, qu'il ne peut savoir présentement que par les deux autres bureaux. Il m'a promis d'y être également attentif.

21 mars.

Il y a, Monseigneur, un Carme déchaussé à Arras, appelé le père Constantin, lequel lève, dit-on, parfaitement les plans. Il a envoyé ici plusieurs cartes gravées de l'Artois qu'il fait vendre assez cher, et il y a un plan d'Arras très bien dessiné et fait à la main qui a été vendu deux louis. Comme ce commerce lui vaut, il pourrait bien avoir vendu d'autres plans ou en vendre par la suite. Je crois que le service du Roi est intéressé à ce que sa conduite soit éclairée.

Le 10 janvier 1744, M. Tiquet annonce qu' « il reste à Luxembourg 17 bataillons et 2 régiments de hussards, Caroli et Belisnai. Les compagnies franches sont à Arlou ; on veut les enrégimenter pour les discipliner. Elles ont pour chefs des contrebandiers, contre la plupart desquels il y a des jugements rendus en France. Le reste de cette troupe est composé de brigands et de canaille de toute espèce. Si ce projet a lieu, ils déserteront tous, attendu qu'ils ne sont retenus que par le pillage.

L'on fait conduire d'Anvers à Charleroi un convoi de 15,000 livres de poudre, d'où l'on en ramènera 8,000 qui sont gâtées, à Anvers, pour être raccommodées ».

Une autre lettre de M. Tiquet, datée du 1er avril, signale l'impression produite par la déclaration de guerre, et continue ainsi : « La barrière est dépourvue de troupes ; il n'y a pas plus de trois bataillons à Tournai. L'on compte qu'il y aura un corps sur la Moselle pour observer celui des Français ; il sera, à ce qu'on assure, composé d'une partie de la garnison de Luxembourg et d'autres troupes qui doivent venir d'Allemagne, l'on ne sait point encore de quelle nation. Il est toujours question, Monseigneur, de faire cantonner celles qui sont actuellement ici ; mais je doute que ce soit encore de plusieurs jours. Les quartiers des différents corps ne sont point désignés, et les arrangements que l'on débite à ce sujet ne sont que pures conjectures. On assure que les Hollandais sortiront de leurs places en même temps que les autres troupes s'ébranleront, et que la campagne s'ouvrira par le siège de Condé. L'on attend avant quinze jours la tête des Hanovriens, qui viennent de l'électorat de Cologne et autres endroits d'Allemagne. Les Hessois doivent être rendus dans ces environs-ci au plus tard le 25 de ce mois..... Les Hollandais ont traité avec un homme de ce pays-ci pour la fourniture du pain de 20,000 hommes pendant la campagne, à condition que le même traité subsistera pour la fourniture de vingt autres mille hommes, au cas qu'ils les fassent marcher. »

Après la déclaration de guerre M. Tiquet rentre en France ; arrivé le 3 mai à Valenciennes, il y attend le comte d'Argenson pour lui donner de vive voix tous les renseignements possibles et « lui rendre compte de sa mission ».

Un autre de nos représentants fournit encore des renseignements d'une importance capitale pour le plan général des opérations et le choix entre les théâtres de guerre du Rhin et de la Flandre. C'est le comte de Tilly, Ministre de France à Mannheim. Nous ne faisons que mentionner ici cet agent diplomatique, dont les travaux se rapportaient surtout aux opérations en Allemagne.

A partir du moment où les opérations sont portées au delà de Bruxelles, c'est Liège qui devient le principal centre de renseignements : le Ministre et les généraux ont recours à notre résident auprès du Prince-Evêque pour centraliser une partie de la correspondance. Ce résident, M. Esmasle, est mis en relations de cette manière avec un officier italien au service de l'Autriche, que le cardinal de Rohan a indiqué comme espion au comte d'Argenson. M. Esmasle rend compte de son entrevue avec cet officier italien dans la lettre suivante :

Liège, le 21 juillet 1746 (dans la nuit).

Monseigneur,

J'avais toujours attendu de recevoir, à l'adresse que j'avais eu l'honneur de vous indiquer, des lettres du correspondant que vous deviez avoir dans l'armée des alliés, quand un Monsieur de belle figure est

17

venu me trouver ce soir assez tard pour me demander de vous faire
passer une lettre regardant le service du Roi. Il m'a dit, Monseigneur,
se nommer M. Pasetti et qu'il vous a été produit par Mgr le cardinal
de Rohan. Je n'ai plus douté qu'il fût ce même correspondant lorsqu'il
m'a parlé de l'adresse dont vous m'aviez fait l'honneur de me prévenir :
« alli signori Bartolomei et compagnia ».

Cet officier me paraît très intelligent et l'on pourrait même croire, ce
semble, qu'il est sincèrement zélé à donner des avis utiles. Il m'a promis de m'adresser régulièrement, sans signature, les diverses relations
qu'il donnera de ce qui se passera à l'armée des alliés; et comme il
craint que, n'ayant pas reçu de vos lettres, non plus que M. Chicquet,
elles n'aient été arrêtées et ouvertes, j'ai changé ma première adresse
et lui en ai donné une autre. Je traduirai, au reste, en français les avis
qu'il m'enverra, quoique je vous les remettrai en original, et j'en ferai
usage envers M. de Vanolles, Mgr le maréchal comte de Saxe et autres
à qui je jugerai convenable pour le bien du service.

Vous verrez au reste, Monseigneur, que sa lettre ci-jointe réduit ses
avis à ce que l'armée des alliés est allée camper le 17 à une lieue de
Bréda, que le lendemain elle devait faire halte, que le 19 elle se porterait au voisinage d'Eyndoven pour recevoir le secours de troupes
autrichiennes venues de l'Empire; qu'ensuite elle marcherait vers Brée
et s'approcherait de Maüstricht, et enfin que le nombre que le tout formera ne surpassera guère 75,000 hommes. Il mande aussi que le Grand
Pensionnaire de Hollande est mort après avoir vu l'armée des alliés
sous les armes; que la République se flatte toujours de gagner du temps
et de tirer les affaires en longueur sur ce qui la concerne.

Je joins ici l'empreinte du cachet dont M. Pasetti se servira pour
fermer ses lettres.

J'envoie ce paquet avec recommandation au directeur de la poste de
Sedan pour vous le faire parvenir où il saura, Monseigneur, qu'elle
pourra vous trouver.

J'attendrai vos ordres par rapport aux 100 ducats que le correspondant vous demande pour le mettre en état de servir utilement.

J'ai l'honneur, etc.

Esmasle.

A cette lettre est jointe celle du nommé Pasetti :

Breda, 15 juillet 1746.

Je suis très inquiet de n'avoir de vos nouvelles ni de celles de M. le
cardinal de Rohan et de n'avoir reçu aucune réponse à trois lettres que
j'ai écrites au secrétaire d'ambassade que le Roi tient à la Haye. J'ai
trouvé le moyen de vous faire tenir celle-ci et je compte que vous voudrez bien me tranquilliser sur le sort qu'ont eu mes dépêches.

L'armée alliée est allée camper aujourd'hui à une lieue de Bréda ; elle séjournera demain, et après-demain elle marchera sur Eyndoven pour se joindre au corps qui vient de l'Empire et s'avancer ensuite sur Maëstricht. Cette armée rassemblée, y compris même les Anglais, ne montera pas à 75,000 hommes, et j'en réponds sur ma tête ; dans la marche de ce matin toutes les troupes, et surtout les autrichiennes, ne se formaient que sur trois de hauteur, ce qui m'a mis en état de juger de leur force. Pour en être encore plus précisément instruit, lorsque toute l'armée sera campée je me charge d'en faire une revue exacte, tant de l'infanterie et cavalerie que de l'artillerie.

J'attendrai que vous me donniez avis à Maëstricht ou à Liège de l'endroit où je devrai me trouver pour recevoir vos instructions ; comme Liège est pays neutre, il me sera plus aisé d'y aller que partout ailleurs.

Je demande à être aidé de quelque petite somme pour soutenir une figure convenable.

Le secrétaire de l'abbé de Laville, à la Haye, a avec moi deux chiffres de correspondance que je lui ai laissés lorsque je lui fus présenté, mais la voie de Liège est aujourd'hui préférable.

En cas d'action imprévue je me trouverai dans le corps de hussards et pandours, sous les ordres de Baraguay, d'où je ferai passer mes avis au général de l'armée du Roi par un mien valet, natif de Lyon, qui soupire après la liberté de retourner à Paris, ce qu'il ne peut obtenir qu'en méritant grâce pour sa désertion ; on croira dans l'armée qu'il a été tué ou qu'il a déserté.

P. S. — De Liège, le 21 juillet.

Je trouve occasion de passer à Maëstricht avec le comte Pann, vice-chancelier de Flandres ; mes amis sont restés à Eyndoven, d'où l'armée marchera à Bree et de là à Hasselt ; je compte, dans cette journée, passer déguisé à Liège et y entretenir M. Esmasle et y retourner dans quelques jours pour lui donner des nouvelles de tout ce que j'aurai appris.

J'ai eu un long entretien avec M. Esmasle, qui entend et parle parfaitement l'italien ; je crois que vous trouverez convenable que je lui adresse mes écritures, afin qu'après les avoir traduites il puisse les faire passer à M. le maréchal de Saxe, à M. le prince de Conti et à M. de Lowendal.

Je vous supplie de vouloir bien ordonner à M. Esmasle de m'aider d'une centaine de ducats pour me procurer mes besoins ; l'argent est très rare à l'armée alliée.

Le Pensionnaire de Hollande est mort subitement, après avoir vu l'armée sous les armes ; la République ne cherche qu'à tirer les choses en longueur, mais ses forces sont petites et en mauvais état sur toute la place de Maëstricht. On dit pour sûr que le prince Charles est arrivé à Cologne; Bathiany, Waldeck, Ligonier et le prince Charles n'en seront pas contents.

III. — Service centralisé par l'intendant.

Le service de renseignements de beaucoup le plus important est celui que dirige l'intendant. Il est plus étendu que tous les autres, et surtout il a le grand avantage d'être permanent. M. de Séchelles et M. de Beaumont nous ont laissé les explications les plus complètes sur la manière dont ce service fonctionnait en Flandre :

« Pendant le règne de Louis XIV, écrit M. de Beaumont, les Ministres de la guerre, ainsi que ceux des affaires politiques, avaient, en temps de paix et en temps de guerre, des conséquences secrètes presque dans toutes les parties de l'Europe. Il est plus facile de les établir en temps de paix qu'en temps de guerre. En général, les personnes qui correspondaient alors n'étaient connues que du Ministre même, qui, quelquefois, le confiait aux généraux des armées, pour abréger le temps de recevoir des avis; ces sortes de correspondances n'étaient presque jamais connues de l'intendant.

Quand même il y en aurait aujourd'hui de cette espèce, il est toujours du devoir de l'intendant de chercher tous les moyens praticables pour avoir des nouvelles de l'ennemi. Le général, de son côté, doit aussi employer ses soins; mais, comme ce qui se passe chez le général est toujours plus observé que chez l'intendant, c'est pourquoi le ministère de l'intendant peut être fort utile au général, en observant de ne jamais voir ces espions que la nuit. »

M. de Séchelles avait organisé le service des renseignements sur la frontière du Nord avant la guerre, ou du moins avant les premières opérations aux Pays-Bas. Lorsqu'il fut envoyé comme intendant à l'armée de Bohême, son subdélégué général M. Massart écrivit au Ministre :

14 mai 1742.

« Les personnes que M. de Séchelles a entretenues sur cette frontière

et que je continue à y entretenir pour savoir ce qui se passe chez
l'étranger, m'ont envoyé des mémoires sur lesquels j'ai formé celui que
je prends la liberté de vous adresser. »

« J'ai eu l'honneur, répète-t-il le 8 juin 1742, de vous informer
que M. de Séchelles a entretenu des correspondances sur cette frontière avec deux particuliers qui visitent souvent les villes étrangères
pour lui rendre compte des changements qui surviennent dans les garnisons, dans les magasins et dans les ouvrages de fortification ; l'un
d'eux m'a remis le mémoire que je prends la liberté de vous adresser.
(Voir, ci-après, *État des services du nommé Pierre Bruyères*.)

Je continue la correspondance que M. de Séchelles a établie avec les
deux particuliers dont je viens de faire mention ; les éclaircissements
qu'ils m'ont procurés jusqu'à présent n'ont point été importants ; j'ai eu
l'honneur de vous en rendre compte régulièrement ; mais leurs recherches peuvent devenir utiles pour l'avenir. L'un se nomme Thirion ;
il est lieutenant réformé à la suite de Valenciennes, ayant sa famille et
ses habitudes dans les environs de Bruxelles : l'autre est sujet du Roi,
habitué à Liessies, près d'Avesnes ; sa conduite n'est point suspecte, je
m'en suis assuré. Il est question de procurer à l'un et à l'autre des gratifications proportionnées à leur travail ; je vous supplie de vouloir bien
me faire savoir vos intentions à cet égard (1). »

Dans une lettre du 11 janvier suivant, il nous apprend
que le sieur Thirion « réside en terre étrangère près de
Bruxelles », ou plutôt à Grammont près de Bruxelles ;
et le 8 février il demande une gratification pour ce correspondant, dont il transmet tous les rapports à la
Cour.

Il a de fréquentes entrevues avec le sieur Thirion,
qui vient sans doute recevoir sa solde de réforme à
Valenciennes, et il en profite pour lui donner de nouvelles instructions.

« Le correspondant de Brabant s'est rendu à Valenciennes ; j'ai
formé le mémoire que je prends la liberté de vous adresser sur les nouvelles qu'il m'a apportées..... Je l'ai fait repartir et je l'ai engagé de

------

(1) Le Ministre écrit en marge de cette demande : « Y consentir, et
qu'il ait à marquer à quoi il pense que ces gratifications peuvent et
doivent monter pour chacun. »

se rendre en droiture à Bruxelles, afin de s'assurer du passage des Anglais, et de mieux reconnaître les routes que prendront les troupes étrangères..... J'ai recommandé, Monseigneur, au correspondant de s'informer exactement des endroits où l'on forme des magasins, de savoir en quoi ils consistent et d'où on tire les denrées ; je l'ai également chargé de me faire savoir quelle route on fera prendre à l'artillerie. Vous m'ordonnez, Monseigneur, par votre lettre du 15 de ce mois, de vous mander à quelle somme j'estime qu'on pourrait fixer la gratification que vous voulez bien accorder au sieur Thirion, correspondant ; je crois qu'on pourrait la porter à 5 ou 600 livres ; je lui ferai entendre qu'il doit y trouver son dédommagement du voyage de Bruxelles, qu'il vient d'entreprendre.

Deux mois plus tard il a revu le sieur Thirion et lui a donné de nouvelles instructions :

« Le correspondant ordinaire s'est rendu ici, écrit-il le 3 avril 1743 ; je lui ai donné une nouvelle instruction, qui lui indique de s'assurer avec précision du départ et des mouvements des troupes hanovriennes qui restent dans les Pays-Bas, en cas qu'il s'en trouve encore. Je lui ai fixé pour second objet d'avoir attention aux mouvements des Hessois et aux préparatifs qu'on pourrait faire pour leur marche ; ceci sera de sa connaissance : ainsi les nouvelles seront certaines sur ces deux articles. Il rendra également compte de ce qu'il apprendra sur les positions et marches des troupes autrichiennes, anglaises et hanovriennes qui se trouvent à portée du Rhin, et de ce que l'on débitera sur leurs projets ; je lui ai recommandé d'aller fréquemment à Bruxelles, où il a de bonnes connaissances qui peuvent procurer des éclaircissements utiles. »

Cet agent de Bruxelles, le sieur Thirion Lamy, officier réformé, observe peu par lui-même ; mais placé au centre des Pays-Bas, dans la capitale, il recueille les échos du quartier général.

Bien que M. Massart ne parle ici que de deux correspondants, il est certain qu'il en avait un plus grand nombre, car à côté des renseignements fournis par Thirion et Bruyère il en cite d'autres reçus de sources diverses. Il a notamment un agent à Liège (voir lettre du 3 avril 1743).

M. de Séchelles trouve cependant ce service de renseignements insuffisant, et il s'applique à le développer lorsqu'il revient en Flandre à la fin du mois de mai 1743 :

« J'ai l'honneur de vous envoyer les nouvelles ordinaires du correspondant de Brabant et la marche des Hessois, écrit-il au Ministre le 31 mai ; je travaille à établir de meilleurs nouvellistes et qui entrent plus dans le détail, principalement sur l'article des approvisionnements; il y en a déjà plusieurs en campagne, dont j'attends le retour ; j'apprends qu'on a fait des achats considérables d'avoine dans le pays de Liège, etc ; j'envoie un homme exprès tout le long de la Meuse, pour s'assurer jusqu'à quel point se portent ces approvisionnements.....

Les hommes que j'ai envoyés de Valenciennes sur Nieuport ; ceux que j'ai fait partir de Maubeuge sur Mons et Bruxelles, et ceux que j'envoie d'ici (de Givet) sur Maëstricht et Ruremonde embrasseront tout le pays et me mettront peut-être en état de connaître le véritable objet des magasins, d'où on pourra tirer des conséquences plus certaines sur les projets de nos voisins. »

Désormais le service reçoit une impulsion vigoureuse et intelligente. Quand il aura été décidé que le Roi porte son principal effort en Flandre, M. de Séchelles aura réuni des renseignements assez complets pour servir aussitôt de base aux plans de campagne et aux mouvements de l'armée.

En 1745, pendant les opérations dans la Flandre et le Brabant, M. Massart se procure un second agent à Bruxelles (25 janvier 1745). Thirion correspond directement avec le Ministre depuis plus d'un an et a sans doute été remplacé comme agent de l'intendant de Flandre.

Les agents employés aux Pays-Bas sont de deux espèces : les uns, sorte de colporteurs, espions ambulants, font de longues et fréquentes tournées et relatent strictement ce qu'ils ont vu. Les autres sont des correspondants établis à demeure dans les principales villes, et qui, par conversation, et grâce à leurs relations, se procurent des renseignements moins sûrs, mais souvent plus intéressants. Ils servent surtout à pousser plus avant le réseau des intelligences, et à procurer de nouveaux agents dans les armées et les administrations de l'ennemi. Thirion était de ces derniers.

A la première catégorie appartient le nommé Pierre Bruyère, dont M. Massart transmet le 6 juin 1742 un rapport intitulé :

« *État des voyages qu'a faits le nommé Pierre Bruyère pour le service du Roi depuis le 25 mai 1742.*

Le premier à Ath, ayant reconnu toute la force de la garnison, consistant en 1 bataillon du régiment d'Arenberg, plus 1 bataillon de nouvelles troupes, dont les compagnies sont de 140 hommes, sans avoir encore le nom d'aucun colonel ; il n'y a pas seulement une botte de foin dans les magasins pour les avoir bien examinés. Ayant fait le tour des remparts de cette première place, j'y ai vu 4 batteries de canon, dont 2 de 3 pièces du calibre de 12 et les 2 autres de 4 chacune, calibre 24 ; vis-à-vis l'arsenal il y a environ 1000 boulets, suivant mon évaluation.

Le second voyage, dans Saint-Guislain. J'y ai très bien examiné et vu les ouvrages que l'on fait aux fortifications ; ils ne consistent qu'à réparer les gazonnages qui en font l'enceinte ; les palissades qui y doivent servir sont encore en état ; la garnison est de 200 hommes détachés de la garnison de Mons.

Le troisième voyage, dans la ville de Mons ; la garnison est de 2 bataillons de Los Rios, 1 bataillon du duc d'Aremberg, 8 compagnies d'infanterie nouvelle, dont plusieurs sont de 140 hommes, d'autres moins. L'on continue de recruter 7 compagnies du régiment de Stirum-dragons, plus 6 compagnies de dragons du prince de Ligne, qui sont venues de Gand et d'Oudenarde ; 1 compagnie de canonniers nouvellement levée, au nombre de 50 ou environ, plus un détachement de mineurs. J'ai vu dans les magasins à foin une meule seule, déjà à moitié consommée, dont le reste ne passera pas la fin de ce mois de juin, vu l'arrivée desdites compagnies de dragons du prince de Ligne.

Quant à l'arsenal, n'y ayant pu pénétrer, je n'ai vu que 2 mortiers de moyen calibre exposés à la porte. Ayant fait tout le tour des remparts, j'ai vu 6 batteries, composées chacune de 4 pièces des calibres de 12 et de 24, et quelques autres pièces couchées sur la terre.

Le quatrième voyage, dans Charleroi. J'ai vu travailler à la construction d'un nouveau fort casematé et contreminé au dehors de la porte de Darmay, où un de mes amis, piqueur dans ces ouvrages, m'a conduit et fait tout voir ; puis il s'y construit un autre fort à la porte de

Bruxelles, de la même forme que le précédent, ensemble une demi-lune au dehors de la porte de Montigny.

La garnison consiste en 4 compagnies de dragons du prince de Ligne et 2 de Stirum, fort peu d'infanterie, par détachements, dont la plupart de nouvelles troupes, qui tous ensemble ne montent point à 2,000 hommes.

Un cinquième voyage, dans Namur. J'y ai vu 6 régiments dans la ville, tant hollandais et suisses qu'écossais, à la solde de Hollande, avec un régiment de cavalerie hollandaise, un régiment d'infanterie pour le château et ses fortifications, dont la moitié de la garnison va camper à la porte de Jambes sous la montée Sainte-Barbe, se relevant par huitaine.

Dans le magasin au fourrage, il n'y a que deux moyennes meules de foin ; quant aux remparts, les sentinelles empêchent qu'on n'en approche, et pareillement de leurs arsenaux.

Je soussigné certifie le contenu du présent véritable, le 7 juin.

Signé : BRUYÈRE ».

Voici le détail d'une autre reconnaissance exécutée du 16 au 20 mai 1744 par le même Bruyère :

« Il est parti de Lille, le samedi 16 mai, à 6 heures du soir, et a été coucher à Bérieux, où était l'armée de France.

Le lendemain, il a passé par Renaix et a été coucher à une lieue en deçà d'Oudenarde.

Et le lundi, il n'a pu entrer dans Oudenarde ; il a vu mettre le feu aux maisons des faubourgs par les troupes de la garnison ; plusieurs chariots étaient à la porte de la ville, chargés de meubles que les habitants de la campagne voulaient réfugier dans la ville, mais ils n'ont pu le faire, y ayant des défenses du gouverneur d'ouvrir les portes, tant pour les personnes à pied qu'à cheval ; de manière qu'il a été obligé d'aller passer l'Escaut à Hennam, pour aller coucher à Gand.

Il rapporte qu'il n'y a, à Gand, qu'environ 400 hommes de troupes, et que les bourgeois montent la garde ; on y attend des Anglais, qui doivent être débarqués à Ostende.

Il a couché près de Tournay et il est entré ce matin 20, dans cette ville, qu'il a traversée ; il dit que la garnison est toujours la même ; elle consiste en 4 régiments dans la ville, avec un escadron de cavalerie et un régiment à la citadelle ».

Un autre agent de M. de Séchelles s'est engagé pour travailler dans les magasins de Charleroi, et après y avoir travaillé effectivement pendant plusieurs jours, il fait connaître la quantité de vivres de toute espèce que contient cette place.

Ces agents sont assez nombreux et leurs itinéraires combinés assez méthodiquement pour que l'intendant adresse plusieurs fois par mois au Ministre un tableau complet de toutes les places et garnisons des Pays-Bas, et qu'il envoie presque tous les jours des renseignements relatifs à deux ou trois de ces places. Les rapports ainsi fournis distinguent toujours les faits constatés par l'émissaire de ceux qu'il a appris verbalement. On a, en général, des données certaines sur les approvisionnements, sur l'état des fortifications et des batteries, sur les mouvements de troupes ; on est obligé de s'en rapporter à des on dit pour la force des différents corps et les projets de l'ennemi.

M. de Séchelles écrit au Ministre le 23 janvier 1744, en lui adressant un état général des garnisons autrichiennes et alliées dans les Pays-Bas :

« J'ai établi dans chacune de nos places, depuis Givet jusqu'à Dunkerque, un correspondant qui fait partir des hommes pour aller visiter ce qui se passe chez nos voisins ; le rapport est rendu à mon correspondant, qui me l'envoie ; ce qui en résulte dans cette circonstance est peu important, comme vous en jugerez par mes observations sur chaque place, mais l'avantage qu'on en retire est certain, en ce que ceux qu'on y emploie s'accoutument au métier qui est dangereux, font des connaissances dans les villes et dans le plat pays, et continueront les mêmes manœuvres dans les temps où les risques seront plus grands. Je travaille même à en établir quelques-uns dans les villes autrichiennes les plus voisines. J'ai dans ce pays-ci un homme qui entend assez la fortification : je lui remets le plan de Mons, il l'examine et le met en dépôt à Maubeuge après l'avoir bien étudié ; il va ensuite à Mons, où il passe trois ou quatre jours, et revient à Maubeuge, et marque sur son plan toutes les observations qu'il a faites sur l'état présent de la place et les nouveaux ouvrages. Il en usera de même successivement pour toutes les places, et je reprendrai le total de son travail vis-à-vis de lui ».

« Je reçois chaque jour, écrit M. de Séchelles le 4 février, des nouvelles des correspondants que j'ai établis pour savoir ce qui se passe dans les villes des Pays-Bas ; elles ne contiennent rien d'essentiel, si on excepte l'établissement d'un pont près d'Anvers, sur quoi je joins un mémoire.

J'attends à chaque instant l'arrivée de la personne qui est chargée de vérifier la situation actuelle des fortifications des places étrangères ; je travaillerai avec lui sans perdre un moment, et j'aurai l'honneur de vous adresser le résultat de son premier travail ».

Le 15, il répète « qu'il n'est survenu aucun événement intéressant dans le Brabant et dans les Pays-Bas, depuis les dernières nouvelles qu'il a eu l'honneur d'envoyer au Ministre » ; le mémoire que je joins, ajoute-t-il, contient le résultat des avis qui viennent de m'être donnés, et j'ai pris des précautions pour les faire vérifier ; c'est moins par utilité que pour maintenir l'attention des personnes que j'emploie sur la frontière, pour veiller à tout ce qui se passe dans les villes et dans les troupes étrangères.

La personne que j'ai chargée de visiter les places pour constater les nouveaux ouvrages qui ont été construits ou réparés depuis la dernière campagne, continue son travail ; elle m'a remis des mémoires sur la situation de quelques places ; j'espère être en état de vous envoyer un mémoire complet sur cet objet. »

Les rapports se succèdent ainsi de jour en jour ; dès qu'il se présente un fait intéressant, des émissaires sont envoyés spécialement pour le vérifier : « Comme il revient de toutes parts que les ennemis voudraient faire un camp entre Mons et l'Escaut sous Ath, dit M. de Séchelles dans sa lettre du 26 avril, je fais partir aujourd'hui 2 hommes pour se promener dans tous ces cantons et voir s'il ne s'y fait point d'approvisionnement de fourrages et autres dispositions ; j'attends aussi des nouvelles de Bruxelles par mon correspondant le plus éclairé. »

Est-ce par l'entremise de Thirion Lamy que M. de Séchelles est parvenu à nouer des intelligences dans le cabinet même des généraux autrichiens ? Il semble que, trouvant trop vagues les renseignements que lui donnait ce premier correspondant, il s'en soit procuré un autre, et Thirion a été offrir ses services au Ministre, pendant que le nouvel agent de M. de Séchelles entrait en relations avec un chef de bureau de la chancellerie de la guerre à Bruxelles, le nommé Hasselmann. M. de Séchelles rend compte le 23 mars 1744 des négociations entreprises pour s'assurer le concours du nommé Hasselmann, et le comte d'Argenson lui répond le 28 : « Vous nous rendrez un grand service si vous pouvez réussir dans la négociation entamée à Bruxelles avec un des chefs du bureau de la chancellerie de la guerre. Vous pouvez sans hésiter lui faire promettre le traitement que vous jugerez proportionné à l'importance de cette relation, et sur ce que vous m'en écrirez, je prendrai les ordres du Roi sur cette dépense. C'était par des correspondances de cette espèce que le feu Roi était bien informé de ce qui se passait chez les ennemis : elles étaient payées très grassement, mais la véritable économie consiste à dépenser à propos.

Une lettre de M. de Séchelles, datée du 22 avril, montre que cette « négociation » réussit : « Voilà la copie mot pour mot d'une lettre de mon correspondant à Bruxelles ; je souhaite que ce commerce ne soit point interrompu ; il en peut résulter beaucoup d'utilité. Je compte que vous trouverez que la correspondance est bonne. » Les rapports se succèdent rapidement le 24, le 28, le 30 avril, prouvant que l'individu acheté par M. de Séchelles entre assez souvent dans le secret des généraux ennemis pour révéler leurs desseins les plus cachés. La Cour de Versailles obtient ainsi le compte rendu très exact des trois conseils de guerre tenus par les généraux ennemis, et dont les résolutions sont contrôlées par les agents secondaires de M. de Séchelles.

Il ne semble pas que cette correspondance se soit prolongée, bien qu'on n'apprenne pas les circonstances qui ont pu la faire cesser. Le nombre des agents augmente, mais les renseignements ne sont pas toujours aussi précis qu'au début.

Je suis parvenu à former l'état des troupes alliées, écrit M. de Séchelles le 5 mars 1745, et pour y parvenir j'ai fait un état général de ce qui composait les garnisons et l'armée lorsqu'elle était assemblée. J'ai suivi les régiments dans les changements survenus depuis le mois d'octobre ; je trouve le même nombre de troupes dans les garnisons actuelles ou qui ont passé la Meuse pour se rendre sur le bas Rhin. Je ne répondrai pas d'une exactitude aussi grande que je le désirerais; j'y ai fait tout ce qui a dépendu de moi et j'ai envoyé plusieurs exprès pour vérifier les articles douteux. Comme vous avez d'autres correspondants, je vous supplie de me donner vos ordres sur les fautes qui pourront se rencontrer, afin que je les corrige et que j'en avertisse les émissaires que j'emploie, qui ne sont pas gens de la meilleure espèce; celui dont je tire le plus de secours s'est cassé la jambe en arrivant ici; je l'ai fait guérir, il sera dans quelque temps en état de partir; cet accident a retardé mon travail.

Une fois en opérations, les procédés sont forcément un peu différents de ceux du temps de paix ou de la période d'hiver :

Il n'est pas difficile, dit M. de Beaumont, en se donnant de certains soins, de se procurer des nouvelles des ennemis quand on veut se donner la peine de chercher sur la frontière des hommes, sujets du Roi, qui ont des connaissances dans la frontière de l'ennemi. Sans approcher des armées à un certain point, l'on peut apprendre des choses qui désignent les projets des ennemis, comme la marche des commis des vivres, des boulangers, des établissements de fours, des ordres de travaux, tous préparatifs qui désignent les mouvements de l'armée. On peut aussi avoir d'autres espèces d'espions qui s'introduisent, par les soins de l'intendant, dans l'armée des ennemis; mais quand ils n'ont pas une certaine intelligence, ils apportent souvent des nouvelles imparfaites et même fausses. La bonne façon d'introduire ces espions est de leur faire faire le métier de vivandiers à l'armée des ennemis avec voitures et chevaux et de convenir avec eux qu'ils ne se montreront que dans des cas qu'on leur explique, soit que l'armée marche, soit qu'il y ait des détachements dont ils peuvent être instruits, des préparatifs de convois d'artillerie, de vivres; cela ne fait jamais des hommes tels qu'il conviendrait de les avoir, mais il est toujours bon que l'Intendant se donne des soins sur cela, si le général d'armée l'approuve, et il peut rendre par ce moyen de très grands services.

IV. — Officiers généraux et Gouverneurs des places.

M. de Beaumont a fait ressortir les motifs pour lesquels le service des renseignements était dirigé par l'intendant plutôt que par le général en chef. Ce dernier ne peut cependant s'en désintéresser, et il est naturel qu'il y prenne une part importante.

Au commencement de la campagne de 1744, le maréchal de Belle-Isle, n'ayant plus de commandement actif, fournit au maréchal de Noailles des renseignements sur le personnel qu'il a employé.

ÉTAT des différentes personnes dont je crois que M. le maréchal de Noailles pourra se servir utilement sur la frontière (haute Meuse, Évêchés, Moselle et Sarre), tant par les connaissances qu'elles sont en état de lui en donner que par les habitudes et les liaisons qu'elles y ont et qui les mettent en état de lui donner des nouvelles des mouvements des ennemis, si le cas y échéait.

Je lui ai écrit pour le prévenir de l'arrivée de M. le maréchal de Noailles à Metz et de l'usage qu'il en pourrait faire.

M. de Beauvais est un ancien lieutenant-colonel de cavalerie retiré à Autruche, près Sedan. Personne ne connaît mieux que lui cette partie de la Meuse et n'a plus de zèle, de talent, de ressources et de volonté que lui pour son métier et le bien du service.

Il est actuellement ici, et je lui ait dit d'aller trouver M. le maréchal de Noailles.

M. de Goderneaux, capitaine commandant une compagnie franche de dragons, est établi à Givet et connaît beaucoup toute cette partie de la Meuse, où il a des liaisons et des habitudes dont on peut tirer quelque parti.

J'ai chargé le sieur de Goderneaux de l'avertir de se préparer, à tout événement, à ce voyage et aux correspondances qu'il devra ménager après avoir reçu les ordres de M. le maréchal de Noailles.

Le sieur de la Fontaine, officier de la même compagnie de Goderneaux, a des parents et des amis à Namur, où je l'ai tenu quelque temps fort utilement, et je crois qu'il conviendrait que M. le maréchal de Noailles l'y renvoyât plus tôt que plus tard.

Je lui ai mandé que M. le maréchal de Noailles pourrait faire usage de lui et que, suivant les circonstances, il l'informerait de tout ce qu'il apprendrait.

Le sieur Charlet, avocat à Carignan, est un fort honnête homme, actif, intelligent et très instruit de la matière et de toute la partie appelée le « Chemin neuf ».

M. l'abbé de Saint-Hubert est actuellement à Sedan, où il s'est retiré sous la protection du Roi. On ne peut être plus affectionné qu'il l'est à la France. Il a quantité de créatures, non seulement dans la terre de Saint-Hubert, mais aussi dans le pays de Luxembourg et comté de Chiny. Je suis persuadé que si M. le maréchal de Noailles veut bien lui écrire, il se portera à tout ce qu'on exigera de lui et que l'on en retirera de grands services.

Je lui ai écrit d'informer M. le maréchal de Noailles, comme il ferait si j'étais moi-même sur les lieux, et de recevoir ses ordres.

Le sieur Bosch, ci-devant capitaine réformé dans le régiment de Pons-Cavalerie, présentement retiré à Tiercelet, village à deux lieues de Longwy, sur la frontière de Luxembourg, connaît non seulement tout le pays, mais c'est aussi par lui que j'ai entretenu relation avec un pensionnaire que j'ai dans la ville de Luxembourg.

J'ai écrit au sieur Le Grand d'avertir de ma part ledit juif et de se tenir en état d'en rendre compte à M. le maréchal de Noailles lorsqu'il arrivera à Metz. Quant au sieur Le Grand, j'ai pareillement dit à M. le Maréchal l'usage que l'on en peut faire.

Le nommé Meyer-Picard, juif, demeurant à Trèves, m'a servi d'espion durant toute la dernière guerre. Je l'ai envoyé plusieurs fois en Allemagne et notamment en Bohème et à Prague, avant que les troupes du Roi y fussent entrées. Je lui ai continué des appointements de dix écus par mois pendant la paix. Il est connu du sieur Le Grand, capitaine réformé de compagnie franche, dont M. le maréchal de Noailles m'a parlé.

J'ai écrit à M. le chevalier Dulau pour l'informer de l'arrivée de M. le

J'ai chargé M. de la Bazecque, actuellement ministre du Roi près l'Électeur de Trèves, à Coblentz, de tâcher d'établir quel-

maréchal de Noailles à Metz et l'avertir de recevoir ses ordres sur cet article et de s'y conformer avec la même exactitude qu'il a toujours fait avec moi.

J'ai écrit audit sieur Abincq pour l'informer de l'arrivée de M. le maréchal de Noailles, et qu'il lui rende compte de tout ce qu'il saura.

ques correspondances dans le secrétariat ou dans la régence du pays de Luxembourg. Il y a deux piétons que j'ai chargés, à Sarrelouis, de porter à pied à travers le Hundsruck les lettres de Sarrelouis à Coblentz et de Coblentz à Sarrelouis, de manière qu'il y en ait toujours un des deux près de M. de la Bazecque et l'autre à Sarrelouis, près de M. le chevalier Dulau, lieutenant du Roi de cette place, qui est chargé de suivre cette correspondance et de veiller sur ces deux piétons.

Le sieur Abincq, commandant dans le château de Rodemacker, est un ancien et très bon officier, fort intelligent et parfaitement bien informé de ce qui se passe dans Luxembourg et aux environs. Il a des émissaires qu'il envoie où l'on lui ordonne, et j'ai toujours eu soin de lui en faire rembourser les frais sur ses mémoires. J'en ai donné un à M. d'Argenson pour le faire payer de ce qui lui est dû jusqu'à présent. Il faudra que M. le maréchal de Noailles lui donne ses ordres et pourvoie au payement des dépenses qu'il fera dans la suite, car cet officier n'est pas riche et est un fort honnête homme.

Il y a un poste important sur la Moselle, qui est de la Lorraine allemande, nommé Nittel, qui est situé à portée et quasi vis-à-vis de Grevemacker, qui est le lieu de débarquement de tout ce qui vient par cette rivière à Luxembourg. Il est essentiel d'y établir un poste et un officier intelligent. J'ai dit à M. le comte de Laval d'y en mettre un et de le faire commander par le sieur Vandal, le fils aîné, capitaine réformé, qui, à cause d'une grande blessure, n'est plus en état de servir en campagne. C'est le sujet le plus intelligent que je connaisse, et le plus capable de rendre bon compte de ce qui se passera à portée de lui, et d'établir

en avant des correspondances dans l'Eyffel
et le Hundsruck jusqu'au Rhin et le long de
la basse Moselle. Il faudra que M. le maréchal de Noailles sache quand il sera à Metz,
si M. le comte de Laval a fait à cet égard ce
que je lui ai dit et qu'il donne les ordres
qu'il jugera à propos audit sieur Vandal.

Nous avons des lieux dépendant de la Lorraine fort avancés dans le Hundsruck, jusque sur la rivière de Nah et la prévôté de
Schombourg, où il conviendrait de tenir
des émissaires intelligents qui rendraient
compte de tout ce qui se passera jusqu'au
Rhin, vers Rheinfels, Minden et Coblentz.

M. le maréchal de Noailles peut aussi
faire usage du sieur Brück, capitaine de la
compagnie des guides, pour établir et entretenir des correspondances le long du
Rhin, entre Coblentz et Mayence. Il a cette
espèce de talents et il y a des parents.

L'on peut aussi employer utilement le
sieur Philippe, lieutenant de ladite compagnie, que je viens de proposer pour être
capitaine réformé.

L'on peut aussi se servir utilement du
nommé Dumaine, sergent de la compagnie
franche d'infanterie de Duchemin, qui y va
être présentement lieutenant réformé, en
lui donnant des commissions pour aller où
l'on jugera à propos.

Il convient aussi d'établir des petits postes à l'abbaye de Meltlock et à Weiden, sur
la Sarre, pour veiller à ce qui s'y passe, et
surtout empêcher la sortie des grains et
fourrages, car je suis informé qu'il en est
sorti quantité qui sont descendus sur Coblentz pour les ennemis, sous différents pré-
textes, etc.

Je lui ai écrit de se trouver à Metz quand M. le maréchal de Noail- M. de Torcy, colonel réformé, qui en a la commission depuis plus de vingt ans, et on lui avait promis, du temps de M. Danger-

les y sera, pour recevoir ses ordres, et lui ai mandé tout ce que j'ai cru capable d'exciter son zèle et de lui faire prendre patience. Mais il est juste de lui donner de nouvelles espérances, et si M. le maréchal de Noailles en veut faire usage, comme je crois qu'il le doit, qu'il lui accorde sa protection. villiers et de Breteuil de le faire brigadier. Il le mérite de tous points, car, outre les services utiles qu'il a rendus pendant les campagnes de 1734 et 1735, il a employé le temps de la paix à faire des promenades et prendre des connaissances de tout le pays. Je ne connais personne plus capable et qui soit plus au fait et dont on puisse tirer de plus grands services. Mais il est excessivement dégoûté, et il n'a pas tort.

Le 19 septembre 1742, le maréchal de Noailles fait connaître au Ministre « les mesures qu'il a prises pour être informé des démarches des Anglais et des Hanovriens ». Il s'est procuré à Londres un correspondant que nous retrouverons bientôt au service du Ministre même, et qui le tient au courant des mouvements des Anglais.

« Comme il n'est pas moins essentiel d'être informé, avec plus d'exactitude qu'on ne l'est jusqu'à présent, des mouvements des Hanovriens et des Hessois, j'ai envoyé à leur rencontre un ancien officier, capitaine d'un de nos meilleurs régiments d'infanterie, qui a servi sous moi en Italie, propre à cette besogne par les relations qu'il a dans les Pays-Bas, et que je vous ferai connaître en temps et lieu. Il doit s'avancer jusqu'à ce qu'il trouve ces troupes en marche. Je compte même qu'il pourra les suivre pendant quelques jours et les accompagner afin de mieux connaître leur nombre et leurs forces, et de pénétrer autant qu'il sera possible leurs desseins ; c'est une précaution qui m'a paru nécessaire dans les circonstances présentes ; il me paraît que l'on doit savoir gré et récompenser dans la suite un ancien officier assez zélé et assez intelligent pour se charger d'une commission si délicate. - J'ai enfin envoyé de Dunkerque du côté d'Ostende, de Gand et de Bruges, le commis d'un fameux entrepreneur qui a travaillé aux écluses des canaux de ces villes, et qui y a beaucoup de connaissances, afin d'être mieux informé de tout ce qui concerne les troupes de débarquement des Anglais, etc. »

Le 9 juin 1744, après l'investissement d'Ypres, le

maréchal de Noailles écrit au Roi : « On m'a confirmé, Sire, qu'il y avait des mines à l'endroit où l'on s'est proposé d'abord de faire la principale attaque. On me fait espérer de m'amener un homme qui y a travaillé, et qui pourra m'en donner un plan, à telle fin que de raison ». Le lendemain, il écrit que « le plan des mines est entre les mains de M. d'Aumale », commandant les brigades d'ingénieurs.

Le maréchal de Noailles prend quelquefois l'initiative d'envoyer des officiers en reconnaissance assez loin dans les pays étrangers :

« Il m'a paru très important et très essentiel, écrit-il le 9 décembre 1742, d'envoyer un officier sûr et zélé vers le pays de Luxembourg et les électorats de Trèves et de Mayence pour s'informer et juger par lui-même des préparatifs et des dispositions dont on doit s'y occuper, si les Autrichiens ont réellement le dessein de s'y avancer. Pour cet effet, j'ai fait choix de M. le comte de Bergeyck, aide-maréchal général des logis de l'armée, qui joint au zèle et à la bonne volonté la connaissance de la langue allemande et celle des mœurs et des usages du pays. Je lui dois la justice qu'il est très attaché à son métier, et je me suis d'autant plus volontiers déterminé à en faire choix pour la commission dont il s'agit, que je lui crois l'intelligence nécessaire pour pouvoir juger d'un projet de guerre par les mesures qui se prennent pour son exécution. J'ai dit à M. Bignon (intendant de l'armée) de lui faire fournir l'argent dont il aura besoin pour la dépense de son voyage, et je lui ai recommandé d'en tenir et d'en rendre un compte exact. Vous jugerez mieux, Monsieur, de la nature de la commission dont il est chargé et de son importance par la copie que je joins ici du Mémoire d'instructions que je lui ai remis.

Mémoire pour M. le comte de Bergeyck.

La confiance que j'ai dans la sagesse et la bonne volonté de M. de Bergeyck m'a fait jeter les yeux sur lui pour le charger d'une commission qui peut devenir très importante pour le service du Roi, puisqu'il s'agit d'aller sur une frontière où les ennemis semblent vouloir porter toutes leurs forces, et où il est essentiel de tâcher de découvrir les établissements et les dispositions qu'ils y pourront faire, afin de pouvoir démêler les vues et les objets qu'ils peuvent se proposer, et de prendre ensuite plus sûrement les mesures qui paraîtront les plus convenables.

Les principaux points sur lesquels roule l'objet de la commission sont les suivants :

1° La position des quartiers que les différentes troupes qui doivent passer la Meuse prendront, soit dans le pays de Luxembourg, ou dans les États circonvoisins ;

2° Les lieux où ils feront des dépôts de vivres et des magasins à fourrage ;

3° De tâcher de pénétrer les démarches qu'ils feront auprès des Électeurs ecclésiastiques et autres princes de l'Empire, au travers du pays desquels ils ne peuvent s'empêcher de passer si leur dessein est, comme on le débite, de pénétrer en Allemagne.

Outre les connaissances qu'il prendra par lui-même, il pourra s'adresser aux différents envoyés qui se trouvent auprès des différents princes qui sont à portée des lieux où les ennemis pourront se placer. Il n'y aura cependant recours que dans la nécessité, afin de tenir sa mission secrète, ce qui devient difficile lorsqu'on est obligé de se communiquer à différentes personnes, surtout à celles qui, se trouvant en place dans des Cours étrangères, sont toujours éclairées et examinées de fort près.

Route que tiendra M. de Bergeyck :

Il se rendra d'abord à Mézières, de Mézières à Sedan, et de Sedan à Montmédy. Dans les lieux ci-dessus, il conférera avec MM. de Cherisey, de Rennepont et d'Imécourt, pour savoir successivement d'eux les nouvelles des mouvements des ennemis et m'en informer.

De Montmédy, il passera à Orval sous prétexte de curiosité, et il se rendra de là à Longwy en passant par Virton ;

De Longwy à Thionville ;

De Thionville à Trèves ;

Et de Trèves à Coblentz.

Il reviendra de là en remontant le Rhin jusques aux environs de Mayence ; il traversera le pays, et passant par Kreuznach, Hombourg et les Deux-Ponts, il se rendra à Sarrelouis, qui est le terme de sa commission.

Il serait inutile de recommander à M. de Bergeyck la prudence et la sagesse que l'on doit avoir pour l'exécution de ce dont il est chargé, non plus que la régularité avec laquelle il doit m'informer, aussi bien que M. de Breteuil, de tout ce qu'il apprendra et pourra découvrir dans la tournée qu'il va entreprendre.

Il observera dans les lieux où il passera et qui ne seront pas de la dépendance du Roi, d'envoyer ses lettres par des personnes sûres aux gouverneurs des places les plus voisines. Il pourrait même envoyer des exprès lorsque la nouvelle qu'il aurait à faire savoir serait assez importante pour mériter cette précaution et cette diligence ; mais, dans les cas ordinaires, et pour éviter les dépenses inutiles, il prendra la précaution d'avoir quelque personne affidée et non suspecte dans quelques-unes des places de notre frontière les plus voisines des lieux où il se trouvera, pour leur adresser sous une double enveloppe les lettres qu'il écrira à M. de Breteuil et à moi.

Je croirais superflu de lui recommander de bien observer dans son voyage les chemins, les défilés, le cours des rivières et des ruisseaux et les différentes positions qu'une armée pourrait prendre, aussi bien que les postes que l'on pourrait occuper. C'est une suite si naturelle de l'emploi d'aide-maréchal général des logis de l'armée, qu'il exerce, qu'on doit s'en rapporter à sa bonne volonté. Mais il n'est pas inutile de lui dire qu'il ne doit s'en occuper qu'autant que les connaissances qu'il pourra prendre à cet égard ne le tiendront pas trop longtemps, et ne le détourneront pas de la commission principale dont il est chargé, ainsi qu'il est exposé par ce mémoire. »

L'espionnage avait, aux yeux du maréchal de Saxe, une importance considérable. Dès qu'il était chargé de commander une armée ou un corps expéditionnaire, il organisait aussitôt un service de renseignements, dont la direction était confiée à un de ses secrétaires particuliers, le sieur Codère. C'est ce dernier qui correspondait avec le Ministre et l'intendant pour tout ce qui concernait les espions et les renseignements.

En 1743, au moment de s'embarquer pour l'Angleterre, le comte de Saxe s'était procuré des correspondants à Londres ; les Jacobites le prièrent d'y renoncer, en raison de la surveillance dont il était l'objet de la part des Anglais.

En Flandre, il a constamment des agents en campagne, et soit par lui, soit par Codère, soit par M. d'Hérouville, son chef d'état-major, les renseignements sont communiqués au Ministre et au maréchal de Noailles. Il a chargé son capitaine des guides de lui fournir des agents, mais il en est peu satisfait à ce point de vue, si l'on en croit la lettre suivante de Codère au Ministre :

A Gand, le 13 novembre 1745.

Monseigneur,

Je n'ai pu vous envoyer plus tôt le mémoire ci-joint. Le nommé

Bréda, qui propose de se porter à Anvers, dans les places des Hollandais sur cette frontière, et en Hollande même, a servi utilement M. le Maréchal pendant la campagne. M. de Beausobre, avec qui il a fait la course dans le comté de Namur, en dit aussi beaucoup de bien. Dans les circonstances présentes, il est indispensable d'avoir quelqu'un en état de rendre compte de ce qui se passe de ce côté-là, car on ne peut guère tabler sur les nouvelles que reçoit le nommé Duveyrier, chargé de cette partie-là.

Cet homme-là m'a de plus fait entendre qu'au moyen des connaissances qu'il a dans tout ce pays-ci il ne serait pas difficile d'établir une bonne correspondance pour la campagne prochaine, qui serait entre les mains de gens d'un certain ordre, gentilshommes, ecclésiastiques, commerçants, tous en état d'aller d'un lieu à un autre sans se rendre suspects, et de hanter bonne compagnie. Il demande 4 francs par jour, mais il exige que je lui promette, Monseigneur, de lui procurer à la paix un petit emploi dans l'une de nos places.

Sur ce que vous me ferez la grâce de me mander, j'en finirai avec lui ou je l'amuserai jusqu'à la campagne.

Il connaît parfaitement le pays de Luxembourg, les Ardennes et le comté de Namur. On pourrait encore l'employer dans cette partie-là pour savoir précisément ce qui vient du Rhin, car nous l'ignorons ici parfaitement. Il est cependant arrivé à Bruxelles un régiment de hussards, qu'on dit être à la solde des Hollandais, dont on ne nous a encore sonné mot, parce que Duveyrier (c'est le capitaine des guides) n'en a point eu d'avis.

Codère.

Le nommé Bréda, du pays d'Alost, a commercé pendant plusieurs années dans le Brabant, la Flandre hollandaise et en Hollande; il demande à être employé dans ces parties-là pour y observer les mouvements des troupes, pour prendre connaissance de ce qui s'y passe et en rendre un compte exact.

Il n'est point suspect dans les lieux et pays ci-dessus, parce qu'il y a commercé longtemps, qu'il y a des liaisons et des parents qui l'aideront tous à remplir l'objet proposé.

Il n'exige pas au delà de 4 francs par jour à compter de celui qu'il partira de Gand, parce qu'il se flatte que si Mgr le comte d'Argenson est content de lui il obtiendra, au moyen de sa protection, quelque petit emploi à demeure dans l'une des places de la domination de Sa Majesté Très Chrétienne.

Le Ministre promit tout ce qu'on voulut ; mais nous

n'avons pu découvrir la suite qui avait été donnée après la guerre à la demande de Bréda.

MM. de Lowendal et de Saint-Germain, lieutenants généraux sous les ordres du comte de Saxe, ont aussi un service de renseignements très complet. Ils se préoccupent beaucoup d'attirer au service du Roi des ingénieurs et des mineurs des armées ennemies, pour être amplement renseignés dans les sièges à venir, surtout à Maëstricht.

J'ai fait venir de Maëstricht, écrit M. de Lowendal le 22 mars 1747, un nommé Joseph Bourgeois, brigadier des mineurs hollandais de la compagnie de la Croix. Il est de Trésigny, province du Hainaut, et a son fils sergent dans Royal-Wallon. Cet homme ayant été fait prisonnier au siège de Namur, lors de l'attaque de l'ouvrage à cornes, nous a été utile dans plus d'une occasion, et il le serait bien davantage par la suite si on avait des vues sur Maëstricht, dont il connaît le fort et le faible, ayant été chargé depuis plusieurs mois de la conduite des ouvrages à faire et à réparer.

Il fait venir encore un autre mineur hollandais, auquel il paye 50 livres par mois.

De son côté, le comte de Saint-Germain propose au Ministre, le 27 janvier 1747 « de faire employer aux contremines à Maëstricht des gens à la dévotion du Roi et qui rendraient un compte exact de toutes les mines; il pourrait aussi avoir à la main des commis employés dans leurs vivres; mais toutes ces sortes de personnes sont si chères dans ce pays-là qu'il n'ose en risquer la dépense sans un ordre exprès ».

M. de Lowendal a d'ailleurs envoyé des émissaires dans toutes les directions dès sa prise du commandement, et son lieutenant le marquis de Fimarcon entretient ce service pendant les absences de M. de Lowendal. Au nombre des agents se trouve un déserteur français nommé Régnier, qui rend les plus grands services, et sur lequel le général s'apitoie en demandant sa grâce : « Il joue un rôle assez périlleux, et écrit des lettres fort touchantes sur l'incertitude où il est, si on voudra bien lui faire grâce ». Le Ministre consent volontiers à cette récompense gratuite, mais il proteste contre les prétentions des émissaires de M. de Lowendal, quand ils demandent 100 louis par mois.

Parmi les agents employés par MM. de Lowendal et de Saint-Germain, il s'en trouve un des plus remarquables, le sieur de Montigny, habitant Liège, et qui sait se procurer les renseignements les plus extraordinaires. Il entre notamment en relations avec un des hauts fonctionnaires de la principauté, ainsi qu'en témoignent les lettres suivantes du comte d'Argenson :

12 mai 1747.

A M. le comte de Saint-Germain.

J'ai reçu, Monsieur, la lettre que vous m'avez fait l'honneur de m'écrire le 3 de ce mois, en m'envoyant le mémoire qui vous a été adressé par M. le comte d'Horion, grand-maître du prince de Liège, au sujet du voyage que ce prince se propose de faire à Munich. J'en remets une copie à M. de Puysieulx, sans lui dire d'où il me vient, et je vous prie de ménager la correspondance de M. d'Horion pour être informé par ce moyen de la suite des intrigues de cette Cour, dont vous me faites plaisir de me faire part.

26 mai 1747.

..... Puisque le sieur de Montigny s'est rendu agréable à la personne avec qui vous entretenez cette correspondance, vous pouvez continuer de la faire passer par ses mains jusqu'à ce que le départ du prince pour Munich exige de s'arranger autrement.

Par malheur, une assez sotte aventure a failli compromettre la vie même de ce précieux agent. Il écrivait le 3 janvier 1747 qu'il y avait lieu de surveiller et même d'arrêter un de ses commis, nommé Vély, qui rentrait en France :

Du 3 à minuit, à Liège.

Il y a environ quinze jours que, peu content d'un commis que j'emploie depuis un an et qui m'a été donné par M. Dubois, commissaire des guerres, je l'ai remercié de ses services. On vient de m'informer que cet employé, nommé Vély, a écrit il y a dix ou douze jours à M. Carpentier, entrepreneur des fourrages des troupes anglaises, pour avoir de lui de l'emploi ; qu'afin d'y parvenir il s'est adressé au sieur

Falconnet, l'un des agents des Autrichiens dans cette ville, avec lequel il a eu diverses conférences secrètes et nocturnes dans le cabaret du Tonneau d'or et que le résultat de ces conférences avait été que ledit Vély se rendrait à Saint-Malo, d'où il s'est engagé de rendre compte aux ennemis des départs des vaisseaux, de la quantité qu'il y en a dans ce port, de ceux qu'on y attendra et de l'état des magasins, etc. On lui a donné un à compte en une lettre de change payable à Paris sur un banquier qui demeure rue Thibautodé.

Le sieur Vély part demain matin mercredi, 4 de ce mois, avec le nommé Michel, mon cuisinier, qui retourne à Landau et qui est un fort honnête homme, incapable de tremper en rien dans cette manœuvre; ils prennent ensemble la barque qui arrivera le 5 à Namur; comme le général pourrait juger à propos de le faire arrêter et de faire visiter ses papiers, je lui rends compte de ce fait à la halte.

A Namur, il doit s'embarquer de nouveau pour dîner, passer à Sedau et se rendre à Paris par le carrosse ordinaire.

Le sieur Vély est natif de Paris où son père demeure; on ignore son adresse. Il est âgé d'environ 25 ans, le visage pâle, les yeux gris enfoncés, le bout du nez gros, les narines ouvertes, taille 5 pieds 3 pouces, portant un habit brun de drap de Silésie à carreaux.

Par l'avis qui m'a été donné, on ajoute qu'il s'était chargé de rendre compte au sieur Falconnet de tout ce qui se passerait chez moi, mais heureusement je ne m'en suis jamais servi dans mes affaires secrètes.

Ce jeune homme m'a paru au reste en toute occasion un assez honnête homme, et je présume que son peu de jugement, joint à la misère, l'ont jeté dans ce labyrinthe.

Je hasarde d'observer si l'on ne pourrait pas s'en servir pour faire donner de faux avis, car malgré la noirceur de son action je suis persuadé qu'il a le cœur français.

Je n'ai pas cru devoir aventurer ma lettre en chargeant mon cuisinier de la porter, mais je lui ai recommandé d'aller en arrivant chez le général pour l'engager à la faire retirer sur-le-champ.

Je suis, etc.

MONTIGNY.

Le nommé Vély fut en effet arrêté par M. de Fimarcon à Namur, mais si maladroitement interrogé, et relâché si mal à propos, que trois semaines plus tard le comte d'Argenson recevait les lettres suivantes :

A Paris, le 26 janvier 1747.

« J'ai l'honneur, Monsieur, de vous envoyer ci-joint une lettre de M. de Saint-Germain, par laquelle vous verrez que l'imprudence de

M. le marquis de Fimarcon expose à un malheur cruel le sieur de Montigny, avec lequel il était en correspondance à Liége, et si vous pensez, comme je n'en doute pas, qu'il soit convenable de ne point abandonner ceux dont l'on s'est servi d'une manière utile, il vous sera aisé de trouver les moyens de le garantir des suites fâcheuses où il est exposé.

J'ai l'honneur, etc.

M. DE SAXE. »

Louvain, le 17 janvier 1747.

« Monseigneur,

Oserais-je implorer votre protection et votre clémence pour le sieur de Montigny, qui est prêt à tomber dans le plus grand malheur, et à perdre la vie ignominieusement pour avoir tâché de rendre service à la France ? Voyez de quoi il s'agit :

Sans le connaître encore, et croyant qu'il était chargé des affaires de France à Liége, je m'adressai à lui pour avoir des nouvelles. Je lui envoyai un plan et des instructions qu'il rectifia beaucoup, et il se chargea de la commission que je voulais lui donner ; M. de Lowendal, longtemps après, s'adressa aussi à lui, et nous convînmes qu'il nous enverrait également les nouvelles et que nous paierions par moitié la dépense. M. de Lowendal s'étant rendu à Paris, j'en écrivis à M. de Fimarcon pour savoir s'il voulait continuer le même plan arrêté par M. de Lowendal ; il l'accepta avec empressement et s'en servit pendant quelque temps. Ensuite il m'écrivit mille choses sur la conduite passée du sieur de Montigny, et me marqua qu'il ne pouvait point se fier à un pareil homme ; pour moi, j'ai continué à m'en servir et ne me suis jamais imaginé qu'il fallût faire faire preuve de bonnes mœurs à un homme que l'on emploie en pareilles choses ; j'en ai tiré de très grands services, il est fort intelligent et fort adroit, sait déterrer les choses les plus cachées, et jamais il ne m'en a imposé ; en tout cas, je ne courais aucun risque avec lui, ne lui confiant rien, et j'avais soin d'ailleurs de me faire éclairer sur sa conduite.

Pendant tout ce temps-là, son commis, nommé Vély, gagné par les agents des ennemis, observait sa conduite et tâchait de connaître ses correspondants, mais inutilement. Lassé de ce travail infructueux, il convint avec les agents des ennemis de se rendre en France et de se porter sur les côtes maritimes du royaume, pour observer ce qui s'y passait et les en avertir. Le Ministre chargé des affaires de France à Liége, bien informé de cette affaire, doit en avoir averti depuis longtemps M. le marquis d'Argenson. Le sieur de Montigny m'envoya d'abord un signalement de cet homme, et en envoya en même temps un autre à M. le marquis de Fimarcon, afin que nous puissions le faire arrêter ; il le fut effectivement à Namur le 6 du courant, et comme M. le marquis de Fimarcon ne trouva sur lui aucun papier qui le convainquît de crime, il le relâcha après quelques jours et ne lui laissa point ignorer que c'était sur l'avis de M. de Montigny qu'il l'avait fait arrêter, lui fit part de tous les griefs qu'il formait contre lui et lui lut même ses lettres avec toutes les nouvelles qu'il lui avait marquées ; le nommé Vély s'évada bientôt de Namur et retourna à Liége chez ses protecteurs, où il fait trophée publiquement d'avoir si bien dupé M. de Fimarcon et d'en avoir su tirer tant de belles connaissances à la charge du sieur de Montigny ; il dit qu'il avait envoyé en avant un homme à lui, chargé de ses instructions, des lettres de change qu'on lui avait données, et qu'il n'avait pas été assez dupe et maladroit pour garder ces instructions d'iniquité auprès de lui. En attendant, lui et ses protecteurs accablent, comme de raison, le sieur de Montigny, emploient toutes sortes de moyens pour le faire enlever, et s'ils y parviennent, ils le feront certainement traiter comme un espion, puisqu'il n'est point caractérisé par la France. Vous pouvez, Monseigneur, aisément le sauver du danger qui le menace en lui accordant un caractère antidaté de 2 ou 3 mois, sans appointements, et qui ne sera que pour la montre ; s'il a démérité autrefois, il mérite certainement dans cette occasion, et je vous supplie de ne le point abandonner, car j'aurais été l'artisan de son malheur.

J'ai l'honneur, etc.

Saint-Germain. »

Parmi les lieutenants généraux, le comte de Clermont-Gallerande avait aussi un service de renseignements très complets. Au nombre de ses agents se trouvaient deux marchandes de dentelles, filles d'un ingénieur au service de l'Autriche, qui demanda plus tard à passer au service de la France. M. de Fontenilles, capitaine de cavalerie, qui avait été chargé des relations avec ces deux femmes, écrit à leur sujet au Ministre :

A Reims en Champagne, le 30 novembre 1745.

Monseigneur,

Vous serez sans doute surpris de recevoir une lettre aussi longue ; mais, comme elle renferme le détail de deux affaires qui peuvent être très utiles au Roi pour la suite, cela ne se peut dire en deux mots ; c'est pourquoi je prends la liberté, Monseigneur, de vous demander un moment de votre attention.

J'ai actuellement chez moi deux personnes que M. de Clermont-Gallerande connaît très fort pour lui avoir donné des avis vers la fin de la
campagne sur les mouvements des ennemis. L'une allait à Bruxelles,
sous prétexte d'acheter des dentelles ; l'autre allait à Mons pour y en
vendre ; et elles me rendaient directement tout ce qu'elles apprenaient,
parce qu'elles ne voulaient pas se faire connaître, et j'en instruisais
dans le moment M. de Clermont, de la réserve duquel j'étais ; leurs
nouvelles étaient toujours sûres, parce qu'elles les tenaient souvent de
leur père, qui est au service des alliés en qualité de capitaine ingénieur ;
il est encore chargé de tout ce qui est mécanique, comme ponts, pontons et écluses. Cet officier est très considéré dans leur armée, ayant
beaucoup de talent, surtout pour ouvrir des marches ; il a, d'ailleurs,
une connaissance particulière du pays, et il a une guinée par jour,
payée par les alliés ; cependant, malgré ces avantages, il veut quitter
leur service, car il a envoyé chez moi ses deux filles, sous prétexte de
vendre des dentelles, pour me communiquer ses intentions ; il propose,
Monseigneur, de faire une campagne seulement au service du Roi,
c'est-à-dire pour la prochaine en Flandre, afin de faire part de ses connaissances au sujet de bien des choses qui me paraissent très importantes, sur ce qui concerne le siège de Mons, les écluses de Bruxelles
et d'autres particularités ; cet homme demande qu'après la campagne
finie, il lui soit donné un emploi en France d'environ 4 à 5,000 livres
de rentes dans les aides ou dans la douane, et, en prenant ce parti, il
se trouverait forcé de vendre son bien, qui est dans les Pays-Bas, pour
être à l'abri de toutes recherches qu'on ne manquerait pas de faire. Je
ne m'en suis pas tenu à l'éloge des filles sur le talent de leur père ;
nous avons campé pendant un mois en Enghien, qui est son domicile,
où sa femme est marchande ; je me suis informé sans affectation de la
capacité de cet homme ; il n'y a qu'une voix sur son compte ; je suis
d'ailleurs en relation avec un gros marchand de vins de sa ville qui
vient faire ses emplettes de vin de Champagne chez moi, qui m'en
a parlé sur le même ton ; il m'a dit que M. le duc d'Aremberg, seigneur
d'Enghien, en faisait cas, de même que le prince de Waldeck, chez
lequel il était tous les jours pendant cette campagne dernière. J'ai usé
de tous les moyens, Monseigneur, auprès de ses filles pour qu'elles
l'engagent à rester dans l'armée des alliés pour nous donner des nouvelles dans la campagne prochaine ; M. de Clermont m'a dit de lui faire
offrir 50 louis d'or par mois, et qu'il se faisait fort, Monseigneur, de les
obtenir de vous ; rien n'a pu l'ébranler, disant qu'il ne veut pas trahir
ceux à la solde de qui il est, mais il promet de donner toutes ses connaissances, étant au service de France, dans la spéculative de la récompense dont j'ai déjà parlé, étant dans l'intention d'y finir ses jours. Il
y a bien lieu de croire qu'il la servira de bonne foi ; le refus des

50 louis prouve que c'est un honnête homme, car ses filles ont été obligées d'user de ruse pour tirer de lui tout ce que j'ai su pendant la fin de la campagne; elles l'ont fait gratuitement, à la réserve des voitures, que j'ai payées de ma poche toutes les fois qu'elles ont été obligées d'en prendre, parce que leurs démarches n'étaient uniquement que pour me rendre service. Cet officier a dit à ses filles, en partant, qu'il serait bien aise de me parler sans risque, mais qu'il trouvait la chose difficile. Je crois avoir imaginé un moyen, Monseigneur, de le faire venir jusqu'à Maubeuge sans rien hasarder ; il y a de leurs troupes à Binch, qui n'en est qu'à 4 lieues, et, dans une nuit, il pourrait faire le petit trajet; c'est pourquoi je vous supplie, Monseigneur, de vouloir bien m'envoyer un passeport pour lui, que je donnerai à ses filles, et qui lui reporteront; nous conviendrons d'un jeu de mot par une lettre d'elles pour me donner avis du jour de son arrivée à Maubeuge, afin que je puisse m'y rendre en même temps. Je pense que, s'il veut entrer dans mon idée, voilà le seul moyen où il n'y a point de risque à courir pour lui ; il faudrait que cet officier, qui se nomme Quelquin, qui est à présent à Vilvorden, demande un congé de quinze jours, sous prétexte d'affaires, et qu'il passe chez lui à Enghien, pour qu'on n'ait aucun soupçon sur lui; il me semble que l'on ne saurait user de trop de précautions. J'aurai l'honneur, Monseigneur, de vous rendre compte de la conversation que j'aurai eue avec lui, si vous jugez à propos que je me rende à Maubeuge. Pendant le siège d'Ath, M. de Clermont m'envoya à Enghien pour observer le mouvement des ennemis. J'étais logé chez Madame Quelquin, femme de cet officier ; comme nous y avions déjà campé un mois et que j'y avais logé pendant ce temps, je n'étais pas suspect aux habitants de la ville, surtout m'étant fait passer la seconde fois pour malade, et je me comportais en conséquence, d'abord avec M. de Clermont. Les deux filles étaient journellement par voies et par chemins; elles voyageaient toujours en chaise, l'une à Bruxelles, qui n'est qu'à 4 lieues d'Enghien, et l'autre à Mons, à même distance. J'avais souvent de bonnes nouvelles, dont j'instruisais sur-le-champ M. de Clermont par des personnes affidées qui portaient mes lettres, sans qu'il n'y en eût aucune d'arrêtée; en six heures, je recevais réponse ; j'ai gardé soigneusement ses lettres pour vous prouver, Monseigneur, la vérité de ce que j'ai l'honneur de vous avancer, et il vous est facile, d'ailleurs, de le savoir par lui-même.....

FONTENILLE,
Capitaine au régiment de Beaucaire-cavalerie.

Le sieur Quelquin refusa de servir d'espion au roi de France en demeurant au service de l'Autriche, et le

7 janvier 1746 il est nommé capitaine des guides à l'armée du maréchal de Saxe.

Pendant les campagnes de 1746 et 1747, la plus grande partie du service des renseignements semble être centralisée à Bruxelles par M. de la Graulet, aide-major général de l'armée. C'est lui qui correspond avec tous les officiers généraux ainsi qu'avec les agents entretenus par le maréchal. C'est lui aussi qui adresse les rapports au Ministre.

Les gouverneurs des places frontières et beaucoup de militaires en activité de service organisent un service de de renseignements qui est ensuite centralisé par le Ministre. Nous pouvons compter jusqu'à vingt correspondants réguliers, ayant leurs agents et moyens propres pour les affaires des Pays-Bas.

A Calais, M. Desangles ; à Dunkerque, le bailli de Givry, puis M. d'Apcher et M. Dumazet ; à Condé, M. du Guer, et bientôt M. Dumesnil ; à Valenciennes, M. de Latour-Maubourg ; à Maubeuge, M. de Creil ; à Avesnes, M. de la Billarderie ; à Philippeville, M. Aulent ; à Givet, M. de Manville, puis M. de la Motte-Guérin et M. de Saint-André ; à Givet également, le capitaine de la compagnie franche Godernaux, et aux Ayvelles, le capitaine réformé de Châteauvieux, attaché à la compagnie franche de Pauly ; à Mézières, M. de Cherisey ; à Bouillon, M. de Provisy ; à Sedan, M. de Rennepont ; à Carignan, M. de Bauffremont ; à Mouzon, M. Cambon, prévôt général de Rouen ; à Rodemacher, M. Abincq ; à Thionville, M. de Berchiny ; à Metz, le maréchal de Belle-Isle et M. de Laval.

On sait que le commissaire des guerres Renaud fut envoyé au mois de mai 1744 à Coblentz pour surveiller le cours du Rhin, mais que cette mission lui fut confiée trop tard pour que ses renseignements fussent connus au moment de la confection du plan de campagne. Les gouverneurs des places de la Moselle durent y pourvoir en attendant. Ce fut le rôle du comte de Laval et du maréchal de Belle-Isle, à Metz ; de M. de Berchiny, à Thionville ; de M. Abincq, à Rodemachern. Déjà, au mois de novembre 1743, le maréchal de Noailles avait envoyé un émissaire près de Mayence pour y compter les troupes alliées au passage du Rhin, et il en avait obtenu le rapport suivant :

ÉTAT des troupes de l'armée des alliés, qui ont été exactement comptées, tête par tête, lorsqu'elles ont passé sur le pont de Biberick-sous-Mayence.

Hollandais...................	9,252	hommes.
Anglais......................	9,285	—
Hessois......................	5,488	—
Hanovriens...................	19,941	—
Autrichiens..................	8,807	—
Total...............	52,773	hommes.

Dans ce nombre, sont compris plus de 2,600 malades, qu'on transportait sur des chariots ; mais on n'a pas pu y comprendre ceux qui, étant trop malades pour pouvoir être transportés par terre, descendront le Rhin sur des barques.

Il s'ensuit que les alliés ont perdu pendant la campagne environ 27,000 hommes, puisque, suivant les listes qui ont paru dans le temps et qui ont passé pour fidèles :

Les Hollandais étaient...........		14,000	hommes.
Les Anglais	—	20,000	—
Les Hessois	—	6,000	—
Les Hanovriens	—	24,000	—
Les Autrichiens	—	16,000	—
Total...............		80,000	hommes.

M. de Berchiny arrive à Thionville au milieu du mois de février 1744, et « son premier soin, écrit-il le 22, a été d'envoyer des espions chez les ennemis pour savoir ce qui s'y passait. Tout ce qu'il en a appris s'est réduit d'ailleurs à peu de chose ». Quinze jours plus tard, un émissaire le renseigne en tous détails sur les approvisionnements en munitions qui existent à Luxembourg.

Il envoie aussi un émissaire au-devant de l'armée ennemie, et il paye un bourgeois de Luxembourg pour l'instruire de ce qui se passe dans cette ville. Un de ses émissaires a été envoyé jusqu'à Coblentz, où il n'y a pas encore de ministre français ; cet homme fournit le 5 avril des renseignements qui, pour être négatifs, n'en sont pas moins essentiels. Ces agents sont toujours en mouvement, sous la direction du capitaine Le Grand, du régiment de Grassin, qui a correspondu directement avec le Ministre jusqu'à l'arrivée du comte de Berchiny, et a été employé ensuite par ce dernier. M. de Berchiny obtient du Ministre que le sieur Le Grand n'ait pas à rejoindre son corps tant que sa présence sera utile à Thionville pour le service des renseignements.

Pour obtenir les fonds nécessaires à ce service, M. de Berchiny écrit au comte d'Argenson le 29 mai 1744 :

« Monseigneur,

Sur ce que j'ai demandé à M. de Séchelle les déboursés que j'ai faits pour les espions, de 145 francs, depuis le 30 avril passé jusqu'à ce jour, il m'a mandé qu'il m'envoie ordre pour le remboursement de cette somme, dans l'espérance que vous ne le désapprouverez pas, Monseigneur, quoiqu'il ne soit point d'usage de faire supporter au Roi de pareilles dépenses, lorsqu'elles n'ont point été ordonnées précisément.

Vous savez, Monseigneur, de quelle conséquence il est d'avoir des espions, sans quoi on ne peut faire aucune espèce de guerre, et quand on en rencontre un bon, on ne saurait le trop payer. Aussi il ne m'a encore jamais été fait la moindre difficulté pour cette sorte de remboursement, où je n'ai cherché uniquement que le bien du service.

M. d'Argenson lui répond :

...« Sa Majesté consent que vous continuïez cette dépense, étant persuadée que vous n'userez de cette permission qu'avec prudence, et autant que le bien de son service l'exigera ».

Le vieux gouverneur de Rodemachern, M. Abincq, secondé par son petit-fils, aide-major de la même place, est plus actif encore que M. de Berchiny, malgré la faiblesse de ses ressources. Ses agents sont toujours en campagne, à Luxembourg, à Trèves, et jusqu'au Rhin ; mais le Ministre l'invite à « s'informer principalement de ce qui se passe dans le pays de Luxembourg et sur la Moselle, à sa portée, les opérations sur le Rhin étant trop éloignées de lui pour qu'il puisse en donner des avis assez prompts ». Pour tout ce qui concerne Luxembourg, les rapports de M. Abincq sont très détaillés, exacts et complets.

M. de Provisy, résidant à Bouillon, emploie aussi de nombreux émissaires qu'il envoie jusqu'au Rhin et jusqu'à Maëstricht pour surveiller la marche des colonnes ennemies. On en voit le même jour à Luxembourg, à Arlon, à la Roche, etc. Il les engage quelquefois dans la compagnie franche dont il a le commandement, avec l'espoir qu'ils lui seront plus fidèles. Un de ces agents est arrêté par les Autrichiens : « Sur le soupçon qu'un certificat du clerc juré de Neufchâteau, dont il était muni, était faux, et n'ayant pas trouvé son beau-père à Luxembourg, il a été mis pendant 4 jours au corps de garde, et n'en est sorti que sur ce que ce certificat a été vérifié bon et valable.... Je renvoie ce même homme, dit M. de Provisy, résider à Neufchâteau, d'où il est, y travailler à son métier de menuisier ; il y va de temps en temps sur le chemin d'Arlon à Martelange, qui est la grande route de Luxembourg à Marche ; il verra par ce moyen ce qui montera et descendra : il m'a promis de la diligence à m'instruire de ce qui surviendra d'important. J'en ai usé de même avec celui qui est résident à Saint-Hubert, qui doit avoir attention sur ce qui se passera à Marche et à la Roche.

« Je crois, Monseigneur, que vous approuverez ce petit arrangement ; d'autant plus que celui de Neufchâteau est frère du nommé Moreaux, caporal de ma compagnie, et l'autre, son beau-frère, qui résidera à Saint-Hubert. »

Pour être plus complètement informé de tous les mouvements des partisans autrichiens, M. de Provisy voulait établir une chaîne dans les villages de la frontière ; mais le Ministre jugea cette mesure inutile : « Il serait superflu de tenir pour cela un homme dans chaque village, et il suffit d'en avoir quelques-uns qui rôdent sur la frontière et qui se portent dans les endroits où vous aurez intérêt à vous éclaircir de ce qui se passera ».

Le sieur Cambon, prévôt général, qui se trouve tantôt à Bouillon, tantôt à Mouzon ou à Verdun, envoie aussi des émissaires dans les Pays-Bas et offre au Ministre d'organiser un service plus complet. « Si Votre Grandeur désirait être instruite de quelque particularité de Luxembourg que je ne puisse pas prévoir, elle peut avec confiance m'honorer de ses ordres, étant en état à présent de pouvoir la satisfaire par une correspondance sûre que j'ai établie. » Il se plaint cependant « du mauvais temps et du secret que l'on observe dans tous les pays où ses émissaires ont passé ». « Mes gens me mandent, dit-il, que la difficulté de pénétrer, ainsi que celle de faire passer leurs avis, va devenir impossible, à moins que l'on ne marche à même hauteur qu'eux. »

M. de Creil, qui est à Maubeuge, emploie « un de ces postulants qui se proposent pour lever des compagnies franches. Celui-ci est un homme adroit, intelligent, qui a des relations intimes à Bruxelles, même chez M. de Kœnigsegg, où je l'ai envoyé tout droit sur la promesse qu'il m'a faite de prendre dans le bureau même de ce commandant une copie de l'état des troupes destinées à rester dans le pays de Luxembourg. Il m'a tenu parole exactement et m'a apporté ce matin ledit état montant à 17 bataillons, 4 compagnies franches et 3 régiments de hussards. Il m'a ajouté la circonstance que la première destination n'était d'abord que de 9 bataillons, de 4 compagnies franches et d'un régiment de hussards nommé Bervesnay ; mais que depuis un courrier arrivé de Vienne, on avait envoyé un contre-ordre aux 4 bataillons de ligne et aux bataillons du nouveau régiment qui étaient déjà en marche pour venir dans le Brabant, de rétrograder du côté de Luxembourg ; qu'en même temps on avait fait partir le régiment de Caroli-hussards, sous prétexte du désordre qu'il faisait, pour prendre la même route, et qu'on y attendait incessamment le 3e régiment de hussards, du nommé David Mentzel, connu par ses brigandages et encore plus par les fonctions de comédien qu'il a exercées longtemps avec succès, tant à Metz qu'à Nancy et lieux circonvoisins.

« Le rapport de mon confident, qui m'a paru fort exact, ne m'a pas empêché d'envoyer son cousin, dont il me répondait, à Luxembourg, pour vérifier le tout par lui-même et voir en même temps tout ce qui s'y passe (1). »

M. Aulent, aide-major et capitaine des portes à Philippeville, a quelques agents excellents et dévoués, notamment les sieurs Mouvet, au sujet desquels il écrit ce qui suit : « Je n'ai jamais reconnu en eux que beaucoup de zèle pour le service du Roi ; je les ai envoyés dans plusieurs places des ennemis pour y apprendre ce qui s'y passait ; ils m'ont toujours parfaitement bien servi, avec beaucoup de zèle, et celui qui a eu l'honneur d'aller supplier Votre Grandeur de lui accorder de l'emploi, c'est moi qui le lui ai conseillé, le connaissant pour un homme qui pourrait être très utile, connaissant parfaitement le pays de l'entre Sambre-et-Meuse, et très entendu pour le métier. Son père était un capitaine partisan, qui a parfaitement servi en France ; son oncle est encore ici lieutenant réformé, et je sais que s'il avait voulu avoir de l'emploi dans les troupes de la Reine il y a longtemps qu'il serait pourvu ; mais ce n'a jamais été son inclination. Je lui ai toujours fait espérer que s'il rendait quelque service intéressant, Votre Grandeur aurait la bonté de le récompenser. ... Je viens de lui donner quelque argent pour le faire retourner à Bruxelles et Malines, et de là aller rejoindre son parent, qui est à l'armée des alliés pour observer leurs mouvements et tout ce qu'il pourra en savoir pour en rendre un fidèle compte à Votre Grandeur. »

Par la suite, les affaires du sieur Mouvet se gâtent. M. Aulent, enchanté de son espion, a voulu faire sa fortune et l'a adressé au Ministre par l'intermédiaire du nouveau gouverneur de Maubeuge, M. de Phélipes. Ce dernier appuie à son tour la demande, faite par Mouvet, de lever une compagnie franche, et il se trouve fort humilié lorsque le Ministre lui répond que les antécédents fâcheux de son protégé ne permettent pas d'accueillir sa demande. Le gouverneur de Maubeuge, violemment irrité, chasse alors Mouvet et demande même qu'Aulent soit tenu pour suspect et déplacé. Le Ministre estime au contraire que la chose a peu d'importance, et

---

(1) Lettre du 4 janvier 1744.

il invite seulement M. Aulent à ne plus se mêler d'espionnage.

M. de Phélipes parvient peu de temps après à se
procurer un nouvel espion qui rend quelques services
pendant le siège de Mons et dont l'aventure est curieuse.
Il en rend compte au Ministre pour la première fois le
31 mars 1746 :

Monseigneur,

J'ai l'honneur de vous informer que j'ai reçu deux lettres de Mons,
d'un homme que je ne connais point, qui n'a pas signé ses lettres, et
qui se dit simplement domestique de M. de Nava, et ne dit pas en quelle
qualité ; il ne paraît pas par son écriture et son style que ce soit un des
principaux de la maison de ce commandant ; il m'offre cependant de
me donner, si je le souhaite, connaissance de tous les magasins qui
sont dans la place ; il me fera entretenir commerce avec lui ; j'ai trouvé
dans la dernière de ses deux lettres l'état ci-joint de la garde qui se
monte, sur quoi il dit que les soldats n'ayant que trois et quatre nuits,
il m'est aisé de savoir la force de la garnison.

Si par hasard vous n'avez pas connaissance des ouvrages nouveaux
qui ont été faits à Mons, qui ne sont pas sur les plans que nos ingénieurs ont de cette place, je pourrais vous les envoyer, mon aide de
camp ayant découvert un homme qui y a été employé et qui les lui a
donnés ; il travaille actuellement à faire le plan sur lequel seront ces
derniers ouvrages, qui sera bientôt fini, et que je vous enverrai si vous
le souhaitez.

PHÉLIPES.

M. d'Argenson répond affirmativement à ces deux
questions. Entre temps M. de Phélipes a reçu de cet
espion des renseignements plus complets, entre autres un
état de l'armement de la place de Mons, ainsi que de la
garnison, et quelques renseignements sur les magasins.

« Il est aussi nécessaire, ajoute-t-il, que je vous fasse connaître que
le doyen Binche, qui reste aux Estinnes, nous est fort suspect, au sujet
que d'abord qu'il apprend quelque chose de France, il envoie aussitôt
porter une lettre par sa servante au comte de Nava pour lui faire un
récit de sa découverte ; et même il est venu plusieurs fois lui-même
rouver le comte de Nava pour lui conter ce qu'il savait ; enfin, il est
noir jusqu'au bout des mains. Je vous ferai aussi connaître un certain
appelé de Laval, du village de Jenlie, à deux lieues de Mons ; sa taille

est de 5 pieds 1 pouce ; âgé de 44 ans, cheveux crêpés, avec un habit couleur de cannelle pâle, une veste noire, quelquefois un tablier de cordonnier. Il parle assez vite sans bien former la parole ; cet homme est toujours dans les villes de France pour découvrir ce qui se passe, pour venir faire un fidèle rapport au comte de Nava et au prince de Hesse. Le 2 avril il a été à Maubeuge pour s'informer de ce qu'il y avait sur cinq petits bateaux qui devaient vous venir par la Sambre. Je vous dirai pour nouvelles de Mons que tous les noirs vont devenir blancs, au sujet de ce que le comte de Nava prétend se faire payer la capitation à chaque tête (1). »

Le 22 avril M. de Phélipes écrit au sujet de son espion :
« Il m'a donné peu de nouvelles depuis celles dont j'ai eu l'honneur de vous envoyer copie, m'ayant fait dire verbalement par la personne que nous avions établie pour la correspondance, que son maître le soupçonnait de m'en avoir donné ; à un point qu'il avait fait visiter partout pour savoir s'il n'y avait pas des lettres de moy, ce qu'il n'a pas trouvé, et que, sur cette marque de méfiance de la part de son maître, il avait demandé son congé, qui lui avait été refusé ; le commissionnaire est revenu deux fois depuis sans nouvelles qui méritassent de vous être mandées ; mais ce valet ayant rencontré hier un tambour que j'avais envoyé à Mons pour, sur une lettre de M. de Brézé, réclamer un cavalier prisonnier de la garnison de Tournai, trouva le moyen de parler en particulier au tambour et le chargea de me dire qu'il sortirait aujourd'hui de Mons un nombre de convalescents et équipages pour aller à Namur, etc. ; ce valet chargea en outre le tambour de me dire qu'il était à moi et que je pouvais compter sur lui. »
Ce même valet signale quelques jours après un autre agent de l'ennemi, le chanoine Dupont, de Cambrai.
Dans les premiers jours de juillet, après la capitulation de Mons, il rejoint lui-même M. de Phélipes et lui remet la lettre suivante :

« Je prends la liberté de me présenter devant mon général pour lui demander l'honneur de sa protection et en même temps pour lui offrir mes petits services très soumis en tout ce qu'il me jugera capable ; j'aurai l'honneur de lui faire connaître les petites extravagances que j'a faites à Mons pendant le siège.
« Premièrement, j'ai fait tout mon possible pour brouiller le comte de

---

(1) On appelait *blancs* les partisans du roi de France et *noirs* ceux de l'Autriche.

Nava avec le prince de Hesse ; de main en main j'ai fort bien réussi, car je me suis fort bien aperçu qu'il y avait un grand découragement dans le service. Le comte de Nava voulait encore tenir plus longtemps la place, mais j'ai été trouver un soir une personne de mes amis qui pouvait beaucoup sur l'esprit de la comtesse de Nava et la gouvernante du comte de Nava ; je lui ai dit que, si la ville n'était rendue avant vingt-quatre heures, il était sûr que les Français surprendraient Mons tout d'un coup et qu'ils passeraient toute la garnison au fil de l'épée ; la comtesse et la gouvernante ont été aussitôt trouver le comte de Nava pour le prier de se rendre ; en même temps, le comte leur a promis de finir bientôt la chose ; leur peur leur a fait passer toute la nuit dans une casemate près du château, et le comte de Nava a fait arborer le lendemain à 3 heures du matin.

« Quand on est venu pour l'accord de la capitulation, le comte de Nava était d'avis de rendre Saint-Guislain avec Mons ; mais Rebois lui a conseillé de représenter qu'il ne pouvait pas rendre cette place, attendu que la Cour avait nommé un commandant ; mais cependant il est sûr qu'il pouvait la rendre, le détachement prisonnier de guerre, attendu qu'il était de la garnison de Mons.

« De plus, les hussards et dragons ont emmené plusieurs de leurs chevaux avec des bourgeois de Mons ; il serait bon de faire un édit de ramener les chevaux, à peine d'une grosse amende.

« Le comte de Nava a ordonné à Golet, le 10 au soir, de transporter plusieurs masses de plomb dans le couvent des Capucins, et on peut s'informer dans les autres couvents de Mons : on y trouvera quelque chose.

« Le nommé Pincha, perruquier à la rue de Nimy, à Mons, a eu l'impertinence, il y a trois ans, quand les Français sont revenus de Bavière, de faire une figure de paille en disant que c'était le Roi de France ; puis il l'a brûlée en chantant que les Français s'en retourneraient la paillle au c...

« (La gouvernante n'est point la comtesse de Nava, mais une femme qui est chez lui et de qui il prenait conseil sur tout ; Rebois est le maître de la poste de Mons et conseil de M. de Nava). »

M. de Latour-Maubourg met à profit un séjour à Valenciennes pour se procurer des renseignements. Il envoie aux nouvelles dans les Etats autrichiens « un sieur Destat, ancien partisan, consommé dans son métier, d'une santé et d'un âge encore propres à bien servir. Il paraît avoir assez d'intelligence pour prendre les connaissances que l'on désire et en rendre un compte exact. Il a déjà été souvent employé en pareille commission par le comte de La Marck lorsqu'il commandait à Valenciennes, et par M. de Sé-

chelles lorsqu'il y était intendant. » Le Ministre accepte cette proposition et répond le 23 décembre 1743 qu'il accorde 300 francs par mois au sieur Destat, mais qu'il faut avoir soin de le bien instruire, avant son départ, des renseignements qu'il doit se procurer.

Enfin il convient de signaler le service de renseignements organisé dans les places de Dunkerque et de Calais par MM. Desangles et Dumazet, bien qu'il porte rarement sur les événements de la guerre en Flandre. C'est surtout en Angleterre que ces deux officiers entretiennent des correspondances, et ils n'ont qu'éventuellement des nouvelles de Furnes, Ostende et Nieuport.

Dunkerque, 18 février 1743.

Monseigneur,

J'ai l'honneur d'informer Votre Grandeur de la mort de mon ami de Londres, et des mouvements que je me donnais pour m'en procurer un autre, au dit lieu, qui le remplaçât. Je n'ai rien épargné pour y parvenir ; celui que je sollicitais m'a fait connaître qu'il ne pouvait s'exposer aux risques qu'il encourrait si les lettres étaient interceptées ou décachetées à la poste d'Angleterre, comme il arrive souvent, surtout dans le temps présent ; qu'ainsi il convenait, pour aplanir toutes difficultés, que nous aurions une entrevue pour nous arranger ensemble et prendre de vive voix les mesures nécessaires, tant pour nos termes que sur les moyens d'assurer notre correspondance et la mettre à l'abri des fâcheux événements qui suivraient la découverte de ce secret. Ces justes réflexions, Monseigneur, m'ont obligé de le prier de se rendre à Douvres où je me trouverais en même temps que lui, ce qu'il a accepté. Nous y avons eu de longues conférences sur le sujet de notre voyage et avons fait une clef, dont il a emporté une copie, et moi l'original, au moyen de laquelle il m'écrira ce qui se passera d'intéressant dans ce pays-là sans que d'autres que nous puissent découvrir ce que signifieront ces termes. Je l'ai fort assuré que je lui tiendrais *compte des frais qu'il sera obligé de faire pour découvrir ce qu'il y aura de digne d'attention*, ainsi que de ce qui se passera à la Cour d'Angleterre et au Parlement. Comme il est homme d'esprit, j'ai tout lieu d'espérer qu'il s'acquittera bien de sa commission ; sa lettre, dont copie est ci-jointe, que j'ai reçue peu de jours après mon retour ici, confirme ma pensée ; j'ose assurer Votre Grandeur, Monseigneur, que je serai très exact à l'informer de tout ce que le dit ami m'apprendra, suivant les ordres qu'elle m'a fait donner précédemment et notamment par la lettre dont elle m'a honoré le 6 janvier dernier. Je me trouverai largement récompensé de mes petits soins si Votre Grandeur, Monseigneur, a la bonté de m'accorder sa puissante protection que je la supplie très humblement de ne pas me refuser ; je ferai tous mes efforts pour me rendre digne d'un si grand bienfait. J'ai l'honneur de joindre ici la feuille de nouvelles que je viens de recevoir de mon dit correspondant : je souhaite que sa teneur puisse faire plaisir à Votre Grandeur, de laquelle je suis, avec le plus profond respect, Monseigneur, le très humble et très soumis serviteur.

DUMAZET.

V. — Ministre.

La part du Ministre est double dans l'organisation du service des renseignements. Il centralise tous les renseignements recueillis par les ambassadeurs, les intendants et les officiers généraux, et en outre, il a ses propres agents, de qui il reçoit directement des nouvelles. Ces agents rendent compte, les uns des événements politiques, des dispositions du public en Angleterre et en Hollande, les autres des faits plus spécialement militaires, analogues à ceux dont les intendants et les officiers généraux sont informés par leurs espions et leurs reconnaissances.

Le Ministre des affaires étrangères reçoit de Hollande une nombreuse correspondance, qu'il communique à son collègue de la guerre, et qui paraît émaner de l'ambassade même, bien qu'elle ne porte aucune signature.

En Angleterre le maréchal de Noailles a trouvé en 1742 un correspondant qui est entré en relations directes avec le Ministre de la guerre. Le maréchal a écrit à M. de Breteuil le 19 septembre 1742 :

J'ai l'honneur, Monsieur, de vous donner avis de quelques mesures que j'ai prises pour être informé aussi exactement qu'il sera possible des démarches des Anglais et des Hanovriens.

J'ai dépêché de Boulogne un exprès à M. de Bussy en Angleterre, pour qu'il ait à m'informer exactement de tout ce qui pourra concerner le service du Roi ; et comme il est important, dans les circonstances présentes, d'être instruit de tous les projets des Anglais, on ne doit négliger aucun des moyens d'en avoir connaissance ; et d'ailleurs, si la guerre commence une fois dans ce pays, le petit Bussy reviendra sans doute d'un moment à l'autre. J'ai fait proposer à un particulier, qui est à Londres sur un certain pied et qui a des accès dans les bureaux, de lui donner jusqu'à nouvel ordre sur le pied de 1200 livres par an pour m'informer de tout ce qu'il pourra découvrir. J'attends sa réponse, et au cas qu'il se prête à mes vues, je le ferai payer par le trésorier de l'armée, si vous l'approuvez, comme je l'espère.....

Le 15 janvier 1743 le maréchal de Noailles parle encore de ce correspondant, « à qui feu M. de Breteuil est convenu de faire payer 1200 francs par an. C'est une personne de sens et très bien instruite, qui a un fils dans le service du Roi ». Le maréchal « pense que le Ministre lui saura gré d'avoir ménagé cette correspondance, qui deviendra directe avec lui dès qu'il le jugera convenable ».

Quelques semaines plus tard, en effet, le Ministre commence à recevoir régulièrement de Londres d'assez longues lettres signées Tammermann, sur les événements et les dispositions politiques en Angleterre. Ce fut ce même correspondant qui prévint en toute hâte quand l'escadre anglaise mit à la voile, en 1744, pour s'opposer à la tentative de débarquement qui avait été projetée et préparée à Dunkerque. Le mémoire suivant indique les circonstances dans lesquelles cet avis fut donné :

Du 7 mars 1744.

Réponses de la main du comte d'Argenson.

MÉMOIRE.

M. de Briquet ; à délivrer à M. le maréchal de Noailles.

Le correspondant que M. le maréchal de Noailles a procuré en Angleterre à feu M. de Breteuil, et qui depuis a continué avec M. le comte d'Argenson, demande :

M. le maréchal s'en charge.

1° Un chiffre de correspondance ;

2° L'adresse d'un négociant sûr en Hollande, et qui soit non suspect aux Anglais,

A M. de Silhoëtte : 600 livres, plus 400 livres de gratification pour le voyage de sa femme, le tout au porteur.

auquel il puisse adresser ses lettres, en cas de rupture avec l'Angleterre ;

3° Le paiement de six mois qui lui seront dus à la fin de mars, qui monte à 600 livres, sur le pied de 1200 livres par an ;

4° Les frais d'un voyage auquel il a engagé sa femme pour porter à Calais l'avis du départ prochain de la flotte de l'amiral Norris, avec la liste et la force des navires qui la composent et pour lesquels frais on estime qu'on ne peut lui donner moins de 400 livres.

Nota : Que c'est le premier exprès qu'il a envoyé et qu'il lui avait été mandé dès le mois de septembre 1742, temps auquel a commencé sa correspondance, qu'il pourrait en expédier lorsqu'il le jugerait à propos.

Bon à commencer au 1er avril.

On représente qu'il a été promis à ce correspondant de lui augmenter sa pension par la suite, et comme il s'en est acquitté jusqu'à présent avec fidélité et exactitude, M. le maréchal de Noailles proposerait qu'on augmentât sa pension jusqu'à concurrence de 2,000 livres par an, payable sur le pied de 500 livres par quartier, en lui conservant toujours l'espérance d'accroissement par la suite, afin de l'encourager de plus en plus à être exact et fidèle dans des temps où il peut être de la plus grande importance et devenir peut-être de la plus grande difficulté d'être informé directement ou par un homme sûr de ce qui se passera en Angleterre.

Une lettre de Mme du Noquet, veuve du commandant du port de Calais, écrite quelques jours après la mort de son mari, non pas au Ministre de la guerre, mais au Ministre de la marine, dont le sieur du Noquet dépendait comme commandant du port, semble se rapporter à cette correspondance et donnerait les noms des intermédiaires employés à Londres même et en Hollande.

Madame du Noquet, veuve du commandant du port de Calais,
au comte de Maurepas

Calais, le 25 mars 1744.

Monseigneur,

Je viens de recevoir la lettre dont vous avez bien voulu m'honorer le 21 de ce mois, avec la lettre de change de 137 liv. 10 sterling, que j'ai remise aujourd'hui à un homme sûr, qui doit partir au premier vent favorable, et qui la remettra au sieur Beauford, n'osant pas lui rien risquer par la poste, mon mari ne s'étant jamais servi de cette voie pour lui écrire, ou du moins cela n'est pas à ma connaissance, et j'ignore aussi quel nom il supposait quand il lui écrivait. Quant à celles que j'ai reçues depuis quelques jours, vous en pouvez juger par les paquets que j'ai eu l'honneur de vous envoyer le 22, qui m'ont été adressés par un nommé Rutter, de Rotterdam, qui marque ignorer la personne qui lui envoie. Je vous en adresse encore un que j'ai reçu aujourd'hui par la voie de Flandre, sans aucune lettre.

J'ai l'honneur d'être avec respect, etc.

Du Noquet
(Ch^r Feret-Beauford, rue de Malbowgts, à Londres.)

Le Ministre des affaires étrangères essaie de trouver d'autres agents en Angleterre, et les jacobites lui font parvenir une note sur la correspondance secrète à lier à Londres :

21 février 1744.

L'abbé Grossatesta, ministre de Modène à Londres, quoique ministre d'un prince sans états, n'en jouit pas moins de tous les privilèges du droit des gens, puisqu'il est admis par le gouvernement du pays où il réside. Ainsi il peut recevoir et dépêcher des courriers en toute sûreté. L'abbé est fin, intrigant et peu scrupuleux sur les rôles qu'on lui fera jouer. Je l'ai connu à Vienne, à Paris et à Londres. Quand il arriva à cette Cour, je fus son introducteur dans toutes les bonnes maisons. J'ai lié amitié avec lui, et je ne doute pas qu'en lui présentant la perspective d'une récompense, il n'accepte la correspondance proposée ; ce pourrait être un bénéfice, moyennant quoi il n'en coûterait rien au Roi.

Pour lier cette correspondance il faudra envoyer séparément deux exprès à l'abbé ; l'un portera le chiffre avec un léger avis d'accompagnement ; l'autre une lettre chiffrée, contenant la proposition de la correspondance. L'abbé renverra les deux exprès avec un passeport de lui, à tout événement, dans lequel il sera marqué qu'il envoie l'exprès porter les dépêches à M. Civia Desforges, ministre de Modène en France, et

les exprès qu'on enverra de Calais à l'abbé auront des passeports feints
de M. Desforges, lesquels ils seront obligés de rendre à leur retour.
L'abbé mettra deux enveloppes à ses lettres ; la première en blanc, la
deuxième à l'adresse de M. Civia Desforges. Quand la matière exigera
l'expédition du courrier jusqu'à Paris, l'abbé mettra sur la première
enveloppe : « Pressé ». Quand ce mot ne s'y trouvera pas, les lettres
suivront leur cours ordinaire. Les exprès auront ordre de remettre les
lettres à M. Pigault, qui ouvrira la première enveloppe et mettra
l'adresse de M. Amelot sur la seconde.

Il est hors de doute que les exprès seront payés par le Roi.

Il faudra envoyer deux bons chiffres.

A la fin du mois de février 1745 nos correspondants
de Londres signalent le prochain embarquement d'un
corps de 7,000 hommes. On les prie de s'informer avec
la plus grande précision de la destination de ce corps, et
en outre le maréchal de Saxe fait passer en Angleterre
un sieur Northon. « Il serait à souhaiter, écrit au
Ministre le secrétaire du maréchal, que le voyage du
sieur Northon en Angleterre ne fût pas retardé par les
difficultés que lui font les subdélégués de l'intendance
de Flandre. Il est intelligent et à portée d'être instruit
des résolutions prises au sujet de cet embarquement. »

Le Ministre employait en outre un certain nombre
d'agents mentionnés dans un mémoire de juillet 1744 :
l'un au quartier général du duc d'Aremberg, sans préjudice du secrétaire Hasselmann soudoyé par M. de
Séchelles ; un autre dans la haute société de Bruxelles
ou d'Anvers ; et enfin quatre agents subalternes chargés
de courir le pays et de suivre les armées :

Mémoire pour obtenir les ordres de M. le comte d'Argenson.

Correspondance établie par M. Dumesnil.

M. de Zilof est un magistrat qui est employé à procurer des nouvelles d'Anvers, de Bruxelles, de Gand, de Bruges, de Nieuport, Ostende et Tournai. Il ne demande que le remboursement de ses frais ; on observe que son dernier état excédait 1500 francs.

Le sieur Moutan, (à raison de 60
Le sieur Arnaud, } francs chacun
dit Lajeunesse. (par mois.

Ils se tiennent à Oudenarde et dans l'armée de M. le maréchal de Saxe, en croisant l'un sur l'autre.

Le sieur Douavonne, aussi à raison de 60 francs par mois.

Il a avancé 130 francs, dont le remboursement qui lui a été promis est encore dû.

C'est à lui que les deux autres rapportent les nouvelles et en forment les mémoires et il les apporte à l'endroit indiqué.

Nota : Indépendamment de cette correspondance, j'estime qu'il est nécessaire de continuer l'envoi de notre émissaire sur cette partie, afin d'être en état de confronter les nouvelles.

Le sieur Yttelinguen est un homme plus considérable, qui se tient au quartier de M. le duc d'Aremberg ; il entretient avec lui un homme qui apportera les nouvelles toutes les semaines. Ses appointements sont réglés à 480 francs par mois.

Nota : Je crois que cette correspondance ne doit point susprendre celle que M. de Séchelles entretient dans l'intérieur de Bruxelles, quoique la dépense de celle-ci soit assez forte ; mais on observera de n'en faire usage que pour des matières importantes.

On estime aussi qu'indépendamment du sieur Zilof, il sera à propos de soutenir les relations d'émissaires à Ostende, Nieuport et Bruges, sur le même pied qu'elles l'ont été jusqu'à présent.

Indépendamment des agents réellement employés par le Ministre, certains individus, surtout des officiers réformés, le renseignaient volontairement, dans l'espoir d'obtenir quelque gratification. Au premier rang nous retrouvons ce même Thirion Lamy, officier réformé de dragons de Valenciennes, qui était déjà employé par M. de Séchelles, et qui, en 1743 et 1744, accable le Ministre de rapports sur les diverses garnisons des Pays-Bas autrichiens, mais en même temps « le supplie très humblement de faire considération aux petites dépenses extraordinaires qu'il est obligé de faire, et que ses appointements ne sont point suffisants à cet égard » (24 août 1743). Quinze jours plus tard il dit, à propos d'une nouvelle de quelque importance : « Dans les conjectures présentes il serait convenable que j'envoierais mes lettres par des exprès de confiance à la poste de l'une ou l'autre de nos places les plus proches voisines d'où je me trouverais ; mais je puis assurer Votre Grandeur que je ne suis point en état de faire cette petite dépense ». Des gratifications lui sont accordées en effet de temps à autre, et en particulier, quelques jours avant l'ouverture de la campagne de 1744, il remercie le Ministre de la gratification qu'il vient de recevoir et qu'il tâchera de mériter. Les sommes ainsi accordées sont de 600 francs pour un semestre environ (septembre 1743, avril 1744).

La correspondance du sieur Thirion Lamy avec le Ministre est abondante ; elle se compose d'une centaine de lettres pour la période comprise entre les campagnes de 1743 et 1744. Les renseignements qu'elle contient sont très nombreux et de valeur inégale. Peu précis en ce qui concerne les corps de troupes, ils sont très exacts et d'une grande importance toutes les fois qu'il s'agit de magasins, de fortifications, etc. C'est par le sieur Thirion que le Ministre a su l'occupation des places de la Barrière par les Hollandais ; il semble donc que M. d'Ar-

genson ait été injuste ou ait essayé de stimuler le zèle
de son correspondant lorsqu'il lui écrivait le 30 octobre 1744 :

« J'ai reçu, Monsieur, la lettre que vous m'avez écrite le 19 de ce
mois au sujet de la correspondance que vous proposez d'établir pour
m'informer de la distribution des troupes des alliés dans les Pays-Bas,
et des magasins qu'ils y feront. J'en ferai volontiers les frais, s'ils ne
sont pas trop coûteux, et que je m'aperçoive que cette correspondance
soit plus utile que celle que vous avez entretenue l'année dernière,
dont je n'ai pu tirer que des nouvelles vagues et de peu d'importance.

« Je suis, Monsieur, etc. »

Quelques-unes des lettres du sieur Thirion nous font
connaître ses moyens d'investigation. C'est par les ban-
quiers et les grands entrepreneurs qu'il se faisait mettre
au courant des marchés et des travaux (1). Une fois la

---

(1) « J'ai l'honneur d'informer Votre Grandeur que l'on ne doute
point que les magasins de foin et d'avoine qui se font à Namur et le
long de la Sambre, jusqu'à compris Charleroi, sont pour le compte des
Hollandais, à raison que je sais positivement que c'est le nommé
Demout, banquier à Namur, qui paye les troupes hollandaises qui
sont dans cette place et à Charleroi, qui ordonne d'acheter les foins et
avoines pour lesdits magasins, comme le nommé Depreste, marchand
et banquier à Ath, qui paie les Hollandais qui sont à Ath et à Mons, et
que les magasins qui se font dans lesdites places se font par ses
ordres ; et son fils est à l'armée combinée pour fournir les vivres et
payer les troupes hollandaises, etc. » (19 octobre 1743).

« Je viens d'apprendre par le nommé Carton, un des commissionnaires
du sieur Vanhoverstraete, qu'il n'y aura que les troupes anglaises qui
reviendront dans ce pays-ci ; les Autrichiens iront en quartiers d'hiver
dans le duché de Luxembourg avec leurs 6 compagnies franches, et les
Hollandais reviendront en quartiers d'hiver du côté de Maëstricht et
Namur, etc. » (24 octobre 1743).

« Le nommé Walquier le fils, qui livre les fourrages et grains à
l'armée combinée, non compris les Hollandais, mande à son père qu'il
est arrivé des ordres ; que ladite armée doit rester en campagne jusqu'au 20 du mois courant, etc. » (2 novembre 1743).

Ces exemples font saisir à quel point il est essentiel de militariser
tout ce qui touche aux opérations du ravitaillement d'une armée en
campagne.

campagne engagée, il n'était plus libre de passer de France en Belgique ou réciproquement, de sorte que ses rapports cessent à peu près au mois de mai 1744 pour reprendre en octobre. L'année suivante, cependant, il a su se procurer des agents et il n'interrompt plus sa correspondance jusqu'à la fin de 1745. Il ne demande pourtant pas de gratification ; ses visées sont plus hautes. Il voudrait obtenir la croix de Saint-Louis pour services exceptionnels. Après avoir fait plusieurs fois la sourde oreille, le Ministre lui répond enfin que cette décoration est réservée, en temps de guerre, à ceux qui servent aux armées. Cette fois Thirion est découragé, et cesse une correspondance qui ne lui paraît pas assez récompensée.

D'autres officiers réformés s'offrent comme lui à fournir des renseignements. Celui qui entretient la correspondance la plus suivie en 1743 est le capitaine réformé Legrand, de Thionville, qui avait commandé autrefois une compagnie de dragons et demandait à être pourvu d'une compagnie. Il fut placé en effet au régiment de Grassin en janvier 1744. Il avait commencé par faire part au Ministre des avis qui lui parvenaient ; puis il avait entrepris d'envoyer à son tour des agents dans le pays de Luxembourg et de leur avancer des frais de voyage et de correspondance, dont il demanda ensuite le remboursement au Ministre. M. d'Argenson paya, mais trouvant sans doute la note un peu lourde, il invita le capitaine Legrand à se contenter des nouvelles qu'il recueillait directement, sans avoir d'agents à sa solde. Sur ces entrefaites M. de Berchiny prit le commandement de la place de Thionville et employa Legrand à diriger le service de renseignements qu'il organisait dans cette place. Il le garda avec lui jusqu'à l'entrée en campagne.

Un sieur de Fontauban, qui a été employé dans les services administratifs à l'armée de Conti, et a dû la quitter à la suite de quelque discussion sur ses procédés

de gestion, prétend à son tour renseigner le Ministre. Il
lui adresse de longues lettres sur les dispositions du gouvernement et du peuple hollandais, ainsi que sur les
mesures à prendre pour le ravitaillement. Il semble que
ces longs discours aient plu d'abord au Ministre, qui
fait assez bon accueil à ce nouveau correspondant, et lui
accorde volontiers une gratification de 500 livres. Fontauban se vante que « dans l'occasion, il vaut 20,000
hommes au Roi » et il invite le comte d'Argenson « à
faire désormais quelques réflexions sur les avis qu'il a
pris la liberté de lui donner, et qui se sont confirmés ».
Cependant il ne précise aucun renseignement; il ne rapporte que des conversations; il entre en relations avec
les autorités autrichiennes, leur donne des conseils,
feint de vouloir entrer à leur service, et, bien qu'il fasse
part de toutes ces démarches au Ministre, le personnage
qu'il joue finit par sembler assez louche, surtout si l'on
se rappelle les incidents fâcheux qui ont signalé son passage dans les services administratifs. Quatre mois ne se
sont pas écoulés que la méfiance du comte d'Argenson
est assez éveillée pour qu'il invite l'intendant du Hainaut à avoir l'œil sur le sieur de Fontauban. Il écrit le
3 décembre 1743 à cet intendant, M. de Machault : « Le
sieur de Fontauban, que j'ai connu à Paris, où il a été obligé de se
rendre pour des affaires d'intérêt, me donne depuis quelque temps,
Monsieur, des nouvelles de ce qui se passe dans la Flandre Autrichienne; quoique je n'aie pas grande confiance à cette correspondance,
je n'ai pas laissé de l'entretenir jusqu'à présent; cependant, comme
elle peut devenir plus intéressante par la suite, je suis bien aise de
m'assurer de sa fidélité, et je n'en trouve pas de meilleur moyen que
de vous mettre en relation avec lui; il s'est plaint à moi depuis peu
que la dame Bonnard, marchande à Condé, l'a desservi à Tournai en
le rendant suspect au fiscal de cette ville, qu'elle informe de tout ce
qui se passe à Condé. Je lui mande de s'adresser à vous pour faire
observer la conduite de cette marchande, et je vous prie d'examiner
en même temps celle du dénonciateur, et de me mander si vous croyez
que l'on puisse en faire usage utilement sur cette frontière. »

Il n'est plus question désormais des services du sieur

de Fontauban, auquel l'enquête de M. de Machault n'a peut-être pas été favorable. Cependant, en 1746, il sollicite du Ministre une faveur pour quelques membres de sa famille.

Le sieur Charlet, avocat à Carignan, est un des correspondants les plus actifs du Ministre. Il le tient au courant des mesures prises dans le Luxembourg par les autorités autrichiennes, ainsi que des mouvements de troupes. Il emploie divers agents, et notamment un sieur Doquin, habitant Chassepierre (1), auquel il écrit par intermédiaires, et qui le renseigne sur ce qui se passe aux environs de Luxembourg.

Un sieur Pollard, résidant à Liège, donne de temps à autre, en 1743 et 1744, des nouvelles peu importantes au point de vue militaire ; mais en 1745, il demande à être chargé d'une mission à Cologne, où il se prétend en état de disposer de la voix de l'Électeur pour l'élection de l'Empereur. Le comte d'Argenson transmet cette demande à son frère le marquis d'Argenson, Ministre des affaires étrangères, qui ne paraît pas y avoir donné suite. L'année suivante, le même Pollard, marchand de vins à Liège, est signalé comme suspect de relations avec l'Autriche. Il ne faut pas le confondre avec un sieur Collard, de la compagnie franche de Goderneaux, envoyé aussi à Liège en mission secrète pendant l'année 1745.

VI. — Espions ennemis. — Contre-espionnage.

Il va de soi que nos adversaires trouvent les mêmes facilités que nous à se procurer des espions dans les Pays-Bas, la principauté de Liège, et les provinces récemment acquises par la France.

Aussi leurs émissaires parcourent-ils nos campagnes,

---

(1) Petit village sur la Semoy, à la frontière du Luxembourg belge.

et il devient urgent de prendre des mesures pour arrêter leurs courses.

Le prévôt, M. Cambon, voudrait y consacrer des détachements de maréchaussée prélevés sur les brigades de l'intérieur, mais le Ministre n'y consent pas. Il lui répond :

22 septembre 1743.

« J'ai reçu, Monsieur, la lettre que vous m'avez écrite le 16 de ce mois. Pour former, comme vous le proposez, un corps détaché de maréchaussée du royaume pour arrêter les espions qui se répandent sur la frontière, il faudrait le tirer pour une bonne partie des provinces du royaume qu'il ne conviendrait pas de dégarnir dans les circonstances où nous sommes. Je conviens que des archers seraient plus propres à de pareilles recherches que des troupes réglées, mais en cas de besoin, on peut également y employer celles-ci. C'est un arrangement à prendre avec les officiers généraux commandant dans les provinces, et vous pouvez continuer de vous adresser à M. de Laval, qui est plus en état que personne de juger ce qui peut se pratiquer à cet égard.

« Je suis, Monsieur, etc. »

Aussi n'est-ce que par hasard et par suite de dénonciations que l'on parvient à saisir les espions étrangers.

Le 5 février 1745, M. Massart reçoit un avis, signé d'un habitant de Dixmude, lui signalant que le nommé Ignace Willaert, de Bruxelles, se disant « conducteur de général », s'est informé « de toutes les avenues et situations jusques et proche de Nieuport, et a fait différentes cartes volantes du territoire ; qu'il a aussi communiqué dans quelques places, où il a été logé, que dans trois ou quatre semaines il serait de retour avec plusieurs généraux ». Il ne semble pas qu'on ait pu arrêter ce Willaert.

On signale aussi le passage d'un espion autrichien, se disant baron de Starembach, et venant de Cologne.

Ayant appris qu'un espion anglais se tenait aux environs de Bruxelles, M. de La Graulet fait aboucher avec lui un de ses agents, en le chargeant de communiquer de fausses nouvelles.

L'agent lui fait le rapport suivant :

A Bruxelles, le 10 février 1747.

« Monsieur,

J'ai l'honneur de vous dire que c'est à Peer, pays de Liège, où je me suis joint avec l'agent anglais. La première question qu'il m'a faite a été si j'avais vu le sieur Weideler ; je lui ai répondu que j'avais fait mes diligences pour savoir à l'avenir où il pourrait être ; j'ai continué à lui dire que le prétendant avait entrepris un voyage, et que l'on ne savait sûrement de quel côté ; que l'on pensait qu'il retournerait en Ecosse, et que le duc de Penthièvre, qui est à Brest, faisait à ce sujet promptement disposer la marine. De plus, je lui ai dit que, quoique l'on eût fait venir beaucoup d'artillerie à Bruxelles, l'on ne voyait aucune apparence de mouvement.

« Je vous prie de continuer à me donner, avec le même zèle, les nouvelles de votre côté, m'a répondu l'Anglais, et je vous assure de nouveau qu'à l'arrivée du duc, vous aurez lieu d'être content ; nous l'attendons du 20 au 24 ; acceptez toujours ces 12 ducats pour subvenir aux frais que vous faites. Adieu, mon cher, à lundi ; nous nous verrons à Aerschot ; s'il y avait quelqu'un qui nous pût troubler, nous irions à Meerbech, à une lieue de là. » Adieu...

BEAURIS. »

M. de La Graulet transmet aussitôt cette lettre au Ministre et lui écrit ce qui suit :

A Bruxelles, le 12 février 1747.

« Monseigneur,

L'espion est de retour depuis avant-hier, et je joins ici, Monseigneur, la lettre en original qu'il m'écrivit en arrivant à Bruxelles. Lorsque je l'ai questionné il a battu la campagne ; il m'a dit que ce qu'on lui avait demandé avec le plus d'empressement, était des nouvelles du retour de M. le maréchal de Saxe, et on l'a chargé de s'en informer. Son rendez-vous est pour mardi ; je l'ai chargé, Monseigneur, de dire qu'on croyait que M. le maréchal, après les fêtes du mariage de Mme la Dauphine, irait à Chambord ; que d'ailleurs tout paraissait tranquille. Je l'ai encore fait suivre aujourd'hui dans les maisons où il est entré ; il est ensuite sorti de la ville par la porte de Malines, où il m'a dit qu'il devait aller coucher.

Je suis, etc.

DE LA GRAULET. »

Le comte d'Argenson ne paraît pas avoir trouvé que

cette opération fût adroitement conduite, et il écrit en
note sur la lettre de M. de La Graulet :

« Observer que ce qu'il a fait répondre à l'espion sur le compte de
M. le maréchal de Saxe le discréditera beaucoup. On verra que M. le
maréchal de Saxe ne va point à Chambord, et ce fait ne paraissait pas
assez important pour que l'espion donnât un faux avis à ce sujet ».

Quelques espions ennemis peuvent être arrêtés en
France, mais il est rare qu'on découvre contre eux des
preuves suffisantes, et on les relâche trop facilement,
ainsi que l'a prouvé l'aventure de M. de Montigny. Le
Ministre recommande de les maintenir en prison, à tout
événement, jusqu'à la fin de la guerre :

8 décembre 1744.

« J'ai reçu, Monsieur, les lettres que vous m'avez écrites les 25 et 26
du mois passé, et le jugement qui était joint à la première, rendu par
le prévôt de la maréchaussée de Flandres contre le sieur Fossart, accusé
d'avoir entretenu des intelligences dans le pays étranger. Dès que ce
particulier n'a été condamné qu'à un bannissement hors du royaume,
il vaut mieux, pour être à couvert de ses intrigues, le retenir dans les
prisons de Lille pendant le temps que la guerre durera. Si cependant
la découverte qui a été faite depuis son jugement d'un de ses complices,
pouvait opérer des preuves suffisantes pour lui faire un nouveau procès,
ce serait au prévôt à en recommencer l'instruction, s'il était nécessaire ».

Les agents de Mons et de Liège ont pu découvrir un
assez grand nombre d'espions ennemis. M. de Phélipes,
qui a déjà signalé un prêtre et un cordonnier des environs de Mons, envoie en outre les renseignements suivants :

Maubeuge, le 8 mai 1746.

« Monseigneur,

J'ai l'honneur de vous informer que l'on m'a mandé de Mons qu'il
y avait à Cambrai un chanoine nommé M. Dupont, qui instruisait de
beaucoup de choses M. le marquis de Chasteler, qui en rendait compte
à M. le comte de Nava. La personne qui m'écrit de Mons m'a aussi
mandé que le comte de Nava avait un neveu nommé M. de Foulant de

Neuville, qui a été à l'Académie, à Bruxelles, où il l'a renvoyé avec des instructions, pour qu'il informe M. de Bathiany et lui de tout ce qu'il pourra apprendre des mouvements de notre armée.

PHÉLIPES. »

M. d'Argenson prescrit le 14 mai de surveiller le chanoine Dupont, et d'essayer d'intercepter ses lettres, ainsi que celles du jeune Foulant de Neuville.

Quelques jours après, on arrête à Bruxelles un individu qui dit se nommer d'Orival, secrétaire du prince Charles de Lorraine, et dont le marquis de Stainville sollicite la grâce. Le comte d'Argenson répond le 23 juin que « les motifs qui ont donné lieu à la détention du prétendu sieur Dorival, né Français, et qui a déguisé son véritable nom, intéressent l'État, et qu'il ne peut entrer dans aucune explication à ce sujet ». Il promet toutefois de remettre au Roi la lettre du marquis de Stainville. Il n'est pas sans intérêt de voir dès cette époque la famille des Stainville intercéder en faveur d'agents autrichiens.

D'après un avis de Fischer, les fonctionnaires de l'administration impériale qui ont quitté Bruxelles, Louvain et Namur, en y laissant leurs familles, sont tenus régulièrement au courant de tout ce qui se passe dans l'armée du Roi.

Le Ministre reçoit des lettres de dénonciation comme celle-ci :

De Paris, ce 30 juin 1747.

« Monseigneur,

Je me vois à l'article de la mort. Je suis obligé, par l'ordre de mon confesseur, de donner avis à Monseigneur que je connais un homme associé avec un nommé Clicquau, qui demeure à Lille vis-à-vis les Jésuites, qui servait depuis quatre années de ma connaissance d'espion au prince Charles.

Il commence dans ce pays-là exprès pour que l'on ne se doute de rien ; chose véritable que je l'ai vu par une lettre qui a tombé de sa poche dans ma tente au quartier général, au siège de Tournai, en me payant des cuirs qu'il avait achetés de moi. J'ai vu par la dite lettre qu'il servait d'espion au prince Charles, même qu'il avait reçu des sommes considérables pour envoyer toujours des nouvelles au prince de tout ce qui se passait dans l'armée de France. J'ai vu qu'il faisait tout son possible pour faire périr les armées de Monseigneur ; je lui ai rendu le lendemain sa lettre, dont il m'a donné une somme d'argent pour n'en parler à personne. Il se nomme Rogier de son nom ; c'est un homme haut d'environ 5 pieds 5 pouces, âgé environ de 60 ans, courbé, la parole et les mains tremblantes, gros nez, grosses lèvres, mais fort ridé, portant perruque et épée, qui achète tous les ans des cuirs des bouchers de l'armée, qui les fait mener à Lille, qui a été capitaine des vivres à M. Paris et aux campagnes d'Allemagne, dont ils ont été obligés de le chasser des vivres. Sa demeure, faubourg Saint-Germain, rue des Trois-Canettes, aux Trois-Canettes, où sa femme est toujours résidante. A Paris il se nomme Rogier de son nom. Je suis boucher ; je me nomme Le Claire. Voilà, Monseigneur, ma conscience déchargée ; que la bénédiction de Dieu soit répandue sur vos armées. »

Au reçu de cette lettre M. d'Argenson prie l'intendant de Paris, M. Berryer, de procéder à une enquête :

A M. Berryer.

8 juillet 1747.

« Un nommé Le Claire, boucher, qui se dit à l'article de la mort, accuse le nommé Rogier, ci-devant capitaine des vivres, associé du nommé Cliquau de Lille, demeurant rue et enseigne des Trois-Canettes, faubourg Saint-Germain, d'être depuis plusieurs années espion du prince Charles ; je vous prie de vous informer secrètement, tant du délateur que de l'accusé ; de vous assurer, s'il est possible, de la personne de ce dernier, en prenant les précautions nécessaires pour vous saisir de ses papiers. »

M. Berryer répond quelques jours après :

« Le dit Rogier n'est point actuellement à Paris, en étant parti au mois d'avril dernier pour l'armée de Flandres ; depuis il a fait un voyage à Paris pour une affaire malheureuse dont on ne sait pas le détail, mais il est reparti sur-le-champ pour la Flandre avec un particulier inconnu ; au surplus, on ne le croit point occupé directement à l'armée, mais dans le plat pays ou dans quelque ville, et pour lui écrire il faut mettre cette adresse : « A M. de La Haye, marchand de vins des 25 privilégiés du Roi, à la suite de M. le maréchal de Saxe, pour M. Rogier, à l'armée de Flandres ».

Quant au nommé Le Claire, boucher, qui a fait la dénonciation contre Rogier, on ne le trouve point non plus à Paris, quoiqu'il date sa lettre de Paris, du 30 juin, où il dit qu'il est malade à toute extrémité : on ne connaît ici que deux bouchers portant ce nom, dont l'un est établi à la boucherie de Beauvais, et n'a jamais été en Flandres, et l'autre est garçon boucher, parti de Paris au commencement de la campagne avec le sieur Manicat, commis de M. Arboust, entrepreneur de la viande, et n'a pas été revu à Paris depuis.

Voilà, Monsieur, les éclaircissements que j'ai pu obtenir depuis la réception de votre lettre sur cette affaire ; si elle continue d'être un objet d'attention, vous serez très à portée de le faire suivre puisqu'il y a grande apparence que l'accusateur et l'accusé habitent les pays où vous êtes. »

Pour les Autrichiens comme pour nous, le principal centre du service de renseignements, en 1746 et 1747, est à Liège, et c'est là aussi qu'ils entretiennent leur agent le plus habile et le plus dangereux, le nommé Fauconnet, qui lutte pied à pied contre M. de Montigny. Ce dernier prend bientôt sa revanche de l'affaire où il a été compromis par M. de Fimarcon, et il parvient à éventer tous les agents de son redoutable adversaire. Il les fait connaître à M. de Lowendal, et au mois de mai 1747, le plus important d'entre eux est arrêté.

M. de Lowendal écrivait au Ministre dès le mois de février :

A Namur, ce 10 février 1747.

« Un de mes correspondants de Liége me mande que tout y est dans le même état de tranquillité. Il s'est appliqué à distinguer les relations que peut avoir l'ennemi pour savoir ce qui se passe parmi nous. Il a découvert qu'un certain Fauconnet, conseiller de la Reine, logé à Liége, chez Wislet, apothicaire, était l'homme de confiance dont les alliés se servaient et qui employait des espions de tous côtés. On le dépeint intrigant et dangereux. Le plus hardi coquin de ces espions est ce même Wislet, apothicaire, homme sans bien et sans ressources. Il fut arrêté à Lorient, suivant ce que l'on me marque, lors de l'incendie des magasins de ce port, dont il avait été soupçonné et dont on le croit réellement l'auteur. Cet homme fait souvent des voyages dans les Pays-Bas, et voici le signalement que l'on m'en a donné :

Il est âgé d'environ 40 ans, taille de 5 pieds 1 pouce au plus ; assez bien fait ; les yeux bleus, les sourcils châtains, portant ordinairement une perruque blonde avec deux boucles derrière ; le visage rond, marqué de taches de rousseur ; un peu gravé de la petite vérole, la bouche grande.

On tient qu'un certain Crimaire, orfèvre liégeois, est actuellement à Paris, où il a été envoyé par ce Fauconnet. On n'a pu savoir son adresse ; on me donne seulement son signalement en raccourci :

Il est âgé d'environ 45 ans, natif d'Hasselt, pays de Liége ; ci-devant orfèvre ; il porte perruque ; et il est de la taille de 5 pieds 1 ou 2 pouces.

On m'assure que le sieur Notet, officier dans La Marck, est en correspondance avec Fauconnet, et qu'il lui donne des avis de ce qui vient à sa connaissance. Le frère de cet officier est dans l'entreprise de la fourniture des fourrages aux troupes anglaises et hanovriennes et leur mère demeure chez ce Fauconnet, comme une espèce de gouvernante.

Je suis, etc.

LOWENDAL. »

Au reçu de cette lettre M. d'Argenson ordonne d'intercepter la correspondance des individus suspects :

A M. du Fort.

Du 13 février 1747.

« Je suis informé, Monsieur, qu'il y a plusieurs émissaires des ennemis à Paris et dans le royaume, qui adressent leurs lettres à Liége et je vous prie, par cette raison, de faire arrêter celles qui seront mises à la poste de Paris à l'adresse du sieur Fauconnet, conseiller de la reine de Hongrie, qui réside à Liége, ou à celle du sieur Vislet, apothicaire, du sieur Polard, marchand de vins, et du sieur Cornet, chanoine de Saint-Barthélemy ou bénéficier de Saint-Jean-l'Évangéliste d'Outre-Meuse. Je vous prie aussi de mander à votre directeur, à Verdun, de faire examiner le dessus des lettres que le sieur Noters, officier au régiment de La Marck, y mettra ou enverra à la poste, et de nous envoyer celles qui seront aux mêmes adresses. Vous m'enverrez les unes et les autres pour que je puisse voir ce qu'elles contiennent.

J'aurai aussi besoin que vous me donniez une adresse sous laquelle on puisse vous informer à Paris des lettres qui partiront de Liége, afin que vous puissiez les arrêter avant qu'elles soient rendues, et me les renvoyer aussitôt.

Je suis, etc.

M. d'Argenson répond en même temps à une lettre du comte de Saint-Germain, qui a pu être retrouvée :

A M. de Saint-Germain.

A Versailles, le 14 février 1747.

« J'ai reçu, Monsieur, les lettres que vous m'avez fait l'honneur de m'écrire les 4, 5 et 6 de ce mois.

L'avis que le sieur de Montigny vous a donné des correspondances que le sieur Falconnet, conseiller de la reine de Hongrie, résidant à Liége, entretient en France, mérite attention ; mais je ne connais point de secret pour ouvrir les lettres et les recacheter sans qu''il y paraisse, et puisque le sieur Montigny a trouvé le moyen de se faire remettre celles qui lui sont suspectes, il n'y a qu'à continuer d'en user comme il a fait à l'égard de celle dont il vous a envoyé une copie. Je verrai de mon côté à faire observer les personnes qu'il désigne, nommément les sieurs Noters et Crimaire, dont vous m'envoyez le signalement.... »

La correspondance interceptée ne tarde pas à révéler les menées du lieutenant Notet, et son arrestation est annoncée au Ministre par M. de La Graulet :

A Bruxelles, le 11 mai 1847.

« Monseigneur,

M. le maréchal a ordonné de faire arrêter le sieur Notet, lieutenant au régiment de La Marck ; cet officier, Monseigneur, est frère du sieur Notet, de Liége, entrepreneur général des fourrages des ennemis ; l'on a arrêté plusieurs lettres à Liége, qui ont donné lieu aux soupçons que l'on a, que cet officier ne fût dans une correspondance contraire au service du Roi. Je joins ici, Monseigneur, une des lettres que l'on a retenues en original, que j'ai entre mes mains, et copie de celles dont on n'a simplement retenu que des copies. Ces lettres, Monseigneur, ont été renvoyées à M. de Saint-Germain, qui dit que sous le nom d'oncle et de cousin, le sieur Notet écrivait au nommé Fauconnet, agent de la reine de Hongrie, et à un apothicaire chez qui il est logé. Fauconnet est celui qu'on dit avoir mis le feu à Lorient, et l'apothicaire est un espion. Les lettres n'étaient point signées.

M. le maréchal, Monseigneur, en m'ordonnant d'avoir l'honneur de vous en rendre compte, m'a dit qu'il ne trouvait pas, dans les lettres de cet officier, des preuves assez convaincantes pour le condamner comme espion, mais qu'il y avait matière bien ample à le faire enfermer.

Je l'ai, en attendant les ordres que vous voudrez bien me donner, fait mettre dans une prison, avec ordre qu'il ne parlât à personne. Il avait un portefeuille et des papiers dans lesquels je n'ai rien trouvé.

Je suis, etc.

DE LA GRAULET. »

M. d'Argenson répond à cette lettre :

« Il y a longtemps que j'ai connaissance de cette correspondance, que j'ai suivie de près, et dans laquelle je n'ai rien trouvé de bien criminel. Cependant, comme c'est toujours mal fait à un officier d'écrire des nouvelles, quoique peu intéressantes, dans un pays neutre ; puisque celui-ci est en prison, il n'y a qu'à le retenir jusqu'à ce que M. le maréchal le jugera à propos ; mais je ne crois pas qu'il y ait matière de le traiter comme espion, si l'on ne découvre rien de plus que ce qui est dans ses lettres.

..... S'il est vrai que la parenté avec les destinataires soit fictive, la chose devient toute différente ».

On jugera par les lettres qui suivent de l'extrême indulgence du maréchal de Saxe et du Ministre, car il semble bien difficile de nier qu'elles constituent des actes de trahison et d'espionnage.

Notet écrit à Fauconnet, à Liège :

Du 13 février, de Verdun.

« Mon cher oncle,

Je vous avais mandé qu'il y avait eu une affaire en Provence, mais cela s'est réduit au passage du Var.

La Cour vient d'envoyer des ordres à tous les commandants des corps des Trois-Évéchés d'envoyer des lettres circulaires à tous les officiers qui sont en semestre de se rendre pour le 15 de mars à leurs régiments, et l'armée doit être assemblée pour le 1ᵉʳ d'avril.

J'espère que dans peu je pourrai vous marquer combien de bataillons et d'escadrons composeront l'armée de Flandres.

Voilà, mon cher oncle, les nouvelles que je peux vous donner (pensez à celui qui est échu de même qu'à celui-ci), car je suis écrasé, et soyez persuadé que je solliciterai votre affaire avec tous les soins possibles ; car quand je fais tant que de me charger d'une affaire, je m'exécute.

Adieu, mon cher oncle, j'ai l'honneur d'être avec respect votre très humble serviteur.

Signé? NEVEU. »

P.-S. — Nous venons de recevoir les congés des convalescents, ce qui nous persuade de notre départ. Il part aujourd'hui 360 chariots pour aller chercher des canons et des boulets à Metz ; il y a 34 bateaux qui sont destinés pour les embarquer, avec des madriers qui sont apparemment pour établir des ponts sur la Meuse.

46,000 sacs ont été menés à Soissons pour chercher du grain.

Du 6 mars, de Verdun.

L'ordre est arrivé ici pour les étapes pour les régiments qui venaient d'Alsace. Le 1er bataillon du régiment de Saxe arrivera le 11, le 2e arrivera le 13, et le 3° le 15. Lowendal suivra tout de suite ainsi que Nassau, Monaco, et autres. Je prouverai par mes assiduités à vous écrire combien je vous suis reconnaissant.

Du 27 mars.

Nous venons d'apprendre que notre route est raccourcie, et au lieu d'aller au Quesnoy, nous resterons à Sedan jusqu'à nouvel ordre, aux ordres de M. de Lautrec. Nous partons aujourd'hui et nous arriverons le dernier du courant à Sedan ; Navarre nous suit, et Rosen-cavalerie avec Royal-Allemand, et La Fère suivra derrière. Je compte, mon petit cousin, qu'étant arrivé à Sedan, je serai plus en place de vous donner des nouvelles qu'ici ; celles de Verdun assurent le siège de Luxembourg, mais moi je n'en crois rien. Le Roi vient de faire une promotion, et le chevalier de La Charaque a reçu une lettre d'avis du Ministre par où il est nommé brigadier des armées du Roi. Il y a à Sedan 10 officiers généraux ; voilà, mon petit cousin, les nouvelles que je peux vous donner ; soyez persuadé que personne n'est avec plus de respect que moi votre très humble et obéissant cousin.

A Monsieur le marquis d'Eus, colonel.

Du 29 mars.

« Je me flattais hier que quelques empêchements qui étaient survenus à la construction de nos ponts auraient retardé notre marche de quelques jours ; j'en avais même déjà l'ordre, mais malheureusement toutes ces difficultés ont été levées, et nous irons vendredi 31 à Boerenhous, petit village auprès de Stewenswert, sur la Meuse ; je voudrais que vous nous ayiez joint, car sans cela vous seriez dans les plus grands embarras du monde si vous deviez nous suivre ; je suis fâché de n'avoir pu vous avertir plutôt ; mais je ne croyais pas notre marche si prochaine. Adieu. Je vous attends avec impatience.

Après ma lettre écrite, j'ai encore étudié de quelle façon vous pourriez nous venir joindre plus commodément ; il m'a paru que vous ne faisiez quasi point de détour en revenant de Liége à Guelhem à votre ancien quartier ; vous y trouverez du fourrage pour trois jours avec les fourgons pour les traîner, et une garde que j'ai dit à votre lieutenant d'y laisser. Je vous ferai savoir des nouvelles de notre marche. Adieu.

Signé : RECHT ».

A la lettre ci-dessus était joint le billet ci-après :

« Monsieur,

Je vous envoie ci-joint une lettre pour M. le marquis d'Eus, que vous aurez la bonté de garder jusqu'à son passage par Liége pour la lui remettre en main propre.

De Bruxelles, 16 avril.

Notre régiment vient d'arriver à Bergue, où nous resterons 6 ou 7 jours. Il y a déjà 80 bataillons arrivés qui forment chaîne depuis Namur jusqu'à Anvers, et ce nombre doit grossir jusqu'à 159, et il y aura 263 bataillons, qui seront tous campés le 6 du mois prochain, non compris 22,000 hommes qui sont aux ordres de M. de Clermont, prince, auprès de Sedan, non plus que les Grassins et la Morlière et pandours français ; on n'a jamais vu une marche mieux conduite, car nous avons marché plus de 40 bataillons en front de bandière. »

A Madame Wislet, en Vinavedille, à Liége.

Bruxelles, 25 avril 1747.

« Ma très chère cousine,

Après vous avoir assuré de mes respects, je viens vous prier de me faire la grâce de me mander si ma grand'tante a reçu mes affaires, que je vous avais désignées dans ma dernière, et vous remercier des services que vous m'avez rendus chez mon oncle. Voyez d'achever l'ouvrage que vous avez commencé. Il me manque un cheval de bât pour porter mes affaires, un mot de votre part auprès de mon cher oncle fera tout l'effet possible ; j'ose me flatter que vous me rendrez ce service.

Les voyages de Bruxelles me coûtent à chaque fois 5 escalins, car c'est où le quartier-général est, et tout y est d'une cherté extraordinaire ».

A Monsieur Cheroncle, Vinavedille, à Liége.

Bruxelles, le 25 avril 1747.

« Mon très cher oncle,

Après vous avoir assuré de mes respects, je vous dirai qu'on a tracé trois chemins pour aller sur Louvain ; cependant je crois que nous ne partirons pas de nos quartiers qu'au 4 ou 5 de mai, etc. Je ne vous *ai pas* écrit *plus* du fort de Perle ni des forts l'Ecluse.

Les voyages de Bruxelles sont chers, car il m'en coûte à chaque fois cinq escalins, et c'est la source des nouvelles. J'ose espérer, mon cher oncle, que vous perfectionnerez un ouvrage que vous avez commencé. Il me manque un petit cheval pour porter mes affaires ; je prierai pour votre santé et je tâcherai par ma conduite de vous donner des preuves de ma façon de penser ».

Le sieur Notet n'est pas le seul officier que les alliés aient pu corrompre. Un officier de milices leur a offert ses services en 1744, en écrivant au duc d'Aremberg la lettre suivante :

A Douai, le 3 septembre 1744.

« Monseigneur,

Il y a longtemps que je souhaite aller à votre camp pour avoir l'honneur de voir Votre Excellence, qui ne sera peut-être pas fâchée de ce que je puis lui apprendre, si vous vouliez me permettre d'y aller. Si vous vouliez, Monseigneur, que j'y aille, ayez la bonté de m'en faire donner des assurances par quelqu'un vendredi, samedi ou dimanche, à midi juste. J'irai à la porte de l'église Saint-Jacques ici à Douai ; que celui qui sera chargé de votre ordre, ait une cocarde toute rouge à son chapeau, à quoi je le reconnaîtrai pour l'aborder. Je suis officier dans cette garnison et ce que j'apprendrai à Votre Excellence ne lui nuira pas. Je me suis hâté d'écrire cette lettre pour que le tambour qui est arrivé ici puisse vous la remettre. J'irai sans faute vendredi, samedi et dimanche à la porte de cette église y attendre votre ordre.

J'ai l'honneur d'être, etc. »

A Douai, le 3 septembre 1744.

« Cette personne à la cocarde rouge n'aura qu'à se tenir aux environs de cette église. Je jure à Votre Excellence que j'agis de très bonne foi et que je la supplie de me permettre d'aller la voir, ce que je ferai en m'assurant la liberté du retour ».

La lettre ayant été maladroitement remise à un tambour autrichien venu en parlementaire, fut saisie, et l'auteur condamné et exécuté.

Une tentative de corruption fut faite auprès du marquis de Fimarcon, dont on s'exagérait sans doute la légèreté. Il mit le Ministre au courant de cette intrigue en lui adressant les lettres qu'il avait reçues.

A Namur, le 17 février 1747.

« Monseigneur,

Il m'arrive une aventure à laquelle je ne m'attendais pas et qui me fait sentir plus vivement que toute autre chose le triste état de ma fortune, puisque je ne doute pas que c'est à cela que je suis redevable de la bonne opinion qu'on a de moi dans les deux lettres dont je vous envoie copies et qui vous apprendront ce dont est question.

Premièrement, je n'ai aucune idée solide d'avoir connu celui qui m'écrit, je ne sais ni quand, ni où je l'ai vu ; le titre qu'il prend de gentilhomme anglais m'a fait jeter les yeux sur un Anglais que j'ai vu il y a fort longtemps à Chantilly, qui était 'un chasseur déterminé, qui faisait venir des chiens anglais à M. le Duc, et qui était ami d'un nommé Magdanel, attaché à M. le Duc. A moins que ce ne soit cet homme là, je ne sais qui c'est. Celui dont je parle était un original qui allait partout, parlant fort mal français ; il me semble qu'il portait un nom à peu près comme cela.

Je reçus le 30 janvier la première lettre que vous trouverez ci-jointe ; j'avais plusieurs personnes dans ma chambre quand je la reçus ; je dis tout haut que je ne savais de qui pouvait être cette lettre, je la montrai, malgré le secret qu'on me demandait, à M. de Lowendal et à M. Chabrier qui furent d'airs que j'y répondis pour savoir ce que me pouvait valoir cet homme. J'y fis la réponse que vous trouverez à la suite de ladite lettre, qui m'a procuré la seconde lettre aussi jointe, laquelle ne me donne nulle envie de cultiver ce petit commerce. Mon premier mouvement était de répondre à cet honnête homme comme il le méritait et d'adresser ma réponse à celui qui est chargé des affaires du Roi pour qu'il la lui fît tenir en mains propres et qu'il n'ignorât pas le cas que je faisais du secret qu'il me demandait et de ses offres ; mais ensuite j'ai pensé que je ne pouvais rien faire de mieux que de recevoir vos ordres là-dessus, non pas pour m'en faire un mérite auprès du Roi ni de vous, Monseigneur, car je vous assure que je ne compte en avoir aucun à prendre le parti que je prends, toutes les fortunes de ce monde-ci n'étant pas capables de me faire manquer à ce point-là, 1° à moi-même et, en second lieu, à mon inviolable attachement au service du Roi. Ce n'est même que dans le cas où cela pourrait y être utile que je vous offre d'y répondre, soit pour l'engager à venir se faire pendre, soit pour lui faire lier une relation avec quelqu'autre qui s'en acquittera sûrement mieux que moi. MM. de Lowendal et Chabrier croient qu'on pourrait peut-être en tirer un parti utile ; vous en déciderez ce qui vous plaira.

J'ai l'honneur d'être, etc.

FIMARCON. »

La première lettre reçue par M. de Fimarcon était ainsi conçue :

« Vous serez peut-être surpris, mon cher Monsieur, d'entendre de mes nouvelles après une absence si longue, mais je ne suis pas un homme à jamais oublier mes amis et la politesse qu'on m'a faite. Ainsi j'ai saisi cette occasion de vous souhaiter une heureuse année et une prospérité continuelle pour le reste de vos jours. Eu même temps je désire avec ardeur la continuation de votre amitié afin que, quand le feu de la guerre sera éteint, je puisse vous revoir à Paris et renouveler nos plaisirs le verre à la main. Il y a quelque temps que je suis ici, plutôt par curiosité que par les plaisirs qu'on y trouve ; mais comme cet endroit est à présent le centre des affaires et négociations, ces mouvements occupent assez mon esprit curieux. Si je puis vous rendre quelque service dans ce pays-ci, vous n'avez qu'à m'ordonner, et toute la grâce que j'ai à vous demander est que vous garderez le secret sur notre commerce ; de cette façon je puis vous être extrêmement utile si vous jugez à propos de m'écrire.

Je suis, etc.

PHILLIPS. »

A cette entrée en matière M. de Fimarcon avait répondu :

« Ce n'est qu'aujourd'hui, Monsieur, que je reçois la lettre que vous m'avez fait l'honneur de m'écrire le 27 décembre ; je ne sais à quoi attribuer le long temps qu'elle a été en chemin. Je vous suis très obligé de votre souvenir et des assurances d'amitié que vous voulez bien me donner ; je désire, ainsi que vous, Monsieur, que les circonstances des temps me mettront à portée de renouveler connaissance avec vous. Je ne sais si ma lettre vous retrouvera à la Haye, je l'y adresse au hasard que l'on y saura où vous êtes ; je serai très aise de recevoir de vos nouvelles. Je suis dans cette place depuis la fin de la campagne, j'y commande les troupes de Sa Majesté ; ainsi c'est ici qu'il faut adresser vos lettres.

« Je vous souhaite, Monsieur, tous les bonheurs que vous méritez et que vous pouvez souhaiter.

« Je suis, etc. ».

Le soi-disant Phillips avait fait alors des ouvertures plus caractérisées :

« Votre lettre, que j'ai reçue par la dernière poste, m'a donné un plaisir extrême et d'autant plus que j'avais peur que la mienne fût perdue en faisant le tour par Paris. Je me flatte à présent que notre commerce de lettres aura lieu, puisque vous le désirez et assurément je n'aurais jamais commencé que dans cette vue. Votre amitié, votre politesse à mon égard, tout m'engage à l'entretenir. Tout mon embarras est de trouver des matériaux assez amusants pour rendre mon épître agréable, choses assez rares dans ce pays-ci ; et au moins de tourner la plume du côté de la politique, cet endroit ne fournit aucune matière ; cependant, dans cette même disette on peut employer l'esprit du côté utile, notre situation rend la chose réciproque et j'ai de pleins pouvoirs d'offrir des récompenses proportionnées au service. Je ne dirai pas davantage à présent, mais si vous jugez à propos de continuer notre commerce, vous verrez un homme qui songe à votre intérêt personnel et qui sera enchanté d'être honoré d'une amitié plus étroite.

« En attendant, je vous prie de me croire plus que personne, etc.

« Phillips. »

Cette correspondance n'avait pas été du goût du comte d'Argenson, qui avait remis la note suivante à son premier commis, M. de Briquet :

« Lui répondre de couper court à ce vilain commerce-là en ne faisant point de réponse à celui qui lui écrit, et marquer que j'en ai rendu compte au Roi.

« Me remettre ensuite cette lettre à cet effet. »

21

CHAPITRE VI.

INSTRUCTION POUR LES GÉNÉRAUX

[Du 1ᵉʳ septembre 1743] (1).

Mémoire envoyé de la Cour en forme d'instruction, tant pour ce qui peut concerner la conduite d'un Général en chef, que pour les officiers généraux ; cette instruction roulera sur la marche d'une armée, sur les convois, fourrages, campements et jours de séjours, etc.

De la conduite du Général commandant en chef.

Il faut qu'un général à qui le Roi a confié le commandement de son armée, prenne bien garde à ne rien entreprendre avec une trop grande légèreté, ni mal à propos ; il est nécessaire qu'il ait une attention toute particulière, non seulement pour bien conduire son armée et la maintenir comme il le doit, mais aussi de donner tous les ordres en conséquence pour que tout aille au bien du service du Roi.

Il ne saurait avoir trop de conduite et de sagesse ; ces qualités sont si utiles et si essentielles au bien du service du Roi, que souvent il est arrivé qu'une affaire entreprise avec trop de chaleur, et sans une mûre délibération, ait tourné au désavantage du Roi, et assurément un général ne saurait avoir trop d'attentions et

---

(1) Cette instruction nous a paru former la conclusion naturelle de ce travail sur les différentes parties du service ; mais il ne faut pas oublier que, loin de donner le dernier mot de la science militaire en **1743,** elle n'est que l'expression des pensées d'un Noailles ou d'un Coigny.

même prendre trop de précautions, pour ne pas commettre mal à propos les troupes qu'il commande.

Cependant, il est de la prudence et de son bon esprit, de savoir se servir à propos des moments heureux, que l'occasion et la circonstance peuvent lui fournir, et de profiter des méchantes démarches, ou bien des manœuvres déplacées que l'ennemi pourrait faire à son désavantage; il y a des moments à la guerre dont il faut savoir profiter, et que l'on ne retrouve pas d'un quart d'heure à l'autre; c'est au général à les connaître, et à s'en servir à propos.

Un général doit avoir pour maximes de ne rien oublier afin d'être informé non seulement des desseins des ennemis, de ses mouvements et de ses forces ; dans ce cas un général ne peut avoir de trop bons espions et il ne pourrait les payer trop bien pour être servi comme il le convient, et c'est à quoi il doit fort s'appliquer.

Un bon général ne saurait avoir une trop grande application pour ce qui concerne les subsistances de son armée; c'est un point bien essentiel, il doit entrer dans ces détails et se faire instruire des moindres choses par l'intendant de son armée ; il ne doit pas non plus négliger aucune des précautions nécessaires pour assurer la marche de ses convois, et les jours de convois, il est de sa prudence d'avoir plusieurs petits partis en campagne pour découvrir et fouiller les haies et buissons.

De la conduite que doit tenir celui qui est chargé du commandement du convoi et celle que doivent tenir ceux qui sont à la tête des petits partis.

L'officier chargé du commandement en chef d'un convoi, doit nécessairement de son côté envoyer des petits partis en campagne, tant en avant que sur les flancs ; quatre à cinq hommes peuvent suffire pour chaque parti, il faut seulement qu'il ait attention de choisir les plus intelligents et les plus hardis.

Ceux qui seront à la tête des partis que le général enverra doivent nécessairement être instruits de l'endroit d'où doit partir le convoi, quelle route il doit tenir pour se rendre à l'armée, afin qu'en cas de nécessité ils puissent facilement donner les avis qu'ils auront de l'ennemi, tant au général commandant en chef l'armée, qu'à celui chargé en particulier de la conduite dudit convoi.

Le général d'armée ne peut faillir en donnant de trop grosses escortes pour assurer la marche des convois, dont la sûreté est si nécessaire au bien-être d'une armée, et qui est même une affaire très capitale.

Règles à tenir pour les fourrages.

Le général ne doit pas hésiter non plus de donner de très fortes escortes pour les fourrages, et même il doit ordonner à l'officier général qu'il aura chargé du commandement dudit fourrage, d'aller dès la veille reconnaître lui-même, autant que faire se pourra, non seulement les endroits qui auront été déterminés pour fourrager, mais encore les avenues et issues par où l'ennemi pourrait venir à lui; il faut nécessairement qu'il songe à se précautionner contre tout cela. Il ne doit pas non plus manquer d'y mettre des gardes un peu fortes, qui auront elles-mêmes de petits corps de garde avancés; il est bon même de commettre des officiers qui se promènent d'une garde à l'autre, pour éviter toute surprise et être avertis à propos.

L'officier général chargé de commander le fourrage aura un soin particulier d'envoyer le jour du fourrage des petits partis dehors, et ne manquera pas d'informer ceux qui seront à la tête de ces petits partis de l'endroit où devra se faire le fourrage, afin qu'en cas de besoin, il

puisse être averti et qu'il ait le temps de pouvoir donner
ordre de tout ; il faut aussi qu'il ait la précaution d'avoir
toujours auprès de lui un homme de confiance pour le
charger de ses ordres, si le cas venait à l'exiger, et s'il
arrivait qu'il eût quelques nouvelles de ses ennemis, il
doit donner des ordres très sévères pour que les fourrageurs, sous quelque prétexte que ce puisse être, ne
passent pas les endroits qui leur auront été marqués ; il
ne faut pas non plus qu'il fasse partir les fourrageurs du
camp avant l'heure qui aura été assignée, afin qu'il
puisse avoir le temps convenable qu'il lui faut pour pouvoir poster ses gardes, comme il convient qu'elles le
soient, et toutes ces précautions se doivent moralement
prendre pour que tout aille bien dans les fourrages ; il
est même essentiel de commander des officiers de
chaque brigade avec quelques gens armés, afin de pouvoir contenir les brigades de fourrageurs ; il faut aussi
que les officiers qui y seront commandés aient un
soin bien particulier, quand un chacun se sera pourvu
de son fourrage, de les faire retourner tout de suite au
camp.

Règles pour le quartier-général.

L'on doit avoir une grande attention de choisir de
bons vaguemestres bien intelligents, et il ne faut pas
manquer de donner des escortes particulières, afin de
pouvoir contenir les valets ; il ne faut pas moins nécessairement avoir un grand ordre, et se donner tous les
soins possibles à l'égard des soldats que l'on peut
envoyer aux herbes ; il est indispensable que chaque
commandant de corps s'y applique et même le général
doit tenir la main à ce que toutes ces choses si utiles au
bien du service s'accomplissent avec la dernière des
exactitudes.

Ordre pour les jours de marche.

Un général d'armée doit toujours préférer le jour à la nuit pour faire marcher les troupes, et cela pour toutes sortes de raisons, à moins que la nécessité ne l'oblige moralement d'en user autrement ; en marchant de jour, tout en va beaucoup mieux, et chacun voit tout ce qu'il y a à faire ; en suivant ce premier système, on donne le temps convenable qu'il faut nécessairement au maréchal de camp de jour de pouvoir mieux reconnaître son camp ; quand il sera arrivé au lieu que le général aura marqué vouloir camper, il verra avec le maréchal-général des logis, camps et armées du Roi, les endroits où asseoir le camp, où l'on appuiera la droite et la gauche de la première ligne, et où l'on pourra mettre le quartier-général. Une règle générale, c'est qu'il faut mettre le camp le plus près de l'eau qu'il est possible, autant néanmoins que la chose est faisable.

Lorsqu'on aura résolu de prendre l'endroit fixé pour le camp, et qu'il sera marqué, le maréchal de camp laissera ses ordres pour achever le campement ; ensuite il ira voir lui-même les endroits qu'il croira les plus convenables pour poser ses gardes, et en les postant, il leur donnera des ordres, tant de ce qu'ils auront à faire que de l'endroit où ils devront se retirer pendant la nuit. Une des précautions encore qu'il faut qu'il prenne, c'est qu'il faut qu'il voie s'il y a suffisamment de fourrages pour l'armée dans le camp et entre les gardes ; dans le cas où il n'y en aurait pas assez, il faut nécessairement qu'il fasse avancer quelques gardes pour en reconnaître, et qu'il ne manque pas d'en instruire les troupes aussitôt qu'elles arriveront dans leur camp, afin qu'un chacun sache l'endroit qui lui sera désigné pour en aller chercher, et en prenant ces précautions sages et essentielles au bien du service, il empêchera non seulement que les troupes ne courent et ne hasardent de se faire prendre.

Il faut que dans la distribution des logements de
MM. les officiers généraux, l'on ait l'attention de les
mettre dans plusieurs quartiers ce qui est bon et utile
pour le service du Roi.

Le général d'armée doit avoir une grande attention,
toutes les fois que son armée marche, d'envoyer des partis dehors pour battre la campagne, afin qu'en arrivant
dans son camp, il puisse avoir des nouvelles sur les
mouvements que peuvent avoir faits les ennemis.

Ordre à tenir pour les séjours.

Le général doit défendre sous des peines rigoureuses
qu'aucun soldat, cavalier ou dragon, ne sortent point du
camp, sous quelque prétexte que ce puisse être. Les jours
de séjours, il doit recommander à tous les commandants
des corps de tenir la main à ce que ses ordres fussent
exécutés ponctuellement, que les soldats de chaque
corps aient leurs armes en bon état, de leur faire faire
la soupe autant que faire se pourra, d'avoir soin qu'ils
aient du linge blanc, et leurs barbes faites ; toutes ces
choses contribuent beaucoup à la conservation des
troupes, et ces petits soins sont d'une nécessité absolue,
et le général ne peut trop recommander au major-général de l'infanterie et au maréchal-général des logis de
la cavalerie d'y tenir la main, afin que tout cela fût exécuté à la lettre, ainsi qu'il l'aura ordonné.

Les officiers généraux qui seront de jour ne doivent
pas manquer, dans les séjours, d'aller régulièrement voir
monter les gardes ; ils ne doivent pas non plus manquer de les aller visiter pour voir s'ils n'ont besoin de
rien, et donneront ordre aux brigadiers qui seront de
jour de se promener aussi eux-mêmes pendant le jour
aux dites gardes et postes, afin de voir s'il ne s'y passe
rien contre l'ordre et s'il n'y est rien arrivé de nouveau,
pour en avertir tout de suite le général.

Quand il arrive que l'on est obligé de camper près de l'ennemi, le général doit avoir l'attention de bien prendre son camp, et de se poster le plus avantageusement qu'il lui est possible. Il est d'une grande conséquence d'en faire reconnaître toutes les avenues, de même que les issues par où l'ennemi pourrait venir pour le surprendre et lui donner des alertes; c'est sur cela surtout qu'un général qui sait son métier doit se précautionner et prendre bien garde de ne donner aucun avantage sur lui à son ennemi, quelque peu de conséquence il puisse être, et surtout dans le cas où il lui serait beaucoup supérieur, il ne saurait trop prendre de précautions pour se choisir un camp sûr par sa position avantageuse. Il faut autant qu'il est possible qu'il prévienne son ennemi, qu'il fasse une exacte revue des endroits faibles ou susceptibles d'être attaqués, de les faire fortifier, et les mettre hors d'insulte et par ces moyens empêcher l'ennemi de l'attaquer, du moins sans essuyer de sa part un grand désavantage.

Si au contraire le général se trouve supérieur en troupes à son ennemi, il ne doit pas moins prendre garde d'aller poster son camp dans une situation dont l'ennemi puisse tirer le moindre avantage et ne trouve la facilité, par l'assiette du camp, à l'attaquer encore bien qu'il fut inférieur en nombre. Il doit éviter surtout les lieux fourrés, et aussi les postes qui seraient si incommodés et si serrés, qu'il lui serait pour ainsi dire impossible de faire faire aucun mouvement à sa cavalerie, et lorsque la nécessité veut qu'un général occupe de tels postes, il faut et même il est indispensable, lorsqu'il y est arrivé, qu'il les visite, qu'il ait le soin et la précaution de faire faire jour à la cavalerie, pour qu'il s'en puisse servir utilement dans le besoin; dans un cas pareil, il doit faire couper toutes les haies et les buissons qui peuvent l'offusquer, combler les fossés, et enfin faire faire des passages, des ouvertures et des communications; c'est en prenant tous ces soins et toutes ces précautions qu'un général ne sera jamais surpris, et qu'au contraire il trouvera toujours des avantages sur son ennemi.

Un général peut objecter que l'on n'est pas toujours le maître de pouvoir refuser le combat à son ennemi; il est sur cela de l'habileté d'un général de se précautionner et de savoir prendre à propos son parti, et très souvent tout dépend de savoir à qui l'on a affaire, c'est-à-dire de connaître la capacité, la valeur et l'activité de son antagoniste.

Lorsqu'il est question d'un combat ou d'une bataille, il faut de toute nécessité que le général reconnaisse bien d'abord la situation de son ennemi, et d'examiner si par son ordre de bataille, il ne sera pas contraint de faire faire quelque méchante manœuvre; si cela est, il en doit profiter sans hésiter un seul instant; c'est dans ces circonstances que les moments sont chers : il faut que le général dans cette occasion donne bien ses ordres aux officiers généraux sur ce qu'ils auront à faire, que les ordres soient intelligibles et sans équivoques, il doit leur recommander de ne point agir avec trop de chaleur, et il doit se contenter à propos d'un avantage et en profiter.

Marches d'armée.

Le général ayant résolu de décamper et de faire marcher son armée dans un autre camp, il doit examiner et faire examiner tous les endroits par où son armée devra marcher pour arriver au camp qu'il se sera choisi; il doit aussi savoir quels sont les officiers généraux qui doivent marcher à la tête des colonnes, pour leur donner à chacun ses ordres particuliers; une attention particulière que le général doit avoir, c'est d'ordonner qu'il y eût toujours à la tête de chaque colonne des gens commandés avec des outils, pour ouvrir la marche et pour la faciliter, et aussi pour empêcher la confusion; le même ordre doit être observé pour la marche de l'artillerie et des bagages ; en employant ces moyens et ces précautions, une armée marche toujours en bon ordre et arrive aisément dans son camp.

Il arrive souvent que l'on se trouve un peu serré, ce qui arrive souvent dans les camps de passage ; il est du devoir et de la prudence d'un bon général, lorsqu'il est arrivé à un camp où ces difficultés se rencontrent, de visiter par lui-même et d'ordonner ensuite que les fossés, s'il en a trouvé, soient comblés, les haies coupées, et les communications faites pour le lendemain s'il a envie de continuer sa marche ; avec ces précautions on marche beaucoup plus aisément, et sans aucune confusion.

Le commandant en chef de l'artillerie doit se précautionner à tous les camps pour sa sortie, et que la marche de son artillerie ne puisse être interrompue par aucun des obstacles ci-dessus dits.

Le vaguemestre général de l'armée doit en son particulier aller reconnaître sa marche, voir les obstacles qui pourraient l'arrêter, les faire lever ; il doit donner aussi ses ordres à chaque vaguemestre particulier, qu'ils aient une grande attention aux bagages, et de n'y souffrir que les gens nécessaires pour empêcher le désordre qui pourrait arriver, et pour obvier à cet inconvénient, il est nécessaire de donner au vaguemestre quelques cavaliers pour lui aider dans le besoin.

Une des principales attentions que doit avoir le général, c'est de tenir bien exactement la main à ce que le pain soit fourni bien régulièrement aux troupes de son armée ; il doit aussi s'informer au major-général de l'infanterie et au maréchal-général des logis de la cavalerie pour savoir d'eux si la qualité du pain est bonne ; il est bon même que de temps en temps il le voie par lui-même ; car pour le bien du service, il faut qu'un général ne néglige non seulement rien, mais il doit encore songer à tout.

Il est de la prudence d'un général habile, lorsqu'il a à demeurer un certain temps dans un camp, d'examiner s'il est campé à portée de son ennemi ; il doit pourvoir à la conservation des fourrages, il faut doubler les escortes quand on est campé près de l'ennemi pour éviter d'être inquiété, et même quelqu'échec désavantageux ; c'est dans ces circonstances que les petits partis que l'on fait sortir dehors doivent approcher l'ennemi de près, le guetter pour que l'on soit bien averti et à temps ; et quand le cas le requiert, il est bon que le reste de l'armée qui ne sera point allé au fourrage, se tienne au camp sans en sortir, et pour plus grande sûreté, il doit être ordonné que cette partie restante soit toujours en état de prendre les armes au premier moment.

Précautions à prendre pour les fourrages lorsqu'on se trouve campé à portée d'une ville ennemie.

Un général prudent et bien avisé, lorsqu'il se trouve campé à peu de distance d'une place ennemie, ou bien que le fourrage doit se faire aux environs, il faut nécessairement pour éviter toutes surprises, qu'il envoie des corps de troupes aux portes de ladite ville pour contenir les troupes qui y peuvent être, et empêcher absolument qu'elles n'en puissent sortir pour inquiéter les fourrageurs.

Le général ne saurait sur cela prendre trop de précautions et avoir trop de prévoyance ; il ne faut pas qu'il néglige rien, et le mépris qu'il pourrait avoir pour son ennemi, et la bonne opinion qu'il pourrait avoir de lui-même et de ses troupes, ne doivent pas rien faire oublier de tout ce qui peut être moralement nécessaire pour la sûreté de son armée, pour l'avantage qu'il en pourrait recevoir, et encore pour le service du Roi et la gloire de ses armes, il ne doit jamais perdre de vue toutes ces choses.

Règles dont un Général ne doit point s'écarter.

Il est nécessaire pour le bien du service du Roi que tout général et tous ceux qui auront l'avantage de commander les armées de Sa Majesté aient une attention toute particulière à tout ce qui peut être nécessaire pour la conduite et le maintien des troupes ; il ne faut point que la subsistance d'une armée manque dans aucune de ses parties, et la discipline est de la dernière conséquence pour la conservation des troupes ; c'est pourquoi il est bien essentiel qu'un général entre dans tous les détails, et se fasse rendre compte exactement par les majors-généraux et par les maréchaux de logis, de tout ; les commandants d'artillerie, le régisseur général des vivres et ses intendants doivent aussi faire la même chose, et rendre compte pour ainsi dire journellement si toutes les choses se trouvent bien disposées pour l'arrangement des subsistances et des magasins ; il est bon, et même il le faut pour le bien du service, qu'ils soient bien de concert tous ensemble et en bonne intelligence, tout en va beaucoup mieux ; toutes ces choses sont indispensablement nécessaires et il faut que le bon esprit dirige tout, le général et l'intendant doivent concourir ensemble au bien du service de leur maître ; il faut surtout qu'un intendant soit bien sage, qu'il ait une attention toute particulière pour bien se comporter avec tous les officiers, tant généraux que particuliers, et surtout beaucoup d'honnêteté et d'affabilité ; il faut qu'il rende la justice aux petits comme aux grands : c'est là la bonne maxime et la plus utile au bien du service.

Il n'est pas moins indispensablement nécessaire qu'un général doit avoir une grande attention à ne faire faire aucun ban dans son armée, qui ne soit exécuté à la dernière rigueur ; cela est de conséquence.

Des sauvegardes.

Cet article est bien essentiel ; un général ne peut trop prendre garde à la conduite que peuvent tenir les sauvegardes ; il arrive très souvent que ces gens, à la prière des forts et des villages, qu'ils ne cèdent rien pour ne pas se dégarnir, et le tout en augmentant la paye des sauvegardes, cette façon d'agir chagrine très souvent et désole même le soldat et le cavalier, tellement que cela les porte à des extrémités, et à faire bien des désordres et à piller les dits endroits ; les soins et les précautions que peut prendre un général dans ces circonstances sont très nécessaires, et il y a mille choses de cette nature que l'on regarde souvent comme peu de conséquence et qui cependant le sont beaucoup, et il est du bon esprit d'un général de songer à toutes ces choses sérieusement, de même qu'à tous les détails dont il a été parlé ci-devant, et qui ne peuvent être que très nécessaires et très utiles au bien du service du Roi.

Un général qui n'a en vue que le bien du service de son Roi et la gloire de ses armes, doit se communiquer avec les officiers généraux, leur demander de temps en temps leurs avis et leur témoigner qu'il recevra avec plaisir leurs pensées ; il ne doit point songer dans cette occasion à sa gloire personnelle ; un bon général qui ne sert que pour la gloire de son maître ne sera pas fâché d'avoir l'obligation à un particulier d'un bon avis, il n'aura aucune crainte que cela puisse dérober quelque chose à sa gloire en se voulant tout approprier, comme beaucoup le sont, et souvent dans ces vues hasardent et entreprennent des affaires bien légèrement, par un principe d'amour-propre et de vanité, ce qui est bien dangereux pour le bien du service. C'est à quoi un général doit bien prendre garde ; lorsqu'il arrive que le conseil d'un simple particulier réussit et qu'il a produit quelqu'avantage au bien du service, il est de la gloire et de l'honneur d'un brave général de ne rien dérober à autrui, et de rendre la justice qui est due à un chacun, et son premier but est de bien vivre non seulement avec tous les officiers, mais même de mettre l'union parmi eux, et chercher toutes les occasions de se faire aimer et s'attirer la confiance de l'officier ainsi que du soldat ; il peut être assuré que tout en ira beaucoup mieux, et que le Roi en sera mieux servi, et c'est une des principales choses qu'il doit avoir en vue et à quoi il devrait songer uniquement.

Des retraites d'armée.

Quant aux retraites, c'est une chose très difficile, et pour laquelle il est nécessaire qu'un général ait une grande attention, et lorsque le cas le requiert, il ne saurait avoir trop de sagesse et de conduite, et ce qu'il doit bien recommander aux officiers généraux qui en sont chargés particulièrement, il serait même bien à propos qu'il puisse y être lui-même en personne, afin qu'il puisse observer toutes choses, et donner si bien ses ordres qu'il ne puisse recevoir aucun assaut ; il doit nécessairement établir des postes de distance en distance pour favoriser sa retraite ; il faut qu'il ait de la fermeté, mais il faut qu'elle soit soutenue par la sagesse et la bonne conduite, et surtout prendre garde à n'avoir point trop de chaleur, ce qui est bien nuisible.

Conduite d'un Général pour l'attaque d'une place.

Lorsque le général a reçu l'ordre du Roi pour former le siège d'une place, la première chose et la plus essentielle et ce qui est de plus de conséquence, c'est d'observer un grand secret, et même quelquefois, il n'est pas hors de propos de donner le change sur cela à l'ennemi ;

il faut néanmoins qu'il en confère avec l'intendant, et savoir si toutes les choses sont bien disposées pour les magasins, et donner de bons ordres pour faire venir dans le camp toutes les choses nécessaires tant pour l'attaque de la dite place, pour la sûreté des convois que pour la subsistance de l'armée ; pour lors, quand toutes ces mesures sont bien prises, et que toutes les choses sont bien réglées, et que tout est parvenu à la portée de la place, il est dans l'ordre que le général fasse faire tous les détachements avec de bons guides et que ces détachements puissent bien instruire l'officier général commandant chargé du siège de tous les endroits par où l'ennemi pourrait tenter quelques secours, afin de les bien garnir de troupes ; il faut surtout recommander aux officiers des dits postes d'être extrèmement alertes et éveillés ; il faut sur toutes choses avoir attention de ne mettre dans ces postes et corps de garde que des gens sensés ; il serait même bon de doubler les officiers et serrer de près la ville le plus qu'il sera possible en évitant cependant le canon de la place. Une des premières choses que l'officier général commandant fera à son arrivée devant la place sera d'envoyer des partis à la guerre, et même il serait bon d'y en envoyer avant d'arriver, afin d'avoir des nouvelles de l'ennemi si faire se peut ; cela est même très nécessaire.

Lorsque l'armée sera arrivée devant la place, le général ne manquera pas d'aller visiter les environs et d'examiner la situation de la place, et voir où il pourra établir le plus commodément ses quartiers lorsqu'il se sera décidé sur les endroits, il donnera aussitôt tous ses ordres pour les exécuter, et pour lors chacun ira à son quartier et songera à s'y établir, après quoi il fera faire des communications de toutes parts et fera ensuite tracer les lignes, auxquelles il fera travailler avec beaucoup de soin et d'application. Il chargera à cet effet tous les officiers généraux d'y avoir chacun en son quartier la main, après quoi il donnera ordre au major-général de donner des ordres particuliers sur tout cela à chaque major pour l'exécution et d'y tenir la main.

Il faut, autant que faire se pourra, pour les premiers jours, qu'il n'y ait que les pionniers qui travaillent aux lignes, pour donner le temps aux troupes de pouvoir s'établir.

Le général ayant donné tous ses ordres pour l'établissement de ses quartiers et pour le travail de ses lignes et ponts, s'il en est besoin, il réitérera ses ordres pour les subsistances de l'armée, et, pour avoir dans le camp toutes les choses nécessaires, il ne manquera pas de s'informer au munitionnaire général, quelles sont les précautions qu'il aura pris pour son pain, de même que pour l'établissement de ses fours ; il s'informera de même au commandant de l'artillerie si tout son canon est arrivé, et si rien ne lui manque pour le siège ; ensuite il verra avec l'ingénieur général les endroits qui lui paraîtront les plus propres pour commencer l'ouverture de la tranchée, laquelle ne se doit point commencer, pour le mieux, que les lignes ne soient tout à fait en état, et que toutes les choses nécessaires soient bien disposées pour cela, à moins que l'on ne soit extrêmement pressé (ce qui dépend des conjonctures, sur quoi il faudra se régler), il faut qu'il ait un grand amas de fascines, de gabions et de piquets ; il faut surtout qu'il ait une grande attention de faire faire le bivouac fort régulièrement et même avec beaucoup d'exactitude, outre celui qu'il doit faire devant les lignes.

Il serait bon aussi d'avoir quelques postes du côté de la place, pour empêcher qu'il n'y entre absolument personne ; dans ces circonstances, les officiers généraux, les majors, doivent être alertes ; il ne serait pas même hors de propos que le général donnât l'exemple.

Lorsque le jour de l'ouverture de la tranchée sera résolu, l'officier général de jour aura le soin et la précaution de savoir du major-général si toutes les choses sont bien ordonnées au commandant de l'artillerie ; que son parc de la tranchée soit fourni de tout, au major général que la quantité des travailleurs qui auront été commandés ne manquent pas, et que ceux qui devront venir au jour y soient à point nommé.

Après tous ces ordres et précautions, et l'heure marquée pour la marche des troupes, l'officier général se rendra à l'endroit pour l'ouverture de la tranchée, et lorsque toutes ses troupes y seront arrivées, il s'informera au major-général si toutes les choses sont bien disposées, s'il ne manque rien, ensuite il verra la disposition des travailleurs et des détachements ; il parlera lui-même aux officiers de chaque détachement, et il ne manquera pas de bien recommander à ceux destinés pour soutenir les travailleurs d'être sages et qu'ils prennent bien garde de ne point prendre l'alarme mal à propos, et fera dépêcher le plus qu'il lui sera possible le travail de la tranchée, et lorsqu'elle sera en état de pouvoir s'y mettre à couvert, il fera entrer dans le boyau les détachements et il aura attention de donner si bien les ordres que chacun en son particulier sache ce qu'il aura à faire en cas de sorties ; il ne doit pas épargner les sentinelles pour éviter toute surprise et pouvoir être averti à temps ; pendant le jour l'on doit les visiter à chaque instant, et faire perfectionner pendant le jour la tranchée et faire travailler aux banquettes, et surtout éviter la confusion ; pendant la nuit, on ne peut être trop éveillé, et il commettra des officiers pour se promener ; on ne saurait prendre trop de précautions et avoir trop de prévoyance.

Le plus tôt que l'on peut établir les batteries c'est le mieux, après quoi il faut tenir la main à ce que l'artillerie soit bien servie, et qu'elle tire continuellement de même que les mortiers ; quand la tranchée se trouve assez à portée pour pouvoir faire l'attaque du chemin couvert et d'autres ouvrages, il faut pour cette opération se bien précautionner, en donnant tous les ordres nécessaires pour la réussite et bien disposer aussi toutes choses pour les détachements, il faut nécessairement avoir un grand nombre de fascines, de gabions, de sacs à terre ; l'on doit recommander aux travailleurs qu'ils observent un grand ordre et qu'ils s'entendent de façon à éviter la confusion, il ne faut point y souffrir absolument de gens inutiles, cela ne sert pour l'ordinaire qu'à embarrasser, empêcher le travail et même l'établissement, il faut aussi défendre aux officiers des bataillons de quitter absolument leurs postes, sous quelque prétexte que ce soit, et il faut recommander aux commandants d'y tenir exactement la main, et il est bien nécessaire que les commandants eux-mêmes ne quittent point, pour pouvoir prendre garde à tout.

Lorsque tout est ainsi disposé, et le signal donné pour l'attaque, chacun partira avec son détachement pour exécuter et suivre ponctuellement ce qui aura été ordonné, les majors et gens destinés pour les travailleurs les feront suivre et diligenter pour s'établir le plus promptement que faire se pourra ; tout aussitôt après on travaillera à la communication, et on aura surtout un grand soin à ce que les matériaux ne manquent point ; on aura les mêmes soins et les mêmes attentions tant que durera le siège.

Un général ne saurait trop s'appliquer pendant un siège, tant pour ce qui peut concerner le dedans du camp que pour le dehors ; il est de sa prudence d'avoir toujours des partis en campagne pour avoir des nouvelles des mouvements de l'ennemi et de ses desseins, et aussi pour savoir s'il ne lui prendrait pas fantaisie de venir au secours de la place attaquée, et même d'entreprendre quelque chose sur l'armée dans ses lignes.

Le général habile doit s'être précautionné contre tout cela, ses lignes doivent être bien fortifiées, et il aura dû

mettre du canon dans les endroits qu'il aura cru nécessaire et qu'il aura reconnu quelques endroits faibles où
il n'aurait pas été impossible à l'ennemi de forcer, et
même de s'y établir; si au contraire le général prévoit
de ne pas pouvoir se soutenir dans ses lignes sans désavantage, le parti le plus sage et le meilleur serait de
sortir des lignes, d'aller à l'ennemi et de tâcher de
choisir une position avantageuse, et prévenir s'il est
possible l'ennemi, en laissant cependant dans le camp
un corps de troupes assez considérable pour continuer
le siège, et empêcher les troupes de la place assiégée
d'inquiéter et de prendre aucun avantage sur les troupes
qui seraient restées pour faire le siège.

Un général ne doit pas perdre l'occasion de combattre
l'armée ennemie qui voudrait venir interrompre le siège
d'une place, s'il voit qu'il puisse le faire avec avantage;
il ne doit néanmoins rien hasarder mal à propos, surtout s'il est moralement sûr que les tentatives de
l'ennemi pour le secours sont inutiles, et qu'il ne saurait
entreprendre sur lui sans désavantage; en ce cas, c'est
au général qui tient la campagne à connaître ce qui en
est, et c'est à l'habileté du général à savoir se bien conduire, à prendre le bon parti, et à prévenir même toujours son ennemi sur certains camps, qui puissent barrer
par leur position avantageuse les desseins de l'ennemi;
c'est à quoi il doit s'attacher principalement, et faire
choix d'un certain nombre de gens éclairés, intelligents,
actifs, auxquels il puisse se confier, et que ces mêmes
personnes s'intriguent elles-mêmes pour l'instruire, et
l'avertir à point nommé de toutes choses : il n'est cependant pas de son bon esprit qu'il se repose si absolument
sur eux, non plus que sur ses espions, qu'il ne puisse
prendre de lui-même certaines précautions utiles et
nécessaires, pour éviter des affaires et des surprises; car
il y a bien des exemples de pareils cas, où souvent un
général, pour s'être trop reposé sur des gens qu'il croyait

beaucoup plus capables, ou bien pour avoir mis trop sa confiance dans des espions qui le trompaient, a pensé avoir des affaires dont le succès aurait été malheureux, ce qui fait voir qu'il ne faut jamais rien négliger, et la précaution n'est jamais inutile contre un ennemi sur lequel il faut tâcher d'avoir toujours de l'avantage.

Règles sur la défense d'une place.

La défense d'une place est une chose de conséquence et d'une grande importance, et il est arrivé bien des fois qu'une bonne défense rebute non seulement l'ennemi, mais donne encore le temps de pouvoir secourir une place assiégée; l'officier chargé de la défense d'une place doit s'attacher à connaître tous les défauts de sa place, tâcher d'y remédier autant qu'il sera en son pouvoir, et de tirer humainement tous les avantages qu'il pourra des endroits forts; il doit aussi avoir un soin extrême d'être pourvu de toutes les choses qui peuvent lui être nécessaires pour faire une bonne défense; il faut qu'il ait soin de faire tout réparer, examiner scrupuleusement si tous les ouvrages sont en bon état, s'il y a des embrasures suffisantes, s'il n'en faudrait pas faire de nouvelles, ou bien élever quelques cavaliers, et en ce cas y faire travailler; il faut qu'il place tout son canon et qu'il étudie les endroits les plus propres pour en tirer plus d'avantages, et une des précautions la plus essentielle d'un gouverneur est qu'il doit avoir tous ses magasins fournis des choses essentielles à sa défense; après avoir songé à tout pour ce qui regarde cette partie, il doit être tranquille si l'ennemi vient après cela l'attaquer.

Un gouverneur qui se trouve assiégé doit prendre garde de ne pas brûler inutilement sa poudre, en tirant continuellement le canon sans faire de mal le plus souvent; il faut la conserver pour le besoin. Après qu'il aura songé à tout, et qu'il aura donné tous les ordres pour le dedans, et généralement pour toutes les choses nécessaires, il faut après cela qu'il songe au dehors, qu'il mette dans tous les endroits nécessaires de bonnes troupes, et aux endroits où il n'y aura moralement rien à craindre il pourra se contenter d'y faire poser des sentinelles ou bien de petits corps de garde ; il serait même à propos d'y commander quelques officiers pour les observer ; il est bien nécessaire aussi qu'un gouverneur ait quelque gens de confiance dehors, assez adroit et assez bien intentionné, dût-il le gagner par argent, pour être averti à point nommé de l'endroit des attaques et de l'ouverture de la tranchée ; si un gouverneur peut être averti à temps de l'ouverture pendant la nuit, il ne doit négliger d'envoyer force détachements dehors pour inquiéter les travailleurs, errant ça et là et lâchant quelques coups, et dans les intervalles de ces petites sorties, il faut faire un grand feu sur les travailleurs ; une chose bien bonne et très utile serait d'avoir de petites pièces de canon portatives, que l'on mettrait dans le chemin couvert et que l'on ferait charger à cartouches pour tirer tant sur les travailleurs que sur la tranchée ; cela ne pourrait manquer de faire un bon effet, et ralentirait à coup sûr les travaux de l'ennemi ; il faudrait surtout que le commandant de l'artillerie ait un soin particulier à bien faire servir l'artillerie, et la faire tirer sur la tranchée ; un habile homme dans ce genre sait se servir à propos de son artillerie et connaît l'art de pouvoir la mettre à tout usage.

Si un gouverneur a dans la place un assez gros corps de troupes, il doit faire de fréquentes sorties, et il doit si bien prendre ses précautions qu'elles soient faites à temps et à propos ; on les fait pour l'ordinaire le matin à la pointe du jour ou bien après que l'ennemi aura essuyé à la tranchée un vilain temps de pluie ; il faut savoir profiter de tous les avantages et ne rien négliger.

Il se rencontre quelquefois qu'il y a un nombreux corps d'infanterie et beaucoup plus d'officiers qu'il n'en faudrait pour se défendre comme il faut. Dans un cas pareil, un gouverneur ne saurait faire trop de sorties ni assez harceler l'ennemi, ce qui néanmoins doit toujours se faire avec une grande précaution et avec beaucoup de sagesse ; un gouverneur ne saurait avoir trop d'attention ni de soins pour chercher humainement tout ce qui peut contribuer à une bonne défense pour le dehors, étant une affaire essentielle et capitale ; quand un gouverneur voudra y bien songer, il y a mille choses et mille chicanes à faire.

Il faut, pour bien faire, animer les soldats que l'on destine à des sorties par l'espoir des récompenses, et lorsqu'ils ont réussi, il est bon quelquefois de surpasser les promesses qui leur ont été faites, afin de les animer pour une autre fois. Un gouverneur ou un commandant ne doit rien négliger ; dans les circonstances critiques il doit marquer beaucoup de fermeté ; il doit par son exemple encourager la garnison, ne jamais lui ôter l'espérance, et s'il est brave, il doit soutenir son chemin couvert jusqu'à la dernière extrémité.

Lorsque l'ennemi sera parvenu à la portée des palissades, et qu'il voudra attaquer ceux qui sont derrière, il est nécessaire pour n'être point surpris d'avoir des feux avec du goudron pour voir devant soi, et c'est dans cette attaque que l'on peut se servir utilement des petites pièces de canon chargées à cartouches. Lorsqu'il y a de bonnes traverses, il faut y mettre des gens formés pour soutenir la retraite et pour soutenir et disputer le terrain autant que faire se peut ; le chemin couvert abandonné, si l'on veut faire quelque tentative pour le reprendre, c'est là le moment, et il ne faut pas donner le temps à l'ennemi de pouvoir s'y établir ; si l'on trouve que la chose est impossible, il faut songer à la défense des autres ouvrages et les soutenir si l'on peut jusqu'à l'extrémité, et après avoir fait toute la résistance et la défense possible et que l'on se trouve si pressé qu'il n'y a plus moyen de tenir, c'est alors qu'un gouverneur doit songer à se procurer la meilleure capitulation et la plus honorable qu'il lui est possible ; il est moralement certain que lorsqu'un gouverneur voudra bien se défendre, il donnera bien de la peine et du travail à son ennemi, car il n'y a guère de places qui ne soient en état d'espérer un secours, et à même pendant ce temps de faire une bonne défense. Il y a encore mille choses, soins et détails que l'on ne saurait bien dire, ni bien expliquer, que l'occasion et le moment fournissent ; c'est à l'habileté et au savoir d'un gouverneur d'y songer et de savoir les connaître et s'en servir à propos.

La guerre est un métier où il y a toujours à apprendre, et pour s'y perfectionner il y a bien des choses à savoir ; c'est pourquoi on ne saurait avoir trop d'attention, d'application et d'attachement, et il ne faut rien négliger jusqu'à la moindre bagatelle, tout étant de conséquence.

ERRATA

Page 64, ligne 3, *au lieu de* : de 3 à la Rostaing, qu'on adopte, *lire* : à la Rostaing, qu'on expérimenta.

Page 81, ligne 8, *au lieu de* : page 586, *lire* : page 82.

Page 116, ligne 23, *au lieu de* : rôle, *lire* : grade.

Page 126, ligne 3, *supprimer* le renvoi (1).

TABLE DES MATIÈRES

Paris. — Imprimerie R. Chapelot et Cᵉ, 2, rue Christine.

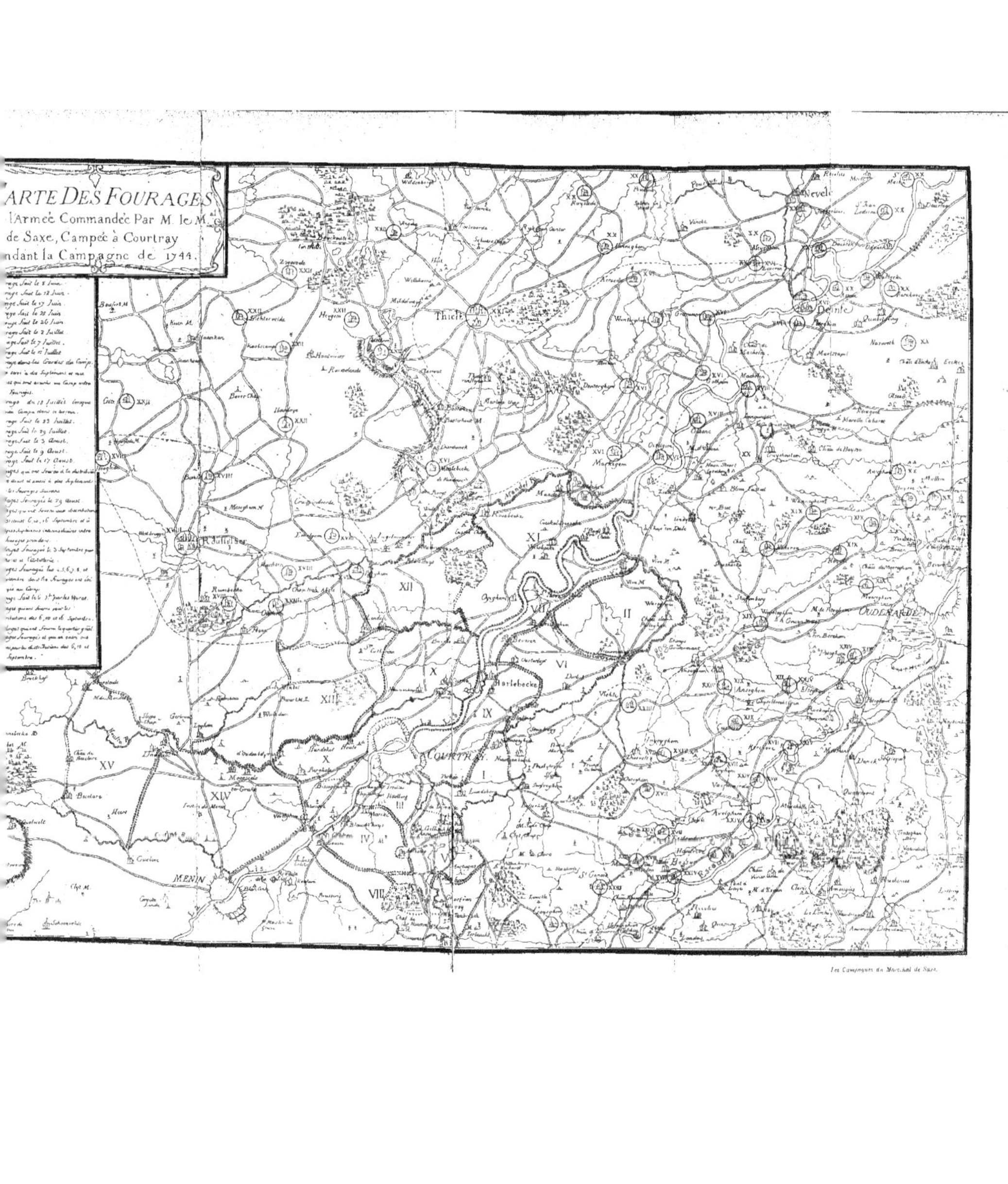
CARTE DES FOURAGES
l'Armée Commandée Par M. le M.al
de Saxe, Campée à Courtray
ndant la Campagne de 1744.
Les Campagnes du Marechal de Saxe.